Sammlung Metzler
Band 233

Hans-Gerd Winter

Jakob Michael Reinhold Lenz

Verlag J.B. Metzler Stuttgart · Weimar

Die Deutsche Bibliothek – CIP-Einheitsaufnahme

Winter, Hans-Gerd:
Jakob Michael Reinhold Lenz / Hans-Gerd Winter.
– 2., überarb. und aktualisierte Aufl..
– Stuttgart ; Weimar : Metzler , 2000
(Sammlung Metzler ; Bd. 233)
1. Aufl. u.d.T.: Winter, Hans-Gerd: J. M. R. Lenz
ISBN 3–476–12233–6

Gedruckt auf chlorfrei gebleichtem, säurefreiem und alterungsbeständigem Papier

SM 233

ISBN 3-476-12233–6
ISSN 0558 3667

Einbandgestaltung: Willy Löffelhardt
Satz: Johanna Boy, Brennberg
Druck und Bindung: Franz Spiegel Buch GmbH, Ulm
Printed in Germany
August/2000

Verlag J.B. Metzler Stuttgart · Weimar

Vorwort zur 2. Auflage

Die zweite Auflage dieses Bandes arbeitet gegenüber der ersten von 1987 die Ergebnisse der sich inzwischen rasant entwickelnden Forschung auf. Neue Texte von Lenz sind entdeckt worden, neue Perspektiven entwickelt worden, die zum Teil auch die bekannten Texte in einem anderen Licht erschienen lassen; zudem hat sich die Einstellung des Verfassers in einigen Punkten verändert; manche Wertungen oder Behauptungen haben sich als überholt erwiesen. Deswegen mußten alle Kapitel sehr sorgfältig überarbeitet und zum Teil erheblich ergänzt werden. Beibehalten wurde die Kapiteleinteilung. Nach einem Überblick über das Lenz-Bild in der Forschung und die Geschichte der Lenz-Manuskripte folgt sie im wesentlichen der Chronologie von Lenz' Leben und der Lenzrezeption. Deutlicher als bei anderen Autoren gehen nämlich in die Werke autobiographische Momente ein, obwohl jene in diesen nicht aufgehen. Und umgekehrt hat Lenz immer wieder sein Leben unter der Folie literarischer oder religiöser Muster interpretiert, wie zum Beispiel seine Briefe belegen.

Für die Geschichte der produktiven Rezeption bietet sich eine chronologische Darstellung an, um auch die gegenseitige Beeinflussung einzelner Aneignungen hervorheben zu können. Die Bibliographie ist aus Gründen der besseren Übersichtlichkeit vollständig ans Ende des Bandes gesetzt worden. Auch sie wurde umfassend überarbeitet und stark aktualisiert. Die Bibliographie wurde mit Unterstützung von Gabriele Thal überarbeitet. Lenz-Zitate folgen, wenn nicht anders angemerkt, der Werkausgabe von Sigrid Damm mit Angabe von Band und Seitenzahl, bei Briefen wird das Datum nachgewiesen. Hinweise auf die Sekundärliteratur im fortlaufenden Text verweisen mit Verfassernamen und Jahreszahl auf die Bibliographie. Für die wertvollen Hinweise und Anregungen, die mir während des Schreibens der 2. Auflage dieses Buches zugegangen sind, bedanke ich mich.

Inhalt

Einleitung

1977 ist Jakob Michael Reinhold Lenz für Benno von Wiese, den Herausgeber des repräsentativen Bandes *Deutsche Dichter des 18. Jahrhunderts*, »das tragisch scheiternde Genie neben dem großartigen Gelingen Goethes« (von Wiese 1977, Einleitung S. 26). Wiese mildert sein Urteil wohlwollend ab: immerhin kündige sich in seinen Schriften »sehr viel Zukünftiges« an. 1991 schreiben die Herausgeber Matthias Luserke und Christoph Weiß in der »Vorbemerkung« zum ersten *Lenz-Jahrbuch*: »Jakob Michael Reinhold Lenz zählt zu den bedeutendsten Schriftstellern der deutschen Literatur in der zweiten Hälfte des 18. Jahrhunderts.« 1995 fragt Rüdiger Scholz in der Zeitschrift *Germanistik* (1/1995, S. 204) bereits: »Wird Lenz der Büchner des 18. Jahrhunderts?« Die letzten beiden Zitate belegen einen deutlichen Wandel in der Beurteilung des Dichters aus Livland, während das erste ein gängiges Urteil wiederholt. Lenz selbst hat von Wieses Einschätzung vorweggenommen, wenn er in *Pandämonium Germanikum* das Triumvirat der legitimierten Autoren seiner Zeit Klopstock, Lessing und Herder zu sich sagen läßt: »Leistet er nichts, so hat er doch groß geahndet.«

Lenz' ambivalente Selbsteinschätzung und die Urteile der Nachwelt verweisen auf die Frage, wie er in der Literaturgeschichte des 18. Jahrhunderts zu positionieren ist – vor allem neben, gegen oder unter Goethe. Diese Frage stellt sich der Rezeption bis heute. Goethe hat in seiner Autobiographie *Dichtung und Wahrheit* für sich und lange Zeit auch verbindlich für die Nachwelt seine Bewertung formuliert, Lenz sei als »ein vorübergehendes Meteor [...] augenblicklich über den Horizont der deutschen Literatur« hingezogen und »plötzlich« verschwunden.

Dieser Machtspruch, der zugleich einen Schlußstrich ziehen sollte, prägt maßgeblich eine Rezeption, in der das Cliché vom haltlosen und schließlich kranken Dichter Lenz dominiert, der sich aus dem »Brausen und Gären« des Sturm und Drangs nicht zum Maß der Klassik habe läutern können. Diese Bewertung hat lange Zeit den Zugang zum Werk verstellt. Es konnte nicht als ein eigenständiger Beitrag zur Literatur des 18. Jahrhunderts erkannt werden. Seit Brechts *Hofmeister*-Bearbeitung (1950) und seit der radikalen politischen und ästhetischen Kritik an der Weimarer Klassik Ende der sechziger Jahre sind Autor und Werk deutlich aufgewertet worden.

In der Auseinandersetzung mit Lenz sind freilich die Dichter den Wissenschaftlern weit voraus; denn seit Büchner, spätestens seit den Naturalisten und Expressionisten finden sich immer wieder bedeutende Autoren, die an Lenz anknüpfen. Diese Anknüpfung geschieht meistens aus einer Oppositionshaltung gegen eine jeweils herrschende Literatur heraus, der vorgeworfen wird, Kompromisse mit den Herrschenden in der Gesellschaft einzugehen.

Im Bewußtsein der literarischen Öffentlichkeit ist Lenz freilich auch heute kein anerkannter Klassiker. Sein eher begrenztes Ansehen spiegelt sich in dem Gedenken anläßlich seines 200. Todestages 1992, das ausgesprochen bescheiden wirkt im Verhältnis zur unübersehbaren Präsenz Goethes in den Medien und der Öffentlichkeit im Jahr seines 250. Geburtstags 1999 (zum Lenzjahr 1992 vgl. Stephan/Winter 1994, Einleitung). Diese Lenzmonographie wird zeigen, daß sich dieser Autor auch nicht dazu eignet, wie Goethe exemplarisch Dichtertum und Kultur zu repräsentieren. Sein Werk enthält allzu viele Widersprüche. Eine zur Identifikation einladende harmonische Abrundung fehlt. Seine Texte lassen sich schwer auf eine Lesart hin harmonisieren. Die Rezeption wird zudem durch Lenz' Blick auf die Welt und sein Gestaltungsprinzip erschwert, für welche ein Satz exemplarisch stehen kann, den Hill 1994 aus den Krakauer Manuskripten zu den Soldatenehen mitgeteilt hat: »Es ist alles in der Welt schraubenförmig und wir sehen grade.« Das Verdrehte und Verquere, das an Lenz' immer wieder wahrgenommen und traditionell in Bezug zu seiner Geisteskrankheit gesetzt wurde, kann erst vor dem Hintergrund der Schreibweisen im 20. Jahrhundert in seinen produktiven Aspekten erfaßt werden.

Immerhin dokumentiert sich das gewachsene Interesse an Lenz inzwischen in preiswerten Ausgaben eines Teils seiner Werke, in literaturdidaktischen Arbeiten über ihn (vgl. u.a. Haffner 1979, U. Müller 1982, sowie die »Werkausgaben mit Materialanhang« zu *Der Hofmeister* und *Die Soldaten*, die Bände *Bürgerliches Selbstverständnis* und *Dramen in ihrer Epoche* in der Reihe *Anregungen für den Literaturunterricht*); ferner ist Lenz in die Literaturlisten einiger Deutsch-Lehrpläne aufgenommen worden. Der einer Rezeption abträgliche Zustand, daß es keine vollständige oder einigermaßen vollständige Werkausgabe gibt, ist trotz der verdienstvollen Ausgabe Damms leider nicht beendet .

Die zitierte Ankündigung des Lenz-Jahrbuches, von dem mittlerweile sechs Bände vorliegen, belegt das in der Wissenschaft inzwischen gewachsene Renommee dieses Autors. Mehr und mehr Wissenschaftler(innen) betrachten die Beschäftigung mit ihm als lohnend. Die Parteinahme gegen Goethe mag ursprünglich dabei ein Motiv gewesen sein, inzwischen kann die Beschäftigung mit Lenz ganz unbefangen mit dem ästhetischen Wert seiner Texte und/oder zum Beispiel mit ihrem Erkenntniswert im Rahmen des ›Prozesses der Zivilisation‹ oder der ›Dialektik der Aufklärung‹ begründet werden – gegen den anfangs zitierten von Wiese.

Wie Büchner in mancher Hinsicht aus der großen Linie der Literaturgeschichte des 19. Jahrhunderts herausfällt, gilt dies auch für Lenz im 18. Jahrhundert. Sein Werk steht zum Beispiel quer zu einer Betrachtung der Literaturgeschichte, die in der Weimarer Klassik den Höhepunkt sieht oder die Sturm und Drang und Aufklärung scharf gegeneinander abgrenzt. Auch die Werkbezüge zur Romantik sind schon früh gesehen worden. Zum »Büchner des 18. Jahrhunderts« fehlt Lenz allerdings noch viel. Die Lücken in der Erforschung seines allerdings auch weit umfangreicheren Werkes sind ungleich größer. Es fehlen zum Beispiel eine Arbeitsstelle, die eine historisch-kritische Ausgabe erarbeiten könnte – wie bei Büchner –, und eine Gesellschaft. In den USA ist 1999 immerhin eine Lenz/Storm and Stress Society gegründet worden (Kontakt: Prof. Helga Madland, The University of Oklahoma, Department of Modern Languages, 780 Van Vleet Oval, Norman, Oklahoma 73019-0250).

Diese zweite Auflage des *Lenz*-Bandes soll wie die erste von 1987 und wie schon 1984 die Untersuchung von Stephan/Winter *Ein vorübergehendes Meteor* nicht nur Kenner dazu anregen, Lenz zu lesen. Sie soll die interessierten Leser/innen neugierig machen und für einen Autor gewinnen, dessen Bewertung zur Zeit sehr im Fluß ist. Über die Darstellung von Leben und Werk hinaus wird ein Überblick über die Aktualität von Lenz gegeben, wie sie sich aufgrund seiner produktiven Aneignung bei anderen Autor/innen von zum Beispiel Büchner bis Gert Hofmann und Christoph Hein darstellt.

Die Lenz-Aneignung kann die Werke betreffen, aber auch seine Person und Ausschnitte seines Lebens. So bearbeitet Brecht den *Hofmeister* und erzählt Büchner den Aufenthalt Lenz' bei dem Elsässer Pfarrer Oberlin in Waldbach nach. Oft verknüpfen sich beide Reihen miteinander. So sind Büchners Selbstverständnis als Autor und seine Dramentechnik deutlich durch Lenz' Werke beeinflußt worden. Bestimmte Lenz-Rezeptionen können zeitweilig wirkungsträchtiger sein als der Rekurs auf den historischen Autor. So wirkt Huchels »Lenz«-Gedicht auf Bobrowski und Körner. Und in den siebziger Jahren dominiert in der Bundesrepublik die Anknüpfung an Büchners Lenz-Bild. Gleichzeitig finden sich aber auch immer wieder Autoren, die in Opposition zu einer weit verbreiteten Lenz-Aneignung auf den historischen Autor zurückgehen – zum Beispiel

1982 Gert Hofmann mit seiner Erzählung *Die Rückkehr des verlorenen Jakob Michael Reinhold Lenz nach Riga*. Eine strenge Trennung zwischen der ›eigentlichen‹ Lenz-Rezeption und der Büchner-Rezeption kann angesichts des großen Stellenwertes von Büchners Erzählung auch für das Lenz-Bild nicht vorgenommen werden. Mit dem dem Wahnsinn ausgelieferten Autor, der aus dem literarischen Feld und der sozialen Kommunikation ausgegrenzt ist, hat Büchner ein Lenz-Bild formuliert, das viele Autoren beeindruckt hat und auch in der Wissenschaft bis heute fortwirkt. Insgesamt kann es bei der Betrachtung der Rezeption nicht um detaillierte Werkvergleiche gehen. Im Vordergrund stehen vielmehr die historischen Konstellationen, in denen Lenz' Bild oder seine Werke relevant werden. Dabei dominiert bei den Autoren der Aspekt der produktiven Aneignung über den der Rezeption; diese dient einer neuen Produktion.

Die Aktualität von Lenz für Autor/innen und Wissenschaftler/innen ist immer an bestimmte Konstellationen und Diskurse gebunden, die sich in unterschiedlichen historischen Zusammenhängen ergeben. Jene werden zum Beispiel durch die folgenden Momente bestimmt:

1. Es gibt *thematische* Verknüpfungen: Lenz als Sozialkritiker, der die Determination des einzelnen eher indirekt, durch ihm unbewußte soziale Zwänge vermittelt; die Kritik an Klassengesellschaft und Ausbeutung und die einfühlende Solidarität des Dichters mit den Unterdrückten; die Identitätskrisen von Intellektuellen, die sich in einer prekären Lage gegenüber der herrschenden Macht und eher ›zwischen den Klassen‹ befinden, Lenz' Werk als Medium und Forum einer ›Dialektik der Aufklärung‹; Sexualitätsdiskurs und Geschlechterrollen; Selbstentfremdung und Schizophrenie mit ihren psychischen Symptomen; ›Krankheit‹ und Genialität; Vater-Sohn-Konflikt. Zum Teil bleibt die Lenz-Rezeption nicht unberührt von der lange herrschenden Lenz-Ablehnung, indem das negativ gezeichnete Bild des ›tragischen Dichters‹ positiv besetzt wird.

2. Es gibt *literaturtheoretische* und *-politische* Verknüpfungen: Lenz' »beispielloser Realismus« (Christoph Hein), eine Position, »der vielleicht die wirkliche *Alternative* zur Weimarer Klassik möglich« gewesen wäre (Hans Mayer); Lenz' antiaristotelisches Dramenverständnis; sein Versuch, schreibend in die Gesellschaft einzugreifen; Elemente seiner Schreibweise, die auf die Gegenwart vorauszuweisen scheinen, zum Beispiel solche, die von heute aus als ›postmodern‹ qualifiziert werden.

3. Lenz' Schreibweise steht für die *Innovation dramatischer Darstellungsformen:* »episches« Theater, »offene Form«, Gattungsmischung, Parodie gängiger dramatischer Formen und Schemata, In-

tertextualität, Sprachzweifel. *Experimentell* ist auch Lenz' *Prosa*. Sie spielt mit herkömmlichen Genres und Stilvorschriften, ist geprägt durch Ironie, neigt zur satirischen und grotesken Darstellung und entwickelt Techniken der »Selbstunterbrechung«. Vergleichbare Tendenzen gibt es auch in der Lyrik, die zum Beispiel das Pathos empfindsamer Selbstpräsentation immer wieder durch Distanzierung aufbricht, das lyrische Ich als Rolle und Pose entlarvt.

1. Doch nicht nur ein »vorübergehendes Meteor«? Die wissenschaftliche Aneignung von Lenz

1.1 Zum Lenz-Bild der Literaturwissenschaft

Die Geschichte der deutschen Literatur, wie sie die Germanisten schreiben, beruht auf einer Auswahl, die immer bestimmt ist von zeitgebundenen ideologischen Wertungen. An Jakob Michael Reinhold Lenz läßt sich dies besonders gut zeigen, weil er lange ein Opfer dieser Wertungen gewesen ist. Sein Werk wurde entweder aus der Literaturgeschichte ausgeblendet oder abgewertet. Und es ist noch nicht ausgemacht, ob das angestiegene Interesse der Wissenschaft an Lenz von Dauer sein wird.

Die Bewertung Lenz' in der Wissenschaft hängt eng mit der Orientierung an der Weimarer Klassik zusammen, die herkömmlich als der Höhepunkt der Literaturgeschichte gilt. Unserem Autor wird die von ihm selbst gesuchte Nähe zu Goethe zum Verhängnis. Die Fachdisziplin Germanistik konstituiert sich wesentlich mit Bezug auf Goethe und Schiller als Gipfelgestalten der »Kunstperiode«. Entsprechend schlägt Lenz' Verhalten in der Rezeption als Abwertung des Dichters zurück.

Goethe hat im 12. und 14. Buch von *Dichtung und Wahrheit* für diese Abwertung die Legitimation geliefert. Er stilisiert Lenz zum abschreckenden Beispiel für die »Wertherkrankheit«, eine übertriebene und unproduktive Selbstquälerei, die in den siebziger Jahren des 18. Jahrhunderts einen Teil der jungen Intelligenz befallen habe. Er selbst, Goethe, habe sich durch den *Werther* »aus diesem Elemente gerettet«. Entsprechend taucht Lenz als ein Mensch und Schriftsteller auf, dem die notwendige produktive »Bildung zur Welt« mißlinge. »Formloses Schweifen«, »Neigung zum Absurden«, ausufernde Selbstreflexion, »Fahrlässigkeit im Tun« und Hang zur Intrige wirft Goethe Lenz vor. Die Ablehnung betrifft Werk und Person. Mit der Kritik an ästhetischen Unzulänglichkeiten wird der Vorwurf einer unmoralischen Lebensführung verknüpft – zum Beispiel bezüglich Lenz' Verhältnis zu Frauen. Der Schärfe des Urteils wie auch seiner sprachlichen Präsentation ist anzumerken, daß kein Unbeteiligter spricht. Die Bedingungen des Urteils und seine Berechtigung werden weiter unten zu untersuchen sein.

Goethes Zurückweisungen von Autoren, die konträr zu seiner Gesinnung stehen, sind bekannt. Berühmte Beispiele sind Klinger, Kleist und Hölderlin. Die deutsche Literaturgeschichte übernimmt freilich weitgehend Goethes Verdikt über Lenz. Schon für einen liberalen Historiker wie Gervinus ist die Weimarer Klassik der Höhepunkt der deutschen Literaturgeschichte, auf den die Einigung Deutschlands als Höhepunkt der politischen Geschichte zu folgen habe. Für die Germanistik im deutschen Kaiserreich liefert dann die geistige Entfaltung in Weimar das ideologische Rüstzeug für die nationale deutsche Ideologie. Vor allem Goethe wird zu einem kulturellen Über-Ich, zu dem andere Autoren in einen weihevollen Abstand gesetzt werden, besonders Lenz, der es wagte, mit diesem Genie zu konkurrieren. Auch in der Weimarer Zeit gilt der Sturm und Drang, aus dem heraus es Lenz nicht gelang, sich zur Klassik zu läutern, als ein bloßes Durchgangsstadium, als ein Wirrwarr, dem die Klassik dann das Maß setzt. Daran ändert auch die Aufwertung des Sturm und Drang als »Präromantik« nichts, wie sie seit Dilthey und Unger zeitweilig propagiert wird. Der antiaufklärerischen und am Irrationalismus orientierten Perspektive dieser Forschungsrichtung stehen bei Lenz die deutlichen Bezüge zur Aufklärung und vor allem die realistischen Elemente seines Werks entgegen. Auch für die völkische Literaturbetrachtung, die den Sturm und Drang zu einer Bewegung aus den Urgründen des Deutsch-Germanischen macht, gibt Lenz wenig her.

Es ist erstaunlich, wie uniform und Goethe-treu die Literarhistoriker lange Zeit über Lenz urteilen. Georg Gottfried Gervinus schreibt, der Sturm und Drang sei ein »gewaltiger Stoß der Natur gegen die Kultur, der Einfalt und Sitte gegen die Konvenienz, der Jugend gegen das Alter«. Während Goethe und Schiller diesen Widerspruch »auf einer heiteren Höhe [....] versöhnt« hätten, sei Lenz zum »traurigen Opfer der Überspannung dieser Periode« geworden. Lenz ist Gervinus die pathologische Ausnahme, als die Goethe ihn als Gegenfigur zu sich selbst gezeichnet hat. Neben der »Krankheit« führt Gervinus den »blinden Wetteifer« mit Goethe an. Dieser habe sowohl seinen »Dünkel« als auch seinen Hang zu »Neid und Bosheit« gesteigert, »da auch keine Spur von eigentlicher Sittlichkeit in ihm gewesen zu sein scheint«. Entsprechend gebe sich Lenz in seinen Werken »ganz zügellos und wild, moralisch und ästhetisch gleich ungenießbar«. Lenz' »schauderhafte Komödien« seien »gemischt von tragischen, krassen und komischen Situationen«, seine Stücke seien »regellos, unverständig, wüst« (1873, S. 656-658).

Hier benennt Gervinus Gestaltzüge, die, wendet man sein Urteil ins Beschreibende, durchaus zutreffen. Schon hier wird in Lenz' Ästhetik ein antiklassisches Element erkannt, das freilich eine an der

Klassik orientierte Germanistik nicht dulden kann. Lenz' Texte verfehlen das harmonische Maß, die Rundung und Ausgewogenheit. Gervinus' Wertungen werden – zum Teil wörtlich – wiederholt, zuerst von dem ebenfalls liberal gesonnenen Hermann Hettner. Dieser nimmt Karl August von Weimars Wort vom »Affen Goethes« zum Ausgangspunkt seiner Betrachtung. Scherer und die patriotisch orientierten Literarhistoriker des Kaiserreichs übernehmen das Urteil ebenso wie der George-Anhänger Friedrich Gundolf, der ein monumentalisierendes »Goethe«porträt verfaßt. Für Gundolf ist Lenz nur ein »durchschnittlicher Typus eines Zerrissenen mit Geniepräentionen« (*Shakespeare und der deutsche Geist,* 1947, S. 223). Noch 1958 nimmt Richard Newald Goethes Prämissen zum »Ausgangspunkt« seiner Darstellung. Er bemängelt Lenz' »sittlich haltloses Treiben«. Seiner Amoral und Pathologie entspricht für Newald als ästhetischer Mangel der »fragmentarische Zug« der Dramen. Ihre »sprunghaft wuchernden Episoden« lösten »jede Einheit auf« (*Geschichte der deutschen Literatur,* Bd. 6, 1, S. 268). Kein Wunder, daß alle Literarhistoriker das Scheitern von Lenz' Wetteifer mit Goethe konstatieren: »Von Grund aus eitel, träumte Lenz [...] den vermessenen Traum, es Goethe gleichtun zu können« (Hettner: *Geschichte der deutschen Literatur*, Bd 2, Neuaufl. 1979, S. 184). Die patriotische bis deutschnationale Orientierung der meisten Literarhistoriker fügt der Ablehnung Lenz' noch eine weitere Variante hinzu: den Zwang, die deutsche Literaturgeschichte vom Pathologischen frei zu halten. In deren »Pantheon« gehörten keine »kranken Geister«; denn »die deutsche Literaturgeschichte ist kein Repertorium der Psychiatrie« (Adolf Bartels: *Geschichte der deutschen Literatur*, Bd. 1, 1909, S.468 f.). Sie bleibt dem Deutsch-Gesunden vorbehalten.

Die skizzierte Urteilstradition findet sich auch in den Einzeluntersuchungen und den Kommentaren zu den Editionen vom 19. Jahrhundert bis zum Zweiten Weltkrieg, wenn auch unterschiedlich häufig und vollständig. In der Sicherung der biographischen und werkgeschichtlichen Fakten, der Sammlung und Edition von »Lenziana«, der Herstellung halbwegs gesicherter Texte hat die positivistische Philologie der Kaiserzeit, die mit ihrer Orientierung an Goethe auch dessen Umkreis erforscht, Wesentliches geleistet. Daß sie trotzdem an den Wertungen des »Olympiers« Goethe orientiert bleibt, zeigt das repräsentative und schwer wiegende Urteil Erich Schmidts in *Lenz und Klinger* (1878). Dieser vergleicht Lenz mit einem »Mäßigkeitsapostel«, »der sich des abstoßenden Beispiels wegen öffentlich betrank« (ebd, S. 33). »In der nackten, natürlich sein sollenden Vorführung der Fehltritte ist das Stück [*Der Hofmeister*] so wenig zu retten, wie nach Seiten der Composition [...]. Überall fehlt der Kitt« (ebd, S. 35f.).

Die Ablehnung durch die nationalistischen Germanisten überrascht nicht. Um so mehr verwundert, daß auch die marxistische Literaturwissenschaft lange die Abwertung Lenz' betrieben hat. Schon für Franz Mehring ist die Sturm- und Drang-Bewegung »ein Brausen und Gären der Gemüter«, das »zu schnellem Absterben verurteilt« sei. Ihre Träger seien »alle verschollen« – bis auf Goethe und Schiller, die zur Klassik fanden. Die marxistische Literaturkritik und -wissenschaft in der ausgehenden Weimarer Republik und im Exil sieht in der Weimarer Klassik ein verpflichtendes Erbe, an das eine aktuelle humanistisch-realistische Ästhetik anzuknüpfen habe. Das Zwischenspiel ›modernistischer‹ Auffassungen im ›Bund proletarisch revolutionärer Schriftsteller‹ dauert nur kurz. Die traditionalistische Wende der deutschen marxistischen Literaturkritik steht in Zusammenhang mit der erzwungenen Abkehr vom Avantgardismus in Rußland und im Exil vor allem mit der Volksfrontpolitik, die dazu dient, ein breites Bündnis auch mit bürgerlichen Schriftstellern gegen den Faschismus aufzubauen. Für Georg Lukács, der die Wende der Literaturkritik mit initiiert, gehört Lenz zu den deutschen Aufklärern, die »auf dem Gebiet des reinen, von der politisch-sozialen Praxis getrennten Dichtens und Denkens« mitwirken an der »geistig künstlerischen Vorbereitung der französischen Revolution«, deren deutsches ideologisches Pendant die Klassik darstelle. Im Vergleich mit Goethe verkörpere Lenz aber »die Kehrseite der Medaille«: »Zwar kann Lenz als Menschengestalter, als Schöpfer einzelner Szenen ehrenvoll vor seinen besten Zeitgenossen bestehen, aber seine Dramen bauen sich stets auf einer aufgeregt-philiströsen anspruchsvoll-sinnlosen Schrulle auf«. Lenz fehle die »Genialität der ahnenden Voraussicht«. Durch eine »subjektiv-lyrische Ungeformtheit« werde sein Werk »als Ganzes [...] verzerrt und erdrückt« (*Kurze Skizze einer Geschichte der neuesten deutschen Literatur,* 1975, S. 33).

Die Literaturgeschichten der DDR urteilen hier anders. Das liegt sicher zum einen am Einfluß Brechts und seiner *Hofmeister*-Bearbeitung (1950), zum andern daran, daß die sozialkritische Literatur der Vergangenheit ideologisch beerbt werden kann. So gilt Lenz in den *Erläuterungen zur deutschen Literatur* (Sturm und Drang. Berlin 1958) als »selbständiger realistischer Dichter von Rang«, der »Grundforderungen einer realistischen Ästhetik entwickelt habe (S. 156, 162). Da die Kanonisierung der deutschen Klassik in der marxistischen Erbetheorie der DDR lange anhält, sind der Lenz-Aufwertung auch Grenzen gesetzt. Meist wird er – wie bei Nahke (1955) und bei Lorenz (1968) – als »Realist« analysiert. Die deutlich subjektivistischen und phantastischen Elemente seines Werkes werden dabei vernachlässigt. Auch wenn die Wertung in der *Geschichte der deutschen Lite-*

ratur (Bd. 6, Berlin 1979) differenzierter ist (vgl. S.521 f., 612-632), so fehlen, solange die DDR besteht, neuere Arbeiten, die den seit 1973 revidierten Positionen der Erbetheorie und der Wertung der Literaturgeschichte im 18. Jahrhundert entsprechen würden.

Schon im 19. Jahrhundert gibt es Außenseiter, die auf der Genialität Lenz' gegen die herrschenden Vorurteile bestehen. Zum Teil sind es Forscher, die aus lokalem Interesse auf Lenz gestoßen sind und aufgrund von neuem Material das etablierte Lenz-Bild anzweifeln. Zu diesen gehört der elsässische Forscher Johannes Froitzheim (u.a.: *Lenz und Goethe*, 1891). Er korrigiert viele Behauptungen Goethes in *Dichtung und Wahrheit*, wird aber von der herrschenden Wissenschaft nicht anerkannt, weil er seinerseits dem allgemeinen Urteil teilweise nur Vermutungen und Spekulationen entgegensetzen kann. Das Gleiche gilt für den Livländer Paul Theodor Falck, dem sogar Fälschungen vorgeworfen werden (u.a.: *Der Dichter Lenz in Livland*, 1878). Der Schweizer Eduard Dorer-Egloff (1857) kritisiert, korrigiert und ergänzt die unzulängliche Lenz-Ausgabe Tiecks. Der Berliner Literat und Wissenschaftler Otto Gruppe erkennt und anerkennt die poetologische und Werk-Alternative Lenz' zu Goethe und versucht 1861, in einer romanhaften Würdigung, die »Ehrenschuld« an Lenz abzutragen. Gruppe nimmt neuere Positionen der gattungspoetologisch orientierten Literaturwissenschaft vorweg, wenn er Lenz als »eigentlichen Begründer« der Mischgattung des »Schauspiels« bezeichnet. Außerdem weist er auf die Lyrik Lenz' hin, die zwischen Klopstocks und Goethes Werk einzuordnen sei. Diese Hinweise nehmen dann die jungen »Stürmer und Dränger« des Naturalismus auf.

Das Eintreten eines Teils der Naturalisten für Lenz, die von ihm »die Formel des naturalistischen Charakterdramas« (Max Halbe) formuliert sehen, bewirkt in der Wissenschaft zunächst keinen Umbruch. Im Gegenteil, der verdienstvolle Lenz-Biograph Rosanow (1909) und der Herausgeber der Werkausgabe Franz Blei (1909) grenzen sich dagegen ab. Im Umkreis des Zirkels um den Münchner Literatur- und Theaterwissenschaftler Arthur Kutscher, dem Lenz-Anhänger und Bearbeiter der *Soldaten*, entsteht die in der Forschung einflußreiche Dissertation von Oskar Gluth (1912). Wie die Naturalisten trennt Gluth die »realistischen« Werke Lenz', zu denen vor allem *Der Hofmeister* und *Die Soldaten* zählen, von den subjektivistischen ab, in denen für ihn ein »krankhafter Idealismus« herrscht (ebd., S. 11). Hausdorff (1913) spricht diesbezüglich von den »objektiven« und »subjektiven« Werken. Diese Trennung führt zu einer partiellen Aufwertung der explizit sozialkritischen Werke, während die übrigen von der Forschung meist weiterhin vernachlässigt werden.

Dies gilt nicht für Heinz Kindermanns Arbeit *J.M.R. Lenz und die deutsche Romantik* (1924). Kindermann ist ein Anhänger der antiaufklärerischen ›romantischen‹ Wende in der Germanistik. Er deutet den Sturm und Drang als Präromantik und Lenz als Irrationalisten. Die Arbeit hat das Verdienst, das Gesamtwerk Lenz' von einem übergreifenden Gesichtspunkt aus zu betrachten. Sie nimmt viele Einsichten in den Subjektivismus, die Religiosität, die Ästhetik Lenz' vorweg, an die später vor allem die französische Germanistik (Girard 1986, Genton 1966) anknüpfen kann. Doch ist die Arbeit zum einen wegen ihrer forciert geistesgeschichtlichen Tendenz überholt, zum andern wegen der Ausklammerung oder Uminterpretation der realistischen Elemente im Werk. Der den Nationalsozialisten ideologisch zuarbeitende Kindermann von 1941 stilisiert Lenz dann in *Die Sturm und Drang-Bewegung im Kampf um die deutsche Lebensform* mit einigen Schwierigkeiten zu einem Vorkämpfer gegen fremdländisch bestimmten »aufklärerischen Niedergang«. Im Grunde ist Lenz für die Frontstellungen der nationalistischen Wissenschaft von geringem Interesse.

In den zwanziger und dreißiger Jahren erscheinen einige Dissertationen zu Spezialfragen. Ein wirklicher Umbruch der Lenzforschung setzt erst Ende der fünfziger Jahre ein. Ein neuer geistesgeschichtlicher Aspekt, der das ganze 18. Jahrhundert umfassende Prozeß der Säkularisation religiöser Inhalte und Werte, erlaubt es Albrecht Schöne, 1958 Lenz' Leben und Werk in Selbstdeutung und Ablauf bestimmt zu sehen durch den »Modellzwang« des biblischen Gleichnisses vom verlorenen Sohn. Damit zeigt Schöne auf, daß Lenz nicht an eigener Unfähigkeit scheiterte, sondern als Beispiel anzusehen ist für eine übergreifende Entwicklung. So innovativ dieser Ansatz bis heute ist, weil er die Vater-Sohn-Konstellation als prägend für die dichterische Produktion herausstellen kann, diese Deutung aus einem Gesichtspunkt rekonstruiert Leben und Werk notwendigerweise einseitig. Zudem fehlt eine Berücksichtigung sozialgeschichtlicher Aspekte, die an Schönes Einsichten anknüpfende Forschungen integriert haben.

Einen entscheidenden Anstoß für die jüngere Lenzforschung gibt Brechts ausführlich kommentierte *Hofmeister*-Bearbeitung, die nach Oskar Negt und Alexander Kluge (in *Geschichte und Eigensinn*) gültig die »ungeschützte Lage« der Intelligenz »zwischen Klassenverhältnissen und Staat« beschreibt (1981, S. 413). Brechts episches Theater und die antiaristotelische Dramenpraxis anderer moderner Autoren veranlaßt die Germanistik, Lenz unter formanalytischen und gattungstypologischen Gesichtspunkten zu rehabilitieren. Walter Höllerer sieht 1958 im »Lapidarstil« Lenz', in seiner Aufwertung der Gestik, in der Technik der Kurzszenen und in der »Dekomposition des Tragischen« der Bestandteile einer antiaristotelischen Tradition, die über Büchner, den jungen Hauptmann und Wedekind bis zu Brecht reiche. Volker Klotz vergleicht in diesem Sinne *Offene und geschlossene Form im Drama* (1960). Mit den methodischen und thematischen Problemen dieser Arbeit setzt sich 1984 Guthrie neu auseinander. Karl S. Guthke (1959, 1961) versucht, den Bau der Dramen Lenz' unter dem Gesichtspunkt der Tragikomödie zu erfassen. Die Schwäche dieser Interpretation liegt in der vorausgesetzten Gattungsbestimmung, die den Stücken eher oktroyiert wird. Dagegen können Hinck (1965), Genton (1954, 1966) und Arntzen (1968) zeigen, daß für Lenz' Stücke der Begriff ›Komödie‹, für den sich der Autor nach einigem Schwanken entscheidet, durchaus zutreffend ist. Insbesondere Girard (1968) zeigt, daß Lenz' Verbindung von Tragischem und Komischen die ästhetischen und sozialen Funktionen der zeitgenössischen Komödie parodiert und entlarvt. Girard verbindet deshalb die Gattungsuntersuchung mit einer sozialgeschichtlichen Interpretation. Den innovatorischen Charakter von Lenz' Dramentheorie stellt zuerst Fritz Martini (1970, 1971) heraus. In Zusammenhang mit dem gattungstypologischen und formanalytischen Interesse werden auch die historischen Bezüge von Lenz' Theorie und Werk genauer untersucht. Hinck (1965) stellt den Zusammenhang mit der Tradition der Haupt- und Staatsaktionen, dem Puppenspiel und der Commedia dell' arte her. Die Bezüge auf Shakespeare hatte schon Rauch (1892) untersucht; seine Analyse führen Schwarz (1971, 1976) und Inbar (1977) weiter. Roger Bauer (1972) stellt die Komödientheorie Lenz' in den Zusammenhang der älteren Plautuskommentare. Britta Titel (1962) untersucht Lenz' Nachahmungsbegriff im Kontext der zeitgenössischen Diskussion.

Brecht gibt auch die Anregung, Lenz als Sozialkritiker zu untersuchen. Diese wird zuerst in der Zeit der Studentenbewegung aufgegriffen, als die ›gesellschaftliche Funktion‹ der Literatur in Frage gestellt wird. In dieser Zeit wird auch eine heftige politische Kritik an der »Klassik-Legende« (Grimm/Hermand) formuliert. Dieser Kritik ist noch 1980 das Lenz-Kapitel in Leo Kreutzers *Mein Gott Goethe* verpflichtet. Doch schon Hans Mayer (1966) sieht in dem Nachwort zu Titel/Haugs Werkausgabe in Lenz eine Alternative zur Weimarer Klassik, die nicht zum Zuge gekommen sei. Die Literaturgeschichte des 18. Jahrhunderts wird, wie sich schon bei Mayer zeigt, neu bewertet. Es wächst das Interesse an den sozial-kritischen Stükken des Sturm und Drang, die »noch realistisch und zugleich poetisch« seien und wo »die Idee nicht das Stoffliche vergewaltigt« (Brecht: Zu *Der Hofmeister* von Lenz. In: Werke. Bd. 17, S. 1221).

In vehementer Abgrenzung gegen die »formalistische Germanistik der sechziger Jahre« wertet Peter Christian Giese (1974), von Brecht herkommend, Lenz' Komödien – insbesondere den *Hofmeister* – als realistische Dokumente der »deutschen Misere« (Engels), des Ausbleibens einer erfolgreichen Revolution. Glaser (1969) untersucht den *Hofmeister* und stellt die zwischen Ohnmacht und Aufruhr schwankende Haltung des Autors heraus. Werner (1981) behandelt umfassend das Verhältnis zwischen »sozialer Unfreiheit und bürgerlicher Intelligenz« als »organisierenden Gesichtspunkt« im *Hofmeister*. Die sozialgeschichtliche Analyse verbindet McInnes (1977) in dem Kommentar zu seiner Ausgabe der *Soldaten* mit einer biographisch orientierten Interpretation. Besonders hervorgehoben sei Klaus Scherpes (1977) wichtiger Beitrag zum Widerspruch zwischen »dichterischer Erkenntnis« und »Projektmacherei«. An der Diskrepanz zwischen Lenz' Reformvorschlägen und der in den Texten ausphantasierten Realität macht er den Gegensatz zwischen Lenz' pragmatisch orientierten Veränderungswillen und seiner Einsicht in die hierdurch nicht aufhebbaren gesellschaftlichen Widersprüche fest. In Andreas Huyssens wichtigem zusammenfassenden Beitrag (1980) zum Sturm und Drang wird Lenz als ein eigenständiger und eigenwilliger Autor geschildert. Er habe die »Funktionalisierung und Verdinglichung bürgerlichen Lebens schon unter absolutistischer Herrschaft« dichterisch als »gesellschaftlich vermittelt« dargestellt. Das mache die Modernität seiner Texte aus.

Mit dem verstärkten Interesse am 18. Jahrhundert als der Zeit des Umbruchs zur bürgerlichen Gesellschaft tritt in der Wissenschaft das Epochenproblem in den Vordergrund. Eine Reihe von Arbeiten gehen von einer ideengeschichtlichen Analyse der Essays Lenz' aus und versuchen von daher, die Eigenart seiner Erzählungen und Dramen und seine Stellung im Epochenzusammenhang zu erfassen. Zu diesen Untersuchungen gehört Ottomar Rudolf *J.M.R. Lenz. Moralist und Aufklärer* (1970). Im Gegensatz zu Huyssen, der das Spannungsverhältnis Lenz' zur Aufklärung betont, stellt Rudolf die Nähe von Lenz' Moralverständnis und Sittenlehre zu dieser Bewegung heraus. Durch den Rekurs auf die religiösen Anschauungen des Autors ergänzt diese Arbeit die sozialgeschichtlichen Interpretationen, die den »Realisten« Lenz in den Vordergrund stellen. Im Streben nach menschlicher Glückseligkeit und einem Gemeinschaft stiftenden sittlichen Handeln suche Lenz nach einer Synthese zwischen Pietismus und Aufklärung. John Osborne (1975) sieht bei Lenz einen Konflikt zwischen dem in den theoretischen Schriften ausgedrückten Willen zur »Selbstbehauptung« und einem eher resignativen Rückzug in die ästhetische Fiktion. Den letzteren macht er unter anderem an den ›versöhnenden‹ Schlüssen der Dramen fest. Wenn Osborne selbst darauf verweist, daß Lenz durch Ironisierung die am Ende hergestellte Harmonie wieder relativiere, stellt sich freilich die Frage, ob es sich hier um einen Rückzug in die Fiktion handelt oder nicht vielmehr um einen parodistischen Umgang mit bestimmten zeitgenössischen Publikumserwartungen (vgl. schon Girard 1968). Während Osborne Lenz als Spätaufklärer sieht, betont Chantre (1982) in seiner Untersuchung der religiösen und ästhetischen Anschauungen den eigenständigen Stürmer und Dränger. Preuss (1983) interpretiert Lenz' Werk als eine »gekonnte Vermittlung zwischen Realismus und Allegorie« und sieht in Lenz einen freilich bis zum Nihilismus vorstoßenden Nachfahr des barocken Weltzweifels.

Mitte der achtziger Jahre findet ein erster Umbruch in der Lenz-Aneignung statt. 1984 fragen Stephan/Winter nach der ›Kultfigur‹ Lenz; sie versuchen, aus der produktiven Rezeption von Autor und Werk, die die Wissenschaft weit überholt habe, neue Perspektiven zu gewinnen. 1985 veröffentlicht Damm die seit Rosanows verdienstvoller Arbeit von 1908 dringend notwendige neue Biographie des Autors, die sich durch die Intensität eigener Recherchen legitimiert. Sie fügt dem Wissen um Lenz' Leben viele neue Details zu und klärt Zusammenhänge, insbesondere die Lebensumstände in Rußland. Zugleich beeindruckt die Arbeit durch eine behutsame Einfühlung in die inneren und äußeren Zwänge, denen der Dichter unterliegt. Ihr entspricht die Verbindung zwischen Bericht und Fiktion, die den wissenschaftlichen Wert des Werkes nicht schmälert, aber den Porträtierten dem Leser näherbringt. Im gleichen Jahr veröffentlicht Boëtius seine einfühlsame Annäherung an Lenz' »inneren Kontinent«, wobei er auch auf das bisher meist abgewertete Spätwerk aufmerksam macht. Scholz (1990) kann daher in einem immer noch aktuellen Aufsatz über die Notwendigkeit einer historisch-kritischen Lenz-Ausgabe auf eine sich verändernde Anteilnahme an Autor und Werk hinweisen. Das Interesse am ›Realisten‹ Lenz tritt bei ihm zurück gegenüber dem Interesse an Psychobiographie und -pathologie und an der daraus resultierenden spezifischen Werkästhetik. Scholz spricht vom »Erkenntnisinteresse an der Biographie eines bedeutenden Schriftstellers des Sturm und Drang, [...] an der sozialpsychologischen Geschichte des deutschen und europäischen Bürgertums, an den Bruchstellen zwischen psychischer Normalität und Psychose und an deren Ursachen, an dem Zusammenhang zwischen psychischen Konflikten und künstlerischer Produktivität« (Scholz 1990, S. 775). Peter von Matt postuliert entsprechend in *Untergang eines Aufständischen* (1988): »Sein Genie war das Verrücken, sein

Gegenstand das Skandalon«. Lenz weiche in seinen Texten die Grenzlinie zwischen Vernunft und Wahnsinn auf.

1992 ist Lenz' zweihundertster Todestag. Daß das wissenschaftliche Interesse an Autor und Werk enorm gestiegen ist, belegen drei Tagungen, nachdem es vorher keine gegeben hatte. 1991 organisieren Madland, Leidner und Wurst ein internationales Lenz-Symposium in Oklahoma/USA (vgl. Leidner/Madland 1993); 1992 gibt es internationale Konferenzen in Birmingham, organisiert von Hill, und in Hamburg, organisiert von Stephan und Winter (vgl. Hill 1994; Stephan/Winter 1994). Die Bände, zu denen noch Wurst (1992) tritt, dokumentieren die inzwischen gewonnene Breite an Fragestellungen und auch die weitaus größere historisch fundierte Präzision in Recherche und Interpretation und sind für die Auseinandersetzung immer noch eine unerläßliche Grundlage. Wichtige Texte der früheren Forschung sind inzwischen in zwei wichtigen Sammelbänden – herausgegeben von Müller (1995) und Luserke (1995) – dokumentiert worden, von denen der erste als Produkt langjähriger Recherche allein schon durch seinen großen Umfang beeindruckt. Müllers Werk enthält auch Briefäußerungen und dokumentiert zusätzlich im ersten Teil wichtige Dokumente der Rezeption zu Lebzeiten des Autors.

Ferner bedeutet die Gründung des *Lenz-Jahrbuches. Sturm und Drang Studien* 1991 einen wesentlichen Fortschritt. Die Herausgeber – Luserke und Weiß in Verbindung mit Gerhard Sauder, ab Band 3 Weiß in Verbindung mit Luserke, Sauder und Wild – wollen, wie es 1991 in der »Vorbemerkung« heißt, »der Lenz-Forschung ein Forum zum Austausch ihrer Ergebnisse« bieten, aber auch Studien zum Sturm und Drang im Sinne einer »kritischen Aufklärungsforschung« fördern. So sollen die sich ausdifferenzierenden Einzelstudien zu Lenz in einen größeren Zusammenhang eingebunden werden. Die seither erschienenen sieben Bände des Jahrbuchs enthalten Interpretationen zu Texten, Recherchen zur Biographie, Editionen nicht oder nicht zureichend edierter Texte, Untersuchungen zur Lenz-Rezeption und zum historischen Umfeld von Lenz, sowie Rezensionen wissenschaftlicher Werke.

Das gewachsene Interesse vor allem der amerikanischen Germanistik dokumentiert der seit 1990 existierende Lenz-Interessentenkreis, der seit 1990 einen von Wurst verantworteten *Newsletter* herausgibt und regelmäßig Sektionen auf Tagungen einschlägiger Gesellschaften wie der »German Studies Association« und der »American Society for Eighteenth-Century-Studies« organisiert. Anläßlich der Tagung dieser Gesellschaft im April 2000 findet die erste Mitgliederversammlung einer »Lenz/Storm and Stress Society« mit

Sitz in Oklahoma City statt. Die Initiatorinnen sind Madland und Wurst. Pläne für eine Lenz-Arbeitsstelle an der Universität Jena lassen sich leider nicht durchsetzen. Immerhin ist Lenz inzwischen ein Autor, über den es sich im wissenschaftlichen Feld lohnt zu profilieren. Das Goethejahr 1999 hat freilich deutlich gemacht, wie groß der Abstand zu seinem Freund und Konkurrenten Goethe ist und wie groß dieser immer bleiben wird, nicht nur weil dieser ein umfangreicheres Werk hinterlassen hat und die Goethe-Forschung zum Beispiel über die Goethe-Gesellschaft und die Weimarer Kulturstätten im wissenschaftlichen und kulturellen Feld weit besser etabliert ist, sondern vor allem, weil die Werk und Person Goethes zugewachsene hohe Legitimation und Aura der Repräsentanz eher Auseinandersetzungen legitimieren, die durchaus nicht nur verehrend, sondern auch kritisch distanzierend sein können.

Der Bezug der Lenz-Forschung zu einer kritischen Aufklärungsforschung bildet einen wichtigen Strang in der Debatte seit 1992 (vgl. u.a. Winter 1993 und 1994). Luserke (1993) geht in dem Band *Jakob Michael Reinhold Lenz: Der Hofmeister, Der neue Menoza, Die Soldaten* von einer Definition des Sturm und Drang als »Relationsbegriff« aus und begreift diese Bewegung mit Sauder (1985) als »gleichermaßen Dynamisierung und Binnenkritik der Aufklärung«. Unter diesem Aspekt gibt es auch Einzelstudien zu spezifischen Werkaspekten, von denen stellvertretend Pautlers Arbeit über *Pietistische Weltdeutung und bürgerliche Sozialreform* (1999) genannt werden soll. Diese stellt auch die Frage nach dem Verhältnis zwischen Religion und Aufklärung bei Lenz und nach der Bestimmung seines Standortes in der zeitgenössischen Diskussion über Möglichkeiten und Grenzen einer aufgeklärten Theologie (vgl. dazu auch Hayer 1995). Pautler (1996, 1999) untersucht auch Lenz' Tendenz zu sozialen Projekten und fragt in Anknüpfung an M. Müller (1984) und in partieller Übereinstimmung mit Wilson (1994) unter anderem nach den Gründen für das hohe Maß an Disziplinierung, das sie prägt.

In diesem Zusammenhang wird – vor allem nach der Wiederentdeckung der *Philosophischen Vorlesungen* und aufgrund des zunehmenden Interesses an Zivilisationsgeschichte – über Lenz' Verhältnis zur Sexualität diskutiert. Ein ungewöhnlich umfangreicher, drängender und in die Tiefe reichender Diskurs über den Trieb zur »Konkupiszenz« prägt Lenz' Werk ebenso wie massive Tendenzen zur Disziplinierung und Selbstdisziplinierung (vgl. dazu u.a. Luserke/Marx 1992, Sautermeister 1997). Die Zwänge zur Repression und zur Diskursivierung hängen offensichtlich eng zusammen. Lenz' unglückliches Verhältnis zu Frauen und die sehr unterschiedlichen

Frauenbilder in seinen Texten, die zum Teil vom dominierenden Diskurs seiner Zeit abweichen, haben Studien zum Frauenbild und den Geschlechterrollen angeregt (vgl. u.a. Stephan 1994, von Hoff 1994, Hallensleben 1994, Graf 1993, 1996, Koneffke 1992). Mit dem Komplex Sexualität und Geschlechterrollen in Zusammenhang steht das allgemeinere Interesse an den pathologischen Zügen von Lenz' Persönlichkeit bis hin zur Schizophrenie. Dabei sind zunächst die Äußerungen von Zeitgenossen zu untersuchen (vgl. dazu Madland 1993). Als relativer Konsens in der Forschung gilt die These von der »familiären Verursachung« seiner Krankheit ›Schizophrenie‹ (Scholz 1990, dagegen Menke 1994). Ob allerdings die »Psychose« von Lenz in einer »Beziehungsstruktur seiner Elternfamilie wurzelt, die dem Grundmuster nach zum charakteristischen Bestand der Sozialisation bürgerlicher Mittelschichten« gehört, wäre erst noch zu erweisen. Dazu ist es wichtig, der Einschreibung der ins Pathologische reichenden Vaterbeziehung in das Werk weiter nachzugehen (vgl. u.a. Meinzer 1994, Kagel 2000).Wichtiger als rein biographische Studien ist die Frage nach dem Zusammenhang zwischen Pathologie und Ästhetik (vgl. dazu u.a. Bamberger 1999). Eine solche Perspektive darf allerdings weder die Abwertung Lenz' zum pathologischen Dichter noch den Mythos des gescheiterten, wahnsinnig werdenden Dichters einfach fortschreiben. Zu Recht betont Madland (1994, S. 15), Lenz sei »a self-consious and highly competent artist«. Sie formuliert den Konsens eines großen Teils der aktuellen Forschung, wenn sie ferner feststellt: »research is beginning to show how Lenz's texts can produce readings which contradict the conventional emphasis on failure, oppression and victimization«. Einer Schreibweise, die sich in Fragmente und Multiperspektivik aufspalte, liege eine Subjektkonstitution zugrunde, die auf die Literatur der Moderne vorausweise (vgl. dazu auch Vonhoff 1990, Wurst 1993).

Ist Lenz lange an den Werkkategorien der Weimarer Klassik gemessen worden, ergibt die um das Verhältnis von Moderne und Postmoderne zentrierte ästhetische Diskussion der Gegenwart neue Perspektiven auf die eigenwillige Strukturierung der Texte. Wenn Wurst (1992) im Vorwort zu ihrem Sammelband konstatiert, die »traditionelle Einheit« der Texte weiche »einer kaleidoskopartigen Vielheit«, »Verweis und Andeutung seien Grundvoraussetzungen für das vielzitierte Prinzip der Offenheit«, so ist eine solche an der Gegenwart orientierte Lektüre einerseits innovativ, weil sie vernachlässigte Seiten des Werks erschließt, andererseits steht sie in der Gefahr vorschneller Aktualisierung. Die auffällige Intertextualität von Lenz' Werk untersuchen zum Beispiel Schmalhaus und Wurst (1992), die Erzählstrategien Dedert (1990), Madland (1994), Stötzer (1992) und Wurst (1990, 1992, 1993, 2000), die Struktur der Dramen Haag (1997), Imamura (1996), Landwehr (1996), Osborne (1993), Pastoors-Hagelüken (1990), Rector (1992). Auch Poetik und Rhetorik der »Anmerkungen übers Theater« wird weiter nachgegangen (vgl. Morton 1988, Profitlich 1998, Rector 1991 und 1994). Die Konsequenzen des Handlungspostulates für Schreibstrategie und Figurendarstellung werden untersucht (vgl. Rector 1992, Unglaub 1993). Der übergreifenden Rezeptions- und Wirkungsgeschichte des Autors widmen sich unter anderem Genton (1966), Harris (1973), Menke (1984), Osborne (1975) und Unglaub (1983).

Lenz Werk ist trotz des deutlichen Fortschritts der Untersuchungen noch lange nicht ausgeforscht. Die Öffnung der Archive im Osten bietet, wie gleich zu zeigen sein wird, eine Fülle an Material, das gesichtet und analysiert werden muß. Von daher werden sich auch die Perspektiven auf das veröffentlichte Werk verändern. Darüber hinaus bleiben auch zu ihm Fragestellungen offen. Die Texte sind sehr unterschiedlich untersucht. Zur Lyrik, der Epik, zum Spätwerk, zu den Dramenfragmenten gibt es nur sehr wenige Arbeiten. Auch die Analyse der historischen Verflechtung von Lenz' Poetik und seiner Schreibpraxis läßt noch viele Fragen offen. Die von vielen eingeforderte Psychobiographie des Autors ist noch nicht geschrieben. Es gibt verhältnismäßig wenig Themen- und Motivuntersuchungen. Viele offene Fragen gibt es im Bereich der Intertextualität des Werks und bei den Beziehungen Lenz' zu den Autoren seiner Zeit und zu den älteren Autoren (zu Lenz und Plautus vgl. Sittel 1999).

Die Wirkungsgeschichte Lenz' zu untersuchen, bietet immer noch neue Perspektiven. Unglaub (1983) hat das Bild des Dichters in der literarischen Öffentlichkeit bis 1814 untersucht. Genton (1966) stellt ausführlich die Wirkungsgeschichte Lenz' auf dem Theater dar. Harris (1973) und Osborne (1975) geben einen knappen und prägnanten Überblick über die Lenz-Bilder von Büchner bis Bobrowski, bzw. Schneider. Stephan/Winter (1984) haben sich ausführlich mit der produktiven Rezeption beschäftigt (vgl. dazu auch Menke (1984)).

Die wissenschaftliche Literatur bis 1970 wie auch die Werkpublikationen sind bei Benseler (1971) gesammelt. Entsprechend wird in diesem Band nur auf die heute noch relevanten Arbeiten aus diesem Zeitraum verwiesen. Die Manuskriptorte sind angegeben aufgrund eigener Überprüfungen, der Angaben Benselers und der Angaben in der Ausgabe Damms und in neueren Publikationen.

1.2 Kurze Geschichte der Lenz-Manuskripte und Werkausgaben

Der Geschichte der Lenz-Manuskripte ist Benseler (1971) am ausführlichsten nachgegangen. Die folgende Darstellung beruht zum Teil auf seinen Angaben, die erheblich ergänzt werden.

Dem lange vorherrschenden Verdikt über Lenz in der Wissenschaft geht eine unglückliche Verkettung von Zufällen und nicht mehr aufzuklärenden Mißhelligkeiten in der Manuskriptgeschichte parallel, so daß bis heute eine historisch-kritische Ausgabe fehlt, was sich negativ auf die Forschung ausgewirkt hat, zumal auch die Texte in den zugänglichen Ausgaben meist unzuverlässig sind. Immerhin gibt es inzwischen mit Damms *Vögel, die verkünden Land* (1985) eine Biographie, die den neuesten Forschungsstand repräsentiert. Davor mußte die Forschung immer noch auf Rosanows Biographie von 1911 zurückgreifen, die auch heute noch in Einzelheiten gültig ist. Die zahlreichen Pläne für Biographien im 19. Jahrhundert wurden alle nicht verwirklicht. Nur zwei – die von Georg Friedrich Dumpf und Jégor von Sivers – erreichten partiell das Manuskriptstadium.

Lenz übergibt zu Lebzeiten einen Teil seiner Manuskripte und Abschriften Goethe, der zum Teil auch ihren Druck vermittelt. Goethe hat aber nach seiner Distanzierung von Lenz nichts mehr für eine Publikation unternommen. Fast die gesamte Korrespondenz zwischen ihm und Lenz hat er vernichtet. Auf Schillers Nachfrage überläßt er diesem 1797 den Roman *Der Waldbruder*, das Dramolett *Tantalus* und das Gedicht *Die Liebe auf dem Lande*. Den Roman druckt Schiller 1798 in den *Horen* ab, die anderen Texte im *Musenalmanach* des gleichen Jahres. Als Lenz 1778 nach Livland reist, hinterläßt er Schlosser eine Kiste mit Manuskripten und vielleicht auch Erstdrucken, die 1784 nach Riga verschifft wird. Sie gelangt in den Besitz der Familie, die aber mit dem Inhalt recht sorglos umgeht. Ein Teil wird an unbekannte Interessenten weitergegeben (vgl. Franzos 1983, S. 176). Der Rest gelangt nach 1792 an den livländischen Arzt Georg Friedrich Dumpf (1777-1849). Dieser plant eine erste Ausgabe, findet aber keinen Verleger. Eine geplante Biographie kann er wegen seines Todes nicht vollenden. Ludwig Tieck tritt 1820 über den Studenten Ferdinand O. L. von Freymann, der Lenz' Neffen, den Oberpastor Lenz in Dorpat kennt, an Dumpf heran. Dieser schickt Tieck auf dessen Bitte große Teile seines Materials, so daß die Ausgabe, soweit sie Unveröffentlichtes enthält, weitgehend auf diesem basiert. Die Ausgabe in drei Bänden von 1828 ist freilich in den Texten sehr ungenau und vor allem unvollständig. Vermutlich mit Rücksicht auf Goethe enthält sie nicht die von Schiller veröffentlichten Texte. Fälschlich bezieht Tieck nicht nur eine Rezension Häfeles und eine Ode des mit Jakob nicht verwandten Altenburger Beamten Ludwig Friedrich Lenz in die Ausgabe ein, sondern auch Klingers Drama *Das leidende Weib*. Die dürftigen biographischen Notizen halten ein falsches Todesdatum (1780) fest.

Der Straßburger August Stöber veröffentlicht im Stuttgarter *Morgenblatt für gebildete Stände* 1831 einige Lenz-Briefe, sowie 1842 in *Der Dichter Lenz und Friederike von Sesenheim* zum Teil zusätzliche Briefe, ferner Gedichte. Die Briefe an Salzmann veröffentlicht er vollständig 1855 in dem Band *Der Aktuar Salzmann*. Die Originale der Salzmann-Briefe gehen bei der Besetzung Straßburgs 1870 in Flammen auf. Georg Friedrich Dumpf hatte nur einige Notizen, Briefe und Erstpublikationen behalten. Sie werden nach seinem Tod auktioniert. Ein Teil dieser Materialien, vor allem Dumpfs Aufzeichnungen für eine Lenz-Biographie, gelangen 1851 an Tieck. Ein anderer Teil der Notizen und Briefe gelangt an Jégor von Sivers, der sie publizieren will, aber vorher stirbt. Diese Materialien liegen heute in der Stadtbibliothek Riga (Fundamentale Bibliotheka).

Offen ist, ob Schlosser alle Materialien nach Riga geschickt hat und ob die Eltern Lenz Manuskripte nach Moskau nachsandten. Diese Unterlagen wären vermutlich verloren. Tiecks Unterlagen erhält nach seinem Tod sein Biograph Rudolf Köpke. Dieser gibt sie an Jégor von Sivers weiter. Sivers plant eine Edition und Biographie, von denen er aber zwischen 1855 und 1879 nur kleine Teile publizieren kann. Die Unterlagen gelangen nach seinem Tod an den Germanisten Karl Weinhold und nach dessen Tod in die Königliche Bibliothek in Berlin. Auch Wendelin Freiherr von Maltzahn, der 1845 die Gedichte, Erzählungen und Essays zu sammeln beginnt, plant erfolglos eine Publikation. Seine Sammlung gelangt nach seinem Tod ebenfalls in die Königliche Bibliothek in Berlin. Die Studien und Kopien erhält zunächst Karl Weinhold. Otto F. Gruppe und Eduard Dorer-Egloff sammeln ebenfalls Material. In ihren Publikationen korrigieren und ergänzen sie die Ausgabe Tiecks.

Im Zeitalter des Positivismus und bis zum ersten Weltkrieg beschäftigt sich die deutsche Philologie ausführlich mit der Sicherung und Edition von Lenz' Schriften. Die Kanonisierung Goethes bewirkt immerhin auch ein Interesse an gesicherten Texten seines Freundes Lenz. Freilich beschränkt die meist negative Bewertung des Autors die Benutzbarkeit der Editionen, zumindest ihrer Kommentare. Mit sorgfältigen und für die Zukunft verbindlichen Editionen, die die Handschriften berücksichtigen, macht sich vor allem Karl Weinhold verdient. Er publiziert 1884 den *dramatischen Nach-*

laß von Lenz, 1889 die *Moralische Bekehrung eines Poeten*, 1891 die Gedichte. 1896 gibt Erich Schmidt nach den Handschriften die jüngere Fassung des *Pandämonium Germanicum* mit den nahezu vollständigen Varianten der älteren heraus (Die ältere Fassung hatte bereits 1819 Dumpf publiziert). Eine handschriftliche synoptische Ausgabe beider Fassungen des *Pandämonium Germanikum* gibt erst Christoph Weiß 1993 heraus. 1901 beschreibt Schmidt die Manuskripte der Sammlung Sivers-Weinhold der Berliner Königlichen Bibliothek und veröffentlicht einen Teil als *Lenziana*. 1845 bzw. 1918 werden zwei neu gefundene Manuskripte herausgegeben, die später wieder verlorengehen: von Karl Ludwig Blum das Drama *Der verwundete Bräutigam* und von Lotte Schmitz-Kallenberg die *Briefe über die Moralität des jungen Werthers*. 1908 ediert Theodor Friedrich aufgrund der Handschriften und des Erstdruckes die *Anmerkungen übers Theater*. 1913 ediert Karl Freye die Schrift *Über die Soldatenehen*. Matjev N. Rosanow, Privatdozent in Moskau, veröffentlicht 1901 in russischer, 1909 in deutscher Sprache seine Lenz-Biographie. Im Anhang publiziert er Materialien aus der Rigaer Bibliothek und der Königlichen Bibliothek Berlin. Das Jahr 1909 ist für die Werkerschließung noch aus einem anderen Grunde sehr wichtig. Es erscheinen zugleich zwei umfangreiche Werkausgaben, Dokumente des gestiegenen Interesses an Lenz. Die von Ernst Lewy herausgegebenen *Gesammelten Schriften* in vier Bänden hat Wedekind angeregt, der auch mit der Arbeit begonnen hatte. Sie stellen eine Liebhaberausgabe dar, was allein schon die radikal modernisierte Orthographie und Interpunktion zeigen. Leider sind die Texte in einem oft unzuverlässigen Wortlaut wiedergegeben; Anmerkungen fehlen. Franz Bleis fünfbändige Ausgabe ist bis zum Erscheinen der Ausgabe von Sigrid Damm die vollständigste. Leider geht auch er nicht in allen Fällen auf zuverlässige Quellen zurück, sondern auf die ihm jeweils leicht erreichbare Druckvorlage. So nimmt Blei Weinholds Editionen nicht zureichend zur Kenntnis. Fälschlich gibt er in Band 4 Lichtenbergs *Einige Umstände von Kapitän Cook* als einen Lenz-Text wieder. Auch Blei modernisiert die Orthographie und glättet sprachliche Eigentümlichkeiten. Immerhin enthält die Ausgabe einen Kommentar.

Jégor von Sivers' Plan einer Briefausgabe verwirklicht partiell bereits 1894 Fritz Waldmann mit seinem *Lenz in Briefen*. In diese Edition, die freilich nur kurze, oft recht willkürlich ausgewählte Ausschnitte enthält, nimmt er auch Äußerungen von Zeitgenossen auf. Karl Freye und Wolfgang Stammler veröffentlichen dann 1918 eine Briefausgabe mit vollständigen Texten, die auch an den Manuskripten – soweit vorhanden – streng überprüft sind. Leider lassen die

Editoren manche Moskauer Briefe weg und kürzen andere aus dieser Zeit. Sie meinen, damit der Lenz-Wirkung Peinlichkeiten zu ersparen.

Nach dem Ersten Weltkrieg gibt es dann kaum noch Lenz-Editionen. Otto von Petersen veröffentlicht 1926 in seiner Dissertation den Text des Dramas *Myrsa Polagi oder die Irrgärten.* Seine Beweisführung, daß dieses Stück von Lenz sei, wird – trotz einiger Relativierungen – 1964 von Guthke unterstützt, der den Text erneut abdruckt. Johannes H. Müller veröffentlicht 1930 Lenz' *Coriolan*-Fragmente in revidierter Fassung. Nach dem Zweiten Weltkrieg kommt eine in der Staats- und Universitätsbibliothek Hamburg lagernde Abschrift von Lenz' Plautus-Bearbeitung *Die Algierer* ans Licht, die Daunicht veröffentlichen will, aber erst Luserke/Weiß 1991 publizieren, ferner in Weimar die *Expositio ad hominem* (1962 von Genton veröffentlicht, in historisch-kritischer Edition mit Faksimile von Albrecht/Kaufmann 1996).

Im Zweiten Weltkrieg wird die Sammlung Maltzahn von Berlin nach Tübingen ausgelagert. Jetzt ist sie als Teil der Stiftung preußischer Kulturbesitz in der Staatsbibliothek in Berlin. Die Sivers-Weinholdsche Sammlung geht im Gegensatz zu der Angabe bei Benseler nicht in Flammen auf, sondern befindet sich heute in Krakau. Ein vollständiger Katalog aller Berliner »Lenziana« befindet sich in der Staatsbibliothek in Berlin.

Eine neue fragmentarische wissenschaftliche Ausgabe in zwei Bänden wagen erst 1966/67 Britta Titel und Hellmut Haug. Wie auch das Nachwort von Hans Mayer ausweist, ist diese Ausgabe eine Folge des aufgrund von Brechts Anregungen gestiegenem Interesses an Lenz als Autor antiaristotelisch strukturierter Dramen und als Sozialkritiker. Die Herausgeber bemühen sich um einen Standardtext, der, soweit ihnen möglich, am Manuskript überprüft ist. Die Herausgeber geben ihre Quellenbasis jeweils an. Zum Teil verändern sie die Zeichensetzung der ersten Ausgaben. Verdienstvoll sind die Kommentare, die auch Angaben zur Entstehungsgeschichte der jeweiligen Werke enthalten. Bedauerlicherweise fehlen in der Edition die wichtigsten Erzählungen, die Shakespeareübersetzungen, die meisten Plautusübertragungen, die erste Fassung des *Hofmeisters* (bis auf Textproben), ein Teil der Essays und Dramen, sowie das Spätwerk. Es überrascht, daß Haug in seiner Edition der Gedichte bei Reclam dann zum Teil andere Fassungen publiziert, ohne auf die Abweichungen von der Werkausgabe hinzuweisen. Richard Daunichts zuverlässige und gut kommentierte Ausgabe von 1967 ist über Band 1 nicht hinausgekommen. Dieser Band *Dramen* enthält auch Texte, die bei Titel/Haug fehlen: *Der vernünftige Bräutigam,* die Plautusbearbeitungen, *Der Hofmeister* und die Schlußszene des *Neuen Menoza* in einer früheren Fassung. In der schmalen Auswahl *Werke und Schriften* in der Reihe *Texte deutscher Literatur 1500-1800* ediert Daunicht unter anderem die *Meynungen eines Layen*, »nachdem ein Exemplar des sehr seltenen Originals aufgefunden werden konnte«. – Die im *Almanach zur Eröffnung der Bibliothek deutscher Klassiker Warum Klassiker* (1985) angekündigte Werkausgabe von Daunicht ist nicht erschienen.

Im Insel Verlag (Leipzig) und im Carl Hanser Verlag erscheint 1987 eine dreibändige Leseausgabe der Werke von J.M.R. Lenz. Herausgeberin ist Sigrid Damm. Der erste Band versammelt die Dramen, dramatischen Fragmente und die Übersetzungen Shakespearescher Stücke. Der zweite Band enthält die Übertragungen der Lustspiele Plautus' und das erzählerische Werk bis auf die späten, in Livland entstandenen Texte, deren Verfasserschaft nicht sicher ist, sowie die theoretischen Schriften. Im dritten Band findet der Leser die Gedichte und die Briefe von (diese, soweit vorhanden, vollständig) und an Lenz (letztere in Auswahl, beschränkt auf die wichtigsten, die Lenz' Leben und Schaffen erhellen). Als Textgrundlage dienen die Erstdrucke, wobei andere Editionen (Blei, Titel/Haug, Weinhold, Daunicht) zu Rate gezogen wurden. Soweit möglich, wurden die Texte auch an den Handschriften in Berlin, Weimar, Riga und Krakau überprüft. Dabei gab zum Beispiel der von Weinhold veröffentlichte dramatische Nachlaß Probleme auf, weil der Herausgeber die sparsame Interpunktion des Dichters nicht akzeptierte. Weinholds Eingriffe wurden aufgrund der Einsicht in die Handschriften getilgt. Jeder der drei Bände enthält einen Anhang, der die Erschließung der Texte erleichtern soll. Die Ausgabe beschließt ein Essay der Herausgeberin.

So verdienstvoll Damm war und ist, sie läßt den Forscher heute in manchen Punkten unbefriedigt, worauf vor allem Scholz (1990) und – für die Lyrik – Vonhoff (1990) hingewiesen haben. Es fehlen viele Texte – vor allem aus dem Spätwerk –, auch solche, die bei Blei oder andernorts schon ediert waren (vgl. die weitgehend noch nicht überholte Zusammenstellung bei Scholz 1990). Bei der *Coriolan*-Edition folgt Damm unglücklicherweise Blei und nicht Johannes Müller. Manche Gedichtsfassungen sind unzuverlässig, oder es gibt weitere Fassungen (vgl. die zuverlässigen Editionen von Gedichten bei Vonhoff (1990)). Letztere kommen den Erfordernissen einer historisch-kritischen Ausgabe teilweise nahe; fast erreicht sind diese bei der *Hofmeister*-Ausgabe von Kohlenbach (1986), der dem Erstdruck, dem die Lenz-Ausgaben folgen, die Handschrift gegenüberstellt, welche deutliche Abweichungen zeigt.

1992, im 200. Todesjahr von Lenz, erscheinen drei Leseausgaben (Müller/Stötzer, Lauer und Voit), wobei vor allem die letzten beiden durch philologische Zuverlässigkeit überzeugen, alle drei allerdings Damms Umfang nicht erreichen. Indirekt tragen diese Ausgaben zur Verwirrung des Lesers bei, da sie zum Teil unterschiedliche Textvarianten der Gedichte drucken, die zudem von den Fassungen Damms gelegentlich abweichen. Scholz' vehementes und gut begründetes Plädoyer für eine historisch-kritische Ausgabe ist also keineswegs überholt. Solange diese nicht in Sicht ist, ist auch Weiß' dreibändige Ausgabe der Erstdrucke in Faksimile sehr nützlich, weil sie diese ohne modernisierende Eingriffe darbietet und außerdem einen Überblick darüber vermittelt, wie Lenz sich im literarischen Feld seiner Zeit präsentiert. Sie erscheint hoffentlich noch im Jahr 2000.

Immerhin werden seit Mitte der achtziger Jahre zunehmend unbekannte, nur handschriftlich vorhandene oder verschollene Texte Lenz' ediert. 1985 veröffentlicht Werner H. Preuss *Drei unbekannte poetische Werke von J.M.R. Lenz*, die Elegie *Ernstvoll – in Dunkel gehüllt*, die Posse *Der Tod der Dido* und den Lukianischen Dialog *Der Arme kömmt zuletzt doch eben so weit*. Eine Sensation bildet der Fund der völlig unbekannten *Carrikatur einer Prosepopee, Belinde und der Tod* (veröffentlicht 1988). 1994 kann Christoph Weiß den viel gesuchten, bisher nicht aufgefundenen Druck der *Philosophischen Vorlesungen für empfindsame Seelen* von 1780 in Faksimile veröffentlichen – eine noch größere Sensation. Bereits 1993 ediert er im *Lenz-Jahrbuch* nicht publizierte Fragmente von Entwürfen zum *Waldbruder*, 1994 den *Catechismus*. Dieser war zwar bei Blei unter dem Titel *Vom Baum der Erkenntnis Guten und Bösen* fast vollständig, aber völlig unzuverlässig ediert und fälschlich als Bezugstext den »Supplementen« der *Vorlesungen für empfindsame Seelen* zugeordnet worden. Rosanov hatte einen Teil des Textes unter dem Titel *Meine Lebensregeln* gedruckt, Damm nimmt ihn unter diesem Titel auf – ein signifikantes Beispiel für die in den Lenz-Editionen oft herrschende Verwirrung, die den/die Benutzer(in) bis heute irritiert.

Daß ein nicht unerheblicher Teil der Schriften und Aufzeichnungen Lenz' – vor allem aus der Zeit in Rußland – ungedruckt in Archiven liegt, bleibt für die Recherche über diesen Autor ein erhebliches Ärgernis. Verdienstvoll sind in diesem Zusammenhang die Bemühungen David Hills um die Texte im Umkreis der Schrift zu den *Soldatenehen* (1992 und 1995). Luserke/Weiß publizieren 1992 Lenz' bisher schwer greifbare Übersetzung von Sergej Pleschtschejews *Übersicht des Russischen Reichs auch seiner gegenwärtigen neuen Verfassung*. Im *Lenz-Jahrbuch* des gleichen Jahres publiziert Weiß den im letzten Lebensjahr des Autors entstandenen Text *Abgezwun-*

gene Selbstverteidigung nach der Handschrift in Kraków. Inka Daum ediert im Katalog zur Jenaer Lenz-Ausstellung 1996 die Schrift *Lettre adressée à quelques officiers de la commison hydraulique de la communication d'eau.* Besonders verdienstvoll ist 1996 Meinzers Edition der wichtigen Schrift *Über Delikatesse der Empfindung* nach der Handschrift, wodurch die unzuverlässigen Editionen bei Tieck und Blei ersetzt werden. 2000 publizieren Martin/Vering im *Büchner-Jahrbuch* »Notizen« von Lenz »aus den letzten Lebensjahren«, die das Steintal betreffen.

2. Der »erloschene Blitz aus Livland« – Lenz' Biographie und Werk

2.1 Kindheit und Jugend

Jakob Michael Reinhold Lenz wird am 23.1.1751 in Seßwegen (Livland) geboren. Livland ist seit der Eroberung durch Zar Peter den Großen russische Provinz und erholt sich allmählich von den schweren Zerstörungen des schwedisch-russischen Krieges, der erst 1721 durch den Frieden zu Nystadt beendet worden ist. Bürgertum, Adel und der überwiegende Teil der Pfarrer bilden eine dünne deutsche Oberschicht über – häufig leibeigenen – lettischen und estnischen Bauern. Lebensstandard und kulturelles Niveau des Landadels sind äußerst niedrig. Besser sieht es mit der Landgeistlichkeit aus. Dem Adel sozial gleichgestellt, obwohl meist von ihm eingesetzt, stehen dem Pfarrer ein Bauernhof und lettische Leibeigene zur Verfügung. Im Gegensatz zu den adligen Gütern sind die kirchlichen meist schuldenfrei.

Für den Vater Christian David Lenz, den Sohn eines Kupferschmiedes und einer Soldatentochter, geboren 1720 in Köslin (Pommern), ist nach dem Studium in Halle wie für viele Norddeutsche eine Pfarre in Livland wegen der besseren Dotierung attraktiver als die Stellensuche in den preußischen Provinzen. Nach zwei Hofmeisterstellen bei adligen Familien erlangt er eine Pfarre in Serben und heiratet dort 1742 die Pfarrerstochter Dorothea Neoknapp. Diese bringt ihm acht Kinder zur Welt. Jakob ist nach zwei Töchtern der zweite Sohn. 1749 übernimmt Vater Lenz die Pfarre in Seßwegen, wo er Propst im Zweiten Wendischen Kreis wird. Er hat dort eine auch ökonomisch privilegierte Stellung und hält sich zuletzt für seine Kinder einen Hauslehrer. 1758 nimmt der Vater die Stelle eines Oberpastors von St. Johannis in Dorpat an. Damit sind die Ämter eines Assistenten des Oberkonsistoriums und eines Aufsehers der Stadtschule (Lateinschule), die Jakob dann besucht, verbunden. Den Ausschlag für den Stellenwechsel, der nicht mit ökonomischen Verbesserungen verbunden ist, geben vermutlich die besseren Ausbildungsmöglichkeiten für die Kinder und die Betreuung einer deutschen Gemeinde. Der Vater ist ein nicht nur in Livland bekannter streitbarer theologischer Schriftsteller. Er verfaßt Predigt- und Erbauungsbücher und Streitschriften. In Halle pietistisch geprägt, paßt er sich, ohne seine Haltung ganz zu verleugnen, der Haltung der

Amtskirche an, die den Erfolg der pietistischen Bewegung bei der lettischen Unterschicht durch ein Lehr- und Versammlungsverbot bekämpft. So kritisiert Pastor Lenz 1750 in einer Schrift die »Kreuztheologie« der Herrnhuter. Er ist aber keineswegs lettenfeindlich, sondern versucht, seine Vorstellungen durch Übersetzungen seiner Bücher (u.a. *Lettisches Predigtbuch*, 1764/67) unter ihnen zu verbreiten. In Dorpat gehört er der Partei der kirchlich positiven Geistlichkeit an, die die »Bestie der Freigeisterei« bekämpft. Er hat Umgang mit dem kleinen Kreis der Gebildeten um Friedrich Konrad Gadebusch, der 1766 Syndikus, 1771 Bürgermeister der Stadt wird, und um den Pastor der estnischen Gemeinde Theodor Oldekop. Die Pflege ererbter Privilegien steht in diesem Kreis im Vordergrund – im Gegensatz zum Rigaer Kreis um Berens, Hamann, Hartknoch und Herder, der sich den Ideen der Aufklärung ungleich weiter öffnet.

Christan David Lenz ist ein herrscherlich auftretender Mann. In Dorpat ist er nicht unumstritten, was seine häufigen Auseinandersetzungen mit dem Rat, den Ständen und mit Kollegen und Gemeindeangehörigen belegen. Quellen weisen den Vater als strengen, Normen setzenden Patriarchen aus. Sein Name verbindet sich vor allem mit Bußpredigten, die zu einer völligen Lebensumkehr, zu einer religiösen Wiedergeburt aufrufen. Jakob Lenz erfährt – wie die meisten seiner Zeitgenossen – einen autoritär organisierten Sozialzusammenhang ›Familie‹, an dessen Spitze unangefochten der Vater steht. Die Mutter, von der nur ein Brief an den Sohn überliefert ist, tritt demgegenüber in ihrem unmittelbaren Einfluß deutlich zurück. Dies könnte freilich gerade auf eine tief affektive Bindung des Sohnes an sie zurückzuführen sein, die zugleich seine Beziehung zu Frauen überhaupt beeinflußt, indem er die vermeintlich ›unschuldige‹ Mutterliebe und die ›gefährliche‹ sexuell bestimmte Liebe gegeneinander setzt (vgl. dazu Menz 1996, Meinzer 1994). Die Rigorosität, mit der Christian Lenz seine Vaterautorität lebt und Gehorsam beansprucht, bildet für den Sohn, dem zudem dauerhafte Erfolge und die Einbindung in eine Institution versagt bleiben, eine lebenslang unbewältigte Herausforderung, der er meist nur mit Selbstherabsetzung gegenübertreten kann. Dabei bildet die beanspruchte patriarchale Autorität nur einen Ausschnitt aus dem allgemeinen Verhalten des Vaters, der gegenüber Kollegen, Gegnern und Untergebenen seine Amtsautorität energisch einzusetzen weiß – ein Grundzug, der sicher zu seinem steilen Aufstieg in der Kirchenhierarchie – er wird 1779 Generalsuperintendent Livlands – mit beiträgt (zum Vater vgl. Petersen 1927, Jürjo 1994). Massive offene Konflikte zwischen Vater und Sohn treten entsprechend erst auf, als

Lenz sich im fernen Königsberg der vorbestimmten und erfolgverheißenden Laufbahn, Pfarrer zu werden, entzieht. Mit Ausnahme des Lieblingssohnes Jakob entwickeln sich nämlich alle Kinder nach den väterlichen Vorstellungen. Alle drei Töchter gehen Ehen mit Pfarrern ein; die Söhne üben angesehene akademische Berufe aus, auch sie heiraten. Allerdings darf der Vater nicht nur in seinen herrscherlichen Zügen gesehen werden. Zu dessen Erbe gehören auch die für Jakob typischen Gefühlsumschläge und zum Teil auch sein Hang zur Selbstbeobachtung. Dies belegt die Handschrift eines pietistischen Tagebuchs, in dem der noch junge Vater seinen Weg zu Gott und den stets zu erneuernden Kampf gegen den eigenen Stolz und weltliche, vor allem fleischliche Triebe beschreibt. Möglicherweise dient seine harte Haltung gegenüber dem Sohn auch der Verdrängung eines Teils seines eigenen Wesens, auf das ihn dessen Lebenspraxis immer wieder aufmerksam macht.

Lenz' dichterische Anfänge sind deutlich durch den Vater und seinen Umkreis geprägt. Die ersten erhaltenen Gedichte sind *Das Vertrauen auf Gott* (datiert 1764/65), ein liedhafter Preis der göttlichen Hilfe und der *Neujahrswunsch an meine hochzuehrenden Eltern von dero gehorsamsten Sohn Jakob Michael Reinhold Lenz.* Er enthält Bitte und Dank für Gottes Schutz für Eltern und Familie. Bezeichnenderweise wünscht Lenz dem Vater, seine Predigten sollten für die Zuhörer »lauter Spieß und Nägel« sein. Die Betonung des persönlichen Gefühls im Glauben, an das der Vater in seinen Predigten appelliert, und das Ethos der Tat – ein Reflex der pietistischen Pflicht zur Liebesarbeit – sind auch später noch Ausdruck eines bleibenden Einflusses, obwohl Lenz sich im theologischen Denken zeitweise dem aufklärerischen Neologen Johann Joachim Spalding nähert. Ein wichtiges Dokument des Einflusses der zum Teil pietistischen Anschauungen des Vaters bildet das Hexameterepos *Der Versöhnungstod Jesu Christi.* Oldekop veröffentlicht es mit seiner Einleitung 1766 in den *Gelehrten Beyträgen zu den Rigischen Anzeigen.* Er preist Lenz als »glückliches Genie«. Die Versöhnung des Menschen mit Gott muß nach pietistischer Anschauung durch das gefühlsmäßige Nacherleben dieses Todes geschehen; denn die Wahrheit wird zuerst vom Herzen ergriffen. Zu Recht hat die Forschung die ›naturalistische Sprache‹ und die genaue Selbstbeobachtung des Erzählers hervorgehoben. Der Text ruft zur Reue und Buße im Sinne der Predigten des Vaters auf. Vermutlich im Zusammenhang mit dem *Versöhnungstod* entsteht 1766 das *Fragment eines Gedichtes über das Begräbnis Christi.* Ein biblisches Drama *Diana* über die Tochter Jakobs mit seiner Magd Lea (1. Mose, c. 34) ist verloren.

1766 schreibt Lenz vermutlich aus Anlaß der Hochzeit des mit der Familie befreundeten Barons Igelström, für die er auch ein »Festlied« verfaßt, das Stück *Der verwundete Bräutigam.* Er knüpft an eine wahre Begebenheit an. Der Baron wird am 17.6.1766 von einem Diener überfallen und schwer verletzt, erholt sich aber bis zur Hochzeit. Der Diener war von seinem Herrn wegen unerlaubten Fernbleibens öffentlich ausgepeitscht worden. Er gehört nicht zu den lettischen Leibeigenen, sondern zur ärmeren deutschen Schicht. Die sozialen Spannungen, die sich auch in der offenen Sympathie der Dorpater Bevölkerung für den Diener zeigen, nimmt Lenz in seinem Stück auf. Er entschärft sie aber, indem er die Tat des Dieners Tigris als individuelles Fehlverhalten aufgrund eines unangemessenen Ehrgefühls interpretiert und den grausamen Schock des Mordanschlages nutzt, um die Gefühle der Liebenden füreinander und die Teilnahme der Freunde um so rührender auszumalen. Immerhin liegt in der Gestalt des Dieners, der gegen soziale Unterdrückung rebelliert, eine »Keimzelle von Lenzens Freiheitsmaxime« (Kindermann 1925). Lenz geht es nämlich um »eine archäologische Freilegung der Seele« eines Beherrschten (M. E. Müller 1992). Das rührende Lustspiel um Tugend und Liebe, das die Herrschenden aufführen, erweist sich hingegen als bloße Parodie.

Den ersten wichtigen literarischen Einfluß auf den Autor bildet eine intensive Bibellektüre, deren Spuren sich auch in den späteren Werken finden. Die Texte der Jugenddichtungen belegen ferner bereits Einflüsse zeitgenössischer Autoren, zum Beispiel den Klopstocks im *Versöhnungstod* (vgl. allgemein zu Klopstocks Einfluß Bohm 1992), den des *Frühling*-Dichters Ewald von Kleist in der dynamischen Gestaltung des Naturerlebens im *Fragment* und den der Anakreontik im *Glückwunsch* zur Verlobung des Bruders Friedrich David.

2.2 Studium in Königsberg

Stipendien ermöglichen dem Vater, Lenz ab Herbst 1768 zum Theologiestudium nach Königsberg zu schicken. Dort kommt Jakob zum ersten Mal – im Unterschied zu Dorpat – mit einer florierenden bürgerlichen Stadt in Berührung. Sechs Jahre nach dem Ende der russischen Besatzung ist Königsberg ein aufstrebender Handelsplatz, Sitz einer großen preußischen Garnison und ein geistiges Zentrum. Über Lenz' Leben in Königsberg berichtet der Studienfreund und spätere Komponist Johann Friedrich Reichardt: »Er wohnte aber in einem ziemlich engen Hause, das ganz angefüllt war von lustigen Lief- und Kurländern [...],welche Tag und Nacht in unaufhörlichem Toben beisammen lebten. Oft befand er sich mitten unter ihnen, doch meistens mit seinem Geiste so abwesend, daß junge lustige Burschen häufig dadurch gereizt wurden, ihm allerlei unerwartete Streiche zu spielen, [...] die er allemal mit unbegreiflicher Geduld und Freundlichkeit ertrug« (Berlinisches Archiv der Zeit und ihres Geschmacks, Feb. 1796, S.3). Diese Erfahrungen liegen der Schilderung des Studentenlebens im *Hofmeister* zugrunde.

Lenz liest in Königsberg neuere deutsche Literatur und besucht die Vorlesungen Kants, während ihm das Theologiestudium nicht zusagt. Auf Kant schreibt er 1770 im Auftrag aller »Cur- und Liefländer« Hörer eine Preisode aus Anlaß seiner Disputation zum Zweck der Übernahme des Lehrstuhls für Logik und Metaphysik. Lenz läßt das Widmungsexemplar – auch zum eigenen Ruhme – auf weißem Atlas in Folioformat drucken. Vermutlich über Kant wird Lenz mit Shaftesbury und Hume bekannt. Von Kant und den Engländern übernimmt er die Trennung zwischen Metaphysik und Moral. Der Ursprung des Sittlichen liegt für Lenz im moralischen Empfinden (›moral sense‹). Dieses drückt eine »empfundene Nötigung« zur Übereinstimmung mit dem allgemeinen Willen aus, enthält ein Sympathiegefühl, aber auch einen ästhetischen Sinn für Harmonie. Das von Kant formulierte Prinzip eines »ethischen Altruismus« nimmt Lenz später in seinen moralphilosophischen Schriften auf. Moral und Religion bringen es gemeinsam hervor. Die Kantrezeption bereitet also die Moralisierung der christlichen Botschaft vor, die Lenz in Straßburg unter dem Einfluß des aufklärerischen Neologen Spalding in einem Brief an Salzmann so formuliert:

»Die Pflichten des Christentums aber laufen alle dahin zusammen, diese Wahrheiten, die Christus uns verkündigt, zu glauben, [...] sein Leben immer besser zu studirn, damit wir ihn immermehr lieben und nachahmen, von ihm zu Gott, als dem höchsten Gut, hinauf zu steigen, [...] um ihm als die Quelle alles Wahren, Guten und Schönen mit allen Kräften unserer Seele zu lieben und [...] seinen Willen auszuüben, d.h. [...] kein größeres Glück kennen, als Andere glücklich zu machen.« (Oktober 1772)

1769 publiziert Lenz den Gedichtszyklus *Die Landplagen*, an dem er schon in Dorpat geschrieben hat. Er dediziert ihn der von ihm zu dieser Zeit hochverehrten Zarin Katharina. Diese hatte 1764 Dorpat besucht, der Vater hielt für sie die Festpredigt. Die *Landplagen* mehren den Ruhm Jakobs in Livland nur begrenzt. Gadebusch schreibt in der »Livländischen Bibliothek« (2. TL, Riga 1777,

S.178), sie seien »nicht so aufgenommen worden, wie der neunzehnjährige Dichter es gewünscht hat«.

Die Folgen des schwedisch-russischen Krieges sind in Livland noch überall sichtbar. Außerdem kennt Lenz vermutlich Berichte über das Erdbeben in Lissabon. Wie der Vater in einer publizierten Predigt eine Feuersbrunst, die 1748 die livländische Stadt Wenden in Schutt und Asche legt, als ein Gottesgericht über von ihm abgefallene Menschen auslegt (was ihm jahrelange Prozesse einbringt), werden in den »Landplagen« irdische Katastrophen als »Gottesgerichte« interpretiert. Darüber hinaus bebildert der Sohn die vom Vater in jener Predigt genannten Greuel »Geiz, Hochmut, Kleiderpracht, Trunkenheit, Zorn, Haß, Feindschaft«. Auch die väterliche Verdammung der »fleischlichen Liebe« wiederholen die *Landplagen*. Die Frevler wie die Opfer ereilt der Tod. Dieser wird für den Leser der Lehrmeister eines besseren Lebens. Lenz schreibt eine zwischen der Ausmalung von erhabenem Schrecken und melancholischem Pessimismus schwankende »Rhapsodie«. Die singende Muse stellt sich dabei in der Gewißheit einer richtigen Lebensperspektive außerhalb des Strafgerichts. Angesichts der in naturalistischer Detaillierung vorgeführten Grausamkeiten sollen die Leser »fühlen und weinen«, dem Herrgott danken, der »die Gewitter der Rache« bisher von ihnen abgehalten habe. Die sinnlich drastische Darstellung, die hier noch im Auftrag einer religiösen Botschaft geschieht, wird später zum Medium und Forum engagierter Sozialkritik.

In die Königsberger Zeit fällt die Bekanntschaft mit den Schriften Shakespeares, Miltons, Thomsons, Popes – eine Übersetzung des *Essays on Criticism* ist nicht erhalten – und Lessings, dessen *Minna*-Aufführung in Königsberg Lenz vielleicht gesehen hat. Ferner liest er aufklärerische Schriften zur Volkswirtschaft, Bauernbefreiung, zu Politik und Strategie. Die Plautus- und Shakespeareübersetzungen werden vorbereitet.

Als die Stipendien auslaufen, drängt der Vater auf einen schnellen Studienabschluß, zumal es Lenz nicht gelingt – im Gegensatz zu Herder einige Jahre zuvor –, sein Studium durch eigene Einnahmen abzusichern. Der Vater will, daß Jakob über eine zunächst anzunehmende Hofmeisterstelle in ein livländisches Pfarramt gelangt. Der Sohn mißachtet aber den väterlichen Rat und dringenden Befehl, indem er im Frühjahr 1771 das Angebot zweier kurländischer Barone und Studiengenossen Friedrich Georg und Ernst Nikolaus von Kleist annimmt, sie nach Straßburg gegen freie Kost und Logis zu begleiten. Dort wollen sie als Offiziere in die französische Armee eintreten. Es ist nicht sicher, ob Lenz zu diesem Zeitpunkt schon eine Schriftstellerexistenz vor Augen hat. Sicher aber ist die Verweigerung gegenüber dem väterlichen Willen ein Befreiungsversuch und ein Bekenntnis zu sich selbst. Wie vor ihm Herder ziehen den mittlerweile literarisch breit Gebildeten die Enge Livlands und der Theologenberuf nicht mehr an. Sicher hat Lenz auch eine Abneigung dagegen, sich zu verkaufen: die Knechtsexistenz des Hofmeisters thematisiert er später in dem gleichnamigen Drama, an dem er bereits in Königsberg schreibt.

Auf dem Weg nach Straßburg, wo er im Mai 1772 eintrifft, besucht Lenz in Berlin Friedrich Nicolai. Ihm zeigt er seine Pope-Übersetzung. Nicolai behandelt ihn aber sehr herablassend. Lenz fühlt sich gekränkt und behält sein Leben eine Abneigung gegen den einflußreichen Schriftsteller, Buchhändler und Herausgeber der »Allgemeinen Deutschen Bibliothek«.

2.3 Straßburg

Straßburg als Herausforderung

Das Milieu und die soziale Struktur Straßburgs prägen Lenz und seine Werke stark. Wie schon Goethe in *Dichtung und Wahrheit* festgestellt hat, ist der Aufbruch der Sturm und Drang-Generation ohne den Wettbewerb zwischen deutscher und französischer Kultur in dieser geschäftigen Stadt, die schon über hundert Jahre zu Frankreich gehört, nicht zu denken. Elsässischer und französischer Adel und hoher katholischer und protestantischer Klerus bilden die Oberschicht, zu der auch die Professoren der protestantischen Universität und die hohen französischen Beamten gehören. Darunter stehen die Handwerker und ein Kleinbürgertum, das bereits Keime eines Proletariats enthält. Der Gegensatz zwischen deutscher und französischer Kultur deckt sich weitgehend mit dem Gegensatz der Konfessionen, fast vollständig mit dem Gegensatz zwischen Einheimischen und Fremden und nur partiell mit dem Ständegegensatz. Deutlich setzt sich in vielen Lebensbereichen der übermächtige Einfluß der französischen Kultur durch. Zum Beispiel ist das französische Theater ein wichtiger kultureller Mittelpunkt; fast alle wichtigen zeitgenössischen Stücke werden hier aufgeführt. Das deutsche Theater gibt ebenfalls zur Hälfte französische Stücke in Übersetzungen. Zusätzlich ist das Stadtleben geprägt durch die große Garnison. Vor allem die jüngeren Offiziere, häufig Adlige, die zum Teil auch aus Deutschland stammen, pendeln zwischen dem militärischen und dem zivilen Milieu hin und her. Sie stellen auch einen wichtigen Teil des Theaterpublikums. Seine Erfahrungen mit dieser Schicht beschreibt Lenz in dem Drama *Die Soldaten*. Daß die Sturm und Drang-Autoren einen neuen Volksbegriff entwickeln, der die Einbeziehung aller Stände in die Kultur fordert, ist nicht zu denken ohne ihre Straßburger Erfahrungen. Die Dominanz des französischen Klassizismus deckt sich dort in etwa mit den oberen sozialen Klassen und mit dem Volkstums- und Konfessionsgegensatz. Die Betonung des Individuellen und Originalen entwickelt sich aus der Auseinandersetzung mit der lebendigen Erfahrung französischer Selbsteinbindungen in ein Spiel geistvollen gesellschaftlichen Repräsentierens, das dem einzelnen nur eine Rolle im Rahmen festliegender Konventionen läßt. So sehr die Sturm und Drang-Autoren – auch Lenz – Herders Ideen vom National-Originalen aufnehmen, der 1770/71 in Straßburg weilt, und die Geschichte und Volkstraditionen des Elsaß aufarbeiten, sind sie keineswegs in einem politischen Sinn frankreichfeindlich. Lenz spricht sich für ein Bewahren der kulturellen Identität der Deutschen aus, aber gegen jeden »Nationalhochmut« (*Über die Bearbeitung der deutschen Sprache im Elsass, Breisgau und den benachbarten Gegenden*, Vortrag 1775, publiziert 1776).

Lenz bleibt fünf Jahre in Straßburg. 1772 muß er freilich als Bedienter den Brüdern von Kleist in ihre Garnisonen folgen: ab Frühsommer nach Fort Louis, einen Militärstützpunkt auf einer Rheininsel gegenüber von Sesenheim und ab September über Weissenburg nach Landau, von wo er im Winter 1772/73 zurückkehrt. Als Bediensteter teilt er mit den adligen Offizieren die Kasernen, ist in ihre »allergeringsten [...] Geschäfte [...] verwickelt«, auf oft entwürdigende Art ihren Launen und Einfällen ausgeliefert. Materielle Gründe – er hat Kost und Logis frei – und die äußere Legitimation seines Straßburgaufenthaltes gegenüber seinem Vater, der ihn mehrfach zur Rückkehr mahnt, werden ihn bei den Brüdern Kleist gehalten haben. Im Herbst 1774 gibt Lenz diesen Dienst auf. Fortan ernährt er sich mühsam mit Stundengeben in deutscher Sprache, Geschichte, Geographie, Befestigungslehre und Militärkunde. Gleichzeitig immatrikuliert er sich an der protestantischen Universität für das Fach Theologie. Die Erfahrungen bei der Armee wecken Lenz' lebenslanges Interesse am Militär. Er beschäftigt sich sowohl mit der Armee als Institution als auch mit Strategie und Taktik. Seine Überlegungen breitet er unter anderem in der Schrift *Über die Soldatenehen* und in den zu ihrem Umkreis gehörenden Notizen aus. Lenz kann wie Kleist als ein Autor mit militärischem Ehrgeiz gelten. Wie Kagel (1997) herausgearbeitet hat, überlagern sich in seinen Essays zu Literatur und Drama ästhetische und militärische Kategorien und Formen der Anschauung. Dies belegt er unter anderem an der für Lenz zentralen Kategorie des Standpunktes, den der Schriftsteller gegenüber seinem Gegenstand einzunehmen habe. Ihre Definition überschneide sich mit dem coup d'oeil, dem zu erkennenden richtigen Moment in der Schlacht, in dem der Sieg möglich sei. Schon diese Analogie zeigt, daß Lenz' hochsensiblem Umgang mit den Gegenständen seiner Imagination auch ein gewalttätiges Moment anhaftet. Unter anderem auf den Einfluß militärischen Denkens ist zurückzuführen, daß Lenz, der das Leiden des Individuums an der disziplinierenden Gewalt von Diskursen und Zivilisation darstellt, andererseits in seinen sozialen Reformvorschlägen auffällig oft auf Kontrolle und Disziplinierung setzt.

Trotz seiner armseligen Existenz macht Lenz in Straßburg einen Emanzipationsprozeß durch. Er entwickelt sich von den Normen des Elternhauses weg zum Kritiker aller kulturellen Normen und Werte. Er schließt sich dem Sturm und Drang-Kreis an und damit der kleinen Gruppe junger Schriftsteller, die sich gegen das herrschende Literaturverständnis und die bestehenden Literaturverhältnisse abgrenzen und gleichzeitig versuchen, sich mental aus den Bindungen der ständisch-feudalen Ordnung zu befreien. Wie die französische Aufklärung seit der Jahrhundertmitte in einen großbürgerlich-philosophischen Flügel, repräsentiert von Voltaire, und einen radikaleren kleinbürgerlich-plebejischen zerfällt, der von Rousseau repräsentiert wird, kommt in der jungen Sturm und Drang-Generation eine schon vorher in der deutschen Aufklärung vorhandene plebejische Komponente deutlich zum Ausdruck (vgl. Huyssen 1980).

Für Lenz bedeutet die Lektüre der Schriften Rousseaus eine Offenbarung. Sie setzt vielleicht schon in Livland, sicher aber in Königsberg ein, wo der Student durch Kant auf ihn verwiesen wird. Mehr als zwanzig Mal nimmt Lenz in seinen Briefen und Werken seit der Straßburger Zeit explizit auf Rousseau Bezug. Diffey (1981) kommt zu dem Ergebnis, daß Lenz sich ›dialektisch‹ mit Rousseau auseinandergesetzt habe, d.h. im Gegensatz zum Beispiel zu Klinger eine enthusiastische Nachfolge vermieden habe. Die Nähe sei am größten im Bereich der Kultur- und Zivilisationskritik. Lenz zögere aber, Rousseaus radikal egalitäre Einstellung zu übernehmen. Doch beziehe er sich auf Elemente der Ideen Rousseaus in seinen gesellschaftsreformerischen Projekten.

Einen weiteren wichtigen geistigen Einfluß übt Herder aus, dessen Ideen Lenz teilweise vielleicht schon in Königsberg kennengelernt hat, sicher aber über Goethe vermittelt bekommt. Leider fehlt immer noch eine eingehende Analyse dieser Beziehung. Ein persönlicher brieflicher Kontakt ergibt sich vermutlich erst im Sommer

1775, als Lenz Herder bittet, ihn »unter seine Kinder« aufzunehmen (an Caroline Herder Sommer 1775). Später gelangen die *Soldaten* über Herders Vermittlung zum Druck. Herders *Journal meiner Reise* von 1769 ist ein Dokument einer Flucht aus der »Sklaverei« des »Geburtslandes« Livland und eines radikalen Neuanfanges – wie Lenz' Weggang nach Straßburg gegen den Willen des Vaters den Grundstein für seine kurze dichterisch und menschlich produktivste Phase legt. Zwischen Herders Drang nach Tätigkeit, den er im *Journal* immer wieder betont, und Lenz' Pathos des »Handelns« besteht eine auffällige Korrespondenz. Beide Intellektuelle haben eine pietistische Erziehung hinter sich, die sie weiterhin prägt und von der sie sich auch zu befreien versuchen. Lenz' Interesse an Erziehungsfragen ist sicher durch Herder mitbestimmt, der ja schon im *Journal* als »Genius Livlands« »die Jugend der menschlichen Seele in Erziehung« wiederhergestellt wissen will. Herders Hochschätzung der Nationalsprachen in seiner *Abhandlung über den Ursprung der Sprache* findet ihr Echo in Lenz' kulturemanzipatorischer Arbeit in der Straßburger »Deutschen Gesellschaft«. Die Hinweise auf Ossian und die Volkspoesie finden ihren Reflex in Lenz' Dichtungen. 1775 liest er Herders *Auch eine Philosophie der Geschichte zur Bildung der Menschheit*, die er »Gesang ewigen Lebens« nennt, und gegen Angriffe Nicolais verteidigt (*Nur ein Wort über Herders Philosophie der Geschichte*, 1775). Herder geht mit dem aufklärerischen Fortschrittsoptimismus ins Gericht und will »glühende Kohlen auf die Schädel unseres Jahrhunderts« laden. Das entspricht Lenz' eigener radikalen Zeitkritik. Nicht zufällig bringt der Rezensent Christian Heinrich Schmid Herders *Auch eine Philosophie* mit Lenz' *Menoza* in Verbindung, der geschrieben sei, »des kultivierten Europas zu spotten« (Teutscher Merkur 1774, IV, 1).

Vor allem setzt sich Lenz mit Goethe auseinander, den er 1771 im Kreis um den Aktuarius Salzmann kennenlernt. Goethe, der Student an der Universität und aus begütertem Elternhaus, verkehrt in anderen Kreisen als Lenz, der Bedienstete, aber »wir suchten doch Gelegenheit, uns zu treffen und teilten uns einander gern mit, weil wir als gleichzeitige Jünglinge ähnliche Gesinnungen hegten« (*Dichtung und Wahrheit*). Lenz will in der Teilnahme an Goethes Selbstentfaltung die eigene vorantreiben. Persönlich noch ohne fest umrissene Identität und sozial in einer ungesicherten Position, will er sich über Goethe neu definieren. Dabei sucht er nicht nur den geistigen Einfluß, sondern auch zwischenmenschliche Intimität und vielleicht sogar körperliche Nähe. Goethe ist ihm Autorität und Vorbild, Vaterfigur, sehr schnell aber auch Rivale. Er sieht in ihm seinen »Bruder«, »durch die Bande der Freundschaft näher mit mir verbunden als durch die Bandes des Bluts« (an J. Chr. Lenz 7.11.1774). Diese Formulierung meint weit mehr als einen empfindsamen Freundschaftskult. Sie signalisiert einen stürmischen Freundschaftsantrag, der eine zumindest gleichberechtigte Beziehung voraussetzt. Goethe duldet dies anfangs und schätzt Lenz zunächst mehr, als er es später in *Dichtung und Wahrheit* wahrhaben will. Er erkennt, anerkennt und fördert Lenz' Talent, macht ihn in den ihm zugänglichen literarischen Kreisen bekannt und besorgt ihm vor allem Verleger, so für die *Lustspiele nach dem Plautus*, den *Hofmeister*, den *Neuen Menoza* und die *Anmerkungen übers Theater*. Goethes *Goetz* und *Werther* beeindrucken Lenz tief. Er preist beide Werke in ausführlichen Rezensionen. Goethes Ratschläge zur Überarbeitung der Plautus-Übersetzungen nimmt Lenz gern an. In Gedichten (u.a. *Nachtschwärmerey*) stellt Lenz das Genie Goethes dar. In der dramatischen Streitschrift *Pandämonium Germanikum* läßt er Goethe bei der Gipfelbesteigung den Vorrang und sich mit weitem Abstand folgen – allerdings weitab vom Heer der Nachahmer und Schreiberlinge. Wie Lenz Goethe anläßlich seines Straßburger Besuchs 1775 als »Denkmal der Freundschaft« das Gedicht *Der Wasserzoll* widmet, schreibt dieser für Lenz Stammbuchverse als Dokument »zweier toller Dichter Herzen«.

Trotz der Suche von Goethes Nähe ist die Beziehung zwischen den ungleichen Freunden von vornherein nicht ohne Spannungen. Wenn auch Lenz' Name in der literarischen Öffentlichkeit sehr schnell neben dem Goethes genannt wird, schlägt gerade dies ihm zum Nachteil aus, weil seine Werke unter Nichtbeachtung ihrer besonderen Struktur an Goethes Schaffen gemessen werden, früh auch der Vorwurf der »Goethe-Nachahmung« fällt (vgl. Unglaub 1983). Mit Goethes Entschluß, nach Weimar zu gehen, ergibt sich eine erhebliche Distanz, weil Lenz wie andere Stürmer und Dränger die Konsequenzen dieses Schrittes zunächst nicht mitvollzieht. Damm vermutet wohl zu Recht, daß es deshalb bei dem Straßburger Treffen 1775 zu erheblichen Meinungsverschiedenheiten zwischen den Autoren kommt, die sich am Verhältnis zu Wieland entzünden.

Lenz beschreibt in dem inzwischen in der Forschung häufig zitierten Anhang seiner *Goetz*-Rezension die durchschnittliche Biographie eines bürgerlichen Akademikers seiner Zeit:

»Wir werden geboren – unsere Eltern geben uns Brot und Kleid – unsere Lehrer drücken in unser Hirn Worte, Sprache, Wissenschaften – irgendein artiges Mädchen drückt in unser Hirn den Wunsch, es eigen zu besitzen [...] – es entsteht eine Lücke in der Republik wo wir hineinpassen – unsere Freunde, Verwandte, Gönner setzen an und stoßen uns glücklich hinein – wir drehen uns eine Zeitlang in diesem Platz herum wie die andern Räder und stoßen und treiben – bis wir, wenn's noch so ordentlich geht abgestumpft sind und zuletzt wieder einem neuen Rade Platz machen müssen [...].« (2, 637)

Gegen dieses Schicksal, eine »kleine Maschine« zu sein, »die in die große Maschine, die wir Welt [...] nennen, besser oder schlimmer hineinpaßt«, begehrt Lenz auf mit der Frage: »heißt das gelebt? heißt das seine Existenz gefühlt, seine selbständige Existenz, den Funken von Gott?« Sein Maßstab, an dem er das Leben mißt, ist die Vorstellung, der Mensch könne »frei« sein, »ein kleiner Schöpfer, der Gottheit nachhandeln« (*Meynungen eines Layen*). Deutlicher als bei anderen Sturm und Drang-Autoren verbindet sich bei Lenz das Individualitätspostulat mit dem Handlungspostulat. Es geht ihm darum, sich selbst zu verändern, die eigenen Fähigkeiten zu entwikkeln, gleichzeitig enthält das Handlungspostulat von vornherein eine kritische Komponente: es muß die Realität erst geschaffen werden, in der es eine freie Entfaltung des einzelnen geben kann: »Alles verschwunden/Was uns gebunden/Frei wie der Wind/Götter wir sind« (*Lied zum teutschen Tanz*, 1776)

Lenz' Drang nach Taten stellt die erste und wichtigste Schreibmotivation des Autors dar. Daß man »handeln muß, um reden zu können« – nach dieser Einsicht in *Über die Bearbeitung der deutschen Sprache* kann Lenz sich nicht verhalten. »Manches Genie unter uns würde kaum zwey Bändchen geschrieben haben, wenn ein anderes Feld da wäre, wo es seine Thätigkeit mit gleicher Lust, Ehre und Wirkung auslassen könnte: aber die Art, wie wir politisch thätig seyn dürfen, taugt nichts«, schreibt Johann Carl Wezel 1780 in einer Besprechung der *Politischen Fragmente* des Lenz-Freundes Johann Georg Schlosser. Da die eigene Welt außen nicht zu schaffen ist, baut Lenz sie in der Literatur auf. Der Wunsch, Menschen und Zustände in der Literatur nach den eigenen Forderungen zu schaffen, kollidiert dabei mit dem Zwang sich an der Realität abzuarbeiten. Es kennzeichnet Lenz' Anspruch, daß er seine Stoffe häufig aus der Realität nimmt, nicht aus der Phantasie oder literarischen Vorlagen. Der Wunsch, nicht leidende, sondern handelnde Figuren darzustellen, kommt in den *Anmerkungen übers Theater* in der Feststellung zum Ausdruck, der Held der Tragödie solle »allein [...] Schlüssel zu seinen Schicksalen« sein, seine Handlungen sollten aus der »Person« hervorgehen. Andererseits hat Lenz ein solches Stück nicht schreiben können, weil gegen dieses Menschenbild seine eigene Grunderfahrung steht, die er zum Beispiel in der oben zitierten *Goetz*-Rezension formuliert.

Schreiben hat für Lenz von vornherein auch kompensatorische Züge, es ist ein Mittel, um die Realität auszuhalten. In der Artikulation eigener Wünsche und Gefühle erlebt Lenz einen »Zuwachs« seiner Existenz. Den ersten Trieb, »s' ihm [Gott] nachzutun«, kann allein die Dichtkunst befriedigen (*Anmerkungen*). In den *Anmerkungen* zeigt Lenz, daß der Dichter Genialität und Schöpfungskraft besitzen müsse. Genial ist für Lenz eine »vollkommen gegenwärtige« und »anschauliche« Erkenntnis, die er einer nur verstandesmäßigen oder nur sinnlichen entgegensetzt. Es gehe um den »Sturm, das All zu erfassen« (2, 647). Durch intuitive Wesensschau soll die zersplitterte Alltagserfahrung spontan geordnet werden. Entsprechend nennt Lenz diese Fähigkeit auch »Imagination oder Phantasie oder Einbildungskraft«. In dieser Definition zeigt er sich beeinflußt durch Gerstenbergs *Briefe über die Merkwürdigkeiten der Literatur* (20. Brief). Von der Genialität unterschieden ist die Fähigkeit des Autors, »den Gegenstand zurückzuspiegeln«: die poetische Gestaltungskraft, »Begeisterung, Schöpfungskraft, Dichtungsvermögen«. Dabei ist die Phantasie nicht frei, sondern bezieht sich auf die außersubjektive Wirklichkeit: »Der wahre Dichter verbindet nicht in seiner Einbildungskraft, wie es ihm gefällt [...] Er nimmt Standpunkt – und dann muß er so verbinden. Man könnte sein Gemälde mit der Sache« (2, 648). Wie Blunden (1973) gezeigt hat, knüpft Lenz hier an den »point de vue« der Leibnizschen Monade (*Monadologie* § 57, Principes § 3) an. In der *Menoza*-Rezension spricht Lenz hinsichtlich der dichterischen Gestaltung in Anlehnung an eine Formel in Merciers *Du Theatre* (1773), deren Übersetzung durch Wagner er später kommentiert (*Für Wagner*, 1774), von einer »Einheit des Interesses«. Diese konstituiere die Einheit eines Werkes unabhängig von äußeren poetologischen Vorschriften.

An anderer Stelle der *Anmerkungen* spricht Lenz von der »spezifischen Schleifung der Gläser«. Diese Formulierung verweist auf die auffällige Dominanz des Okularen und Optischen in Lenz' Vorstellung von der dichterischen Wahrnehmung und Gestaltung. Sie reflektiert den technischen Fortschritt, der durch die Erfindung von Apparaten gegeben ist, die die Wirklichkeit durchdringen wie Brille und camera obscura. Lenz teilt offensichtlich die Faszination der Aufklärung für optische Wahrnehmung. Allerdings betont er zugleich das Divinatorische des dichterischen Zugriffs, durch welchen die Einzeleindrücke zu einem Ganzen zusammengeschlossen werden, das mit der »Sache«, der Wirklichkeit, »verwechselt« werden kann (vgl. dazu Rector 1994).

Die programmatische Definition der Phantasie als Erkenntnismedium steht in einem Spannungsverhältnis zu ihrer Funktion als Fluchtmedium. Solange sich die Phantasie mittels der Dichtung an der ihr entgegenstehenden Realität abarbeitet, entsteht eine kritische

Dichtung, die die psychologischen und sozialen Defekte der Zeit darstellt und reflektiert. Wenn die Phantasien, Ängste, Wünsche die äußere Realität überspielen, entsteht eine subjektive Literatur, die unter Umständen ein Schwinden der Fähigkeit zur poetischen Gestaltung dokumentiert. Lenz' Werk dokumentiert beide Möglichkeiten.

Lenz' Berufung auf Genialität impliziert eine Frontstellung gegenüber der älteren, von der Aufklärung geprägten Schriftstellergeneration, von deren Mustern er sich emanzipiert. Polemisch und satirisch ergreift Lenz Partei im Streit um die Position im literarischen Feld. Dies zeigt seine Gegnerschaft zu Nicolai und dessen »elender Scharteke« *Allgemeine deutsche Bibliothek*. Vor allem aber belegt das seine Fehde mit Wieland, der mit seinen Werken und als Herausgeber des *Deutschen Merkur* eine einflußreiche Stellung im literarischen Feld einnimmt. In Wielands Zeitschrift werden Lenz' Werke zurückhaltend bis negativ rezensiert. Vor allem stößt sich Wieland an der ›unregelmäßigen‹ Form von Lenz' Stücken und an seiner Schreibweise, die er anläßlich der *Anmerkungen* als »wunderbares Rotwelsch« abqualifiziert (*Teutscher Merkur*, Jan. 1775). Wielands leichte, am Vorbild der Franzosen geschulte Schreibart, seine angeblich ›frivolen‹ Themen – hier zeigt sich Lenz' gebrochenes Verhältnis zur irdischen Lust –, die nach Ansicht der Stürmer und Dränger entstellenden Shakespeare-Übersetzungen reizen Lenz. Er gibt 1774 Goethes Posse *Götter, Helden und Wieland* heraus. 1775 veröffentlicht er eine längere Ekloge *Menalk und Mopsus*, in der er Wieland als wollüstigen Epikuräer zeichnet. Im gleichen Jahr veröffentlicht Lenz eine dreiteilige Satire mit dem französischen Titel *Eloge du feu Monsieur ^{XX}nd écrivain tres célèbre en poésie et en prose. Dedié au beau sexe d'Allemagne*.

Eine satirische Komödie *Die Wolken* läßt Lenz 1776 nach dem Druck wieder einstampfen und schreibt einen Essay *Verteidigung des Herrn Wieland gegen die Wolken*. Lenz macht Wieland auch in Epigrammen lächerlich. In der *Verteidigung* mildert und differenziert Lenz sein Urteil – auf Anraten von Freunden und weil Goethe sich wegen seines Entschlusses, nach Weimar zu gehen, um eine Aussöhnung mit Wieland bemüht. Wichtigstes Dokument der in Weimar erfolgenden Verständigung Lenz' mit Wieland ist das im *Deutschen Museum* und in Jacobis *Iris* veröffentlichte Gedicht *Epistel eines Einsiedlers an Wieland* (entstanden 1776 in Berka). Darin wird Wieland als Anwalt der Tugend, für die Lenz bisher gegen ihn stritt, gegen eine falsch deutende Rezeption in Schutz genommen. Lenz gibt seinen bisherigen Standpunkt nicht auf, sondern verbindet ihn jetzt mit einer positiven Wertung von Wieland als Mensch und Autor. Lenz differenziert freilich zwischen dem »dornigen (realen) Lebensgang« und den »Blumen«, die Wieland über ihn streue. Dieser bleibe ein Künstler der schönen Illusion, ein »Freudenwecker« in einem Dasein, das von dem, der »nicht träumen will«, als Last erkannt werde. Auf Wieland gemünzt sind sicher auch die 1777 entstandenen »Abgerissenen Beobachtungen über den launigen Dichter«, in denen Lenz noch einmal die Grenzen und Möglichkeiten dieser Schreibart bestimmt (zu Lenz und Wieland vgl. u.a. Daunicht 1942, Frank 1982, Madland 1982, 1985)

Der betonten und aggressiven Abgrenzung entspricht der bewußte Anschluß an die wenigen, von denen Lenz denkt, daß sie so eingestellt sind wie er. In Straßburg ist es der Kreis um den Aktuarius Johann Daniel Salzmann: »Die Vorsehung hat mir einen liebenswürdigen Zirkel von Freunden geschenkt, mir Ihren Verlust zu ersetzen«, schreibt er am 15.6. 1772 an seinen Vater. Lenz wird anerkanntes Mitglied im Freundeskreis der Sturm und Drang-Autoren Goethe, Wagner, Klinger, Merck, Herder. Mit Lavater, dem Verfasser der *Physiognomischen Fragmente* kommt Lenz auf eigene briefliche Initiative in ein persönliches Verhältnis. Ein aufopferungsvoller Freund ist ihm auch der Straßburger Pädagoge Johann Gottfried Röderer.

Salzmann ist Mittelpunkt einer »Tischgesellschaft«, die Studenten, zeitweilig auch Goethe und schließlich Lenz einen Mittagstisch bietet. Ferner gründet er in den frühen sechziger Jahren die »Gelehrte Übungsgesellschaft« (vgl. dazu Pope 1984). 1767 wird sie in die »Societé de Philosophie et de Belles Lettres« umgewandelt. Als Lenz seit 1771 fast regelmäßig an den Sitzungen teilnimmt, nennt er sie »Gesellschaft der schönen Wissenschaften«. Angespornt durch das Beispiel der von Klopstock angeregten »Deutschen Gesellschaft zu Mannheim« formt Lenz 1775 die Gesellschaft zur »Deutschen Gesellschaft« um. Der Name knüpft auch an die alte, 1743 nach Gottscheds Vorbild in Straßburg gegründete gelehrte Gesellschaft an. Der Neffe Salzmanns, Friedrich Rudolf, der während seines Studiums vom Göttinger Hainbund beeinflußt wird, tritt der Gesellschaft bei, ebenso mehrere Lehrer des Straßburger protestantischen Gymnasiums und bei der Stadt tätige Juristen. Schlosser aus dem nahen Emmendingen wird korrespondierendes Mitglied.

Lenz eröffnet die Sitzungen mit zwei Vorträgen *Über die Vorzüge der deutschen Sprache* und *Über die Bearbeitung der deutschen Sprache im Elsaß, Breisgau und den benachbarten Gegenden.* Wenn auch die französische Sprache zugelassen bleibt, entwickelt sich die Gesellschaft zu einem Zentrum der deutschen Kultur. Lenz trägt als Sekretär und Protokollant der Sitzungen viele seiner Schriften vor – zum Beispiel die *Philosophischen Vorlesungen*, die Plautus-Übersetzungen, die *Anmerkungen übers Theater* –, bespricht Goethes *Werther* und *Goetz*. Heinrich Leopold Wagner, der Mitglied wird, liest aus der *Kindermörderin* (vgl. den Abdruck der Protokolle bei Müller 1995). Die Gesellschaft soll nicht nur ein Gelehrtenzirkel sein, sondern in die Straßburger Öffentlichkeit hineinwirken. Dazu wird 1776 die deutsche Wochenschrift *Der Bürgerfreund* gegründet, die viele der vorgelesenen Abhandlungen und Teile der *Soldaten* abdruckt. Diese Zeitschrift besteht freilich nur ein Jahr. Sie gewinnt nur achtzig Abonnenten – wie überhaupt der Ruf der »Gesellschaft« und Lenz' als deren Sekretär beim eher konservativen Bürgertum Straßburgs nicht der beste ist. Der Kreis versucht auch, die deutsche Kultur in den französischen Kulturkreis zu vermitteln. In diesem Zusammenhang ist der Beitritt von Ramond de Carbonnières wichtig, des Sohnes eines Armeezahlmeisters, der mit einer Elsässerin verheiratet ist. Sein Drama *Les Aventures du jeune Alban, fragment des amours alsaciens* (1777) ist im Werther-Stil geschrieben und Lenz gewidmet.

Die Straßburger Jahre bilden Lenz' fruchtbarste Zeit. Mit seinen theologischen und moralphilosophischen Schriften, seinen Erzählungen, Dramen, Gedichten, Rezensionen und den »Anmerkungen übers Theater« erobert er sich schnell eine herausgehobene Position im literarischen Feld. Als freier Schriftsteller leben zu können, ist Lenz freilich nicht vergönnt – wie nicht einmal einem Lessing oder Klopstock. Wie diese Autoren macht sich Lenz, der sich immer wieder als »arm wie eine Kirchenmaus« (an Merck, 19.3.1776) bezeichnet, Gedanken darüber, wie die ökonomische Existenz junger Autoren in einem Literaturmarkt gesichert werden kann, der sich gerade erst entwickelt. In der 1775 oder 1776 entstandenen Schrift *Expositio ad hominem* fordert Lenz eine »Leykasse« zur Finanzierung von Arbeiten »junger Schriftsteller von Genie«. Vermutlich sucht Lenz 1776 diese Idee dem Weimarer Schatzmeister Bertuch nahezubringen. »Ein Brodgewinnst, ein Tagelohn, wie ihn unsere Buchhändler geben, erniedrigt den Geist, macht alle seine Triebfedern lahm, verengt das Herz, füllt es mit Mißtrauen, Schadenfreude, Neid [...]. Daher alle die halben Kenntnisse, schiefen Urtheile, Karrikaturempfindungen und gänzliche Ohnmacht zu handeln« (Kaufmann 1999, S. 63). Viele Äußerungen von Lenz zeigen, daß er äußerst sensibel auf die Konkurrenzmechanismen im sich ausweitenden Literaturmarkt reagiert.

In der »Skizze« *Pandämonium Germanikum*, die vermutlich im Frühsommer 1775 entsteht, zeichnet Lenz ein satirisches Bild des literarischen Feldes und positioniert sich darin. Das Werk ordnet sich in die Literatursatiren der Sturm und Drang-Zeit ein wie Goethes *Götter, Helden und Wieland* und Wagners *Prometheus, Deukalion und seine Rezensenten*. Wahrscheinlich aufgrund einer Intervention Goethes, der sich mit Wieland versöhnt hatte, wird die »Skizze« nicht gedruckt. Sie erscheint erst 1819. Mit dem »steil Berg«, dem »Tempel des Ruhms« und dem »Gericht« findet Lenz drei eindrucksvolle Bilder für die Distinktionsmechanismen im literarischen Feld. Zugleich sieht er sich und Goethe als die Avantgarde einer spezifisch deutschen Literatur. Sehr deutlich zeichnet Lenz die Dichterkonkurrenz zwischen ihm und sich. Goethe akzentuiert er als den Erfolgreichen, der wie Wieland mit den Publikumserwartungen spielen kann. Ihm setzt er sich als Leidenden und Scheiternden entgegen, dessen in seinem Wert nicht voll anerkanntes Werk ein offenes Versprechen auf die Zukunft bilde. Hierin wirkt Lenz bezüglich seiner Person an dem Künstlermythos des scheiternden Genies mit, innerhalb dessen er in eine Reihe mit zum Beispiel Kleist, Hölderlin und Robert Walser gesetzt werden kann (zum *Pandämonium* vgl. u.a Rieck 1992, Luserke 1994, Winter 1995).

Beschäftigung mit Theologie und Moralphilosophie

Der Umgang und die geistigen Einflüsse in Straßburg, sowie die dichterische Tätigkeit führen zwangsläufig zu einer Veränderung von Lenz' ursprünglichen religiösen Vorstellungen. Zuletzt haben Rudolf, Hayer und Pautler den Wandel seiner theologischen und moralphilosophischen Vorstellungen aufgearbeitet. Abzulesen ist er vorrangig an den Essays, vor allem an *Baum der Erkenntnis Guten und Bösen* (1771/72), *Versuchung über das erste Principium der Moral* (1772), *Meynungen eines Layen* (1775), *Stimmen des Layen* (1775). Beeinflußt wird Lenz zunächst durch den Aktuar Salzmann. In einem Briefwechsel mit ihm sucht Lenz 1772 nach einem Kompromiß zwischen der Monadenlehre und Theodizee Leibniz' und Rousseaus zivilisationskritischen Ideen. Lenz sucht den Widerspruch zu vermitteln zwischen der Autonomie der Einzelmonade, der Freiheit des Individuums und der Wirksamkeit Gottes in der Welt, die die Einzelmonade zum Teil in einem großen Prozeß werden läßt. Die menschliche Freiheit, welche Gott erst mit der Vertreibung aus dem Paradies hergestellt habe, müsse sich angesichts des Triebes nach »Konkupiszenz« (Vereinigung), nach Genuß und Glück, der eine wichtige »Triebfeder« zur Veränderung und Selbstveränderung darstelle, in den »zeitlichen Umständen«, in die Gott uns »versetzt«, bewähren. Die im Auf und Ab der menschlichen Geschichte wirksame göttliche Pädagogik ziele auf eine »Vereinigung« der »Zwecke« der Natur des Menschen, auf das »Himmelreich« auf Erden. Herders Geschichtsphilosophie und Theologie beeinflußt Lenz, wenn er die Wirkung göttlicher Handlungen auf die Bildungsgeschichte der Menschheit vom Sündenfall über die mosaische Gesetzgebung bis zu Christi Opfer untersucht. Christi Beispiel signalisiere das in freier Tat verwirklichte Gesetz. Lenz sieht in Christus einen zweiten Prometheus, der das »Lebensfeuer« vom Himmel bringe. Er lebe einen Einklang von Denken, Empfinden, Handeln und Leiden vor (*Über die Natur unseres Geistes*). Insbesondere die Heroisierung des Leidens, die Lenz – wie das *Pandämonium* zeigt – auf das dichterische Genie überträgt, leitet sich von Christus her: »Gott, auf welcher Höhe/ Littest du. Für das, was ich von Dir erhielt.« (*Hymne*).

Dokumentiert die Identifikation mit dem leidenden Christus eine hoch emotionale Aneignung, die auf eine Parallele zum eigenen Schicksal zielt, wird die Religion insgesamt letztlich moralisiert und rationalisiert, indem Gott als »complimentum moralitatis« an unserer Bildung und Entwicklung zur Glückseligkeit mitwirkt. Dies entspricht übergreifenden Tendenzen im Jahrhundert der Aufklärung. Christus wird zum Vorbild eines ethisch handelnden Menschen. Sein Beispiel ist nicht nur eine Erlösungs-, sondern vor allem eine Erziehungstat. Gott hat sich im Menschen verwirklicht und ihn verpflichtet, zu sich selbst zu finden: »Die Offenbarung konnte nichts weiter tun, als das in uns liegende Naturgesetz näher [zu] bestimmen [...] zu dem Hauptzwecke der in uns gelegten Wünsche und Verlangen nach größerem Umfange der Glückseligkeit« (an Salzmann, Okt. 1772). Damit wird jeder einzelne darauf festgelegt, Christus dadurch nachzuleben, daß er sich und vor allem andere glücklich macht: »Wir müssen suchen andere um uns herum glücklich zu machen.« (*Versuch über das erste Principium der Moral*). Rector hat (1989) darauf hingewiesen, daß Lenz den »orthodox-christlichen Dualismus zwischen irdischem Jammertal und himmlischen Paradies« umdeute in einen »Entwicklungsabstand zwischen dem gegenwärtigen Stand und dem Telos der menschlichen Gattungsgeschichte«. Die »weltliche Theologe oder der Naturalismus« beschäftigt sich nach Lenz mit unserer »Bestimmung in dieser Zeitlichkeit«, was der »eigentlichen Theologie«, die sich »mit unserem Zustande nach dem Tode und unserer Bestimmung dahin« widme, nicht widerspreche: »wir müssen den Himmel weder ganz allein auf unsere Erde einschränken, noch auch unsere Erde ganz und gar davon ausschließen wollen, 2, 617« (*Stimmen des Layen*). Entsprechend äußert Lenz massive Zweifel an der Lehre von der Erbsünde, die er für theologisch unproduktiv hält. Lenz bricht mit ihr, die zum Grundbestand der Glaubenssätze der lutherischen Orthodoxie gehört, weil sie seinem aufklärerischen Vertrauen in die Möglichkeit zur Selbstvervollkommnung entgegensteht. In diesem Zusammenhang setzt sich Lenz in den *Meinungen eines Layen* und in den *Philosophischen Vorlesungen* detailliert mit dem »vermeinten Fall Adams« auseinander. Jeder böse Gedanke, jede böse Tat sind für Lenz Teil des Bewußtseins und nicht Ausdruck einer Vorbestimmung. Lenz folgt hierin Tendenzen der protestantischen Neologie – er schätzt vor allem Johann Joachim Spalding –, fällt aber auf durch die Radikalität, mit der er seinen Standpunkt vorträgt (vgl. dazu Sauder 1994). Gerade weil wir frei sind, uns selbst zu verwirklichen, stehen wir – so Lenz – auch in der Verantwortung für unser Denken und Handeln.

Entsprechend dürfen wir unser Freiheitsverlangen nicht überziehen. Wie das Gedicht *Demut* (1774) deutlich macht, ist die im Titel genannte Tugend für Lenz zentral, da sie verdeutlicht, daß wir nur »Blumen« sind, die Gott »blühen machte«; diese Einsicht und Grundhaltung vermag uns vor der »verzehrenden Wüste eitler Ehre« zu bewahren, in die uns eine Übersteigerung der Genievorstellung führen kann (zur Demutsvorstellung bei Lenz vgl. Hill 1992). In *An den Geist* – wie das Gedicht *Demut* 1774 entstanden – soll daher ganz folgerichtig der den Körper beseelende Geist diesen erst verlassen, »wenn der Baum gesaftet geblüht / Früchte mehrjährig getragen [...] / ... jetzt, heilige himmlische Flamme / Jetzt – Erbarmen! Verzehr ihn noch nicht.« (zur Interpretation vgl. Vonhoff 1990).

Die *Philosophischen Vorlesungen* entstehen zwischen 1771/72 und 1774 und werden 1776 veröffentlicht. In ihren Umkreis gehört auch der *Catechismus* von 1772. Weitere moralisch-theologische Schriften dieser Zeit sind der *Entwurf eines Briefes an einen Freund der auf Academieen Theologie studiert,* der *Versuch über das erste Principium der Moral* und die Predigt *Über die Natur unsers Geistes.* Die Vorlesungen sind vor allem ein beeindruckendes Beispiel für die »Enttabuisierungswut« (Luserke/Marx 1992) hinsichtlich der Sexualität. Lenz kann als der deutsche Autor gelten, der zu seiner Zeit diesem Trieb im Rahmen seiner Anthropologie den höchsten Stellenwert zugebilligt hat. Einerseits ist die Sexualität ein »Institut«, »um alles was lebet, glücklich zu machen«, das »gemeinschaftliche Band« zwischen den Menschen, weshalb Adam, aus dem Paradies verwiesen, »von der Wohlthätigkeit des Schöpfers Gebrauch machte und sein Weibchen erkannte« (Weiß 1994, S. 54, 55, 58). Die Triebbefriedigung funktioniert also ursprünglich als Ersatz für das verlorene Paradies. Die Sexualität ist »die Mutter aller unserer Empfindungen«. Andererseits ist die »unerlaubte Stillung« des »Geschlechtertriebs« »Laster« (Weiss 1994, S. 59) und Sünde. Zugleich lasse er sich der Vernunft am wenigsten unterordnen, wie ja auch Lenz' Stücke zeigen (vgl. Läuffer im *Hofmeister*, Marie in den *Solda-*

ten). Die Institution der Ehe ist für Lenz, der diesen Stand nie erreicht, der angemessene Ort der Triebbefriedigung. Die erwähnte Schrift »Baum des Erkenntnisses Gutes und Bösen«, mit der die *Philosophischen Vorlesungen* beginnen, nennt rigide Regeln und Techniken zur Triebunterdrückung; in der später entstandenen Vorlesung »Unverschämte Sachen« befürwortet er die Zähmung und Sublimierung der Sexualität durch empfindsame Liebe: »Die rechten Verhältnisse und Grade in der Liebe zu finden, dazu habt ihr die Vernunft, Gottesgabe und vollkommenstes Gesetz.« (Weiss 1994, S. 72; zu den *Vorlesungen* vgl. u.a. Sauder 1994).

So radikal auf die »Konkupiszenz« bezogen wie in den *Vorlesungen* argumentiert Lenz an anderer Stelle nicht. Der *Versuch über das erste Principium der Moral* nennt zwei Grundtriebe, einen nach Glückseligkeit und einen nach Vollkommenheit. Schon Sauder hat gesehen, daß Lenz damit die Vorordnung des Geschlechtertriebs aufgibt. Zugleich bleibt hier offen, ob und wie die Sexualität unter die beiden Grundtriebe einzuordnen ist – ein Beispiel mehr für die mangelnde Systematik in Lenz' Denken, der wohl ganz bewußt in jeder Schrift aus jeweils mehr oder weniger veränderter Perspektive neu ansetzt, weshalb es unmöglich ist, aus den Texten eine geschlossene Konzeption zu destillieren. Auch in *Über die Natur unsers Geistes* ist von der Sexualität direkt keine Rede, andererseits findet sich hier die wichtige Grundeinstellung Lenz' formuliert: »Denken heißt nicht vertauben – es heißt seine unangenehmen Empfindungen mit aller ihrer Gewalt wüten lassen und Stärke genug in sich fühlen, die Natur dieser Empfindungen zu untersuchen und s i c h s o über sie hinauszusetzen.« (2, 621) Genau dies versucht Lenz in den *Philosophischen Vorlesungen*. Sie können gelesen werden als Versuch, eine tief empfundene innere Spannung zu bewältigen zwischen dem nie ganz zu unterdrückenden Drang, Sexualität frei auszuleben und der Massivität der internalisierten Verbote, dies zu tun. Nicht zufällig bringt, soweit wir dies übersehen können, keine der Beziehungen zu Frauen Lenz wirkliches Glück. Als Ausweg bietet sich die Diskursivierung des Geschlechtertriebs in Denken, Reden und Schreiben an.

Von Fort Louis aus lernt Lenz im Sommer 1772 Goethes ehemalige Geliebte Friederike Brion kennen, von der sich dieser nach seiner Promotion und seinem Abschied aus Straßburg getrennt hatte. Ihre Situation beschreibt Lenz rückblickend in leicht ironischer Distanzierung in der 1775 oder 1776 entstandenen Ballade *Die Liebe auf dem Lande*. Mit der Perspektive Friederikes identifiziert er sich in dem Rollengedicht *Die Freundin aus der Wolke* (vermutlich 1775). Zwar erwidert Friederike die heftige Zuneigung zu ihr kaum, unter anderem weil sie Goethe noch nachtrauert und Lenz auch kein standesgemäß ausgestatteter Freier hätte sein können. Für ihn ist diese Beziehung dennoch ein einschneidendes und prägendes Erlebnis, an das er sich noch 1780 in einem Brief aus Rußland an sie erinnert. Seine Sicht der Beziehung dokumentieren die Briefe an Salzmann, die er von Fort Louis aus schreibt. Sie zeigen, daß nicht die elementare Erfahrung der Person Friederikes, sondern eine Idealvorstellung, ein idealisiertes Frauenbild die Beziehung auslöst und aufrechterhält: »Ich liebe meine Idee, als die höchste Schönheit, die meinen Sinnen unter Ihrem Geschlecht jemals aufgestoßen [...] Es ist mir wie Pygmalion gegangen. Ich hatte mir zu einer gewissen Absicht in meiner Phantasie ein Mädchen geschaffen – und ich sah mich um und die gütige Natur hatte mir mein Ideal lebendig an die Seite gestellt.« (an Salzmann, 3.6.72). Wenn die Idee entscheidender ist als der lebende Partner, werden die sinnlichen Gefühle unterdrückt und in die Gestaltung einer Phantasiewelt abgedrängt. Lenz weiß um diesen Sublimierungsvorgang, der in der tiefen, anerzogenen Angst vor der eigenen Sexualität wurzelt. Auffällig ist auch, daß Lenz in der Beziehung seinem Freund und Konkurrenten Goethe nachfolgt, was die Frage aufwirft, ob die Idealisierung Friederikes nicht auch mit der Idealisierung des Freundes zusammenhängt, dem Lenz nach Goethe in *Dichtung und Wahrheit* sogar die »Ehe« als Muster für das gemeinsame Verhältnis angeboten hat.

Unglückliche Liebesbeziehungen zu Friederike Brion, Cleophe Fibich und Cornelia Schlosser

1835 zeichnet Heinrich Kruse bei einem Besuch bei Friederikes jüngster Schwester Sophie aus dort vorhandenen Manuskripten elf Gedichte auf, die die Goethephilologie des 19. Jahrhunderts sogleich diesem Autor zuschreibt, obwohl er selbst nur zwei (*Kleine Blumen, kleine Blätter, Es schlug mein Herz)* in seine Sammlung aufgenommen hatte. Seit Ende des 19. Jahrhunderts ist mit biographischen, textphilologischen und ästhetischen Argumenten ein heftiger Streit um die Verfasserschaft geführt worden, als dessen Ergebnis heute in der Regel die Gedichte *Nun sitzt der Ritter an dem Ort, Ach, bist du fort?, Wo bist du itzt, mein unvergeßlich Mädchen* und *Dir, dem Himmel, wächst er ... entgegen* als Lenzisch gelten. Nach Dwenger ist *Erwache Friederike* zur Hälfte von Goethe und von Lenz. Von letzterem stammen die Strophen 2, 4, 5. Die bekanntesten Gedichte *Ach, bist du fort?* und *Wo bist du itzt?* behandeln das für Lenz' Liebeslyrik charakteristische Motiv der Trennung, der Trauer um die Geliebte, den Wunsch, sie wiederzusehen. Dwenger hat die Liebeslyrik im ganzen der petrarkistischen Tradition zugeordnet. In formelhafter Rhetorik würden unabänderliche Situationen (Schönheitspreis, Werbung und Liebesklage) beschrieben. Vor allem der für viele Gedichte charakteristische Wechsel zwischen Lust und Leid und die bejahte Unerfüllbarkeit der Liebe stehen für Dwenger in einer petrarkistischen Tradition. Obwohl ein mittelbarer und später direkter Einfluß Petrarkas nicht abzuweisen ist, wenn auch Lenz sich erst 1775 durch Cornelia Schlossers Anregung mit Petrarka auseinandersetzt (vgl. *Petrarch*), überkreuzt sich dieser Einfluß doch mit Einflüssen aus der eigenen Zeit wie Anakreontik und Empfindsamkeit.

Ferner darf bei einer Einordnung und Wertung der Gedichte die Eigenerfahrung des Autors nicht vergessen werden. Die übersteigernde Darstellung von Gefühlsreaktionen wurzelt in der Überzeugung Lenz', daß die Intensität des Fühlens einen zentralen Lebenswert darstellt. Die Liebe ist für ihn ein Medium und Forum von Selbstbestätigung und -vervollkommnung. Dies belegt zum Beispiel das nach Vonhoff auf 1772 zu datierende Gedicht *Ausfluß des Herzens*. Die Hinwendung zu Gott ist in der Dynamik des Drangs nach Vereinigung deutlich von der Ode *An Gott* abzusetzen, mit der das Gedicht oft verglichen wird. In der Liebe zu Gott ist die irdische Liebe aufgehoben, die dem »Mädchen« Friederike gilt.

Lenz' besondere Kunstfertigkeit in der Lyrik zeigt sich aber darin, daß die empfindsame Emphase durch ironische Distanzierung wieder aufgehoben wird. Das lyrische Ich beobachtet sich bei seinen Emotionen und bricht die Identifikation des Lesers auf, so in der Liebestod-Imagination in *Auf ein Papillote* und in *An das Herz*, dessen ironische Schlußwendung mehrere Interpreten an Heine erinnert hat:

Lieben, hassen, fürchten, zittern,
Hoffen, zagen bis ins Mark,
Kann das Leben zwar verbittern,
Aber ohne sie wärs Quark! (3, 106)

Friedrich Georg von Kleist, der ältere der beiden Brüder, die Lenz nach Straßburg begleitet hat, verliebt sich in die Tochter eines Straßburger Juweliers Susanne Cleophe Fibich, eine Freundin Friederike Brions. Er erwägt die Möglichkeit einer Ehe. Deshalb muß er, um die Einwilligung seiner Eltern einholen, nach Kurland reisen. Zur Sicherheit, die sich später freilich als trügerisch erweist, gibt er am 27.10.1773 ein schriftliches Eheversprechen ab, das Lenz niederschreibt. In der Abwesenheit des Barons hält Lenz es für seine Pflicht, diesem Cleophes Liebe zu erhalten und gegen Übergriffe vor allem des jüngeren Bruders zu schützen. Freilich verstärkt sich in dieser Zeit auch seine eigene Zuneigung zu dem Mädchen, was er sich zunächst nicht eingestehen will und kann. Ein Dokument dieser Gefühlsverwirrung ist das unvollendete *Tagebuch,* welches Lenz ursprünglich auf englisch verfaßt, dann für Goethe übersetzt, in dessen Papieren es überliefert ist. In der Person des Ich-Erzählers schildert der Verfasser sein Ringen um die eigene Identität. Seinen eigenen Liebeswunsch versteckt er hinter einer moralischen Konstruktion, der idealisierten »reinen« Araminte. Gleichzeitig kann er dieses Bild nur mühsam der kalten Grausamkeit ihrer Koketterie entgegenhalten und die mit dem eigenen erfolglosen Verlangen verbundenen Gefühle von Eifersucht und Schmerz nicht voll verdrängen. Die *Moralische Bekehrung eines Poeten, von ihm selbst aufgeschrieben* (1775) – wie das *Tagebuch* in Goethes Schubladen verwahrt und zu Lebzeiten des Autors nicht veröffentlicht – schildert dann die Ablösung von Cleophe und die Hinwendung zu Cornelia Schlosser, der Schwester Goethes, welche er bei einem Besuch in Emmendingen im April und Mai kennengelernt hat. Der Text könnte als ein kurzer Briefroman an Cornelia gerichtet sein. Die Beziehung spielt sich wieder zum größeren Teil in der Phantasie des Autors ab. Seine Sehnsucht nach Kontakt und Geborgenheit erschafft sich in Cornelia ein hohes göttliches Ideal, wobei er selbst feststellt: »sie kennt mich nicht, wird mich nie kennenlernen. Und hat mir sogar verboten ihr zu schreiben.« (2, 339) Da die Liebe im Grunde kaum an die lebendige Erfahrung der Person gebunden ist, kann Lenz sie am Ende auf ihr Bild übertragen: »Dein Bild Cornelia – wird nun meine einzige Gesellschaft sein. O wie ich daran hangen will.« (2, 353) Dieses Verhalten wiederholt sich noch einmal in der »Beziehung« zu Henriette von Waldner, die schon wegen ihres adligen Standes unerreichbar ist. Ihre Briefe liest Lenz 1775 bei seiner Vermieterin Luise König. In dem im wesentlichen in Berka entstandenen Briefroman *Der Waldbruder* zeigt Lenz aus der Distanz, die er durch die Pluralität der Blickwinkel verschiedener Schreiber entstehen läßt, die hoffnungslose »Idolatrie« dieser Liebe (an Röderer, Jan. 1776).

Hingegen bleibt die Beziehung zu Cornelia Schlosser für Lenz bis zu ihrem Tod 1777 wichtig. »Mir füllt diese Lücke nichts«, schreibt er, als er von ihrem Tod erfährt (an Lavater 24.6.1777), »ihr Geist war hier wie in einem fremden unbekannten Wohnort, in den er sich nicht zu fassen wußte. Alles drückte auf sie, diese heilige reine Seele mußte sich Luft machen« (an Sarasin Ende Juni 1777). Bei aller Idealisierung zeugen diese Sätze doch von einem deutlichen Sicheinlassen auf die Person. Cornelia muß Lenz Sympathie entgegengebracht haben, obwohl es bisher keine schriftlichen Zeugnisse dafür gibt. Sie fühlt sich in der Ehe unverstanden, in Emmendingen einsam. In der ambivalenten Beziehung zum »Bruder Goethe« könnte ein geheimer Berührungspunkt zwischen ihr und Lenz gelegen haben. Von Lenz her sprechen dafür die Verse, die er nach ihrem Tod 1777 klagend niederschreibt: »Auch ich, auch ich im seligsten Momente/Schlug eine zärtliche Tangente/Zur großen Harmonie in ihrem Herzen an/Mit ihrem Bruder, ihrem Mann«.

Über den biographischen Bezug hinaus sind *Tagebuch* und *Moralische Bekehrung* wichtige Beispiele für ein Schreiben, das zeitgenössische Konventionen destruiert. So hat Demuth (1994, S. 215) zu Recht hervorgehoben, daß im *Tagebuch* ein Fühlen und Handeln in empfindsamen Konventionen durch die Umstände »narrativ wie normativ« »ad absurdum geführt« werde. Daraus ergibt sich eine grotesk-komische Schreibperspektive, die die Identifikation mit dem Protagonisten aufbricht. Die *Moralische Bekehrung* knüpft nur scheinbar an das Muster der Konversionsgeschichte an. Das Schreiben wird hier zum Lebensersatz, weil eine wirkliche Beziehung nicht aufgenommen werden kann. Letztlich dient das autobiographische Schreiben dazu – wie Demuth richtig beobachtet hat –, einen Selbstverlust zu konstatieren – entgegen einer stabilisierenden Bekehrung.

Die Cleophe- und Cornelia-Erlebnisse geben auch Anlaß für Gedichte, die werbende Huldigung, Klage über Unerfüllbarkeit der Liebe und eigene Einsamkeit miteinander verbinden (z.B. *Auf ein Papillote, Der verlorne Augenblick, In Emmendingen*). *Petrarch. Ein Gedicht aus seinen Liedern gezogen* (1775, gedruckt 1776) spiegelt die eigene vergebliche Liebeserfahrung in der unglücklichen Beziehung Petrarkas zu Laura, die hier entgegen der historischen Wahrheit seinen Freund Colonna heiratet. Von Cornelia Schlosser hatte Lenz im Sommer 1775 einen Band Petrarca als Geschenk erhalten.

»Zerbin oder die neuere Philosophie«

Ende 1775 schreibt Lenz mit der Erzählung *Zerbin oder die neuere Philosophie*, die 1776 im *Deutschen Museum* erscheint, ein »wahres Gemälde einer Männerseele«. Insofern ist sie Reflex der geschilderten Erfahrungen. Zugleich objektiviert und erweitert Lenz dieses Thema durch eine gesellschaftsanalytische und -kritische Komponente. Obwohl es sich um eines der wichtigsten Werke Lenz' handelt, das durchaus neben den *Hofmeister* und die *Soldaten* gestellt werden kann, weil es die besondere Stellung des Autors in und zu seiner Zeit markant ausdrückt, ist es in der Forschung ungleich weniger rezipiert worden.

Der bürgerliche Zerbin ist zunächst der »wahre Empfindsame«, welcher sich durch sein wahres Gefühl von den adligen »Wollustdienern« unterscheidet, die nur »tändeln«. Er bemerkt anfangs aus Mangel an Erfahrung nicht, daß er die für ihn unerreichbare adlige Frau fälschlich zu einer »Heiligen« idealisiert. In dem Moment, wo Marie, ein Mädchen aus einem ihm untergeordneten Stand, ihm gegenüber wahre Gefühle zeigt, schlägt dieses Bild der »heiligen« Frau, das ja schon durch Renatchens Verhalten Sprünge bekommen hat, in sein Gegenteil um. Renatchen hatte Zerbins Zuneigung nur benutzt, um den Grafen Altheim für sich zu gewinnen. Zerbin erkennt auf einmal Liebe als etwas sehr Irdisches, das zweckrationalen Erwägungen unterworfen werden kann. Er trennt jetzt zwischen einer Gefühlsbeziehung und einem Eheverhältnis. Letzteres beruht für ihn auf bloßer Konvenienz. Lenz bringt Zerbin dann durch Maries Schwangerschaft und eine finanzielle Krise dazu, daß er, der inzwischen aufgrund von »egoistischen Grundsätzen« handelt, die Verhaftung, Verurteilung und den Tod Maries in Kauf nimmt. Um eine vorteilhafte eheliche Beziehung und seine Reputation zu retten, überläßt er Marie ihrem Schicksal. Der Erzähler rechtfertigt freilich weder das Bild der »heiligen« Frau, welches von vornherein als Idealisierung gekennzeichnet ist, noch die zweckrationale Ordnung der Geschlechterbeziehungen nach Zweck-Mittel-Relationen. Auch Marie, die ganz dem Manne hingegebene, schemenhaft Fügsame, die sich konsequent in Verurteilung und Tod schickt, ist, obwohl sie am Schluß effektvoll zur Märtyrerin gesteigert wird, keine Vorbildfigur; denn ihre passive Moral läßt sie zum »Schlachtopfer« werden. Stirbt Werther einen Tod der »schönen Tat« des Herzens gegen die gesellschaftliche »Vernunft«, scheitert Zerbin am Ende, weil er eben dieser »Vernunft« folgt, die auch »Schlachtopfer« in Kauf nimmt.

Die Erzählung beginnt mit einer Erzählerreflexion: »Wir leben in einem Jahrhundert, wo Menschenliebe und Empfindsamkeit nichts seltenes mehr sind: woher kommt es denn, daß man so viele Unglückliche unter uns antrifft? Sind das immer Unwürdige, die uns unsere durch immer hellere Aussichten in die Moral bereicherten Verstandesfähigkeiten als solche darstellen«? (2, 354) Die Erzählung gestaltet den Widerspruch zwischen dem Anspruch der Aufklärung auf Ausgang des Menschen aus der Unmündigkeit, auf Emanzipation – hier verwirklicht im individuellen Aufstieg durch soziale Anpassung –, und einer Beschränkung des Vernunftanspruchs auf Anpassung an die herrschenden sozialen Verhältnisse. Rector (1994) sieht in der Erzählung eine »frühe sozialpsychologische Charakterstudie des bürgerlichen Mannes«, der Vernunft, Moral und Erfolg miteinander versöhnen wolle. Mit dem Scheitern dieser Versöhnung wendet sich die Erzählung kritisch nicht nur gegen die Hausvater-Entwürfe der Aufklärung, sondern auch gegen einen übersteigerten Anspruch nach Selbstverwirklichung, wie er dem Geniedenken der Sturm und Drang-Generation nicht fremd ist. In dem durch allzu große Selbstliebe hervorgerufenen Stolz auf sich selbst verfehlt Zerbin, wie Rector überzeugend herausarbeitet, die Tugend der Demut.

»Nach unsrer physischen, moralischen und politischen Einrichtung« müssen sich »Liebe und Liebe« »oft« verfehlen (an Sophie von LaRoche, Juli 1775). Zerbin scheitert außer an den Ambivalenzen von Vernunft und vernünftiger Moral an den Widersprüchen seines internalisierten Frauenbildes. Dem des »überirdischen Wesens« entspricht als negatives Pendant das Bild der Frau als Verführerin, »weiblicher Alexandergeist«. Beide Bilder entstehen aus der Verdrängung und Verschiebung der eigenen sexuellen Bedürfnisse, die als Bedrohung empfunden werden. Entsprechend diszipliniert sich Zerbin zu einem Manne von »aufgeklärtem Verstand«, der aber durch sein Zweck-Mittel-Denken die »Pflicht des Naturgesetzes« verletzt.

Seit Thomasius gibt es in Deutschland eine Kampagne der Aufklärer gegen Folter und Hexenprozesse. Beccaria fordert 1764 in *Dei Delitte e delle pene* die Abschaffung der Todesstrafe und der Folter und die Berücksichtigung der Umstände bei der Bemessung des Strafmaßes. Das Thema der Kindsmörderin, die nach herrschendem Recht zum Tode verurteilt werden muß – Lenz mildert es ab: das Kind kommt tot zur Welt –, wird von allen Sturm und Drang-Autoren behandelt. Lenz will aber mehr als eine Bewertung der Umstände, die eine mildere Strafe ermöglichen würde. Da der Verführer sozial höhergestellt ist als die Verführte, ist der dargestellte Konflikt klassenbezogen. Die Kritik trifft Zerbin als Vertreter des Bürgertums – so sehr er auch Opfer räuberischen Verhaltens von Adligen ist. Die extreme Unnatürlichkeit und Unvernunft einer verhehlten Schwangerschaft mit Todesfolge für das Kind und Todesurteil für die Mutter steht ein für die Unnatur und Unvernunft einer Gesellschaft, deren sozialpsychologische Mechanismen noch das Unnatürlichste als unvermeidlich, daß heißt ›natürlich‹, ›vernünftig‹ erscheinen lassen.

2.4 Die Straßburger Dramen

Shakespeare- und Plautusrezeption

Wie für alle Stürmer und Dränger wird Shakespeare, dessen Historien Lenz vermutlich schon in Königsberg liest, zum bedeutenden Anreger, den er in Essays und Dramen produktiv rezipiert. Der englische Dramatiker wird entgegen seiner »vernünftigen« und maßvollen Rezeption bei Aufklärern wie Lessing und Wieland für die junge Generation zur Kultfigur, das Bekenntnis zu ihm Ausdruck eines neuen Dichtungsverständnisses. Lenz' intensive Auseinandersetzung und Identifikation mit ihm belegen zunächst Hinweise, die über das ganze Werk und die Briefe verstreut sind. Shakespeares Geist wird in dem gleichnamigen dramatischen Monolog von 1776 und im *Pandämonium Germanikum* mit großer Verehrung beschworen. Im Manuskript der *Kleinen* von 1775 findet sich die Randbemerkung »Alles verkürzt sich in Shakespeare«. In den Gedichten *Über die deutsche Dichtung*, *Abschied von Kochberg* und *Was ist Satyre* – letzteres erst in Moskau entstanden – wird auf den Engländer Bezug genommen. Für die Fritz-Läuffer-Gustchen-Szenen im *Hofmeister* sind die Verweise auf *Romeo und Julia* zentral. Erwähnt oder zitiert wird Shakespeare in den Prosawerken *Moralische Bekehrung eines Poeten*, *Der Waldbruder* und *Der Landprediger*. In den *Anmerkungen übers Theater* fungiert er als Antipode des Aristoteles und der französischen Dramentradition (vgl. u. a. die Gegenüberstellung von *Julius Caesar* und Voltaires »*Mort de César*). Der Vortrag für die Straßburger Gesellschaft *Über die Veränderung des Theaters* (1776) und der Essay *Das Hochburger Schloß* (1777) setzen sich mit Shakespeares Dramen auseinander.

Der Einfluß des Engländers darf aber auch nicht überschätzt werden. Schon Genton zeigt, daß Lenz' Werke fast ebenso stark von Traditionen des deutschen Volkstheaters bestimmt sind, vom Marionetten- und Puppenspiel und der Praxis der Wanderbühnen, der Haupt- und Staatsaktionen (vgl. dazu auch Hinck 1965). Strukturmerkmale der Dramen wie die Abkehr von den drei Einheiten, Vorrang der »Situation« gegenüber den Absichten der Figuren und die Vorliebe Lenz' für komische Effekte und karikierende Darstellungsform sind auch hierdurch angeregt. Entgegen Goethes abschätzigem Urteil in *Dichtung und Wahrheit*, daß Lenz sich »bilderstürmerisch« gegen die Theatertradition verhalten und »überall nach Shakespearescher Weise gehandelt« habe und vor allem entgegen Gundolfs einflußreichem Verdikt in *Shakespeare und der deutsche Geist* (1912) ist Lenz kein bloßer Nachahmer des Engländers, dessen Schreibart er zudem mißverstehe und übertreibe. Der englische Dichter dient ihm als Vorbild, als er mit der Tradition des klassizistischen Theaters bricht, die in Deutschland trotz Lessing noch weithin herrscht. Shakespeare gibt ihm viele Anregungen, wie das neue antiaristotelische Theater aussehen könnte (vgl. Rauch 1982, Schwarz 1971, Inbar 1977). Dies gilt für die Freiheit in Ort, Zeit und Handlung, für die Einbeziehung komischer und tragischer Elemente in den Text. Doch während zum Beispiel bei Shakespeare von vornherein *ein* Element – Komik oder Tragik dominiert, wird für Lenz' Stücke der wechselseitige Umschlag von Komik in Tragik strukturbildend. Zudem ist Shakespeares Welt bei allem Chaos, das in sie einbricht, letztlich ein hierarchisch geordneter Kosmos. So stellen die Dramenschlüsse die Ordnung wieder her, bei Lenz bleiben die Konflikte dagegen am Ende meist ungelöst. Das produktive Mißverständnis der Historien als »Charakterstücke« in den *Anmerkungen* – vorher schon bei Johann Elias Schlegel in der *Vergleichung Shakespeares und Andreas Gryphs* – bestärkt Lenz in seinem Postulat einer Charaktertragödie, das er gegen Aristoteles und Lessing entwickelt. Allerdings schreibt Lenz im Gegensatz zu Goethe mit dem von ihm bewunderten *Goetz* eine solche nicht, sondern ersetzt – hier weit radikaler und moderner – den Charakter als ein die Texteinheit konstituierendes Element durch das der »Situation« und des »Interesses«.

Die Eigentümlichkeit der produktiven Rezeption Shakespeares verstellt leicht den Blick darauf, daß Lenz sehr wohl wichtige Kompositionsprinzipien seines Vorbildes erkennt und studiert und er ihm keineswegs »Regellosigkeit« unterstellt. So kann er zum Beispiel in *Über die Veränderung* die Wirkung von Shakespeares »Schauspiel der Sinne«, die Technik der Illusion aus sprachlichen und szenischen Arrangements erklären. Damit weist er auf die Shakespeare-Rezeption der Romantik voraus.

Wahrscheinlich noch in Königsberg beginnt Lenz, *Love's Labour's Lost* zu übersetzen mit dem Titel *Amor vincit omnia*. Die erste deutsche Übersetzung dieser Komödie – Wieland hatte sie ausgelassen – veröffentlicht Lenz im Anhang zu seinen *Anmerkungen übers Theater* 1774. Die Grundlage bildet Alexander Popes Ausgabe von 1725, woraus sich einige Auslassungen und Abweichungen erklären. Die Übersetzung des *Coriolan* (1775) bleibt Fragment wie auch die angefangenen Übertragungen der pseudo-shakespeareschen Stücke *Perikles* und *Sir John Oldcastle* (vgl. zu letzterem auch Lenz' Essay *Das Hochburger Schloß*). Lenz übersetzt – vielleicht in Anlehnung an Diderots und Merciers Forderung – in Prosa, abgesehen von den eingestreuten Gedichten. Er bemüht sich um einen anschaulichen und volkstümlichen Stil. Außerdem erklärt er nicht wie Wieland viele

Stellen für unübersetzbar. Goethe stellt in *Dichtung und Wahrheit* das Drama *Amor vincit omnia* als charakteristisches Beispiel der Shakespearerezeption im Straßburger Kreis heraus. Lenz »behandelt seinen Autor mit großer Freiheit, ist nichts weniger als knapp und treu, aber er weiß sich die Rüstung oder vielmehr die Possenjacke seines Vorgängers so gut anzupassen, sich seinen Gebärden so humoristisch gleichzustellen, daß er demjenigen, den solche Dinge anmuteten, gewiß Beifall abgewann.« (*Goethes Werke* Bd. 10. Hamburg 1959, S. 11).

1772 und 1773 beschäftigt sich Lenz intensiv mit Plautus, der neben Terenz als Begründer der römischen Komödie gilt. Seine Werke, die auf griechische Vorbilder zurückgehen, stellen einen stilisierten Ausschnitt aus der altrömischen Gesellschaft des dritten und zweiten Jahrhunderts vor Christi dar, für die sinnliches Vergnügen eine Hauptbeschäftigung war. Die wichtigsten Typen sind Hetären, geldgierige Kuppler, verliebte Soldaten und arbeitsscheue Müßiggänger. Erst die Renaissance hatte Plautus wiederentdeckt. Lessing hatte die *Captivae* (*Die Gefangenen*) 1750 in den *Beyträgen zur Historie und Aufnahme des Theaters* übersetzt, ferner *Tricunumus* (*Der Schatz*). Wie für Lessing die Beschäftigung mit Plautus eine wichtige Station auf dem Weg seiner Befreiung von den Schemata der sächsischen Typenkomödie darstellt, sind für Lenz die Werke des römischen Autors ein Vorbild, das er dem »faden Geschwätz auf unsern heutigen Bühnen« entgegensetzen kann, »das weder vergnügt noch unterrichtet« (Nachwort zur *Buhlschwester*). »Lebhaftigkeit«, »scharfer Witz«, tiefe Kenntnis typischer menschlicher Verhaltensweisen, »Leichtigkeit« und »Naivität« schätzt Lenz an den Komödien (*Verteidigung des Übersetzers der Lustspiele*). Sie entsprechen für ihn eher als die comédie classique, die sächsische Typenkomödie und das weinerliche Lustspiel Gellerts dem Volksgeschmack, an den er mit den eigenen Texten appellieren und anknüpfen will. Die Plautus-Übersetzungen zeigen die Suche Lenz' nach Traditionen, die nicht durch den moraldidaktischen Impetus vor allem der sächsischen Aufklärung diskriminiert sind. Im *Neuen Menoza* wird er aus dem gleichen Grund ausdrücklich an Elemente des Puppenspiels anknüpfen.

Im Sommer 1774 erscheinen bei Weygand (Frankfurt und Leipzig) die *Lustspiele nach dem Plautus fürs deutsche Theater*, nachdem die Straßburger Zensurbehörde den Druck in der Stadt verweigert hatte, weil sie die Lenzschen sprachlichen und inhaltlichen Aktualisierungen als anstößig empfand. Der Verlagskatalog bemerkt zum Druck: »von Goethe und von Lenz«. Der erstere hatte den Verlag besorgt und – vermittelt über Salzmann – Lenz bei der Überarbeitung der ersten Fassungen beraten. Die Druckkosten übernimmt die Salzburger Sozietät. Sehr zum Vorteil der zweiten, schließlich gedruckten Fassungen fordert Goethe, die antiken Eigennamen aufzugeben und die Handlung in heimatliches Kolorit einzuschmelzen. Lenz folgt dieser Anregung weitgehend. Der Band enthält *Das Väterchen* (nach *Asinaria*), *Die Aussteuer* (nach *Aulularia*), *Die Entführungen* (nach *Miles gloriosus*), *Die Buhlschwester* (nach *Truculentus*), *Die Türkensklavin* (nach *Curculio*). Im Nachlaß finden sich Notizen zu einer Übersetzung der *Menaechmi*, die Weinhold veröffentlicht. 1774 beschäftigt sich Lenz mit einer Überarbeitung der *Aussteuer*, von der der zweite Akt erhalten ist.

Die Übersetzung der *Captivi Freundschaft geht über Natur oder: Die Algierer* ist erst von Luserke/Weiss (1991) publiziert worden. Erhalten geblieben ist eine Fassung, in die Änderungen Friedrich Wilhelm Gotters eingearbeitet sind, die aus seiner Sicht auf eine bessere Spielbarkeit zielen. Lenz hat die (verlorene) ursprüngliche Fassung 1775 in der »Deutschen Gesellschaft« vorgelesen – wie er die anderen Texte schon vorher vortrug.

Die gelungene Einbindung des altrömischen Milieus in zeitgenössisches deutsches bürgerliches Kleinstadtmilieu muß als Lenz' größte Leistung angesehen werden. (Nur *Die Algierer* läßt Lenz auswärts spielen.) Die Einbindung gelingt sehr wesentlich durch die prägnante volkstümliche Sprache, die verbreitete Sprichwörter und Redensarten, Schimpfworte und Derbheiten enthält. Gleichzeitig gelingt Lenz eine kongeniale Übertragung der markanten, Schlag auf Schlag folgenden Wechselreden. Zum Teil ändert Lenz bei der historischen Übertragung Figuren und Handlungszusammenhänge. Insbesondere mildert er Plautus' »Obszönität«, vor allem bei der Übertragung des Hetärenmillieus, für das es im 18. Jahrhundert keine Entsprechung gibt. So wird aus der Hetäre im »Väterchen« »ein Opfer der verdammten« geldgierigen »Politik« der Mutter und der »Schwachheiten ihres Herzens [...] bei der es kindliche Ehrfurcht ist, wenn sie sündigt«. Lenz macht aus der Vorlage eine bürgerliche Familienkomödie: »Ein Vater, der gern weint, seiner Frau dazu stiehlt, die die Escarbaguas machen will und sich für seine Kinder einen [...] Hofmeister angenommen hat, der eigentlich die Regierung für ihren Mann übernommen und dem alle Hauptpersonen gram sind« (*Vertheidigung des Übersetzers der Lustspiele*).

Sittel (1999) hat in ihrer einschlägigen Arbeit die Plautus-Ausgabe des Altphilologen Johann August Ernesti von 1760 als Lenz' vermutliche lateinische Vorlage ausgemacht. In Übereinstimmung mit Herder, der in den Fragmenten *Über die neuere deutsche Literatur* den Übersetzer nicht als Nachahmer, sondern als Nachbilder bezeichnet hatte, der dem Original ein »Denkmal« setze, will Lenz Plautus einen »Stein« setzen. Entsprechend sind seine Fassungen eher freie Übertragungen, obwohl die Analysen Sittels zeigen, wie scharfsinnig und genau Lenz mit den lateinischen Texten umgegangen ist.

»Anmerkungen übers Theater«

Mit den *Anmerkungen übers Theater* publiziert Lenz 1774 eine Schrift, die einen Umbruch in der Geschichte des deutschen Dramas signalisiert und mit einigen Thesen auf die Moderne vorausweist. Entgegen Goethes Widerspruch in *Dichtung und Wahrheit* hat Lenz nachweislich eine erste Fassung im Winter 1771/72 vor der Gesellschaft in Straßburg vorgelesen (vgl. Friedrich 1908). Die Entstehungsgeschichte ist auch nach Friedrichs Rekonstruktion nicht vollständig geklärt. Fest steht aber, daß Lenz den Text mehrfach ergänzt und überarbeitet hat. Auch in der schließlich veröffentlichten Fassung vermeidet er es, seine Gedanken systematisch zu entwikkeln, er bevorzugt eine »rhapsodenweise« Darlegung, die gewollt sprunghaft und assoziativ das intensive Mitdenken eines kleinen Kreises von Interessierten und Einverstandenen erfordert (vgl. dazu Rector 1991). Diese Darbietungsform entsteht, wie beim jungen Goethe und bei Herder, aus der Opposition gegen die regelorientierte traditionelle Gattungspoetik mit ihren systematischen und historischen Ableitungen. Sie signalisiert auch, daß Lenz die bestehende Praxis spontan und einfallsreich kritisieren, seine eigene Alternative aber nur andeuten kann. Die *Anmerkungen* sind daher das Dokument einer tastenden Selbstvergewisserung des Autors bezüglich einer neuen Dramenform. Auch weil sie vor der Vollendung der meisten Dramen formuliert werden, können sie heute nur in Zusammenhang mit seinen späteren dramentheoretischen Äußerungen und seiner Dramen interpretiert werden. Die rhapsodische Darstellungsform hat schon bei einem Großteil der Zeitgenossen eine angemessene Rezeption verhindert. So schreibt Wieland Januar im 1775 im *Teutschen Merkur*: »Fürs Publikum ist so was freilich nicht.« Die Darstellungsform verhindert – zusammen mit Goethes Verdikt – lange eine gerechte literaturwissenschaftliche Würdigung. Das Verdienst, die Originalität der *Anmerkungen* erkannt und anerkannt zu haben, gebührt Fritz Martini, der sie »die eigenartigste und eigenwilligste Schrift« nennt, »die sich in der deutschen Literatur mit der Theorie der Dichtung und mit der ästhetischen Reflexion einer Gattung beschäftigt«.

Nach einem kurzen Überblick über die »Bühne aller Zeiten und Völker« fragen die *Anmerkungen* nach dem »Endzweck« der Dichtung. Damit verbindet Lenz eine Produktionstheorie, über die wir an anderer Stelle schon berichtet haben. Danach fragt Lenz nach der Struktur des Dramas, um anschließend das Schauspiel der Griechen und Franzosen bzw. der Engländer und der Deutschen einander gegenüberzustellen. Die *Anmerkungen* schließen mit der Frage nach der Unterscheidung von Tragödie und Komödie.

Im Mittelpunkt des Textes steht die Auseinandersetzung mit der Poetik des Aristoteles, die noch Lessing als gültig anerkannt hatte, wenn er auch einzelne Formulierungen neu interpretierte. Im Gegensatz zu Goethes Vortrag *Zum Shakespeare-Tag* (1771) und dem *Shakespeare*-Aufsatz Herders geht es Lenz nicht um allgemeine Überlegungen zur Poetik, sondern er will die inneren Regeln des Dramas ergründen. Er löst die Gattung endgültig von dem Zwang, einen gesellschaftlich anerkannten Tugendkanon zu vermitteln. Aus dem individuellen »Gesichtspunkt«, von dem aus der geniale Dichter einen Ausschnitt der Wirklichkeit »durchschaut« und »zurückspiegelt«, erfährt der Zuschauer nicht, wie er handeln soll, sondern welches die eher verborgenen Motive und Bedingungen für vorgeführte Handlungen sind. In der *Goetz*-Rezension entwickelt Lenz den zukunftsweisenden Gedanken, erst das Nachspielen der Rollen bewirke eine tiefer reichende Selbsterkenntnis. Dieses ›Rollenspiel‹-Konzept leitet sich vom Handlungspostulat des Autors ab: das Nachspielen als Übungsfeld für das Rollenspiel in der Realität.

Entsprechend dem Wunsch, dem Menschen »Platz [...] zu handeln« zu verschaffen, soll die Tragödie, die im 18. Jahrhundert am höchsten gewertete Dramengattung, den Menschen mit seinen Interessen und Leidenschaften als »Schlüssel zu seinen Schicksalen« darstellen. Die Handlungen sollen dabei »um der Person willen« geschehen. Damit bricht Lenz mit dem Schicksalsbegriff (Tragödie als Nachahmung des Schicksals eines Menschen), wie er von Aristoteles definiert, von den Franzosen übernommen und noch von Herder für das griechische und englische Drama akzeptiert wird. Rechtfertigte sich der antike Begriff des fatum für Lenz durch die Religion, die »Furcht vor den Göttern«, so betont er für die eigene Zeit den unbedingten Zusammenhang von Handlung und Charakter. Seine heftige Kritik am dramatischen »Despotismus« des Schicksals erklärt sich daraus, daß Lenz neben der französischen klassizistischen Tragödie das in ihr zum Ausdruck kommende politisch-gesellschaftliche Herrschaftssystem des zeitgenössischen Absolutismus treffen will. Die zeitgenössische Gesellschaft – und nicht die Götter – bilden das Schicksal des einzelnen, wogegen Lenz – Anregungen Gerstenbergs weiterdenkend – das freihandelnde Individuum als Thema der Tragödie durchsetzen will.

Indem Lenz das aristotelische Postulat, daß in der Tragödie die Situation, nicht der Charakter den »Hauptgegenstand« bilde, verwirft, wendet er sich auch gegen Lessing, der es in der *Hamburgischen Dramaturgie* noch bestätigt hatte. Lessing vertraut auf die Wirkung von Furcht und Mitleid und auf die »Verwandlung« der Leidenschaften, die eine Aufführung im Publikum erregt, in »tugendhafte Fertigkeiten«. Lenz stuft eine solche Theaterpraxis als illusionär und kompensatorisch ein: »Eine Nacht darauf geschlafen und alles ist wieder vertilgt« (*Goetz*-Rezension). Lenz weiß auch, daß es die bei ihr vorausgesetzte allgemeine »sich fühlende Menschheit« unabhängig vom sozialen Stand nicht gibt. Mit dieser Einsicht denkt Lenz auch über Merciers *Nouvel essai* hinaus, den er vermutlich erst nach oder kurz vor Fertigstellung der *Anmerkungen* durch die Übersetzung Wagners kennenlernt. Die affirmative Theaterpraxis Ifflands und Kotzebues, die durchaus an Lessings Wirkungstheorie anknüpft, bestätigt Lenz' Einschätzung.

In den *Anmerkungen*, mehr noch in der *Menoza*-Rezension entwickelt Lenz nicht die Tragödie, sondern im Unterschied zu Gerstenberg, Goethe und dem jungen Schiller die Komödie als die Gattung, die seiner Selbsterfahrung entspricht. Gegen die aristotelische Tradition und gegen Lessing ordnet Lenz ihr die Darstellung von »Begebenheiten« zu: »die Personen sind für die Handlung da«. Anknüpfend an den von Herder in *Das Lustspiel* beanspruchten Vorrang der Situation stellt Lenz entsprechend seiner Selbsterfahrung den lächerlichen Kontrast zwischen dem Selbstentfaltungsanspruch des einzelnen und den Zwängen der Umwelt dar: es wird mit ihm gehandelt. Es geht dabei nicht nur um gesellschaftliche Zwänge, die den einzelnen als »Rädchen« erscheinen lassen, sondern auch um die mangelnde ›innere‹ Autonomie der Figuren, ihr Hin- und Hergerissensein zwischen Trieb, Vernunft und Moral. Offenkundig kann dieses Thema nicht nur komisch behandelt werden: »Komödie ist Gemälde der menschlichen Gesellschaft, und wenn die ernsthaft wird, kann das Gemälde nicht lachend werden« (*Menoza*-Rezension). Lenz nimmt hier mit neuer Begründung zeitgenössische Tendenzen zur Gattungsmischung auf, besteht aber andererseits durchaus auf der Entgegensetzung von Komödie und Tragödie. Er sieht in der Komödie eine Gattung, die dem »Volksgeschmack« entspreche. Das »Volk« soll durch die Einbeziehung tragischer Elemente in die Komödie allmählich an die Tragödie gewöhnt werden: »So erschafft der komische Dichter dem tragischen sein Publikum«.

Durch seine Veränderung der Gattung will Lenz also ein breiteres Publikum erreichen, »Personen von Geschmack und Erziehung« wie den »Pöbel«. Entsprechend will er auch »alle Stände darstellen wie sie sind« (an Sophie LaRoche, Juli 1775). Bei der ständisch geprägten literarischen Öffentlichkeit seiner Zeit kann Lenz mit diesem Konzept keinen großen Erfolg haben. Die Tragik des Läuffer im *Hofmeister* hätte sicher ein Publikum von Kleinbürgern und Bauern leichter begriffen als das an der Aufklärung geschulte Publikum von Groß- und Bildungsbürgertum und einigen Adligen.

Die zeitgenössische Wirkung ist auch dadurch erschwert, daß das Tragische in der »Komödie sich vom Tragischen der Charaktertragödie« wie des von Lessing erfolgreich durchgesetzten Trauerspiels unterscheidet: »Es ist nicht die Tragik, individuellen Schicksals und Leidens [...], sondern das Trauerspiel eines Gesellschaftszustandes, der sich gewalttätig auf die unteren Stände niederschlägt« (Huyssen 1980, S. 115). Zwangsläufig muß Lenz dann auch seinen Hauptfiguren einen harmonischen Schluß verweigern und damit eine weitere herkömmliche Gattungserwartung enttäuschen.

Die sozialgeschichtliche Deutung muß um die theologische Dimension von Lenz' Denken und Schreiben erweitert werden. Das Individualitätskonzept, das er seinen Figuren unterlegt, begreift Individualisierung als Bildung, als Entwicklung der eigenen Fähigkeiten und ordnet ihr das Ziel zu, die göttliche Schöpfungsordnung in einer vita activa in der Welt zu verwirklichen. Doch aufgrund äußerer Widersprüche und eigener Unfähigkeit verfehlen Lenz' Figuren dieses Ziel. Sie sind weniger Handelnde als Leidende – wie das Leiden »das große Geheimnis unserer Religion« ist (an den Vater, November 1775). Dieses Leiden beinhaltet zugleich eine Auszeichnung, ist es doch ein Nachahmen des vorbildlich Leidenden, von Christus. In diesem Sinne folgt Lenz dem ursprünglich pietistischen Verhaltensmuster, das Leiden zu kultivieren.

Lenz gestaltet die Determination des einzelnen nicht als absolutes und unausweichliches Schicksal. Eine Schicksalstragödie neuen Typs vermeidet er auch dadurch, daß er den Zufall zu einem wichtigen Strukturelement seiner Dramen macht (vgl. Kreutzer 1978). Ein Beispiel bildet der Lotteriegewinn Pätus' im *Hofmeister*, der ihm und Fritz die Heimkehr und damit letztendlich die Versöhnung mit dem Vater ermöglicht. Andererseits betont gerade der Zufall eindrucksvoll den Vorrang der Umstände vor den Einwirkungsmöglichkeiten des einzelnen. Zugleich kann er komische wie tragische Effekte auslösen. Gleiches gilt für die karikierende Darstellungsform, die Lenz schon in den *Anmerkungen* bevorzugt. Gerade weil Lenz in konsequenter Weiterentwicklung von Lessings Öffnung der Komödie zur zeitgenössischen Realität in der *Minna* »die halbe Authentizität eines Geschichtsschreibers« beansprucht, gilt ihm der »Karikaturmaler zehnmal höher als der idealische«; dieser mache nämlich, wie Lenz in der *Menoza*-Rezension betont, die »Alltagscharaktere« »anzüglich« und »interessant«.

Mit der Umkehr der bisherigen Gattungsbestimmung und der Tendenz zur Gattungsmischung ist auch eine Abkehr von den drei Einheiten verbunden. Gelten läßt Lenz in *Über die Veränderung des Theaters im Shakespeare* – an Merciers von Wagner übersetzten *Neuen Versuch über die Schauspielkunst* anknüpfend – das »Interesse« des Autors als Element, das die Texteinheit konstituiert. Mit dieser »Einheit des Interesses« konkretisiert Lenz in seiner Dramenpoetik eine Grundüberzeugung der Sturm und Drang-Autoren, nämlich den Vorrang der Freiheit genialer Kunst vor Regeln, die außerhalb ihrer gesetzt sind. Für Goethe kann in *Von deutscher Baukunst* (1772) die Kunst aus »den willkürlichsten Formen bestehn, sie wird ohne Gestaltverhältnis zusammenstimmen, denn Eine Empfindung schuf sie zum charakteristischen Ganzen«. In *Aus Goethes Brieftasche* (1776) spricht dieser von der »innern Form, die alle Formen in sich begreift«. (*Goethes Werke*, Hamburger Ausg., Bd. 12, S. 22). Das Interesse des Dramatikers kann einen häufigen Wechsel von Ort und Zeit legitimieren. Lenz verbindet es meist mit einer kontrastiven Gegenüberstellung von Handlungssträngen: »bei uns ist's die Reihe von Handlungen, die wie Donnerschläge aufeinanderfolgen, eine die andere stützen und heben, in ein großes Ganzes zusammenfließen« (*Anmerkungen*).

Lenz' Dramentheorie ist seit Brechts *Hofmeister*-Bearbeitung (1950) und seiner Theorie des epischen Theaters anerkannt worden hinsichtlich der Elemente, die auf die Moderne vorausweisen. Zunächst beruht diese Anerkennung auf dem Interesse an »offenen«, nichtaristotelischen Dramenformen und an der Gattungsmischung (vgl. Klotz 1962, Guthke 1961). Lenz' Theorie und Praxis wird diesbezüglich als Beginn einer antiklassischen Tradition gewertet, die über Grabbe, Büchner, Wedekind und Hauptmann bis zu Brecht reicht. Hiebel (in: Wurst 1992) sieht in Lenz' Theorie und Praxis das »offene« Kunstwerk als »Signum der Moderne« vorweggenommen.

Bei einer derartigen Zuspitzung entsteht freilich die Gefahr, daß Lenz' Verhaftung in seiner Zeit unterbewertet wird. Auch auf Bezüge zwischen Dürrenmatts Tragikomödie und Lenz' Komödientheorie wurde verwiesen (u. a. Mayer. In: Titel/Haug 1962, Bd. 2), sowie auf Strukturähnlichkeiten mit Frischs Dramaturgie des Zufalls, die dieser in dem Briefwechsel mit Walter Höllerer *Über Dramaturgisches* entwickelt (Kreutzer 1978). Die mangelnde Geschlossenheit und die Multiperspektivität von Lenz' Dramen werden in ihrem ästhetischen Wert erst aufgrund des Vergleichs mit aktuellen Schreibweisen zwischen Moderne und Postmoderne erkannt (vgl. Wurst 1992, Vorwort).

»Der Hofmeister oder die Vorteile der Privaterziehung«

Schon vor den *Anmerkungen* – im Frühjahr und Sommer 1772 – schreibt Lenz seine Komödie *Der Hofmeister oder die Vorteile der Privaterziehung*, die 1774 durch Goethes Vermittlung gedruckt wird. Eine frühere Fassung könnte schon in Königsberg begonnen worden sein. Es handelt sich um Lenz' bekanntestes Stück, das auch am meisten interpretiert wurde (vgl. u.a. Albert 1989, Durzak 1994, Greiner 1993, Guthrie 1991, Haag, Korb, Luserke 1993, Madland 1987 und 1994, Salumets 1992, Stephan/Winter 1984, Werner 1981). In der ersten Fassung tragen die Figuren überwiegend Namen wirklicher Persönlichkeiten. In der Überarbeitung sind diese Namen geändert. Doch zeigt dieses Detail die Nähe der geschilderten Handlung zur geschichtlichen Realität und eigenen Erfahrungen. Immerhin hat Lenz' Vater für seinen Sohn eine Hofmeisterstelle vorgesehen und Lenz ist gezwungen, zeitweilig in Königsberg und später bei den Brüdern von Kleist demütigende hofmeisterähnliche Aufgaben zu übernehmen.

Der Untertitel deutet auf die aufklärerisch-didaktische Absicht hin, die Kritik der Hofmeistererziehung und die Propagierung der öffentlichen Schule. In der Tat verspricht der aufklärerisch gesinnte junge von Berg am Ende, sein uneheliches Kind auf eine öffentliche Schule zu schicken, wie er selbst eine solche besucht hat. Das unglückliche Schicksal des Hofmeisters Läuffer (!) kann als Exempel für die Kritik an diesem Stand aufgefaßt werden. Diese Kritik faßt der geheime Rat zusammen, indem er die Tätigkeit eines Hofmeisters als freiheits- und naturfeindlich bezeichnet. Lenz zeigt, wie dieser in jeder Hinsicht völlig von seinen Brotgebern abhängig ist, was ihn daran hindert, irgendein pädagogisches Konzept zu entwickeln. Eine kleinliche Karikatur adliger Tugendkataloge und Fertigkeiten soll er vermitteln. Dies entspricht den geringen Ansprüchen und dem wenig glanzvollen Dasein des niederen Landadels. Auch hierin muß Läuffer erfolglos bleiben, weil der Sohn als künftiger Herr auf die Anleitung durch ihn pfeift, der sozial unter ihm steht. Besonders deutlich wird die Ohnmacht des Hofmeisters an den ständigen Gehaltskürzungen. Aus der Enge bleibt Läuffer nur ein Ausweg, eine Kompensation, ein Verhältnis mit der adligen Tochter Gustchen anzufangen. Diese benutzt ihn freilich ihrerseits nur als willfährigen Ersatz für ihren Liebhaber, der abwesend und vermeintlich untreu ist. Die Uneigentlichkeit dieser Beziehung drückt Lenz auch dadurch aus, daß Läuffer und Gustchen literarische Vorbilder imitieren, bzw. in ihren Wahrnehmungen auf sie anspielen: Shakespeares Romeo und Julia, Rousseaus Julie und den mittelalterlichen Mönch Abaelard.

Ist der Hofmeisterstand in jeder Hinsicht abschreckend geschildert, so gilt dies auch für die öffentliche Schule, an die Läuffer auf der Flucht vor dem Major gerät, der seine entlaufene geschwängerte Tochter sucht. Die Schule Wenzeslaus' ist ein Ort konsequenter Unterdrückung selbständigen Denkens, wie der Dorfschullehrer selbst in seiner armseligen Existenz alle Triebe und Wünsche gezwungen ist, durch Pfeiferauchen zu kompensieren. Seine Erziehung zum »Gradschreiben« legitimiert er mit einer Mischung aus religiösem Aberglauben und scheinrationaler Aufklärung. Dieses Bild der öffentlichen Dorfschule entspricht durchaus der zeitgenössischen Realität.

Daß die dargestellte öffentliche Schule also in keiner Hinsicht ein erstrebenswertes Ziel ist, relativiert die aufklärerisch-didaktische Intention des Stückes. Es beläßt seine Figuren wie den Leser in einer für Lenz' Werke typischen Ausweglosigkeit. Diese muß als Ausdruck eines Gesellschaftszustandes begriffen werden, der die einzelnen auf eine kaum erträgliche Weise einengt. Diese Erfahrung führt Lenz an Vertretern verschiedener Stände exemplarisch vor. Das zentrale Beispiel Läuffers belegt nämlich weniger die Schädlichkeit der Hofmeistererziehung für andere als für ihn selbst. Die Selbstkastration aus Reue über das uneheliche Kind ist nicht nur ein Resultat der Hofmeisterei, sondern einer schon vorher in ihm angelegten unterwürfigen Haltung. Sie drückt sein Vater, der sich für Läuffer nur einen Aufstieg über eine Hofmeisterstelle vorstellen kann, mit der Feststellung aus, daß »man [...] nicht immer seinen Willen haben kann«. (Die Entdeckung, daß Gustchens Kind von einem anderem Mann als Läuffer stammen könnte (vgl. Lappe 1980), nimmt dem Stück diese seine Stringenz nicht.)

Die Selbstkastration – die Anregung für das Motiv entnimmt Lenz Werken des livländischen Gelehrten und Pastors August Wilhelm Hupel – bildet den letzten Akt versuchter Anpassung an die einengenden Verhältnisse: die Ausrottung des Sexualtriebes, der das letzte »aufrührerische« Element in Läuffer darstellt. Freilich zeigt Lenz, daß diese Selbstverstümmelung auch nichts nützt, wie die Versuchung durch Lise beweist. Ironisch springt der Autor hier seiner Figur mit einem unwahrscheinlichen Zufall bei, indem er Lise Läuffer eine Ehe gewähren läßt, die er ohne Kastration sinnvoller und befriedigender hätte haben können. Die Kastration bedeutet eben nicht den dauerhaften Verzicht auf den Geschlechtstrieb. Typisch für die Multiperspektivität von Lenz' Schreibweise ist, daß sie auch positiv gesehen werden kann, und zwar als symbolische und als reale Befreiung vom Vaterzwang (vgl. Schöne 1958). Indem Läuffer nicht in die Rolle kommen kann, die sein Vater ihm gegenüber eingenommen hat, entzieht er sich der patriarchalen Struktur. Das Ineinander von Selbstverstümmelung und individueller Emanzipation ist ein typisches Motiv bei Lenz.

In die Schilderung dieses Schicksals eines jungen Intellektuellen ist mit Sicherheit das Lebensgefühl des Autors eingegangen: die Erfahrung der Marginalisierung des einzelnen durch die Umstände, im besonderen die des Intellektuellen aufgrund seiner prekären Stellung zwischen und außerhalb der einzelnen Stände. Diese unsichere Lage der Intelligenz wird auch an den Studenten Bollwerk, Pätus und Fritz vorgeführt. Bollwerk ist der angepaßte Realist, Pätus der Phantast, der aufgrund seiner finanziellen Misere zwangsläufig nur ein Minimum an Aufklärung lernt, von der Fritz sich aufgrund der gesicherten Finanzlage seines Vaters mehr leisten kann. Die Kritik an den Emanzipationsversprechen der Aufklärung setzt sich fort in der Schilderung des geheimen Rates, dessen aufklärerische Reden in einem deutlichen Kontrast zu seinem von Vorurteilen geprägten Verhalten und seiner Handlungsunfähigkeit in bestimmten Konfliktsituationen stehen.

Immerhin verhindern die Aufgeklärtheit von Vater und Sohn, letztlich die des Autors, daß das zur »Hure« gemachte Gustchen am Ende wie Emilia Galotti sterben muß. Die Gefahr, die in den Verführungskünsten und der »Schwachheit« des weiblichen Geschlechts für die Männer liegt, wird im Vorfeld der glücklichen Hochzeit im Familieninteresse durch das »vernünftige« distanzierte Verhalten der Männer eingegrenzt, die freilich ihrerseits viel verdrängen müssen.

So bleibt der glückliche Schluß trotz seiner »Humanität« ambivalent. Lenz knüpft – wie anfangs dargestellt – an den didaktischen Impetus der sächsischen Typenkomödie an: Fehler sollen durch vernünftige Kritik beseitigt werden. Diese Erwartung wird freilich durch die Handlungsführung und die drei Schlüsse widerlegt (vgl. Eibl 1974). Die Schlüsse knüpfen an die ›Tugendseligkeit‹ des rührenden Lustspiels Gellerts an. Freilich genügt Lenz dieser Gattungserwartung nur äußerlich mit der in den drei Hochzeiten zum Ausdruck kommenden Familienharmonie, die auf den Werten privater Humanität beruht. Diese muß der Zuschauer, wie schon angedeutet, als brüchig empfinden angesichts des davorliegenden Verhaltens der Beteiligten. Dieses ist bestimmt durch eine Gesellschaftsordnung, die auf der Ungleichheit der Stände, der Ausbeutung der Armen durch die Reichen und – im Zeichen des Übergangs zum bürgerlichen Zeitalter – auf durch Geld vermittelter Kommunikation beruht.

Lenz bezeichnet das Stück gegenüber Salzmann als »Trauerspiel« (an Salzmann, 28.6.1772), in einer durchgestrichenen Notiz zur Handschrift als »Lust- und Trauerspiel«, schließlich als Komödie. Diese Unsicherheit zeigt, wie sich für ihn eine angemessene Gattungsbezeichnung erst allmählich ergibt. Mit der letzten Bezeichnung entspricht er den *Anmerkungen*; denn im *Hofmeister* sind Menschen dargestellt, die durch die »Umstände« bestimmt werden. Daß ihre Vorführung nicht nur tragisch und nicht nur komisch sein muß, hatte Lenz bereits in den *Anmerkungen* festgestellt. Das Stück belegt seine Intention, Elemente der herkömmlichen Gattungsstrukturen zu verbinden. Es als Paradigma einer tragikomischen Gattung zu nehmen wie Guthke, erscheint nur möglich, wenn unter Absehung von den historischen Bezügen, aus denen sich die Gattungsbestimmung erklärt, aktuelle wissenschaftliche Interessen an den Text herangetragen werden. Bei Guthke (1961) verbindet sich das Interesse an der antiaristotelischen Form mit der Überzeugung, daß die Tragikomödie die angemessene Darstellung von Welt in der Moderne sei, als deren Vorläufer er Lenz auffaßt. Giese (1974) kritisiert diese Haltung zu Recht als ideologisch voreingenommen. Die Bezeichnung des Stückes als »Komödie« ist kein Verlegenheitsausdruck, sondern gerade, wie Hinck (1965), Genton (1966) und Arntzen (1968) haben zeigen können, Ausdruck einer Anknüpfung an Elemente der Wanderbühnen (Haupt- und Staatsaktionen, Puppenspiel, Commedia dell'arte) und an die Komödien des Plautus. Die Bezeichnung ist auch in Lenz' Absicht begründet, dem »Volksgeschmack« Rechnung zu tragen. Die Tradition, in die Lenz sich stellt, legt ihm nahe, den überlieferten Begriff der Komödie um tragische Elemente zu erweitern (vgl. Arntzen 1968). Dabei ist auch festzuhalten, daß das Stück die herkömmlichen sozialen und kulturellen Bezüge der Gattungen Tragödie und Komödie unterläuft, indem sowohl das Streben des Bürgertums nach Emanzipation als in sich gebrochen dargestellt wird als auch der Herrschaftsanspruch des Adels als zufällig und willkürlich. Komödie bei Lenz zeigt »das Verhalten der Personen wie die schlechten Verhältnisse zusammen als einen lächerlichen Zustand« (Giese 1974), der gleichwohl für die Figuren zugleich ernsthaft und tragisch ist. So lächerlich zum Beispiel der »Hampelmann« Läuffer (Glaser 1969) wirkt, sein Emanzipationsanspruch, der sich nur noch in der mißhellige Verwicklungen schaffenden Sexualität auswirkt, wird doch im Kern ernstgenommen.

»Der neue Menoza«

Durch Goethes Vermittlung erscheint im Herbst 1774 *Der neue Menoza. Oder Geschichte des cumbanischen Prinzen Tandi. Eine Komödie.* Sie ist vermutlich 1773 oder in der ersten Hälfte von 1774 entstanden – auf jeden Fall aber nach dem Erscheinen von Wielands Staatsroman *Der goldene Spiegel* (1772), auf den im Text kritisch angespielt wird. In der »Rezension des neuen Menoza« (*Frankfurter Gelehrte Anzeigen*, 11.7.1775) erwähnt Lenz den Plan einer Umarbeitung. Von diesen ist die Schlußszene erhalten. Der Titel deutet auf eine Anregung durch den Roman des Dänen Eric Pontoppidan *Menoza, ein asiatischer Prinz, welcher die Welt umhergezogen, Christen zu suchen, aber des Gesuchten wenig gefunden* (vgl. dazu Unglaub 1987). Doch dürfte weniger die protestantisch-orthodoxe Tendenz dieses Werkes Lenz angezogen haben als die aufklärerische Motivtradition, einen ›edlen Wilden‹ der naturwidrigen europäischen Kultur einen Spiegel vorhalten zu lassen (vgl. Montesquieu *Lettres persanes* (1721), Voltaire *L'Ingénu* 1767)). Auch Elemente Rousseauscher Kulturkritik gehen in die Konzeption des Dramas ein.

Lenz beabsichtigt, wie er später in seiner Selbstrezension schreibt, »ein Gemälde der menschlichen Gesellschaft«. Er stellt ihr Prinz Tandi gegenüber, der als asiatischer Prinz auf der Suche nach »Wahrheit, Größe und Güte« ist. Er verkörpert Ehrlichkeit, Anständigkeit, vor allem aber eine Einheit von Denken und Gefühl, eine persönliche Authentizität im Handeln: »ich baue zuerst mein Herz, denn um mich her«. Gegenüber dieser Kontrastfigur treten die widersprüchlichen und falschen Verhaltensweisen der anderen scharf hervor. Das Ehepaar Biederling ist ganz in den Normen bürgerlicher Wohlanständigkeit befangen. Bedacht auf Anpassung an die gesellschaftliche Realität durch »vernünftiges« Handeln verdrängt es die chaotischen Anteile der eigenen Familiengeschichte. In deutlichem Kontrast zu den Biederlings steht das Verhalten des Grafen Camäleon, das seinem Namen alle Ehre macht. Er ist ein Mörder, der sich bereichern wollte; außerdem wird er von einem egozentrischen Drang nach sexueller Ausschweifung beherrscht, den er durch schmeichlerische Eleganz äußerlich übertüncht. Die falsche Gräfin Donna Diana, ein verlassenes Opfer der Leidenschaften des Grafen und mitbeteiligt an einem Mord, bricht aus ihrer weiblichen passiven Rolle in einer männerdominierten Gesellschaft aus, um mit männlicher Brutalität und Konsequenz die eigene Zurücksetzung zu rächen: »Ich halt mich nicht besser als meinen Hund, so lang ich ein Weib bin. Laß uns Hosen anziehn und die Männer bei ihren Haaren im Blute herumschleppen.« Dieser »Furie« steht Wilhelmine gegenüber, die die Frau Tandis wird: ganz Naive, die aus ihrem Gefühl heraus lebt. Sie erkennt instinktiv das Gute, zum Beispiel, indem sie Tandi dem Grafen vorzieht. Im Gegensatz zu Donna Diana löst sie keine Angst bei den Männern aus, weil sie die eher passive Rolle der Frau für sich annimmt.

Lenz erweitert das Personal um zwei Figuren, die zeittypische philosophische Positionen vertreten. Der Magister Zierau ist ein aufgeklärter Epikuräer, dem Vernunft und Genuß Glückseligkeit bedeuten: »Die echte Vernunft lehrt uns glücklich sein, unsern Pfad mit Blumen zu bestreuen. *Prinz:* Aber die Blumen wollen sterben *[...] Zierau:* So pflückt man neue.« Bezeichnenderweise ist der Magister ein Wielandverehrer. Beza hingegen ist der »waisenhäuslerische Freudenhasser«, für den die Welt »in Feuer und Schwefel« untergehen wird »wie Sodom«. Beza vertritt die pietistische Weltschelte, die Lenz selbst bei seinem Vater erlebt hat und von der er sich nur schwer lösen kann.

Rudolf (1964) hat zu Recht betont, daß die positiven Wertvorstellungen, welche Tandi gegen das Fehlverhalten der anderen setzt, denen der moralisch-theologischen Schriften entsprechen: die Apologie des »Handelns« statt bloßen Genießens, die Aufforderung, Vernunft und Glaube, Geist und Herz zu versöhnen, die Proklamation eines christlichen Altruismus (vgl. hierzu die Bettlerszene). In Tandi einen Christus zu sehen, dürfte jedoch – trotz mancher Anspielungen – überinterpretiert sein; denn weder geht er einen Opfergang, noch vermag er die anderen durch seine Tat zu erlösen. Tandi ist der distanzierte Beobachter und Intellektuelle, der das Handeln der anderen zunächst nur studieren und bewerten will, dann aber selbst in das Chaos der Welt hineingezogen wird und lernen muß, seine Maximen im Handeln zu bewähren. Er muß von der »Grille« einer Gesetzestreue geheilt werden, die »Vater und Schwester und Mutter und alles zu grunde« gehen läßt, wie ihm sein Vater Biederling vorhält. Der Umschlagpunkt des Stückes liegt in der Nachricht nach der Hochzeitsnacht, daß Tandi und Wilhelmine Geschwister sind. Die damit gestellte Frage, ob inzestuöse Sexualität sittenwidrig ist, beantwortet Tandi mit dem Verzicht auf die Ehe, obwohl diese schließlich durch ein aufgeklärtes Konsistorium legitimiert wird. Nach der für Lenz typischen zweiten plötzlichen Wendung, daß beide doch keine Geschwister sind, personifiziert Wilhelmine für den Prinzen das »wiedergefundene Leben«, während sie in seinen Armen »zerfließen« will. Lenz erleichtert die Wiederherstellung der Familienharmonie und Tandis Heilung durch eine seiner typischen plötzlichen Wendungen: Wilhelmine, vorher für Tandis Schwester gehalten, ist gar keine. Gerade dieser »Zufall« hebt das glückliche Ende aber deutlich auf eine märchenhaft-unwirkliche Ebene, er ist eine Konzession an die Komödienkonvention, die einen harmonischen Schluß fordert, und zugleich ihre Parodie.

Nicht zufällig betont Lenz mit Bezug auf den *Menoza*, er habe »zu dem Gewöhnlichen [...] eine Verstärkung« hinzugetan (*Rezension*). Hinck (1965) hat die »stilistische Vorzeitigkeit« dieser Komödie hervorgehoben, die er an der Anknüpfung an Figuren- und Situationstypen von Commedia dell'arte, Puppenspiel und sächsischer Typenkomödie festmacht. Diese Anknüpfung ist – wenn auch nicht so konsequent – ebenfalls in anderen Texten festzustellen. Allerdings sind im *Menoza* gegenüber dem *Hofmeister* die sozialen Bedingungen der Handlung deutlich weniger konkretisiert. Doch ist auch hier die Situation strukturbestimmend. Überraschung und Überrumplung prägen die Szenen, sie haben oft »gezackte Ränder« (Klotz 1962), die Orte wechseln wegen der sich überstürzenden Ereignisse häufig. Hinck (1965) stellt zu Recht eine »explosionsartige Entfesselung der Gefühlskräfte« fest. Daher wird – wie aus anderen Gründen auch im *Hofmeister* – die angestrebte Ausdrucksmittelbarkeit der Sprache erweitert um sprachlose Gebärden und Bewegungen, für die Lenz genaue Regieanweisungen gibt. Erst durch Hinck (1965) und Girard (1962), sowie Pastoors-Hagelücken ist dieses Stück in seiner eigentümlichen Struktur erkannt und anerkannt worden. Die vorhergehende Forschung spricht von einem »tosenden Wirrwarr« (Schmidt 1878). Noch 1988 spricht Gerth von einem »Vergnügen ohne Geschmack«. Inzwischen sind die Radikalisierung empfindsamer Muster, der Geschlechterdiskurs und die Zivilisationskritik als wichtige Themen des Stückes gewürdigt worden (vgl. Demuth 1993, Koneffke 1990, Luserke 1993).

»Die Soldaten«

Die Komödie *Die Soldaten* entsteht im Winter 1774/75, wird aber erst im Frühjahr 1776 durch Herders Vermittlung gedruckt. Lenz waren nämlich wegen der deutlichen autobiographischen Bezüge des Werkes Bedenken gekommen. Eine Teilveröffentlichung im Straßburger *Bürgerfreund* 1776, als Lenz die Stadt schon verlassen hat, gab zu Klatsch Anlaß. Trotz der Änderung von Handlungsort, Personennamen und zahlreichen Details verweist das Drama nämlich eindeutig auf das Verhältnis von Cleophe Fibich zu dem Baron Friedrich Georg von Kleist. Gegenüber *Tagebuch* und *Moralischer Bekehrung* versucht Lenz aber die Geschehnisse zu objektivieren, indem er das Verhalten seiner Figuren auf psychosoziale Antriebe und

Gegebenheiten zurückführt, die den Personen weitgehend unbewußt bleiben. Diese Objektivierungsabsicht benennt er mit der Äußerung, er wolle das Stück von der »politischen« Seite empfunden wissen (an Herder, 20.11.1779). Diese Intention mündet in die Didaxe der Schlußszene mit ihrem »Reform«vorschlag einer »Pflanzenschule« für »Soldatenweiber« und schließlich in die gesellschaftsreformerische Schrift *Über die Soldatenehen*, in der Lenz grundlegende Veränderungen in der Struktur der zeitgenössischen stehenden Heere und eine Abschaffung des Eheverbots für Soldaten fordert.

»Selbstverwirklichung«, »Platz zu handeln« sind die Ansprüche Lenz' an das Leben. Wie im *Hofmeister* stellt er in den *Soldaten* Menschen dar, denen diese Möglichkeiten versagt sind. Und er bezieht ihr Schicksal auf den Ständegegensatz, wobei er – ebenfalls wie im »Hofmeister« – auf die Idealisierung der einen Schicht auf Kosten der anderen verzichtet. Den Kern der Handlung bildet die Zerstörung bürgerlicher Existenzen durch das Handeln der Offiziere, aber auch aufgrund von Widersprüchen im Handeln der Bürger selbst. Mariane, die Tochter des Galanteriewarenhändlers Wesener, möchte – ohne dies ausdrücklich zu reflektieren – aus ihrem bürgerlichen Lebenskreis ausbrechen, der ihr zu eng wird: »ich krieg doch bisweilen so eng um das Herz, daß ich nicht weiß, wo ich vor Angst noch in der Stube bleiben soll«. Marianes Tragik liegt darin: sie entfremdet sich mit den Anfangserfolgen ihres Ausbruchs von ihrer Lebenssphäre und ihren ansozialisierten Verhaltensnormen, so daß ihre Identität unterminiert wird. Dies führt trotz eines anfänglichen Gewinns an »Emanzipation« zu Selbstzweifeln, einem immer hektischeren Bemühen um sozialen Aufstieg und letztlich zur Selbstzerstörung. Der Vater, ein sozialer Pendler, der hauptsächlich Adlige in seinem Laden bedient, täuscht sich über die Herrenmoral seiner Kunden. Er unterstützt zum Schaden seiner Tochter und seiner Familie das Werben der adligen Offiziere um Mariane, wenn er auch bestrebt ist, nach außen den »guten Ruf« zu wahren.

Die Naivität, mit der Mariane und der Vater die Klassenschranke zu überwinden trachten, kontrastiert scharf mit dem Verhalten der Offiziere, das die Soldatenszenen schildern. Sie halten sich als eine parasitäre Kaste von allen Ständen entfernt, die für sie nur Objekt der Ausbeutung oder des Vergnügens darstellen. Im Stück wird dieses Verhalten in ihrem Umgang mit Stolzius deutlich, dem von Mariane verlassenen Verlobten. Seine Schwäche und seine Selbsttäuschung – er ist ebenfalls ein sozialer Pendler, die Offiziere sind die Hauptkunden seines Tuchhandels – treiben ihn zu den Kameraden des erfolgreichen Nebenbuhlers, die ihn zum Objekt ihrer destruktiven Späße machen. Zu Recht bezeichnet Scherpe (1977) Stolzius als eine »Karikatur eines bürgerlichen Selbsthelfers«, dieser Lieblingsfigur der Stürmer und Dränger. Die Erniedrigung, die Liebschaften Marianes persönlich mit ansehen zu müssen, wobei sein neuer Herr sein altes Verhältnis einfach ignoriert, sowie die augenscheinliche Zerstörung von Marianes Leben legen in Stolzius ein Rachegefühl frei, das ihm zunächst kaum bewußt ist. Es richtet sich als »tückische Rache« (Glaser 1969) gegen den Mann, der ihm die Verlobte geraubt hat, statt daß er zunächst versucht, ihr zu helfen. Diese Tat hat keine verändernden Folgen, sie demonstriert nur die Handlungsunfähigkeit des Ohnmächtigen. »Hinter dem Stuhl, mit verzerrten Gesicht« wartet er »totenbleich«, bis das Gift seinen adligen Herrn tötet. (1, 243)

Mariane ist auch durch die Gräfin nicht zu retten, die dem Mädchen durch Rückbindung an die Realitäten der Ständegesellschaft ihren »Roman« nehmen will. Sie ignoriert damit nämlich Marianes berechtigtes Freiheitsstreben: »Was behält das Leben für Reiz übrig, wenn unsere Imagination nicht welchen hineinträgt, Essen, Trinken, Beschäftigungen ohne Aussicht, ohne sich selbst gebildetes Vergnügen sind nur ein gefristeter Tod.« (1, 235) Der Schluß, die Begegnung des durch die Schulden Desportes' und Marys ruinierten Wesener mit Mariane, die nach der angedeuteten Vergewaltigung durch den Jäger sozial das ist, als was die Adligen sie immer behandelten, eine Prostituierte, darf nicht vorschnell als Chance eines Neubeginns interpretiert werden (vgl. McInnes 1977). Mariane kann nämlich nur als Gescheiterte in die bürgerliche Klasse zurückkehren, die sie nach oben in ihren Illusionen zeitweise, schließlich aber real nach unten verlassen hat. Ihr bleibt nur der von der Gräfin prophezeite »gefristete Tod« an Stelle eines Selbstmordes, wie ihn ihr Verlobter begeht.

Marianes Schicksal als »Soldatenhure« erfüllt sich nicht in einem finalen Nacheinander der Szenen. Aus dem sich über zweieinhalb Jahre erstreckenden Zeitraum werden zentrale Momente herausgegriffen, die einzelne der Elemente des Schicksals bereits enthalten, deren Summe das Ganze ausmacht. Diese Summe enthält in symbolischer Verdichtung bereits das Lied der Großmutter in II, 3. Die Einzelszenen werden durch »komplementäre Handlungsstränge« (Klotz) miteinander verbunden. Die Szenen, die das Leben der adligen Offiziere beschreiben, kontrastieren zu den bürgerlichen Szenen. Ein Teil der Offiziersszenen (z.B. die Aaron- und Madame Bischof-Szenen) erscheint als redundant für den Gang der Handlung, aber nicht für die Gesamtaussage des Stückes, die sie verdeutlichen: daß die adlige Lebenswelt über die Einmaligkeit des Schicksals der bürgerlichen Opfer hinaus besteht (so auch McInnes 1977). Die bürgerlichen Schicksale verändern offensichtlich Einstellung und Verhalten des Adels nicht. Lenz verzichtet darauf, dem Antagonismus der Stände einen irgendwie gearteten höheren Sinn zu geben. Das unterscheidet ihn vom jungen Schiller, der in *Kabale und Liebe* Ferdinand mit einem Bewußtsein der gesellschaftlichen Widersprüche und mit einem Bekenntnis zu bürgerlichen Werten wie Freiheit und Gleichheit kämpfend untergehen läßt. Doch diese Heroisierung des bürgerlichen Protestes setzt voraus, daß der Ständekonflikt als tragischer Antagonismus gestaltet werden kann. So verdeutlicht er für den schwäbischen Autor auch den »Riß der Welt«, der zur Theodizeefrage und zu einer Anklage gegen Gott als Weltschöpfer führt. Kann Lenz die bürgerlich-moralische Protesthaltung Schillers nicht teilen, so verzichtet er auch auf jede Verklärung der vorgeführten Handlung durch Religion oder Moral. Entsprechend geht er, wie er an Heroismus hinter Schiller zurückbleibt, doch an Realismus über diesen hinaus. Dabei muß freilich betont werden, daß ihm – auch in den *Soldaten* – jede grundlegende Perspektive der Veränderung der Verhältnisse fehlt. Gegenüber Lessings Theaterkonzept besteht die Veränderung darin, daß der gegen das Heroenideal der klassizistischen Tragödie entwickelte, »nach unserem Schrot und Korn« gemischte Charakter abgelöst wird durch Figuren, deren Schicksal sich aus der Handlungskonstellation, den sozialen Verhältnissen ergibt. Die Identität der Figuren wird dabei, wie *Die Soldaten* besonders eindrucksvoll zeigen, aufgesprengt. Einerseits machen Mariane und Stolzius ein individuelles Bedürfnis nach Selbstverwirklichung, zumindest Selbstbehauptung, geltend. Andererseits werden sie durch die sozialen Zwänge in ihrem Denken, Fühlen und Handeln derart bestimmt, daß sie ihr Grundbedürfnis nur entstellt und verzerrt äußern können. Es trägt die Figuren nicht in ihrem Handeln so, daß es sie zu einer größeren Freiheit leitet oder sie derart untergehen läßt, daß dabei ein verborgener Sinn ihres Opfers sichtbar würde. Im Vergleich mit Lessings bürgerlichen Trauerspielen verzichtet Lenz auf das Frauenopfer für die Tugend. Mariane selbst führt den Tugend-Laster-Diskurs nicht, der im Stück durch Eisenhardt vertreten wird. Sie entzieht sich ihm wie auch dem Gebot, die eigene Unschuld zu bewahren. Allerdings wird sie nicht zur Erkennenden oder gar Aufbegehrenden (vgl. Hallensleben 1994). Mariane ist keine verführte Unschuld. Wenn sie im Unterschied zu zum Beispiel Lessings Emilia zu ihren erotischen Wünschen steht, kann sie diese nur dadurch befriedigen, daß sie sich zum Objekt der begehrenden Offiziere macht. Dies führt zu einem »Gegeneinander ihrer Unverstelltheit und ihrer Maskenhaftigkeit« (Höllerer 1958).

Marianes Schicksal kontrastiert scharf zu dem Reformvorschlag des Obristen in der Schlußszene, als Entlastung der Bürgerfamilien und als Ventil für die vagabundierende Sexualität der Soldaten eine »Pflanzschule für Soldatenweiber« zu gründen. Seine Verwirklichung würde die geschilderten sozialen Widersprüche und ihre psychischen Auswirkungen überhaupt nicht berühren, wie die jüngere Forschung herausgearbeitet hat. Letztlich handelt es sich dabei um staatlich sanktionierte Prostitution zum Schutz der ehrbaren Frauen aus bürgerlichen Familien. Zu urteilen, Lenz hätte diesen Vorschlag nur als zuspitzenden satirischen Schluß intendiert, wäre vorschnell. Lenz stellt sich nämlich in einem Brief an Herder vom 20.11.1775 hinter diese Regelungen und verbindet sie mit dem Vorschlag, die zur Prostitution vorgeschlagenen Frauen per Los auszuwählen. Zu Recht spricht M. E. Müller (1984) von einer »Frauenzimmerlotterie zugunsten der sexuell unterversorgten Herren Soldaten«. Lenz geht damit über die aus dem Text ablesbare Intention und ganz allgemein über das Recht der Frau auf Selbstbestimmung hinweg, die als Bedürfnis in der Figur der Mariane ausformuliert ist.

Die Schrift *Über die Soldatenehen* entsteht zum Teil schon 1776 in Straßburg. Zusätzlich zu dem von Freye 1913 veröffentlichten Text finden sich weitere Entwürfe, Bruchstücke und militärtheoretische Studien, die überwiegend nicht veröffentlicht sind (vgl. dazu Hill 1994). Ganz im Gegensatz zu den *Soldaten* fällt in der Schrift die deutlich disziplinierende Behandlung der Frauen auf, deren »unbändige Geilheit« eingedämmt werden soll. Daher und um sexuelle Ausschweifungen der Soldaten und Offiziere zu verhindern, greift Lenz den Vorschlag des französischen Militärtheoretikers Jacques Hippolyte Giubert auf, Ehen zu erlauben (Hill 1994). Diese sind den Mitgliedern der zeitgenössischen stehenden Heere nicht gestattet. Zum einen setzt Lenz bei seinem Vorschlag auf das Eigeninteresse und auf die »Selbstliebe« der Soldaten, die mit der Motivation, Familie und Heimat zu verteidigen, besser kämpfen würden. Entsprechend fordert er auch, nur noch Verteidigungskriege zuzulassen – allerdings auch präventiv verteidigende. Zum andern werden freilich in Lenz' Vorschlag die Geschlechterrollen rigide festgelegt. Die erlaubte monogame Sexualität in der Ehe, für die Lenz Zeiten der Freistellung vom Militär vorsieht, soll das männlich-soldatische Aggressionspotential stärken (vgl. dazu Wilson 1994). Lenz plant diese Reform des Soldatenstandes als Teil einer allgemeinen Gesellschaftsreform, innerhalb derer die stehenden Heere zu Volksheeren umgewandelt werden, in denen die Soldaten nicht als »ausgelernte Mörder« agieren. So sehr dieser Vorschlag auf die Heere der Revolutionszeit vorausweist, das Modell, in das er eingebunden ist, zeigt, daß der Rahmen des aufgeklärten Absolutismus nicht verlassen wird.

Im Detail beeindrucken Lenz' enorme »analytische Schärfe« und sein »diagnostischer Blick« (Luserke 1993), insgesamt aber erschreckt in den bis ins Detail gehenden Regelungen des Lebens der Soldaten und ihrer Frauen die massive Disziplinierung, mit der Lenz die frei schweifende Sexualität eindämmen möchte. Nicht zu Unrecht spricht Prautler von einer rigorosen »Entmachtung« des Individuums. Die Lebensplanung des einzelnen werde fast vollständig von der neuen Gesellschaftsverfassung formiert. Lenz' Projekt läuft damit seinem Beharren auf Handlungsfreiheit und Selbstentfaltung des einzelnen entgegen. Die Triebregulierung so rigide zum Ausgangspunkt eines Gesellschaftsmodells zu machen, dementiert den Anspruch auf »Glückseligkeit«, den es gerade einlösen soll. Der Schluß, daß Lenz generell einem Individualitätskonzept mit »offenen und pluralen Perspektiven« »äußerst skeptisch« gegenübersteht (so Pautler 1999), erscheint allerdings zu weitgehend. Diese Frage muß für jeden Text neu untersucht werden.

»Die Freunde machen den Philosophen«

Die Entstehungszeit der Komödie *Die Freunde machen den Philosophen* läßt sich nicht genau rekonstruieren. Fest steht aber, daß Lenz das Stück am 19.3.1776 an seinen Verleger Boie schickt, und zwar als Ersatz für die zu unterdrückenden *Wolken*. Strephon wird im ersten Akt vorgestellt als ein reisender Dichter und Buchgelehrter. In einem Kreis von Freunden, die ihm Beifall zollen, aber vor allem für sich ausnutzen, spielt er die Rolle des »Philosophen«, der »allem Reichtum der Menschheit« entsagt, um einen bloßen »Beobachter« darzustellen. Dafür vermitteln ihm seine Freunde ein Gefühl von Überlegenheit und Bedeutung, *machen* ihn also in diesem Sinne erst zum Philosophen. Zugleich entwerten sie ihn zum bloßen Werkzeug ihrer Interessen. Lenz kritisiert hier den Intellektuellen als bloßes Kopfwesen, dem zugleich Identität und Verortung in der Gesellschaft fehlen: »Ich bin allen alles geworden – und bin am Ende nichts«, lautet der erste Satz des Dramas. Zugleich zeigt Lenz hier wie auch sonst in seinen Texten eine hohe Sensibilität für die Machtkonstellationen in den zwischenmenschlichen Beziehungen – hier vor allem in denen zwischen Männern (vgl. dazu Winter 2000). Dadurch werden Illusionen destruiert, die mit dem zeitgenössischen Freundschaftsideal, wie es in Aufklärung und Empfindsamkeit gepflegt wird, verbunden sind.

In das Leben verwickelt wird Strephon wie Menoza durch die Liebe, durch seine ununterdrückbare Leidenschaft zu Seraphine. Aufgrund seiner Lebensferne und Selbstentfremdung kann er aber in dieser Beziehung weder planvoll noch realitätsgerecht handeln und sich auch nicht in die Lage der Frau versetzen, die seine Gefühle durchaus erwidert. Er redet darüber, den Helden zu spielen, er imitiert wie schon Läuffer und Gustchen literarische Vorbilder – Ödipus, Hamlet und Werther. Wegen der geplanten Ehe der Geliebten, die sich scheinbar von ihm abgewandt hat, mit Don Prado droht das Stück mit einem Selbstmord in der Nachfolge Werthers zu enden. Don Prado ist für Strephon von vornherein sowohl Vaterfigur als auch Konkurrent, »der alles das ist, was ich sein könnte – zu sein hoffe – nie sein werde«. Ein tragisches Ende verhindert eine von Lenz' plötzlichen Wendungen. Don Prado erweist sich als ungeheuer großmütig. Er will zwar der Form nach der Ehemann sein, jedoch den »beiderseitigen Beschützer« der Liebenden spielen. Das Stück endet mit den Worten Strephons: »O welche Wollust ist es, einen Menschen anzubeten!« Er, der eben durch einen Selbstmord seine Fähigkeit zum Handeln erstmals belegen wollte, tauscht nun also die Rolle des weltfernen Philosophen mit Don Prado, der durch seinen Verzicht auf seinen persönlichen Glücksanspruch zum »Philosophen« wird.

Wie im *Hofmeister* erweist sich auch hier diese Schlußidylle als von vornherein brüchig. Als eine privatistische »Konfliktlösung«, die zudem im Freiraum der Natur verkündet wird, läßt sie die reale Bewältigung in der Gesellschaft offen. Durch die übersteigerte Harmonie wird der konventionelle Komödienschluß ebenso parodiert wie die sich andeutende Tragödie durch die plötzliche Problementschärfung. Der Altruismus Don Prados erscheint nämlich durchtränkt von erheblicher Selbstverliebtheit, die er mit den anderen männlichen Figuren des Stückes teilt: »Liebt mich, meine Freunde, ihr müßt mich lieben, ich zwinge euch dazu, ich bin das Werkzeug des Himmels zu eurem Glück.« (1, 315).Sein Entschluß beruht ganz wesentlich auf der Selbsttäuschung, Strephon habe ihn zu der Ehe mit Seraphine verhelfen wollen. Ein falsch verstandener Altruismus läßt hier Don Prado wie vorher lange Zeit Strephon eigene Bedürfnisse zugunsten der anderen zu unterdrücken versucht, andererseits stärkt er das Selbstwertgefühl aufgrund moralischer und menschlicher Überlegenheit. Trotz aller Relativierung enthält der abrupte Schluß freilich – gegen Arntzen (1968) – auch ein utopisches Element. Er verdeutlicht zugleich schockartig, daß die Männerrivalität, der Kampf um Anerkennung und Durchsetzung der eigenen Bedürfnisse das durchaus erwünschte Verhalten gerade nicht fördert, welches die anvisierte Dreierbeziehung als märchenhafte Utopie der Kommunikation voraussetzen würde: einen absolut aufrichtigen Umgang mit sich selbst und dem Mitmenschen.

»Der Engländer«

Von der Forschung werden die *Freunde* wie auch *Der Engländer* auf die unglückliche Liebe Lenz' zu Henriette von Waldner bezogen, ferner auf die Spannungen mit dem Vater wegen der nicht erfolgenden Heimkehr. (Strephon hat sich wie sein Autor dem Wirkungskreis des Vaters durch Flucht entzogen.) Lenz bietet den *Engländer* im August 1776 über Schlosser Boie für das *Deutsche Museum* an, der ihn wegen des Schlusses nicht aufnehmen will. Schließlich druckt der Verleger Reich 1777 das Stück (vgl. zu ihm Glarner 1992). Wie Strephon ist Robert ein Buchgelehrter, der unter der Entfremdung von der eigenen Körperlichkeit und Sinnlichkeit leidet. Bereits in der ersten Szene klagt er, er habe zwanzig Jahre sich »alles versagt, was die Menschen sich wünschen und erstreben [...]; ohne Haar auf dem Kinn wie ein Greis gelebt, über nichts als Büchern und leblosen, wesenlosen Dingen, wie ein abgezogener Spiritus in einer Flasche, der in sich selbst verraucht« (1, 319). Wie bei Strephon brechen aufgrund der Liebe zu einer Frau die verdrängten Wünsche nach Selbstverwirklichung auf und nach einer Abkehr von dem durch den Vater und den Adelsstand vorherbestimmten Lebensweg. Ganz abgesehen davon, daß Robert die reale Prinzessin nicht zu lieben vermag, sondern sich verliebt in das selbstgeschaffene Bild einer »Heiligen«, ist die Unerfüllbarkeit geradezu Bedingung und Ausgangspunkt dieser Beziehung. Sie führt zu einer grandiosen Steigerung der Leidenschaft und einem intensiven Erleben der durchbrechenden eigenen Gefühle. Von vornherein gibt es für Robert Hot (!) nur den Ausweg des eigenen Todes. Er wird lustvoll imaginiert – als Hoffnung auf eine Vereinigung im Jenseits – oder er löst Angst und Schrecken aus – wegen der Trennung von der weiterlebenden Geliebten, deren Zuneigung auch im Jenseits nicht gesichert ist (vgl. dazu Winter 1994). Anpassung an die gesellschaftliche »Vernunft«, ein Zurückstecken sind Robert unmöglich. Sein individuelles Beharren auf der unerfüllbaren Liebe ist zugleich ein Aufbegehren gegen die durch den Vater verkörperte Gesellschaft: »Weg mit den Vätern!« Hot ist als ein »Stürmer« und »Narr« gekennzeichnet, der der Unbedingtheit seines – verqueren – Gefühls folgt – gegen alle Anfechtungen. Wie Werther imaginiert er sich grandios als unmittelbarer Sohn Gottes, womit er auch die traditionelle Rolle der Institution Kirche in Frage stellt, wie sein Verhalten gegenüber dem Beichtvater zeigt.

Die Prinzessin bezeichnet Robert als einen »heimlichen Melancholiker«. Ichverarmung, dabei eine aufdringliche Mitteilsamkeit, die an der eigenen Bloßstellung Befriedigung findet, und eine genußreiche Selbstquälerei charakterisieren Roberts inneren Zustand. Die psychopathologischen Symptome der Melancholie werden in der Aufklärung breit diskutiert. Schings (1977), der diese Diskussion nachgezeichnet hat, findet viele Belege dafür, daß die Aufklärer die Melancholie ablehnen, weil sie in ihr eine Abweichung von einem vernunftbestimmten Verhalten sehen. Diese Position ist im Stück durch den Vater und vor allem durch Lord Hamilton vertreten. Sie verkörpern die einengende und unterdrückende Instanz, von der Hots Leidensdruck ausgeht, der sich in seiner Melancholie ausdrückt. Darin liegt Lenz' Kritik an einer aufklärerischen Position, die letztlich die gesellschaftlichen Zwänge als »vernünftig« ausgibt. Hots Melancholie ist nämlich auch ein Refugium, in dem sich, wenn auch verzerrt, sein Wunsch nach Entfaltung seiner emotionalen Kräfte und nach einem sinnvolleren Leben äußern kann, für das es in der Ständegesellschaft keinen Raum gibt. Mit der privilegierten Rolle als englischer »Pair« kann sich der Sohn nicht anfreunden. Die Stärke des Leidens wird bei ihm zum Maßstab seiner Ich-Stärke.

Die Feindseligkeit der Umwelt, die Hot aufgrund seines Verhaltens erfährt, nimmt er auf, indem er sich selbst aus dem Weg räumt. Der sich selbst Abschreibende zieht die Konsequenz daraus, daß die Umwelt ihm keinen Lebensraum gibt. In der radikalen Abkehr von der gesellschaftlichen »Vernunft«, die das Überleben ermöglicht – auch vom moralischen und theologischen Verbot des Selbstmords –, berührt sich die Haltung Hots mit dem Wahnsinnigen. Diese Verwandtschaft kommt im Wort Lord Hamiltons zum Ausdruck: »Besser ihn tot beweint als ihn wahnwitzig herumgeschleppt.« (1, 336)

Deutlicher als das in Weimar entstehende *Waldbruder*-Fragment ist *Der Engländer* Lenz' Pendant zu Goethes *Werther*. Die sehr unterschiedliche Sozialerfahrung der Autoren drückt sich in den Werken aus. In beiden findet sich der Zusammenhang unglückliche Liebe – Ablehnung gesellschaftlicher Integration – Melancholie – Selbstmord. Allerdings kann Hot den Fluchtraum der Melancholie nicht zu einem Freiraum machen, in dem er seine Produktivität partiell ausleben kann, was Lenz am *Werther* so bewundert. Er entwirft Hot als eine viel schwächere Natur, die in ihrem Handeln gelähmt ist. Sie entblößt sich selbst bis zur Lächerlichkeit. Entsprechend kann er im Gegensatz zu Werther nicht als Vorbildfigur fungieren. Dies wird auch dadurch gefördert, daß Lenz jede metaphysische Ausdeutung von Hots Mißverhältnis zur Welt vermeidet.

Die Dynamik des Stücks lebt von extremer Verkürzung und Verknappung. In der Darstellung jäh umschlagender Gefühle wird Robert entindividualisiert. Seine Sprachfähigkeit läßt nach bis hin zum grotesk wirkenden Stammeln. Seine hektischen, oft unkontrollierten Bewegungen, die die zahlreichen Regieanmerkungen notieren, charakterisieren ihn als Marionette. Innerhalb der zu Lenz' Zeit ungewöhnlichen radikal subjektivistischen Struktur wirkt die Akt- und Szeneneinteilung als parodiertes Relikt. Der Untertitel »Eine dramatische Phantasei« entspricht dem Herauskehren der Innenwelt Roberts, zugleich signalisiert er, daß der Autor sich die Freiheit nimmt, sich nicht an die überkommenen Gattungen zu halten – wie die Phantasien in der zeitgenössischen Musik.

Dramenfragmente

Lenz' Produktivität als Dramatiker wird in Straßburg über die vollendeten Texte hinaus durch eine Fülle an Dramenfragmenten belegt, deren wichtigste hier vorgestellt werden, zumal sie viele Themen und Motive mit den anderen Werken verbinden.

In den Komödienfragmenten *Die Kleinen* (1775 in Straßburg konzipiert, einige Bruchstücke vielleicht erst 1776 in Berka) behandelt Lenz das unter den Stürmern und Drängern beliebte Motiv der feindlichen Brüder. Es steht in einem aufgrund der Textlage nicht ganz zu klärenden Zusammenhang mit der Suche des Protagonisten Engelbrecht nach den »wahren Menschen«, die er unter den »Kleinen«, den niederen Ständen sucht. Hierin spricht sich Lenz' Orientierung auf das Volk deutlich aus. Neben dem Preis der »Tugend« und »Unschuld« der Niederen, der Lenz durch Rousseau und den *Werther* nahegelegt ist, sind die Fragmente geprägt von einer Tendenz, die darüber hinausgeht. Sie nehmen einen Gedanken auf, den Lenz auch an anderer Stelle, zum Beispiel in der Schrift über die *Soldatenehen* äußert: »Wer seid ihr, die ihr auf ihren [der Kleinen] Schultern steht und sie zertretet, und nicht lieber mit ihnen auf gleichem Boden euch hinstellt und sie auf eure Hand tupfen laßt. Ihr, die ihr nur durch ihre Vergünstigung da seid, ihr sie regieren?« (1, 474) Diese Kritik an den höheren Ständen verbindet sich mit einer Kritik an der Aufklärung, die über die Köpfe der Niederen hinweggeht oder sie aufgrund mangelnder Kenntnis ihrer Realität idyllisiert. Der Intellektuelle Engelbrecht, der sich unter das Volk mischt, trägt Züge eines Wunschbildes seines Autors, der über alle und für alle Stände schreiben will: er hat ein »Herz«, das die »Größe« der niederen Stände empfindet und in sich »vereinigen kann [...] wie eine große Hauptstadt alles was schön und vorzüglich im Königreich ist, in sich verschlingt und dadurch allein Hauptstadt wird«. (1, 4747)

Angeregt durch Schubarts Erzählung »Zur Geschichte des menschlichen Herzens«, die 1775 im *Deutschen Museum* erscheint und später Schiller zu den *Räubern* motiviert, nimmt Lenz in zwei fragmentarischen Fassungen von *Der tugendhafte Taugenichts* das Thema der feindlichen Brüder und ihres Verhältnisses zum Vater wieder auf. Diese Fassungen sind 1775 und/oder 1776 entstanden. Der gehorsame Sohn David wird durch eine Intrige des bösen Just aus dem Vaterhaus verdrängt. Just ist der Fleißige und Scheinheilige, dessen Verhalten in Wirklichkeit durch den Neid auf den Erstgeborenen David bestimmt wird. Dieses Motiv ist neu gegenüber Schubart. Der Ältere leidet unter den Erwartungen des Vaters, denen er glaubt, nicht entsprechen zu können. Gleichzeitig ist er ein Werther ähnlicher Schwärmer – allerdings im Unterschied zu diesem mit einer Hoffnung auf eine militärische Karriere, wie sie der Autor zeitweise auch anstrebt. Die Fragmente zeigen nicht, wie Lenz den Konflikt löst.

In die Straßburger Zeit gehören auch die Fragmente zu einer Komödie *Die alte Jungfer*. Sie dreht sich um das *Clavigo*-Thema eines Mannes zwischen zwei Frauen, das mit dem Motiv der verlassenen Geliebten verbunden wird.

Weit besser dokumentiert ist Lenz' Plan, ein Stück über die italienische Heilige des 14. Jahrhunderts Katharina von Siena zu schreiben. Er taucht zuerst im Mai 1775 auf. Auch 1776 in Berka arbeitet Lenz an diesem Projekt, vielleicht auch noch 1777. Möglicherweise hat Johann Georg Schlosser eine voll ausgearbeitete Fassung besessen (vgl. Genton 1964). Es sind Bruchstücke von Szenen erhalten, die sich – je nach Beurteilung – zu drei oder vier Fassungen zusammenfügen lassen (vgl. dazu Weinhold 1884). Die Frage der Szenenfolge und die zeitliche Priorität der Fassungen sind in der Forschung strittig (vgl. Wesle 1915, Perugia 1925, Titel/Haug 1966). Immer noch fehlt eine wirklich zuverlässige Edition nach der Handschrift. Wesle (1915) meint, daß Lenz zuerst ein religiöses Schauspiel, dann ein Künstlerschauspiel anstrebt. Er erhöht die historische Färberstochter zur Adligen. Sie steht – ein zentrales Motiv auch in anderen Straßburger Werken – zwischen zwei Männern, einem standesgemäß ebenbürtigen Edelmann, den der Vater will und einem Maler, der ihr Herz besitzt. Dieser liebt in ihr aber nur sein Bild der Frau, das er in seiner Kunst darstellt. In der ersten Fassung ist dieses Motiv noch wenig entwickelt gegenüber Catharinas asketisch-enthusiastischer Weltabsage und Hingabe an Christus. Doch ist diese Weltabsage – wie im »Engländer« – bedingt durch die enttäuschte Liebe. Die eindrucksvollen Szenen der Selbstgeißelung sind – parallel zum *Engländer* – ein Versuch Catharinas, zusätzlich zum Schmerz, der von außen zugefügt wird, sich selbst Schmerzen zuzufügen. Durch ihr Ertragen will sie ihre zutiefst erschütterte Selbstachtung und Identität wiedergewinnen. Mit dem *Engländer* ist das Fragment auch durch das Motiv der Absage an den Vater und die von ihm verkörperte »Welt« verbunden. Den eigentlichen Kern des Stückes sieht Rector (1996) in der Unmöglichkeit wirklicher Liebe zwischen den Menschen. Lenz arrangiere die Liebesbeziehungen immer so, daß andere Personen oder Umstände die Erfüllung verhinderten. Mit Sicherheit spiegelt sich hierin Lenz' eigener selbstquälerischer Umgang mit Beziehungen.

2.5 Weimar

Lenz' Erfahrungen am Weimarer Hof und ihre Verarbeitung im *Waldbruder*

Im März 1776 verläßt Lenz Straßburg und reist nach Weimar. Die Gründe für seinen Entschluß lassen sich aufgrund der vorhandenen Quellen nicht vollständig klären. Fest steht, Lenz ist nach eigenen Äußerungen in Straßburg finanziell am Ende, zumal er keine Aussicht auf eine feste Anstellung besitzt, um die er sich ja auch kaum bemüht hat. Die Abreise geschieht offensichtlich geplant. Karl Ludwig von Knebel gegenüber bezeichnet Lenz den Weimarer Hof als »Beschützer der deutschen Musen«, als ein »Muster«, das gewiß Epoche machen wird«. Die Mehrheit der Forscher (so Rosanow 1909, Hohoff 1977, Hill 1994) glaubt, daß Lenz mit seiner militärreformerischen Schrift *Über die Soldatenehen* den Herzog Karl August gewinnen will, um dadurch selbst eine militärische Karriere erreichen und zugleich als sozialer Reformer auftreten zu können: »Ich habe eine Schrift über die Soldatenehen unter Händen, die ich einem Fürsten vorlesen möchte, und nach deren Vollendung und Durchführung ich – wahrscheinlich sterben werde« (an Herder, Febr. 1776). Tatsächlich nimmt Lenz in Weimar am Exerzieren teil, erweitert er seine Kompetenz als Militärtheoretiker durch Fachlektüre. Seine Schrift will er über Goethe dem Herzog nahebringen; als einen weiteren Adressaten erwägt Lenz den französischen König.

Vielleicht in der Hoffnung auf eine Anstellung lehnt Lenz in Weimar auch den Ruf an das Philanthropin Basedows in Dessau ab (zu seinen Vorbehalten gegen die Pädagogik der Philanthropen vgl. u.a. das Gedicht *Aretin am Pfahl gebunden mit zerfleischtem Rücken*). Auch in literarischen Arbeiten der Weimarer und Berkaer Zeit – zum Beispiel im *Waldbruder* – spielt eine Militärkarriere eine Rolle.

Es sprechen aber noch andere Gründe für ein zumindest vorübergehendes Verlassen Straßburgs: zunächst einfach der Wunsch nach einem Neuanfang als Befreiung von einer als bedrängend empfundenen Situation. Wichtig ist auch »Bruder Goethe« als Faszinosum und als derjenige, der Lenz trotz mancher Meinungsverschiedenheiten bisher stets gefördert hat. Zu Recht stellt Damm fest, Lenz hätte auch andere besuchen können. Zum Beispiel laden ihn Merck, Lavater und Herder kurz vor der Reise zu sich ein. Aber Goethes Berufung an einen aufgeklärten Fürstenhof weckt, obwohl sie unter den Freunden, zum Beispiel von Merck nicht ohne Kritik aufgenommen wird, in Lenz besondere Hoffnungen. Nicht zufällig zieht es ja kurz darauf auch den mittellosen Klinger nach Weimar.

Lenz reist über Mannheim, wo er im Antikensaal sich dem »Geist« des »Bruders Goethe« nahe fühlt (an Goethe, März 1776), Darmstadt und Frankfurt, wo er Merck bzw. Klinger, Wagner und Goethes Mutter besucht, nach Weimar. Dort bittet er gleich nach seiner Ankunft in einem Scherzgedicht als »Kranich lahm, zugleich Poet« den Herzog um »Erlaubnis«, »sein Häuptlein, dem der Witz geronnen«, bei ihm »aufzusonnen«. Goethe führt Lenz am Hof ein. Dort erlebt er vorübergehend die Erfüllung seiner Wünsche nach Kommunikation und Selbstausdruck. Er sieht sich »verschlungen in die [...] Annehmlichkeiten dieses Hofes« (an Maler Müller, 16.4.1776). Als Vorleser und literarischer Gesellschafter ist er dem Herzog eine Zeitlang nah. Vor der literarischen Öffentlichkeit zeigt sich Lenz in seiner neuen Rolle als »höfisch gewandter Poet« im *Teutschen Merkur* (Mai 1776) mit dem Gedicht *Auf die Musik zu Erwin und Elmire von Ihrer Durchlaucht, der verwittibten Herzogin zu Weimar und Eisenach gesetzt.*

Doch erweist sich sehr schnell, daß sich Lenz in einer Atmosphäre des Rollenspiels, des Klatsches, der empfindlichen Wahrung von Etikette und sozialen Unterschieden nicht zurechtfinden kann. Seine Lage verschärft sich dadurch, daß er am Hof keine Funktion hat. Früh muß ihm auch seine niedrige soziale Stellung schmerzlich bewußt geworden sein – gerade im Unterschied zu Goethe, der zum Beispiel finanziell auf Zuwendungen des ihn hofierenden Herzogs gar nicht angewiesen ist. Wieland bezeichnet Lenz als eine »seltsame Komposition von Genie und Kindheit« (an Merck, 9.9.1776). Lenz produziert Skandale, über die bei Hofe eifrig geklatscht wird. Noch Karamsin erfährt von ihnen, als er fast zwanzig Jahre später Weimar besucht (*Briefe eines reisenden Russen*, 1793). Wieland schreibt am 11.5.1776 an Merck: »seit er [Lenz] hier ist, ist kaum ein Tag vergangen, wo er nicht einen oder andern Streich gespielt hätte, der jedem andern als ihn freilich in die Luft gesprengt hätte.« Dieses Zitat zeigt freilich auch, daß man Lenz trotz seines scheinbar exzentrischen Verhaltens noch am Hof duldet.

Mit Distanz und Selbstironie beschreibt Lenz seine eigene Rolle, »den Göttern zur Farce [zu] dienen« in dem Dramolett *Tantalus*. Es entsteht in Berka. Lenz überträgt die Leiden Tantalus' in der Unterwelt auf den in Juno verliebten Ixion an der olympischen Tafel. Im Text umarmt Tantalus schließlich statt Juno eine Wolke, die die Götter ihr nachgestaltet haben. Das Bildnisproblem aus den anderen Texten Lenz' über Liebesbeziehungen taucht wieder auf: Tantalus bleibt nur die Schimäre der Geliebten. In Tantalus gestaltet Lenz auch seine Grunderfahrung des Menschen, der nicht zur Autonomie gelangt. Hierin liegt Lenz' deutliche Gegenposition zur Klassik, die Goethe in Weimar entwickeln wird. Dessen Iphigenie kann vertrauend die Götter beschwören, »Beistand« zu zeigen und durch sie »die Wahrheit« zu verherrlichen, für Lenz' Tantalus sind hingegen die Götter willkürlich handelnde und gemeine Dämonen. Es fehlt das Vertrauen auf eine göttliche und zugleich humane Lebensordnung.

Pautler (1999) hat zu Recht darauf hingewiesen, daß Goethe für Lenz die Forderungen seines Handlungs-Konzepts paradigmatisch erfüllt haben muß. Er läßt die Beschränkungen eines auf das eigene Genie sich verlassenden Künstlers hinter sich, um zu sehen, »wie einem die Weltrolle zu Gesicht stünde (an Merck, 22.1.76). Wieland schreibt am 22.6.76 an Lavater, Goethe werde »als Minister so groß sein wie er als Autor war«. Die Kunst, von der sich Goethe – außer Singspielen für das Liebhabertheater – verabschiedet, überläßt er Lenz, dessen gesellschaftsreformerischen Projekten er keine Chance gibt. Wirkt Goethe als Repräsentant des fürstlichen Absolutismus, kann er kaum Verständnis für die utopischen und gesellschaftskritischen Aspekte von Lenz' Literatur haben. Entsprechend begründet Lenz gegenüber Goethe seinen Rückzug nach Berka: »Ich geh aufs Land, weil ich bei Euch nichts tun kann.« (27.6.76)

Bezeichnenderweise flieht Lenz Ende Juni in die Einsamkeit ins nahe Berka – zwei Tage, nachdem Goethe sein Amt als geheimer Rat und Mitglied des geheimen Conseil angetreten hat. Während dieser sich damit an höchster Stelle in den Hof und in die fürstliche Administration integriert – die mutige Ernennung muß der Herzog freilich gegen erheblichen Widerstand eines Teils der Höflinge durchsetzen –, sucht Lenz Distanz. Wo und wie er in dem damals kleinen Marktflecken Berka lebt, ist nicht überliefert.

Auf die unerfüllbare ferne Liebe zu Henriette von Waldner bezieht die Forschung in Berka entstandene Fragmente, die zu zwei Fassungen eines Dramas *Henriette von Waldeck* oder *Die Laube* gehören. Im Roman *Der Waldbruder*, an dem Lenz ebenfalls in Berka schreibt, wobei Fragmente schon in Straßburg entstehen (vgl. Weiß 1993), erscheint die Verarbeitung dieser Erfahrung verknüpft mit einer kritischen Sicht der eigenen Erlebnisse am Weimarer Hof. Ein vielperspektivischer Briefwechsel ermöglicht dem Verfasser freilich eine deutliche Distanz und Objektivierung – vor allem weil unterschiedliche Bewußtseinshaltungen und Ansichten von Ereignissen auf die unterschiedliche Mentalität und soziale Lage der Briefschreiber zurückgeführt werden können.

Entgegen der überwiegenden Forschungsmeinung, die Lenz in Herz und Goethe in Rothe porträtiert sieht, muß betont werden, daß *alle* Figuren des Romans Elemente von Lenz' Haltung verdeutlichen. Rothes Einstellung, die den kompositorisch notwendigen Kontrast zu Herz herstellt, enthält trotz der nachvollziehbaren Kritik von Herz viele Elemente, die der Autor für sich entwickeln müßte, würde er wirklich hoffen, in dieser Gesellschaft eine Position zu erringen, um reformerische Projekte durchzusetzen. Rothe ist der erfolgreiche Pragmatiker, der Widersprüche der Hofgesellschaft zum eigenen Vorteil und zum Amüsement erträgt: »ich bin überall willkommen, weil ich mich überall hinzupassen und aus allem meinen Vorteil zu ziehen weiß.« Der »Narr« Herz dagegen nimmt alle Äußerungen wörtlich, durchschaut nicht das menschliche Rollenspiel und kann sich nicht verstellen. Ihm fehlt die Fähigkeit zu Kompromissen. Was für Rothe ein Leben »in lauter Phantasien« ist, ist für Herz das Bekenntnis zu den Strebungen seines Innern und Ausdruck eines Freiheitsverlangens, das die Grenzen der im Alltag seiner Mitmenschen vorherrschenden Widersprüche sprengen will: »Nur Freiheit will ich haben, zu lieben, was ich will und so stark und dauerhaft, als es mir gefällt.« Aus der Multiperspektive des Briefromans werden beide Haltungen deutlich relativiert, ohne daß ihr Widerspruch geschlichtet werden kann. So erreicht Rothe eine glanzvolle äußere Identität, ohne eine innere zu besitzen. Herz' narzißtische Versponnenheit in seine Phantasien, seine »Glückseligkeit im Selbstbetrug« machen ihn in der Gesellschaft lebensunfähig und auf die Hilfe des Pragmatikers Rothe angewiesen. Titel (1961) weist zu Recht darauf hin, daß Lenz mit der Gegenüberstellung von Herz und Rothe den Gegensatz zwischen dem empfindsamen Schwärmer und dem welterfahrenen Epikuräer aufnimmt, den Wieland in zahlreichen Werken darstellt, zuletzt im *Neuen Amadis*, aus dem Lenz auch einige Figurennamen entlehnt. Die Gegenüberstellung der Figuren darf also nicht nur auf Lenz und Goethe, sie muß auch auf den freundlichen »Epikuräer« bezogen werden, mit dem sich unser Autor in Weimar versöhnt hat und über den er in Berka die »Epistel« schreibt.

Herz ist in seinem Denken und Fühlen fixiert auf das Bild, das er sich seit der ersten Begegnung von der Gräfin Stella macht. »Die ewige Kluft« zwischen den beiden, die allein schon durch den Standesunterschied bedingt ist, bildet wie bei Robert Hot die Voraussetzung für diese intensiv ausgesponnene Liebesphantasie. In ihr spiegelt sich auch Herz' grundsätzliches Verhältnis zur Realität, sein Gefühl, in ihr »fremd« zu sein und sein zu wollen. Das Leiden an der Umwelt wird wie bei Hot zum Kriterium von Ich-Erfahrung und -Stärke. Ein solcher Held kann nur durch eine geschickt eingefädelte Intrige aus seiner Passivität gerissen werden. So beschleunigt sich die Handlung durch die inszenierte militärische Karriere Herz' und durch den Streit um das Porträt Stellas.

Der Untertitel, »Ein Pendant zu Werthers Leiden« verweist auf Goethes Roman, den Lenz bereits bei den ersten Konzepten zum *Waldbruder* vor Augen hat (vgl. an Boie 11.3.76). Deutliche Anspielungen finden sich schon in der Herbststimmung der ersten Briefe. Wie Werther demonstriert Herz einen letztlich unüberbrückbaren Widerspruch zwischen dem Beharren auf individuellen Wunschphantasien, »verwilderten Ideen« und der gesellschaftlichen Realität. Wie Werther setzt Herz der »Einschränkung« in der Umwelt einen gesteigerten Subjektivismus, ein äußerstes Freiheitsverlangen entgegen, das er freilich nur in einer Anspannung aller Kräfte seiner Phantasie zeitweise ausagieren kann. Der wichtigste Unterschied zum *Werther* ergibt sich durch die gebrochene Sicht auf diese Haltung, die aufgrund der Multiperspektive mehrerer Briefschreiber entsteht. Die ironische Relativierung von Herz' Innerlichkeit signalisiert ein größeres Maß an Realismus gegenüber der heroischen oder sentimentalen Illusion, die in der durch die Monoperspektive hervorgerufenen Identifikation des Lesers mit *Werther* liegt. Wie im einzelnen das »Pendant« gemeint ist, könnte nur der fehlende Schluß erweisen. Zu Recht betont Wurst (1990), Lenz' Roman sei weder Nachfolge, noch bloße Kritik. Der Polyperspektive, die die Figuren in ihrer Identität offenhalte, entspreche eine »Poetik der Bedingungsverhältnisse«, die den Leser von der Identifikation mit der Hauptfigur abhalte und auf den sozialen und psychologischen Kontext lenke. Stephan (1994) sieht im *Waldbruder* die »Nachtseite« zu Goethes Erfolgstext formuliert. Als chaotischer, aggressiver und pessimistischer Text gehöre er zu den »dunklen Texten der Aufklärung«. »Im *Waldbruder* sind Liebe und Freundschaft eine bloße Chimäre, hinter der die eigentlichen Triebkräfte fratzenhaft verzerrt erkennbar werden: die sexuellen Triebe, das Machtbegehren und das Geld.« Die Hoffnungen und Utopien, die mit dem zeitgenössischen Freundschafts- und Liebesdiskurs im Zeichen von Aufklärung und Empfindsamkeit verbunden sind, werden im »Waldbruder« aufgekündigt. Insofern drückt der Text auch eine tiefe persönliche Desillusionierung aus.

Lenz' »Eseley« und der Bruch mit Goethe

Neben anderen bittet Charlotte von Stein Lenz, sich aus seiner »Einsamkeit« in Berka loszureißen. Er wendet ein, er finde »gegen all die Übel, die mich bedrücken, keine anderen Erleichterungen [...], als mich vor der Welt zu verstecken«. Er wolle nicht den »Narren« bei Hofe spielen (an Frau v. Stein, Sept. 1776). Schließlich lädt Charlotte von Stein Lenz ein, als ihr Englischlehrer nach Schloß Kochberg zu kommen. Ihr Motiv, über das es keine klare Aussage gibt, hat in der Forschung zu vielen Spekulationen geführt. Sucht sie Unterhaltung, während Goethe in Weimar den Amtsgeschäften nachgeht oder ist es ein bewußtes Spiel mit dem Faktor Eifersucht und der Wunsch, Goethe »Entbehrungen« aufzuerlegen (vgl. dazu Damm 1985, Eissler 1963)? Bei Lenz vermischt sich mit dem Eingehen auf Charlottes Wunsch das Bedürfnis, auf diese Weise sich dem immer noch geliebten, aber sich entziehenden Freund zu nähern mit dem Bestreben, diesen zugleich in seinen persönlichen Verhältnissen zu übertrumpfen. Fest steht, daß Lenz' Kochberg-Aufenthalt (12.9 – 30.10) Goethe tatsächlich trifft und verletzt, wenn auch das Verhältnis zwischen den beiden Freunden dadurch noch nicht zerstört wird. Den Englischunterricht betreibt Lenz mit Energie. Rückblickend rühmt er sie als eine Schülerin, deren »application to that tongue« für ihn »much more profitable« gewesen sei als »all my instructions«. Zum *Abschied von Kochberg* schreibt Lenz ein so überschriebenes Gedicht – in den erhaltenen Manuskripten fehlt der Titel –, welches seine Zuneigung zu Frau von Stein zeigt, die Erfahrung gegenseitiger Vertrautheit – allerdings auch mit einem deutlichen Bewußtsein für den Unterschied der Lebenswege: »Ich aber werde dunkel sein/Und gehe meinen Weg allein« (an Frau von Stein, 3.11.1776).

Fünf Tage bevor Frau von Stein mit Lenz von Kochberg zurückkehrt, schreibt Goethe den Einakter *Die Geschwister*, in dessen diffiziler Beziehungskonstellation Elemente der Beziehung zu seiner Schwester Cornelia, aber auch des aktuellen Verhältnisses zu Frau von Stein bearbeitet sind (vgl. Eissler 1964). Bezeichnenderweise lädt Goethe Lenz nicht zur Aufführung dieses Stückes am Hof ein. Lenz geht nach Berka zurück, um am 25. November an den Hof zurückzukehren.

Am 26.11.1776 ereignet sich laut Goethes Tagebuch eine »Eseley« Lenz', offensichtlich eine schwere Beleidigung Goethes, die von allen Beteiligten geheimgehalten wird. Goethe bewirkt daraufhin beim Herzog Lenz' Ausweisung aus Weimar zum 29.11. Widerstände überspielt er. Eine Verlängerung von Lenz' Aufenthalt um einen Tag »accordiert« er »stillschweigend«.

Aus Lenz' Brief an Herder vom 29. oder 30.11. geht hervor, daß ein »Pasquill«, eine Streit- und Spottschrift mit einem den Geheimen Rat beleidigenden Inhalt der Anlaß für die umgehende Abschiebung gewesen sein könnte. Den *Waldbruder* als Anlaß zu sehen (Froitzheim 1891, Pascal 1952), der ja nach Lenz' Abreise in Goethes Besitz verbleibt, scheint wenig wahrscheinlich. In der Polyperspektivik dieses Textes sind die gegensätzlichen Positionen zu sorgfältig gegeneinander abgewogen. Und Goethe hat 1797 der Veröffentlichung des Romanfragments durch Schiller in den *Horen* zugestimmt. Spottgedichte auf Frau von Stein, die Rudolf und Hohoff annehmen, scheinen bei Lenz' Zuneigung zu dieser Frau ziemlich ausgeschlossen. Preuss (1989) sieht in dem Melodram *Der Tod der Dido*, das erst 1780 anonym veröffentlicht wird, aber im Oktober/November 1776 entstanden sei, eine Parodie auf Goethes Stellung am Hof und seine Rolle als Dichter für das Weimarer Liebhabertheater, die diesen massiv beleidigt habe. Menz (1989) beteiligt sich nicht an der Suche nach dem Pasquill, sondern versucht aus Lenz' Erzählung *Die Geschichte des Felsens Hygillus* die Auseinandersetzung zwischen den Dichtern zu rekonstruieren. Hacks (1990) bezieht das *Tantalus*-Dramolett auf den Streit. Dort verrate Lenz nicht nur das Geheimnis von Goethes Verehrung für die Herzogin Luise, wie schon Eissler meint, sondern auch daß er – Lenz – sich der Herzogin als Küssender angenähert habe. Ob man *Tantalus* und auch Goethes *Tasso* wirklich in dieser Weise biographisch deuten kann, scheint sehr fraglich. Überhaupt kann die Frage, ob ein Text und welcher Text den Streit ausgelöst hat und ob die von Menz angeführten Texte wirklich als Dokumente für den tatsächlichen Verlauf des Streits fungieren, nach dem gegenwärtigen Forschungsstand nur mehr oder weniger plausibel spekulierend beantwortet werden.

Entscheidend für den Bruch ist die gegensätzliche Grundeinstellung, zu der beide Autoren gefunden haben. Die »Eseley« ist dabei für Goethe nur der letzte Auslöser für eine harte Abgrenzung, die auch der Verabschiedung von Teilen der eigenen Vergangenheit gilt. Goethe arrangiert sich in diesem Jahr mit der Macht des Hofes, um persönlich aufzusteigen und in die Gesellschaft hineinwirken zu können. Den Aufstieg bis zur Stellung eines geheimen Rates, der »höchsten Ehrenstufe, die ein Bürger in Teutschland erreichen kann« (an Frau von Stein, 7.7.1779), verbindet er mit einer umfangreichen reformorientierten Verwaltungstätigkeit. Eine Desillusionierung über seine Möglichkeiten wird Goethe erst in den achtziger Jahren erleben. Jetzt weiß er von vornherein, daß die notwendige Anpassung eine Persönlichkeitsveränderung bewirkt, vor allem eine Abkehr vom Genietreiben und dem unbedingten Beharren auf Selbstverwirklichung. Obwohl auch Lenz durchaus Reformen innerhalb der bestehenden Ständegesellschaft will, was seine vielen praktischen Vorschläge belegen, zeichnen seine imaginierten Handlungsabläufe solche Reformen als wenig erfolgversprechend. Nimmt man die Gesellschaftskritik in Lenz' Werken ernst, ist es notwendig, sie auch als Kritik der Reformpraxis aufzufassen, wie sie Goethe als Minister versucht und für die Lenz nie eine ernsthafte Chance besitzt, obwohl er sie anstrebt.

Von Goethe her gesehen kultiviert Lenz die »Werther«-Stimmung, insbesondere den schmerzhaften Bruch zwischen dem Individuum und seiner Umgebung und den Rückzug auf sich selbst. Davon möchte sich Goethe ganz entschieden lösen. Lenz kommt ihm zu nahe, besetzt ihn, stellt Ansprüche. Das erklärt die Entschiedenheit, mit der Goethe sogar Jahre später jeden Kontakt mit Lenz verweigert. Am 16.9.1776 nennt er ihn »ein krankes Kind, wir wiegen und tänzeln ihn und lassen ihm vom Spielzeug, was er will« (an Merck). Ein Kind entwickelt realitätsferne Wünsche und Phantasien. Mit »ewiger Kindheit« assoziiert Goethe »Eigendünkel und alle verwandten Fehler«, wodurch man »sich und andern unerträglich wird« (an seine Mutter, 12.8.1781). Leiden an der Realität und Flucht in Wunschträume müssen Lenz für Goethe kennzeichnen. Er thematisiert sie in seiner Dichtung, die für Goethe seit Berka nur »lauter Sublimiora« enthält (an Merck, 16.9.1776). Für Goethe steht Literatur für viele Jahre zurück gegenüber praktisch nützlichen Werken. Schon kurz vor der Einladung nach Weimar ist er sich – nach *Dichtung und Wahrheit* – bewußt, daß sich seine Wertschätzung auf Werke und Autoren verlagert, »deren Talent aus dem tätigen Leben ausging und in dasselbe unmittelbar nützlich wieder zurückkehrte«, zum Beispiel die Schriften Justus Mösers. Lenz hingegen, der keine Funktion einnimmt und nicht im »tätigen Leben« steht – vielleicht hat Goethe sogar eine Anstellung in Weimar verhindert (vgl. Damm 1985) –, produziert nur utopische Projekte. Als ein solches »phantastisches Werk« sieht Goethe auch die *Soldaten*-Schrift an: »Die Gebrechen jenes Zustandes waren ziemlich gut gesehn, die Heilmittel dagegen lächerlich und unausführbar« (*Dichtung und Wahrheit*, 14. Buch). Damm glaubt, daß er Lenz das *Soldaten*-Projekt sogar verbietet.

Der auf die Dichtung beschränkte Lenz hingegen nimmt Anstoß an Goethes Anpassung an die Mentalität und die Bedingungen des Hofes und als Dichter insbesondere an seinem Wirken für das Weimarer Liebhabertheater. Preuß (1989) interpretiert das Huldigungsgedicht für die Herzogin Anna Amalia plausibel als Kritik an dem herrschenden poetischen und musikalischen Dilettantismus der kleinen »Lärmer«. Sie tragen auf einem »kleinen Spinettchen« vor, während der wahre Dichter mit »gotterhitzter Phantasie« sein Publikum »bis an die Schwelle des Todes« führe. Auch hierin zeigt sich: die Gemeinsamkeit der Genies, die von vornherein durch Konkurrenz geprägt war, ist aufgebraucht. Für Goethe, der sich im gleichen Jahr schon von Klinger getrennt hatte, ist Lenz nur noch eine unzumutbare Belastung: »Lenz wird reisen, ich habe mich gewöhnt, bei meinen Handlungen meinem Herzen zu folgen und weder an Mißbilligungen noch an Folgen zu denken.« (Goethe an Einsiedel, Ende November 1776).

Abschließend sei noch auf zwei Werke hingewiesen, in denen Lenz seine Weimarer Erfahrungen verarbeitet. In der zu Lenz' Lebzeiten unveröffentlichten Erzählung *Geschichte des Felsens Hygillus*, die er nach Weimar – vermutlich 1777 – schreibt, stellt er, wie Menz überzeugend nachgewiesen hat, mit Apollo und Hygillus zwei konträre Lebens- und Dichtungspraxen einander gegenüber, wobei der »Affront gegen den Hof« den »Drehpunkt der Geschichte« bilde. Im Drama *Myrsa Polagi*, 1782 anonym veröffentlicht, sind ebenfalls der Hofmann Ali Haßein und der freie Intellektuelle und Gelehrte Abumasar gegensätzliche Figuren, wobei hier durch den versöhnlichen Schluß ein Ausgleich geschaffen wird. Durch die Güte des Prinzen Polagi wird Abumasar aus seiner Isolierung befreit und von seinen aus ihr resultierenden Verirrungen geheilt – möglicherweise eine Wunschphantasie (vgl. dazu Guthke 1967).

2.6 Schweizer Reisen und Emmendingen

Der »Landläuffer« in Emmendingen und in der Schweiz

»Ausgestoßen« zu sein »aus dem Himmel« als ein »Landläuffer, Rebell, Pasquillant« (an Herder, 29.11.1776) bedeutet für Lenz eine schwere Lebenskrise und einen Zusammenbruch bisheriger Hoffnungen. In der kurzen Zeit in Weimar ist er viel radikaler gescheitert als in den fünf Jahren in Straßburg, wo er sich nicht etablieren konnte. Offensichtlich sucht er die Schuld dafür in hohem Maße bei sich selbst. Noch am 10.5.1778 berichtet Schlosser Herder, Lenz sei »äusserst gebeugt über seine Erinnerung an seine Weimarer Conduits« und glaube, »viel zu wenig dort und hier dafür gelitten« zu haben. Es folgt eine Zeit ruhelosen Wanderns durch Baden, Elsaß und die Schweiz (vgl. die wertvolle Rekonstruktion der Reisen in Dedner/Gersch/Martin 1999). Das Umherirren drückt Lenz' Unschlüssigkeit hinsichtlich neuer Ziele und Lebensperspektiven aus.

Von Weimar reist er über Erfurt und Straßburg, wo er keinen besucht, nach Emmendingen zu Schlosser, der ihn schon vor Weimar eingeladen hatte. Gerade in diesem Ziel kann ein Nachklang des Verhältnisses zu Goethe gesehen werden. Schlosser, Goethes Schwager, befindet sich zu dem Weimeraner Autor in einem deutlichen Spannungsverhältnis. In Cornelia Schlosser kennt Lenz jemanden, der sich vorzustellen weiß, was es heißt, wenn Goethe sich abwendet. Lenz kann diese Abwendung zu diesem Zeitpunkt kaum schon akzeptiert haben – wie Cornelia dessen Distanz zu ihr nie voll nachvollzieht.

Von Emmendingen aus unternimmt Lenz Reisen: im Januar nach Straßburg und nach Kolmar zu Pfeffel – dort entsteht Lenz' beste Ballade *Die Geschichte auf der Aar* –, im März nach Basel zu Kaufmann und von dort nach Zürich und Bad Schinznach. Dort tagt die Helvetische Gesellschaft, an der viele Freunde teilnehmen, Lavater, Pfeffel und Lenz sich gegenseitig mit Scherzgedichten begrüßen (*Schinznacher Impromptus*). Auf die Geburt von Schlossers Tochter am 18.5.1777 verfaßt er ein Gedicht. Es verheißt der Neugeborenen Tränen »im bunten Tal der Lügen«. Lenz besucht den Rheinfall, danach mit Kayser den St. Gotthard. Der Tod Cornelias am 8. Juni führt Lenz nach Emmendingen zurück. Nach dem mißglückten Plan einer Schweiz- und Italienreise mit dem Baron von Hohenthal gelangt Lenz Mitte August über Bern zu Lavater nach Zürich. Dort wird er Zeuge politischer Unruhen, die er studiert, weil er sich als »epischen Dichter der Schweiz und Schweizer Angelegenheiten« vorstellen kann (an Sarasin, 28.9.1777). Lenz teilt die

Begeisterung für die Schweizer Republiken mit vielen Intellektuellen seiner Zeit.

»Händel in Republiken« erscheinen ihm »dem politischen Horizont [...] zuträglich«, sofern keine Einmischung von außen erfolgt (an Füßli, 4.7.1777). Auf Aufforderung Sarasins und des Ratschreibers und Popularphilosophen Isaak Iselin erarbeitet er Pläne zur Einrichtung einer Frauenzimmerschule in Basel. Nach einer weiteren Reise durch die Schweiz im Oktober, die unter anderem dem Philanthropinum des Karl W. von Salis in Marschlins gilt, verbringt Lenz den Rest des Jahres in Zürich, danach bei Kaufmann in Winterthur, von wo er Ende November eine »Streifferei« an den Bodensee nach St. Gallen und nach Appenzell unternimmt. Die Quellen lassen keinen sicheren Rückschluß auf Lenz' Pläne zu. Seine Reisen und die Briefe zeigen aber, daß er in zunehmenden Maße unfähig wird, auf Anforderungen, die an ihn gestellt werden, zu reagieren. Er fühlt sich im Leben wie der Waldbruder »als Fremder, unstet und flüchtig« (Schlosser an Sarasin, 28.9.1777). Pfeffel schreibt im November 1777, man solle »Lenz nach Hause jagen oder ihm einen bleibenden Posten besorgen« (an Sarasin). Kaufmann und Elise Ziegler inventarisieren Lenz' geringe Garderobe und bitten in einem Rundschreiben ihre Freunde um Geld für den Autor zur Tilgung seiner Schulden.

Ende November 1777 hat Lenz einen »Unfall«. Nach neueren Erkenntnissen handelt es sich entgegen Pfeffels Bericht nicht um einen »Selbstmordversuch« (vgl. dazu Martin 1999). Johann Heinrich Füssli berichtet von einem Anfall religiösen Wahns in Zürich. Lenz habe »Buß gepredigt, über Lavaters Gegner in ihren eigenen Häusern das Anathema ausgesprochen und endlich von allen seinen Bekannten mit einem Schnappsack auf dem Rücken Abschied genommen«. Kaufmann reist mit Lenz von Winterthur nach Emmendingen zu Schlosser, wo Lenz erneut deutliche Zeichen pathologischen Verhaltens zeigt. Er bedroht den Arzt Cornelia Schlossers und wirft diesem vor, er habe sie sterben gelassen (vgl. Dokument 107 in: Dedner/Gersch/Martin 1999). Kaufmann schickt Lenz daraufhin zur Behandlung und Heilung zu dem Waldersbacher Pfarrer Johann Friedrich Oberlin.

Der Aufenthalt bei Oberlin

Von Oberlin will Kaufmann Lenz wieder abholen zu seiner Hochzeit. Dieser Plan scheitert wegen einer Wunde an Lenz' Fuß, die dieser sich selbst bei einem Sprung in einen Brunnen beigebracht hat.

Der engagierte Sozialreformer und Pädagoge Oberlin (1740-1826) versuchte mit viel Erfolg, die ärmlichen Bauwirtschaften des Elsässer Steintals im Geist eines protestantischen Asketismus zu reformieren. Allerdings ist Oberlin mit seinem Preis eines von Gott gewünschten Arbeitsethos, seiner daraus folgenden scharfen Kritik am Müßiggang – an einem »Laster« gerade auch der ländlichen Unterschicht – und seiner streng patriarchalischen Einstellung trotz seiner ausgeprägten Nächstenliebe keine Person, die einem Lenz auf Dauer Verständnis entgegenbringen kann. Oberlin hat über Lenz' Aufenthalt in Waldbach vom 20.1.-8.2.1778 ein Tagebuch verfaßt, das seine Distanz zu dessen Verhalten zeigt (in handschriftlicher Fassung 1976 von Dedert/Gersch/Oswald/Spieß veröffentlicht). Die Schuldgefühle des Autors, seine Selbstquälerei und seine Selbstmordversuche interpretiert Oberlin moralisch als Folge des Abfalls vom Vaterhaus, mangelnder Einordnung in die Gesellschaft und des Verweigerns einer nutzbringenden Tätigkeit. Reue, Beten zu Gott und die Versöhnung mit dem Vater weist er als Auswege. Mit seinem Bericht, den er offensichtlich im Kreis von Freunden kursieren läßt, will er sich vor der interessierten, wohl vor allem Straßburger Öffentlichkeit rechtfertigen (vgl. dazu Gersch 1991, dagegen Wender 1996).

Bei den wiederholten Versuchen Lenz', sich Schmerzen zuzufügen, geht es ihm offensichtlich angesichts der zunehmenden Auflösung seiner Identität um eine letzte Identitätssuche durch körperliche Selbsterfahrung. Bei seinen religiösen Bußübungen, seinem Versuch, das Bauernkind Friederika (!) aufzuwecken wie bei einem Teil seiner Selbstmordversuche dominieren Phantasien, die auf ein aktualisiertes Kindheitsdrama hinweisen, auf einen Zusammenhang zwischen der Muttererfahrung, der Liebe zu Friederike Brion und dem Kind Friederika. Die Schuldgefühle entstehen, wie die Äußerungen Lenz' zeigen, durch aktualisierte Phantasien des Muttermords (vgl. zur Interpretation Stephan/Winter 1984). Der Versuch, das Kind wieder zum Leben zu erwecken, darf dann nicht nur als eine Probe auf die Heilsversprechen der Religion aufgefaßt werden, er soll zugleich den real vorgestellten Mord an Mutter und Geliebter sühnen. In diesem Versuch drückt sich zugleich eine grandiose Allmachtsphantasie aus, die nach dem Scheitern der Aufweckung in eine umso größere Depression umschlägt. Schuldgefühle empfindet Lenz auch aufgrund seiner Opposition gegen den väterlichen Willen. Das zeigen seine Briefe seit Straßburg. Oberlin verstärkt diese Schuldgefühle mit seinen Ermahnungen, zumal er für Lenz anfangs selbst eine väterliche Identifikationsfigur darstellt. Lenz' Opposition gegen den Vater ist nie offen ausgetragen worden, sondern immer begleitet von Unterwerfungsgesten. Sein eigenes Scheitern versteht

Lenz als Strafe für den eigenen Emanzipationsversuch: »Vater! Ich habe gesündigt im Himmel und vor Dir und bin fort nicht wert, daß ich Dein Kind heiße«, schreibt Lenz am 9.3.1778. Dieser Satz zeigt den Zusammenbruch vor der Autorität. Zu Recht sieht Gersch (1991) in den religiösen Gewissensqualen Lenz' eine »Nachtseite der Aufklärung«. Der Versuch, sich von dem väterlichen Gottesbild zu emanzipieren, scheitert in einer Selbsterniedrigung und Angst vor Strafen, aus der heraus nur noch auf Gnade und Erlösung gehofft werden kann. Die Bußübungen und Selbstgeißelungen und die Versuche, sich körperlich zu verletzen bis hin zum Aufsspielsetzen des eigenen Lebens sind Anläufe, die unerträgliche innere Spannung durch Selbstbestrafung zu lösen. Mit dem Sichbinden als Mörder (»alles bring er um, wo er hinkäme«) will Lenz offensichtlich den eigenen Tod auch als gerechte Strafe herbeiführen, wobei seine religiösen Bedenken, die ihn in den meisten seiner Stücke einen Selbstmord vermeiden lassen, zurücktreten.

Bezeichnenderweise sind die Phantasien Lenz, die er jetzt auslebt, nicht neu. Vorher tauchen sie in den literarischen Texten auf – ein Beleg dafür, wie sehr Lenz das Schreiben als Medium zur Abwehr, zum Bannen durch Strukturierung und Gestaltung gedient hat. So gleichen zum Beispiel die Anläufe des Engländers Hot, sich das Leben zu nehmen, bis in Einzelheiten Lenz' Selbstmordversuchen in Waldbach: die Fensterstürze, der Erstechungsversuch mit der Schere, das Rennen mit dem Kopf gegen die Wand, die Aufsässigkeit gegen die Wärter. Mit dem Schuldgefühl, die Geliebte »ermordet« zu haben, reagiert Fritz im *Hofmeister*, als er erfährt, daß Gustchen vergewaltigt worden ist und den Tod im Teich gesucht hat. Freilich werden die Phantasieinhalte jetzt gegenüber dem Zusammenhang, in den sie der Autor eingebunden hatte, isoliert, wodurch sie, wenn sie zu realen Handlungen führen, einen neuen Stellenwert erhalten.

Lenz' »Krankheit«

Oberlins Tagebuch über Lenz' Aufenthalt in Waldbach gilt als die wichtigste Quelle für Lenz' »Krankheit«. Durch Büchners *Lenz* ist das schon vorher vorhandene Interesse an der »Pathographie« des Autors massiv verstärkt worden. So unbestreitbar die sensible Einfühlung Büchners in den historischen Lenz ist, die Lenz-Figur der Erzählung ist trotz der Übernahme von Quellen ein Produkt von Imagination und Fiktion. Der Wissenschaft ist daher aufgegeben, eigenständig nach zeitgenössischen Dokumenten über Lenz' Verhalten zu suchen. Mit Bezug auf diese sind schon früh Schlüsse gezogen worden, die bis zur Zuweisung einer Krankheitsdefinition reichen. Allerdings sind die Quellen – zum Beispiels Schlossers Briefe aus Emmendingen oder Karamzins Beschreibungen in Moskau von Lenz' Zustand in seinen letzten Jahren – relativ spärlich. Das im Moment Zugängliche über *Lenzens Verrückung* 1777/78 trägt die wertvolle Dokumentation von Dedner/Gersch/Martin (1999) zusammen. Die zeitgenössischen Beschreibungen von Lenz' Zustand sind freilich oft von Vorurteilen und vorschnellen Wertungen geprägt, die aus der Ablehnung übermäßigen »Genietreibens«, der massiven Ausgrenzung des »Wahnsinns« im Zeichen der »Vernunft«, aus dem Vorwurf der sündhaften Auflehnung gegen das Vatergebot herrühren, oder – wie später bei Karamzin – durch literarische Muster überformt. Nicht zuletzt wegen der schwierigen Quellenlage ist die Pathographie des Autors noch nicht geschrieben worden (vgl. dazu Beuthner 1968, Böcker 1969, Madland 1993).

Der folgende »Krankheits«-Verlauf ist mit aller Vorsicht zu rekonstruieren: Lenz selbst hat schon am 3.6.1772 in einem Brief an Salzmann bei sich »Melancholie« diagnostiziert; er unterschreibt zusätzlich mit »Ihr melancholischer Lenz«. Bis 1788, wo er in einem Brief an Brouwer von »Schwermut« spricht, kommt er häufig auf diese Krankheitszuweisung zurück. Allerdings ist für den Dichter die Melancholie nicht nur Leiden, sondern auch eine Freiraum biete nde Rolle, in der sich die dichterische Imagination unter Absehung von den Zwängen des Alltags entfalten kann.

Lenz weiß um sein von der ›Normalität‹ abweichendes Verhalten und bekennt sich dazu. So schreibt er an Sophie LaRoche Juli 1776: »... ich werde mich niemals ändern. Modifizieren kann sich der nur, der nicht von Jugend auf, wie ich, mit dem Kopf gegen die Wand gerennt ist.« Möglicherweise kündigt sich die Krankheit in Lenz' ›abweichenden‹ Verhalten an, wenn er religiöse Rollen am – nach dem Urteil der Umwelt – falschen Platz in Zürich annimmt; ein erster Höhepunkt sind der Aufenthalt bei Oberlin und die Zeit in Emmendingen. Dort wechseln, wenn man den Quellen trauen kann, manifest psychopathologische Phasen mit eher apathischen ab, wobei ab etwa Mitte Juni 1778 sehr allmählich eine Besserung eintritt. In Riga scheint Lenz zunächst geheilt (Lenz an Curtius 8.4.1780: »die Seereise hat mich gesund gemacht«, vgl. Hassenstein 1990). In Petersburg 1780 scheint Lenz zwar schwierig im Umgang wegen »unglückseliger Zerstreutheit« (Bacmeister an Gadebusch, Juni 1780), aber nicht krank; spätestens nach dem Scheitern der Karrierewünsche beim zweiten Aufenthalt in Petersburg (Februar bis September 1781) tritt die Krankheit wieder auf, ob zunächst nicht doch durch Momente der Klarheit und ›Normalität‹ unterbrochen, kann nicht im Detail geklärt werden. Am 30.4.1787 stellt Karamzin in einem Brief an Lavater schließlich fest: »Er [Lenz] ist immer verwirrt. [...] Er wohnt in Moskau, ohne zu wissen, warum. Alles, was er zuweilen schreibt, zeigt an, daß er jemals viel Genie gehabt.«

Seit Weichbrodt (1920) wird Lenz' Krankheit überwiegend als »Schizophrenie« gedeutet. Weichbrodt spezifiziert sie als Katatonie, als deren Symptome unter anderem Übererregung, körperliche und geistige Bewegungslosigkeit, die Unfähigkeit zu sprechen und bestimmte Verhaltensstereotypien gelten. Mit einer solchen Definition, sollte sie denn stimmen, ist, für sich genommen, noch wenig erreicht; denn uns heute interessieren ja weniger die medizinische Einordnung von Lenz' Verhalten als die Inhalte der Phantasien, die ihn bewegen und auch in seine Texte prägen. Es gehört zu Lenz' Eigenarten, daß er Eigenerfahrung und Fiktion immer wieder vermengt. In seinen Imaginationen spielen die ambivalente Eltern-Kind-Beziehung, vor allem die zum gottähnlich überhöhten Vater und die protestantisch-pietistisch geprägte Sozialisation eine entscheidende Rolle. Die Schuldgefühle, die aus der zum eigenen Überleben notwendigen Ablösung von der Vaterautorität resultieren, überwindet Lenz sein ganzes Leben nicht. Marianne Krull führt in *Schizophrenie und Gesellschaft* im Anschluß an Laing aus, ein »normaler« Mensch in unserer Kulturtradition empfinde erstens real, lebendig zu sein, zweitens eine zeitliche Kontinuität zu haben, drittens als Person ein »Ganzes« zu sein, viertens Substanz zu haben, fünftens »echt, im Sinne von sich selbst gehörig« zu sein, sechstens »gut, wertvoll zu sein«. (Krull 1977, S.50). Offensichtlich fehlt Lenz eine in diesem Sinne fest umrissene Identität. Wenn Menke (1994) den Streit zwischen Biogenetikern und Soziogenetikern über die Entstehung von Schizophrenie zugunsten der ersteren entschieden sieht – ob zu Recht, sei hier nicht diskutiert –, kann das doch keinesfalls bedeuten, die sozial- und psychohistorische Bedeutung von Lenz' Phantasien und Zwangsvorstellungen nicht zu untersuchen und nicht nach ihrer – auch – spezifischen ästhetischen Struktur zu fragen. Wenig erbringt freilich eine Orientierung am Mythos des genialen, aber wahnsinnig werdenden Dichters, dem Lenz mit Kleist und Hölderlin immer wieder zugeordnet worden ist, weil eine solche Perspektive meist zu einer vorschnellen – meist negativ, selten positiv bewerteten – Pathologisierung von Autor und Werk führt, die lange verhindert hat, die Bedeutung und den ästhetischen Eigenwert der Texte zu erkennen. Allzu leicht eignet sich die Folie des ›wahnsinnigen‹ Dichters auch als bloße Projektionsfläche für vorgängige Wertungen des jeweiligen Interpreten (so auch Martin 1999).

Oberlin sendet Lenz schließlich zu Roederer nach Straßburg. Dieser schickt ihn schließlich nach Emmendingen zu Schlosser weiter. Dort treten im März die katatonen Symptome gehäuft und verstärkt auf. Offensichtlich mahnt auch Schlosser Lenz, sich ein klares Lebensziel zu setzen und vor allem, sich mit dem Vater auszusöhnen, an den er ihn schließlich zurücksenden will. Wahrscheinlich verstärken diese Mahnungen Lenz' unerträgliche innere Spannungen erneut, die sich wieder in Handlungen äußern, die er im *Engländer* beschrieben hat: »Er stieß sich den Kopf gegen die Wand und nötigte mich dadurch, ihn wieder zu binden und zu schließen. Auch in diesem Zustand schreit und heult er wie ein Vieh, zerbeißt die Kissen und zerkratzt sich, wo er nur beikommen kann« (Schlosser an Sarasin, 1778). Zehn Tage wird Lenz an sein Bett gebunden und bewacht. Dann ist seine Auflehnung gebrochen. Beruhigungsmittel, Wasserkuren (schockartiges Eintauchen in eiskaltes Wasser) und – für den Autor besonders einschneidend und sicher schädlich – Lese- und Schreibverbote sind »Mittel«, um Lenz zu kurieren. Schlosser bezeichnet Lenz' Krankheit als »Hypochondrie«, sein Arzt spricht von »Melancholie«. Eine Einlieferung in das Frankfurter Tollhaus scheitert am Geld, obwohl eine von Schlosser initiierte Sammlung in Weimar, in Colmar und in der Schweiz erfolgreich ist. Dagegen verwirklicht Schlosser seine zweite Idee, Lenz durch Arbeit zu heilen. Lenz lebt von Ostern bis Anfang August 1778 bei dem Schuster Süß in Emmendingen und erlernt dessen Handwerk. Danach ist er fünf Monate bei dem Förster Lydin in Wiswyl. Januar bis Anfang Juni 1779 ist Lenz in Hertingen bei einem Arzt.

Die Familie zögert lange, bis sie Lenz heimholen läßt. Sie fürchtet aufgrund des abweichenden Verhaltens Jakobs einen Skandal. Anfang Juni 1779 findet der Bruder Karl ihn in Hertingen »völlig wiederhergestellt«, aber »von einer unglaublichen Schüchternheit«. Diese Nachricht ist in einem Brief an Salzmann für die Freunde Jakobs und die Weimeraner bestimmt. Später, am 4.1.1817 gesteht Karl Lenz Dumpf, er habe seinen Bruder »in Apathie und Erstarrung« vorgefunden, »in tiefer Melancholie immer geradeaus starrend« und unfähig zu reden. Über Emmendingen reisen die beiden Brüder nach Lübeck-Travemünde, von wo sie per Schiff am 23. Juli Riga erreichen. Die Reise wird maßgeblich durch Geld aus Weimar finanziert.

»Der Landprediger«

In seiner letzten großen Erzählung *Der Landprediger* (1777 in Emmendingen entstanden, veröffentlicht im *Deutschen Museum* 1777) scheint Lenz mit seiner bisherigen dichterischen Tätigkeit abzurechnen. Der Wunsch zu schreiben wird hier als pathologisch, als bedingt von überzogener Eitelkeit und Ruhmsucht gekennzeichnet. Die Autoren sollen gesellschaftliche Erfahrungen machen wie der Landprediger Mannheim bei den Bauern, für die er die »Vesper des Sonntagnachmittags [...] in eine ökonomische Gesellschaft« verwandelt. Die Erzählung fordert sozial engagierte Praxis. Nur unmittelbar praktisch nützliche Literatur wird zugelassen. Damit ist eine deutliche Distanz zum Subjektivismus des *Waldbruders* formuliert. Pfarrer Mannheim flüchtet vor den dogmatischen Schlüssen orthodoxer Theologen in die Theorie der »Ökonomisten« und macht sich mit der Theorie und Praxis des Landbaus vertraut. »Er fühlt das große Principium der Gleichheit alles dessen, was gleich denkt, das durch alle Stände und Verhältnisse geht.« In diesem Sinne vermittelt er seine Kenntnisse und Erfahrungen den Bauern. Lenz zieht hier die Folgerungen aus seiner Beschäftigung mit der physiokratischen Wirtschaftstheorie, auf die er in Straßburg gestoßen ist und mit der er sich in Weimar in Zusammenhang mit der *Soldaten*-Schrift auseinandergesetzt hat. In dieser bezieht er sich ausdrücklich auch auf den Nationalökonomen Johann August Schlettwein, der in Baden eine Wirtschaftsreform auf der Basis physiokratischer Grundsätze ausarbeitete. In Weimar hatte Lenz – verlorengegangene – Notizen über die Landwirtschaft angelegt, in denen er sich ausführlich mit Schlettwein befaßt. Die Ökonomisierung und Effektivierung ist im *Landprediger* ausdrücklich als eine Reformmaßnahme innerhalb des bestehenden Ständesystems gedacht. Sie setzt auf einen Ausgleich der gegenseitigen Interessen: »kein Mann kann dafür, wie er geboren ist«. Während der Niederschrift des »Landpredigers« erkundigt sich Lenz bezeichnenderweise nach dem Schweizer Musterbauern Kleinjogg, den Johann Caspar Hirzel in *Die Wirtschaft des philosophischen Bauern* (Zürich 1761, 2. Aufl. 1774) bekannt gemacht hatte. Außerdem dürfte Schlosser ein Gesprächspartner für Lenz' landwirtschaftliche Interessen gewesen sein.

Lenz greift mit dem Landprediger Mannheim eine Lieblingsidee seiner Zeit auf, die zum Beispiel auch Herder, Pestalozzi und Johann Heinrich Campe vertreten: den Dorfpfarrer als Medium der Aufklärung und Mittler zwischen Adel, Bürgertum und Bauern. Pautler (1999) sieht in der Figur Mannheims auch Lenz' Stellungnahme zu dem Streit zwischen Spalding und Herder über das Predigtamt. Mit Oberlin lernt Lenz auch jemanden kennen, der als Muster eines Landgeistlichen gelten kann. Lenz spielt durch Mannheim mit einer Wunschvorstellung für das eigene Leben. Was sein Autor nicht erreicht, gelingt Mannheim: in der bestehenden Gesellschaft und in

Opposition zu ihr eine idyllische Nische zu finden, wo er reformerische Gedanken entwickeln und in die Praxis umsetzen kann. Entsprechend wendet er sich entschlossen von seinem Vater und der Enge des städtischen Bürgertums ab, hält aber auch selbstbewußt Distanz zum Adel und zur Kirche.

Die Geschichte enthält darüber hinaus die märchenhafte Karriere des Sohnes, der »als einer der ersten Köpfe seines Jahrhunderts« zum Freiherrn wird, und die grotesk-komische Beschreibung der Gedenkfeiern für Johannes und Alberten, die sich als romanhaft »Zauberei« entlarvt. Dieses Abtauen der Erzählung ins Unwirklich-Spielerische verbindet sich mit der ironisch-distanzierenden und relativierenden Grundhaltung des Erzählers zu seinem Protagonisten, die von Anfang an spürbar ist. Diese ironische Distanz, deren subtile Einschreibung in den Text oft überlesen worden ist, betrifft nicht nur Mannheims Rolle als Ehemann und Vater, sondern auch seine Reformprojekte. Sublim, aber massiv wird Mannheims Ablehnung fiktionaler Literatur durch den Schluß der Erzählung und durch die Erzählhaltung relativiert. Letztlich kann Mannheim die ›Vernunft‹ seiner Frau, die dichten möchte, nur durch eine Morddrohung wiederherstellen. Albertine werde »eher nicht gescheut«, als wenn sie von einem Berg in den Abgrund springe. »Wie gesagt, willst du unsere Sappho sein, so tu es ihr nach; sonst geb ich keinen Pfifferling für all deine Oden und Lieder.« (2, 450) Wenn Johannes damit indirekt eingesteht, daß wahre Literatur aus existentieller Selbstpreisgabe erwächst, zeigt dies zugleich, daß seine Vernünftigkeit und Tugendhaftigkeit ein Frauenopfer voraussetzt, zumindest das Opfer der Frau als eines eigenständigen Individuums, dem die Option, Dichterin zu werden, zugestanden werden muß. Letztlich zeigt dies, daß Lenz sich weder mit der Verwerfung des (nicht unmittelbar sozial nützlichen) Schreibens identifizieren kann noch freilich mit einer plan empfindsamen Dichtung ohne ironische Selbstdistanzierung, wie sie das »arme schlagende Herz« Albertine eingibt.

Nicht nur dieses Detail zeigt, daß Mannheim Hans ein perfektes Mann-Heim ist. Und Mannheims Projekte enthalten disziplinierende und das Andere der Vernunft ausgrenzende Züge. Die Bauern sind Objekt, nicht Subjekt seiner Art von Volksaufklärung. Es handelt sich um einen Philanthropismus von oben, den Lenz schon in dem Gedicht *Aretin am Pfahl gebunden* kritisiert hatte. Entsprechend kann Mannheim im Gegensatz zur Einschätzung beim überwiegenden Teil der Forschung keine Vorbildfigur sein. Am deutlichsten sieht dies Osborne (1975), der von »self-parody« spricht. Die Totenfeier für Mannheim, in der sich Idyllenelemente – Anspielungen auf die Feier von Daphnis Tod in Vergils *Bucolica* – mit Elementen feudaler Repräsentation vermischen, verdeutlicht sinnfällig den zwanghaften Charakter seines Lebensprojektes. Nicht nur werden hier die Standesschranken peinlich gewahrt, sondern jedes vom Zeremoniell abweichende Verhalten wird mit dem »Gewehr« bedroht. Natur und Menschen werden zur Erhöhung und Verklärung des Verstorbenen instrumentalisiert – wie in seinem Leben zum Gelingen des Projekts. Lenz will den Herrschaftsanspruch einer Aufklärung treffen, die alle Bereiche des Lebens erklären und bestimmen will. Schreiben als Medium und Forum von Subjektivität und Phantasie und ›aufgeklärte‹ Reformpraxis treten entsprechend in der Erzählung auseinander. Wie der *Waldbruder* ist der *Landprediger* ein ›dunkler‹ Text der Aufklärung, der auf die Dialektik zwischen dem Anspruch auf Vernunftautonomie und den damit verbundenen Zwang zur Disziplinierung und Unterwerfung zielt. Lenz, kein Anti-Aufklärer, kann diesen Konflikt nicht lösen, nur darstellen.

2.7 Riga, Petersburg und Moskau

Lenz im russischen Reich

Lenz' letztes Lebensjahrzehnt in Moskau, aber auch die Petersburger Zeit sind am wenigsten erforscht (vgl. dazu Rosanov 1909, Damm 1985 und vor allem Scholz 1991). Lenz wird zunächst in der Rigaer Gesellschaft ohne Vorurteile willkommen geheißen. Vom Vater, der inzwischen zum Generalsuperintendenten von Livland ernannt worden ist und erst nach Lenz' Ankunft nach Riga übersiedelt, wird der verlorene Sohn freilich nur bedingt wieder aufgenommen. Seine Mutter ist vor einem Jahr gestorben, der Vater bereits neu verheiratet. Für die Familie stellt Jakobs Krankheit einen noch größeren Makel dar als das erfolglose Abweichen von dem Weg, den der Vater befohlen hatte. Die literarischen Werke des Sohnes hat die Familie mit Zurückhaltung bis Ablehnung aufgenommen. So befindet sich Jakob aufgrund seiner Persönlichkeit und seines bisherigen Lebensweges in einem Gegensatz zum Vater, der kaum aufzuheben ist. Dieser hingegen hat den Gipfel seiner Karriere erreicht, was sein Selbstbewußtsein stärkt, und wird den neuen Posten noch sechs Jahre nach dem Tode Jakobs ausüben.

Der Vater befürwortet zunächst Jakobs Bewerbung um die Rektorstelle an der Domschule zu Riga. Der Verleger Hartknoch unterstützt diesen Plan in einem Brief an Herder, der belegt, daß Lenz Zugang gefunden hat zu den aufklärerisch gesinnten Kreisen der

Stadt. Herder freilich empfiehlt Lenz nicht, was ihn die Stelle kostet. Dieses Verhalten Herders, der von Lenz' »Krankheit« nur über Dritte weiß, muß diesen sehr getroffen haben.

Nach diesem Fehlschlag will der Vater den Sohn offensichtlich nicht mehr in seiner Gegenwart wissen. Der am kleinen Weimarer Hof gescheiterte Jakob soll jetzt in der riesigen Feudalhierarchie von Rußlands Hauptstadt Petersburg einen Platz für sich finden. Ein Empfehlungsschreiben, das dem Sohn sicher hätte nutzen können, erhält er vom Vater freilich nicht. Eine preisende Ode auf die Zarin »Empfindungen eines jungen Russen, der in der Fremde erzogen seine allerhöchste Landesherrschaft wieder erblickt« ist vermutlich im Zusammenhang mit den Bemühungen um eine Anstellung entstanden. Ein deutliches Streben nach Anpassung kennzeichnet auch den »Entwurf einiger Grundsätze für die Erziehung überhaupt, besonders aber für die Erziehung des Adels« der 1780 in der Mitauer Zeitschrift *Für Leser und Leserinnen* erscheint. Darin nimmt Lenz die zum Beispiel im *Hofmeister* geäußerte Kritik zurück und betont, der »erste Grundsatz« in der Erziehung müsse »die Anerkennung einer Macht über uns« sein, die »Dankbarkeit« und »Zärtlichkeit gegen die Eltern«, die sich in »reiferen Jahren« zur »Ergebenheit für die Oberen« weiterbilde (3, 831). Der erste Petersburg-Aufenthalt dauert von Anfang Februar bis Anfang September 1780.

Dann kehrt der erfolglose Sohn vorübergehend nach Livland zurück, wo er eine Tätigkeit als Hofmeister annimmt, die er sicher als demütigend empfindet. Dieser entzieht er sich nach sechs Wochen durch eine Flucht, weil er sich verliebt. Der Name der Geliebten, Julie von Albedyll, taucht in den Briefen der letzten Lebensjahre wieder auf, als er schreibt, er wolle sie heiraten – eine ihn offenbar tief beschäftigende lockende wie peinigende Phantasie. Im Februar 1781 nach Petersburg zurückgekehrt, bewährt sich Lenz nicht in der Stellung als Sekretär des Generals Bauer im Landkadettenkorps. Er wird durch den Erfolgsdramatiker August von Kotzebue ersetzt. Lenz muß erleben, wie dieser und sein ehemaliger Freund Klinger, der die auch von ihm erstrebte Stelle beim Großfürsten Paul erhält, im Gegensatz zu ihm erfolgreich in der Armee- und Beamtenhierarchie Rußlands aufsteigen.

Ab Herbst 1781 versucht Lenz in Moskau sein Glück. Dort gewinnt er als »Wohltäter« den Staatsrat Gerhard Friedrich Müller, den Teilnehmer an der großen russischen Sibirienexpedition 1733-43 und »Vater« der russischen Geschichtsforschung. Bis zu seinem Tod 1783 ist Müller Direktor des Archivs im Ministerium für auswärtige Angelegenheiten und des Moskauer Findelhauses. Er veranlaßt Lenz, den er aufnimmt, in adligen Häusern Privatstunden zu geben und verschafft ihm eine Lehrerstelle an einer Privatschule für Adlige und am »adligen Pensionsinstitut«, das zum Findelhaus gehört. In Zusammenhang mit diesen Tätigkeiten beschäftigt sich Lenz in mehreren Entwürfen und Aufsätzen mit Erziehungsfragen. Sie sind im Nachlaß erhalten.

Der Anschluß an die russische Freimaurerbewegung, insbesondere an Iwan Gregorjewitsch Schwarz und Nikolai Iwanowitsch Novikow, zeigt, daß Lenz seiner sozialreformerischen Grundeinstellung treu bleibt. Von Oktober 1783 bis Mitte 1784 ist Lenz Mitglied der Loge »Zu den drei Fahnen« (vgl. Gündel 1996). Es ist möglich, daß Lenz Stipendiat der von Novikov und Schwarz gegründeten »Gelehrten Gesellschaft der Freunde« wird (so Damm 1985). Die Freimaurer Moskaus – vor allem die Rosenkreuzer – entfalten weitreichende philantropische und sozialreformerische Aktivitäten. In Novikows Zeitschriften werden sozialreformerische Ideen, zum Beispiel die Aufhebung der Leibeigenschaft vertreten. Andererseits sind die Freimaurer Rußlands – vor allem die Rosenkreuzer – eher Gegner der französischen Revolution. Für Lenz wichtige Schriftsteller wie Shakespeare, Lessing und Wieland läßt Novikov ins Russische übertragen. Seine deutschen Literaturinteressen kann Lenz freilich vor allem in die Beziehung zu Schwarz einbringen, mit dem ihn die Bewunderung für Lavater und Hamann und die jüngere deutsche Literatur seit Klopstock verbindet, über die Schwarz 1782/83 Vorlesungen an der Universität hält. In seinen letzten Lebensjahren ist Lenz auch mit dem ebenfalls in den freimaurerischen Kreisen verkehrenden Übersetzer Alexander Andrejevitsch Petrow und mit dem Schriftsteller und Begründer des russischen Sentimentalismus Nikolai M. Karamsin befreundet. Dieser gedenkt in den *Briefen eines russischen Reisenden* (1791/92) Lenz', dessen Wirkungsstätten er auf einer Europareise aufsucht. »Selbst in seinem Irresein setzten uns seine poetischen Ideen in Erstaunen.«

Trotz seiner Lehrtätigkeiten bleibt Lenz auf die Hilfe seiner Freunde angewiesen. Seine Fähigkeit zu arbeiten ist starken Schwankungen unterworfen. Lenz entwirft weitreichende Projekte, die nicht immer realitätsfremd sind. Leider fehlt bisher zu ihnen eine eingehende Untersuchung. Seinen Plan, eine Universität in Dorpat zu gründen, verwirklicht zum Beispiel später Klinger. Lenz befaßt sich auch mit der Gründung von Bibliotheken, der Herausgabe einer französischen Zeitung in Moskau, mit der Gründung eines Bankensystems in Rußland. Vermutlich in Anlehnung an Novikows Moskauer »Gesellschaft der Freunde« projektiert Lenz eine literarische Gesellschaft für Adlige, die weitreichende kulturelle und pädagogische Aufgaben übernehmen soll. Lenz lernt so gut Russisch, daß er Übersetzungen anfertigen kann. So publiziert er 1787 Pleschtschejews *Übersicht des russischen Reiches* auf deutsch. Als Mittler der russischen Kultur wird Lenz in Deutschland aber ebensowenig wahrgenommen wie als Dichter eigener Werke.

Schwer leidet Lenz auch darunter, daß seine deutschen Freunde bis auf Lavater sich von ihm distanzieren. Dies muß auf ihn als ein deutlicher Ausschluß aus dem kommunikativen Zusammenhang der deutschen Intellektuellen wirken, was sein Gefühl der Isolation verstärkt und damit letztlich auch seine Krankheit. Seine ehemaligen Freunde machen ihn zum Kranken – so wenn Wieland 1780 anläßlich Lenz' Bitte, bei einer Gesamtausgabe seiner Werke behilflich zu sein, an Merck schreibt, Lenz habe »zwar sich selbst wiedergefunden« aber nicht »den Verstand, den er nie hatte«. Am 6.6.1787 stellt Lenz in einem Brief an Pastor Dingelstedt fest: »Es leben wenig Freund' auf Erden / Und immer mehr wirds der Beschwerden / Der Mißverständnisse, des Mißtrauns und des Wahns/ Des Widerspruchs verschiedner Plans.«

Für den Vater, der wie die Brüder Unterstützung, ja sogar tröstende Briefe verweigert, gilt Jakob als »Schmerzenssohn« und »Heuchler«, der trotz gegenteiliger Bekundungen seine alten Gesinnungen nicht aufgegeben habe (Christian D. Lenz an G.F. Müller 1782/83). Viele Zeitgenossen – vor allem aus Livland – bedauern auch eher die Familie als den Sohn. Der Makel der *Krankheit* wird so verdrängt. Infolgedessen behält der Sohn seine tiefen Schuldgefühle bis zum Ende seines Lebens. So bekennt er 1790, »1000 mal gefehlt« zu haben und »windet sich« vor dem Vater »als ein Wurm im Staube«.

Am 23. oder 24. Mai 1792 findet man Lenz tot auf einer Moskauer Straße. Die Umstände seines Todes sind ungeklärt. Im Kirchenbuch der Michaeliskirche wird sein Tod erst nachträglich festgehalten. Damm (1985) hat gezeigt, daß Lenz' Ende in einem im einzelnen nicht mehr zu klärenden Zusammenhang mit den Verfolgungen der Moskauer Freimaurer stehen könnte. Diese veranlaßt Zarin Katharina II. aufgrund ihrer Angst vor einem Übergreifen der französischen Revolution auf Rußland. Lenz würde dann sein konsequentes, wenn auch weltfremdes Festhalten an der Maxime, daß gerade »Handeln die Seele der Welt sei«, mit dem Tode bezahlen. Im April 1792 wird sein Gönner Novikov verhaftet und nach Petersburg transportiert. Sein Vermögen wird konfisziert, seine Druckereien werden geschlossen. Seine zwanzigtausend Bücher werden von der Polizei öffentlich verbrannt. Die Freimaurerbewegung wird zerschlagen. Möglicherweise gelten die Verfolgungen auch Lenz, der sich durch seine Projektemacherei, so praxisfern diese auch ist, verdächtig gemacht haben könnte. Schon 1790 klagt Lenz in Briefen, er werde verfolgt. Sein letzter Aufenthaltsort in Moskau ist nicht bekannt. Damm (1985) vermutet, daß er bei Novikov oder einem anderen Mitglied der Freimaurerbewegung gewohnt hat. Offensichtlich hat sich auch Lenz' Gesundheitszustand wieder verschlechtert, nachdem in den ersten Moskauer Jahren eine Besserung eingetreten war. Januar 1792 sieht sich Lenz bereits »dem Tod bisweilen nahe«. Petrovs Worte in einer von Scholz (1991) veröffentlichten Brief an Karamzin belegen Sympathie und empfindsame Einfühlung in das Los des Verstorbenen: »Friede seinem Staub auf dem Friedhof und seiner Seele in den höheren Sphären. Trübe war hier der Strom seines Lebens, aber er gelangte zum allgemeinen Ziel alles Fließenden.« Seine »feine Feuchte« werde einst gereinigt als »Dampf« aufsteigen, dann wieder herabregnen, um eine »Quelle« auf einem »besseren Boden« zu bilden. Der Plan Petrovs und Karamzins für einen Grabstein ist vermutlich nicht verwirklicht werden.

In Rußland entstandene Werke

Die in Rußland entstandenen Werke Lenz' sind von der Forschung überwiegend gar nicht behandelt oder als Produkte nachlassender Schaffenskraft gewertet worden. Hinzu kommt das Problem, daß Lenz viele Texte anonym publiziert hat, weshalb seine Verfasserschaft meist nachgewiesen werden muß. Dies gilt insbesondere für die in der Mitauer *Zeitschrift für Leser und Leserinnen* 1780 und 1881 erscheinenden Beiträge. Ob die Signierung einiger Texte mit »L« auf Lenz verweist und ob zusätzliche Texte dem Autor zugewiesen werden können, ist immer noch offen. Es ist Preuß (1993) zuzustimmen, daß die »Fülle der Texte«, die Lenz möglicherweise dort veröffentlicht hat, das Bild des Autors »verändern« oder im Falle der Täuschung »verzerren« würden. Im Fall des bereits erwähnten Dramas »Myrsa Polagi« ist sich die Forschung hinsichtlich der Verfasserschaft Lenz' ziemlich einig. Gleiches gilt – trotz Fehlens eines schlüssigen Beweises – für den Text *Empfindsamster aller Romane. Über Delikatesse der Empfindung* ist als Handschrift erhalten und von Meinzer ediert und kommentiert .

1781 erscheint in der Mitauer Zeitschrift *Für Leser und Leserinnen* der *Empfindsamste aller Romane oder lehrreiche und angenehme Lektüre für Frauenzimmer.* Lenz knüpft an die Tradition des Feenmärchens an, die Wieland nach Deutschland übertragen hat. Dessen leichte Schreibart erreicht er allerdings nur passagenweise, es überwiegen groteske Effekte. Zwei Schildkröten erleben auf einer Reise von Polen nach Paris, die fünfzig Jahre währt, witzige Anekdoten. Auf dem Rückweg treffen sie auf eine Maus, die die Geschichte von der Fee Aglaura und der schönen Truella erzählt, welche ihrem Geliebten, dem Prinzen Torus untreu ist. Die Erzählung schließt mit dem Umkippen des Postwagens, worauf weiteres Erzählen unmöglich ist – ein Hinweis auf den Charakter der Gattung als realitätsferne Fiktion. Werden im *Hofmeister* und in den *Soldaten* Menschen geschildert, die ihre eigentlichen Gefühle und Antriebe nur in entstellter Form ausdrücken können, so dominiert im *Empfindsamsten aller Romane* die bloße Außenseite. Die Rolle, die Individuen in einer Situation gezwungen sind anzunehmen, zehrt jede Authentizität auf, die die Straßburger Figuren wenigstens in ihrem Leiden noch hatten. Gegen die »Helden, Halbgötter und Weltweisen«, an deren Sendung Lenz wie seine Sturm und Drang-Freunde einmal glaubte, wird die resignative Erfahrung des Fressens und Gefressenwerdens gesetzt: »Der Mensch ist das edelste und vorzüglichste aller Geschöpfe, solang er uns die Speisen zubereitet; findet sich aber ein anderer, der dies besser oder wenigstens ebensogut kann, so erfordert es das Wohl des Staats und unser Gewissen, den ersten aufzuessen.« (vgl. dazu Winter 1994, Boëtius 1985).

Mehr noch als der *Empfindsamste aller Romane* setzt die Schrift *Über Delikatesse der Empfindung* dem Leser, der sie entschlüsseln will, erhebliche Widerstände entgegen, weil die Anspielungen und Bezugnahmen auf die verschiedensten Diskurse – vor allem aus Sprachphilosophie, Theologie, Moral und Religionsgeschichte –, auf geschichtliche und aktuelle politische Ereignisse und auf literarische Werke in einer stark auf den Freiraum der literarisch-fiktionalen Phantasie setzenden Schreibweise geschehen, die epische und dramatische Darbietungsformen mit räsonierenden verbindet. Überwiegend ist sie ein Dialog des Luftgeistes Coromandel mit Franz Gulliver. Der Name des letzteren spielt auf Swifts Romanfigur an (vgl. *Travels into several remote nations of the World. By Lemuel Gulliver*, 1726, deutsch 1728). Zudem prägen Metaphern, die zum Grotesken tendieren, und Analogiebildungen den Text, der ein konkretes, anschauliches Denken gegen ein logisch abstraktes setzt. Ein Denken als Schlußfolgern und ein dynamisches, seinen Gegenstand ›unmittelbar‹ erfassendes Anschauen stehen in einem nie ganz aufgelösten Gegensatz, der durch Ironie und Selbstironie überspielt oder überbrückt wird. Es ist zu prüfen, ob nicht Lenz in *Über Delikatesse der Empfindung* im Grunde eine Schreibweise radikalisiert, die schon seine früheren moralisch-theologischen und ästhetischen Essays auszeichnet. Ferner gehen mit den Größenphantasien, die auch in ihr Gegenteil umschlagen, offensichtlich autobiographische Erfahrungen, Wünsche und Ängste in den Text ein. Meinzer (1996) schätzt seine Bedeutung in ihrer sehr eingehenden Interpretation, die frühere Ansätze (vor allem Preuß 1983) deutlich überholt, sehr hoch ein, wenn sie sie als »Differenzierung, Intensivierung und Komprimierung aller gesellschaftspolitischen, religionsgeschichtlichen, pädagogischen und ästhetisch-poetologischen Themen und Projekte« bezeichnet, »die Lenz von Beginn seiner literarischen und intellektuellen Laufbahn an beschäftigten«. Hier wird das abwertende Urteil über das Spätwerk geradezu umgekehrt. Eine Diskussion dieser Wertung kann im Grunde erst erfolgen, wenn das Spätwerk besser aufgearbeitet ist.

Im *Liefländischen Magazin* erscheint 1782 das »historische Gemälde« *Die sizilianische Vesper*. Lenz hat es möglicherweise schon 1773 entworfen, aber wohl erst 1780/81 fertiggestellt. Die Handlung weicht von den historischen Vorgängen ab. Lenz schwebt offensichtlich ein Drama entfesselter Leidenschaften vor, das mit dem Blutbad von Messina endet. Freilich sind die Figuren in ihren Gefühlen und Antrieben zu wenig entwickelt, um den Leser wirklich fesseln zu können. Vermutlich kommt es Lenz auf die frei erfundene Figur der Isabella an. Sie schleicht sich in Männerkleidung in das Lager der Feinde, verrät den eigenen Bruder und schädigt den Vater, weil sie in den feindlichen Prinzen und Heerführer Don Carlos verliebt ist. Am Ende wird diese schwarze Frau von ihrem Vater erdolcht, nachdem sie diesem ihr Handeln eingestanden hat. Darauf wird dieser von Don Carlos erdolcht.

In Moskau hat Lenz kaum noch eigene literarische Pläne. Erhalten hat sich ein kurzes Szenenfragment aus einem historischen Drama über Boris Godunow. Außerdem plant Lenz eine Anthologie russischer Literatur in deutscher Übersetzung. Er überträgt Teile der *Rossiade* von Cheraskov ins Deutsche. Der Grund für Lenz' relative Abstinenz von Schreiben liegt nicht nur im Schwinden seiner Gestaltungskraft, sondern auch in einer tiefen Unsicherheit hinsichtlich seiner Rolle als Autor; denn in dem Kreis, den er in Moskau als mögliches Publikum hat, wird er als Dichter eigener Werke kaum wahrgenommen, geschweige denn ermutigt. Zumindest findet sich hierfür kein Zeugnis. Selbst Karamzin, zu dem Lenz eine sehr enge Beziehung hat, ist zwar an seiner Kenntnis Shakespeares und der deutschen Literatur sehr interessiert, übernimmt auch für sich den entschiedenen Bruch mit der klassischen Tradition, ist aber in seiner Grundhaltung als aufgeklärter Adliger weit davon entfernt, sich in Stücke wie den *Hofmeister* einfühlen zu können, wenn er sie überhaupt gelesen hat. Lenz ist mit seinem Gespür für gesellschaftliche Widersprüche weit über die in den *Briefen eines russischen Reisenden* vertretene Idee einer Philanthropie von oben hinaus. Bezeichnenderweise begeistert sich Karamzin auf seiner Europareise, worauf Damm 1985 hingewiesen hat, gerade für das harmonisierende Einfühlungstheater Kotzebues, von dem er momentan zu Tränen gerührt wird – eine Reaktion, die Lenz gerade vermeiden will, wie er in den *Anmerkungen* ausführt.

3. »Und mögen auch Jahrhunderte über meinen Schädel verachtungsvoll hinwegschreiten« – die produktive Rezeption Lenz'

3.1 Lenz und die zeitgenössische literarische Öffentlichkeit

Lenz fragt in den *Anmerkungen*: »Wenn wir das Schicksal des Genies betrachten (ich rede von Schriftstellern) so ist es unter allen Erdensöhnen ihrem das bängste und traurigste. [...] Wer liest sie? Wer genießt sie? – Wer verdaut sie? Fühlt das, was sie fühlten?« (2, 656f.)Das Zitat zeigt den Wunsch nach einer möglichst breiten Wirkung, aber auch nach einer kongenialen Rezeption. Die erstere hat Lenz bis heute nicht erreicht, die zweite in der eigenen Zeit nur begrenzt, wie an der *Hofmeister*-Rezeption dargestellt werden soll.

Die erste Phase der Lenz Rezeption setzt Unglaub (1983) bis zum Erscheinen von Goethes *Dichtung und Wahrheit* an, weil darin der letzte der Sturm und Drang-Gruppe sein fortan kanonisch geltendes Lenz-Bild niedergeschrieben habe. Wir fassen zunächst die Rezeption zusammen, die Lenz selbst mit seinen Werken und Auftritten beeinflußt. Unglaub (1983) ist der Frage der zeitgenössischen Rezeption in seiner materialreichen Dissertation akribisch nachgegangen. Genton (1966) und Stammler (1908) haben sich mit den Theateraufführungen, bzw. der *Hofmeister*-Aneignung befaßt. Müller (1995) dokumentiert zahlreiche Briefe und Rezensionen.

Nach der ›Entdeckung‹ des jungen »Genies« in Livland gewinnt Lenz rasch eine wichtige Position im zeitgenössischen literarischen Feld, weil er sich durch Werke und Kontakte als zugehörig zum Straßburger Sturm und Drang-Kreis ausweist. Salzmann und vor allem Goethe sind seine ersten wichtigen Förderer. 1776, bevor er nach Weimar geht, ist er im Kreis der damals avantgardistischen Literaten voll anerkannt. Auch die ältere Generation der Aufklärer ist auf ihn aufmerksam geworden. Die Plautus-Bearbeitungen und die Dramen publiziert Lenz bei dem Leipziger Verleger Weygand, der sich schon durch die Veröffentlichung des »Werthers« und anderer Werke des Sturm und Drangs einen Namen gemacht hat. Die Erzählungen erscheinen ebenfalls bei Weygand, und zwar im 1776 begründeten *Deutschen Museum*. Für die *Soldaten* gelingt es Lenz, über Herder den bedeutendsten Verleger der damaligen Zeit, Philipp

Emanuel Reich (Leipzig) zu gewinnen. Als Lyriker wird Lenz durch die Aufnahme zahlreicher Gedichte in zeitgenössischen Almanachen und Zeitschriften bekannt. Nach der Aussöhnung mit Wieland 1776 steht Lenz auch der weit verbreitete *Teutsche Merkur* offen.

Die Literaturkritik nimmt Lenz freilich nicht immer als Verfasser wahr, Zuschreibungen an Goethe sind häufig. Daran ist der Autor nicht unschuldig, weil er aus verschiedenen Gründen zum Teil anonym bleiben will. Ferner wirkt sich die Priorität von Goethes *Götz* aus, an dem als Maßstab für »unregelmäßige« Stücke sich auch Lenz messen lassen muß. Nach Unglaub (1983) sind über 50 Rezensionen von Lenz' Werken bekannt, wobei der *Hofmeister* mit zwölf an der Spitze steht, gefolgt vom *Menoza* mit zehn, den *Anmerkungen* mit acht. Die *Soldaten* erhalten nur vier Rezensionen.

Durch den *Hofmeister* wird Lenz mit einem Schlag bekannt und anerkannt – auch von seinen Gegnern. Die öffentliche Rezeption belegt die scharfen Fronten zwischen den Kritikern. Friedrich Nicolai in der *Allgemeinen deutschen Bibliothek* (1776, Bd. 27, S. 368-370) und – verbindlicher und differenzierter – Wieland im *Teutschen Merkur* (1774, 3, S. 356-358) monieren eine »mangelnde Rücksicht auf die Vorschriften der Kunst«, bzw. eine unzulängliche Verbindung von Natur und Kunst. Die aus der »Natur« abgeleiteten Normen der Regelpoetik werden gegen die ästhetische Eigenart von Lenz' Drama angewendet: gegen seine offene Form, seine »übereilte« Handlung, seine scheinbar wenig ausgearbeiteten Figuren. Deutlich wird Lenz hier wie bei der Rezeption seiner anderen Werke der Gruppe der jungen »Genies« zugeordnet, die mit den älteren Aufklärern um die Anerkennung im literarischen Feld konkurriert. Gleiches geschieht in den positiven Rezensionen – natürlich mit umgekehrter Wertung. »Götz hat jetzt einen jüngeren Bruder, den ›Hofmeister‹«, schreibt Matthias Claudius in seiner enthusiastischen Rezension im *Wandsbecker Bothen* (15.6.1774, zu Claudius intensiver Lenz-Aneignung vgl. Agricola). Schubart stellt in seiner *Deutschen Chronik* August 1774 fest: »Du mußt dialogiren, die Situationen anlegen, die Charaktere bearbeiten, wenn Du ein ächter Deutscher seyn willst. Sind gleich die drey Einheiten des Aristoteles, diese Krücken für Lahme, nicht mit französischer Ängstlichkeit beobachtet worden, so entschädigt Dich davor die ganze Zauberei des Genies, der volle Strom der Leidenschaft, altdeutsche Kraft und Macht.« Wenn das Stück auch in fast allen Rezensionen zum Argument im Streit für oder gegen die Regelpoetik wird, seine ästhetische Eigenart, die es von einem Drama wie dem *Götz* unterscheidet, wird kaum diskutiert, obwohl aufmerksame Zeitgenossen sie wahrnehmen. Hinzu kommt, daß die sozialkritische und politische Tendenz des Stückes auch von seinen Befürwortern oft nicht erkannt oder offensichtlich wegen des Bruchs von moralischen Tabus abgelehnt wird. So kommentiert Schubart die Heirat von Fritz mit dem verführten Gustchen: »Wer 'ne Hur nimmt wissentlich,/Bleibt ein Hundsfut ewiglich.« Die Kastration kommentieren die *Frankfurter gelehrten Anzeigen* (1774, S. 489-493): »Aber doch sehen wir den Menschen lieber unverstümmelt, vornehmlich an so wesentlichen Theilen.« »Wir sehen nicht ab, warum sich der Mensch so ganz ohne Noth und Erwartung kombabisirt.«

Bei der stark ständisch geprägten Öffentlichkeit seiner Zeit kann Lenz mit seinem Konzept nur einen begrenzten Erfolg haben. Die Tragik des Läuffer hätte sicher ein Publikum von Kleinbürgern und Bauern leichter begriffen als die an der bisherigen Aufklärung geschulte obere Mittelschicht. Christian Gottlob Heyne, der als einziger die politisch-operative Tendenz erkennt und anerkennt, ist angesichts der Widersprüche, die Lenz aufzeigt, ratlos: »Die enthaltene Lehre, das Publicum soll von Privatlehrern ganz abgeschreckt werden [...], wäre nun ganz gut, wenn der Herr geheime Rat in diesem Drama nur erst etwas besseres hätte [...], wenn der Staat die öffentlichen Erziehungs- und Unterrichtsanstalten auf den rechten Fuß schon gesetzet hätte.« Durch das »Mißtrauen« in die Hofmeister stifte der Verfasser angesichts fehlender Alternativen »eher Uebels«, weil er ihre »Verachtung« nur vergrößere – gerade auch beim zahlungsunwilligen Adel (*Göttingische Anzeigen von Gelehrten Sachen* 7, Juli 1774, S. 694-696). Immerhin ist *Der Hofmeister* das einzige Stück Lenz', das zu seinen Lebzeiten aufgeführt wird, und zwar 1778 zweimal in Hamburg und einmal in Berlin durch Friedrich Ludwig Schröder, der aus ihm mit massiven Eingriffen in den Text eine triviale und sentimentale Komödie macht, und elfmal zwischen 1780 und 1791 (zu den Aufführungen vgl. Genton 1966, zu Schröder auch Harris 1992).

Mit der Ausweisung aus Weimar und der Distanzierung Goethes verändert sich Lenz' Stellung im literarischen Feld rasch. Die Sturm und Drang-Bewegung ist in eine Krise geraten, der Zusammenhalt zwischen den jungen Intellektuellen schwindet. Hinzu kommen Lenz' ›Krankheit‹ und nachlassende Produktivität. Die ›Krankheit‹ weckt zunächst spontane Hilfsbereitschaft bei den Freunden, verschiebt aber das öffentliche Interesse weg vom Werk auf das Schicksal der Person. Diese Blickrichtung wird zur Konstante der späteren Lenzrezeption. Zunächst freilich wird Lenz aufgrund seines Weggangs nach Livland und Rußland in Deutschland weitgehend zur Unperson. Daß Lenz »tot bei Lebzeiten« (Unglaub) ist, liegt auch an einer von anderen Journalen übernommenen Falschmeldung der

Allgemeinen deutschen Bibliothek (Bd. 40, 1780), Lenz sei in diesem Jahr gestorben. Lenz' Moskauer Versuche, sich als Mittler zwischen der russischen und der deutschen Literatur zu etablieren, finden in Deutschland keinen Widerhall. Am 18. August 1792 schreibt der Moskauer Pastor Jereczembski einen Nachruf auf Lenz im *Intelligenzblatt der Allgemeinen Litteratur-Zeitung*. Er stellt fest, daß der Autor »von wenigen betrauert und von keinem vermißt« werde. Auch hier tritt das Interesse am Werk gegenüber dem an der Person zurück: »Eine genauere Schilderung seiner letzten Lebensjahre müßte äußerst interessant in psychologischer und moralischer Hinsicht seyn.«

3.2 Erste Lenz-Aneignungen – von den Romantikern bis Büchner

Lenz in der Romantik

Nach Lenz' Tod gibt es zunächst nur sehr sporadisch Versuche, an den Autor zu erinnern. Ein umfassendes Lenz-Bild formuliert erst Goethe 1814 in *Dichtung und Wahrheit*. An diesem negativen Bild kommt danach keiner der Rezipienten vorbei, sei es, daß er seinen Grundlinien folgt oder sich dagegen abgrenzt.

1793 bestärkt Lavater in einem Vorwort zu »zwei Gedichten von dem seligen Lenz« in der Zeitschrift *Urania für Kopf und Herz* (H. 1, S. 45f.) die Verlagerung des Interesses vom Werk weg zur Person des Autors, die ja auch Goethe vornimmt. Lenz' Individualität zeigt Lavater als geprägt durch einen »Durst nach Liebe, der nicht befriedigt wird, und schwehrlich auf dieser Erde befriedigt werden konnte«. Der Gegensatz zwischen Geist, Seele und einem schwachen Körper führe den Zusammenbruch herbei: »und Lenz vegetierte bis an sein Ende«. Die religiös-metaphysische Dimension, auf die Lavater zielt, steht in einem diametralen Gegensatz zu Büchners späterer Deutung von Lenz als Außenseiter, der die Religion einer Wahrheitsprobe unterwirft und darüber zum Atheisten wird. Außerdem verzichtet Lavater noch darauf, eine konkrete Liebeserfahrung oder -enttäuschung ursächlich für Lenz' »unglückliches Schicksal« zu benennen, wie es später Reichardt und Tieck und vor allem August Stöber tun werden.

Schiller gelingt es, 1797 Goethe »einige Lenziana« zu entlocken (Goethe an Schiller, 1.2.1797). Diese haben auch für Schiller eher »einen biographischen und pathologischen Werth [...], besonders da der Tod und das unglückliche Leben des Verfassers allen Neid ausgelöscht hat« (an Goethe, 2.2.1797). Schiller veröffentlicht in den *Horen* den *Waldbruder* und im *Musenalmanach* von 1798 das »Dramolett« *Tantalus* und das Gedicht *Die Liebe auf dem Lande.* Die biographischen Zusammenhänge, auf die sich diese Texte beziehen, kann die zeitgenössische Öffentlichkeit freilich noch nicht erkennen, da über sie in Weimar Stillschweigen bewahrt wird, bis Goethe 1814 seine Einschätzung veröffentlicht.

Die Lenz-Rezeption unter den Romantikern ist zunächst dadurch begrenzt, daß es sich um einen fast vergessenen Autor handelt. Allerdings werden die Veröffentlichungen Schillers mit Aufmerksamkeit verfolgt (vgl. dazu Unglaub 1983). Doch obwohl die Romantiker eine große Sympathie entwickeln für den jungen Goethe und den Sturm und Drang, profitiert davon Lenz nur wenig. Nur Tieck ist dieser Autor seit seiner Kindheit bekannt. Über den Komponisten Johann Friedrich Reichardt, Lenz' Königsberger Studienfreund, der schon früh auf ihn hingewiesen hat (vgl. *Etwas über den deutschen Dichter Jakob Michael Reinhold Lenz.* In: *Berlinisches Archiv der Zeit und ihres Geschmacks* Februar 1796) kommt Achim von Arnim mit seinem Werk in Berührung. Daraus entsteht 1806 eine Korrespondenz mit Clemens Brentano über den *Neuen Menoza*, dessen Dramaturgie und Groteskkomik beide Autoren fasziniert, während sie dem aufklärerischen Gehalt distanziert gegenüberstehen. Brentano äußert den Wunsch nach einer Lenz-Edition und nach einer Aufführung seiner Werke (vgl. dazu Unglaub 1983).

Der wichtigste Beitrag der Romantik zur Lenz-Rezeption ist die Werkausgabe Ludwig Tiecks von 1828. Dieser »Lebenswecker so vieler herrlicher Blüthen« (A. Stöber) empfindet für Lenz, wie er mehrfach bekennt, eine deutliche Faszination. Leider steht eine genaue Analyse dieser Beziehung, vor allem auch möglicher Korrespondenzen in der Literaturauffassung und im Werk noch aus (vgl. aber Bertram 1987). Eine solche Analyse wird natürlich dadurch erschwert, daß der Vielleser Tieck einer Fülle von Einflüssen ausgesetzt ist und zugleich sehr unterschiedliche Schreibweisen und Stile erprobt. 1848 schreibt Tieck in der Vorrede zu den *Kritischen Schriften*, er habe »nie begriffen, warum Lenz, nach einer kurzen Periode von Glorie, unbeachtet bleiben und vergessen werden sollte«. Noch 1844 sucht Tieck nach Schröders Bearbeitung des *Hofmeisters*, was zeigt, daß er sich auch nach der Werkausgabe mit diesem Autor weiter befaßt (J.R. Lenz-Kühne an Tieck, 25.6.1844). In der umfangreichen Einleitung zur Werkedition ist freilich von Lenz nur am Rande die Rede. Bezeichnenderweise hat Tieck sie unter dem Titel *Goethe und seine Zeit* in seine *Kritischen Schriften* aufgenommen. Intellektuelle, die verschiedene literarische Richtungen vertreten, diskutieren in der »Loge des Götz von Berlichingen« über die Dichtungen Goethes, wobei der junge Goethe bevorzugt wird. Soweit von Lenz überhaupt die Rede ist, zeichnet die Einleitung das bereits bekannte Bild des genialen, aber unglücklichen und pathologischen Dichters. Die in Goethes Verdikt in *Dichtung und Wahrheit* normsetzende Gegenüberstellung von Gesundem und Kranken findet sich auch bei Tieck: »Gelingt es der Schöpfungskraft, sogleich im Schaffen und Darstellen das Richtige und Wahre zu ergreifen, so geht aus dem Kampf unmittelbar Besänftigung, Ruhe und wahre Glückseligkeit hervor [...]. Geschieht dies nicht [...], so muß der Charakter, um sich zu retten, nach und nach das Talent verzehren ...« (Tieck 1828, S. XX). Entsprechend ist das Urteil über Lenz' Dramen eher abwertend. Letztlich am Prinzip einer autonomen Kunst orientiert, fehlt für Tieck die Geschlossenheit. Entsprechend stößt er sich auch an Lenz' Wirkungspoetik, dieser gebe sich »zu oft die Miene des Lehrmeisters«. Dennoch ist die Vorrede geprägt von einer untergründigen Faszination für Lenz. Sein Weg in den Wahnsinn erscheint als Folge »heiliger Raserei«. Diese sei ein altes Synonym für »Dichtergabe«, die sich bei Lenz in widersprüchlichen Kompositionen und Wirkungen manifestiere: »die Natur, die er uns zeigte, ist so wahr und überzeugend, daß aller Eigensinn und alle Caprice des Autors, seine abspringende Willkür, ja vorsätzliche Störung aller Wirkung, unsern Glauben an sie nicht vernichten können« (ebd., S. XIV). In der Diskussion wird die Frage aufgeworfen, ob Goethe als Weltmann und Höfling in Weimar nicht Entwicklungsmöglichkeiten als Mensch und als Dichter abgebrochen habe. Seine »Sturm und Drang-Gesellen« seien darüber müde und »irre« geworden und hätten sich zerstreut. »Aber war es denn wirklich ein Irren?« Diese nicht wirklich beantwortete Frage bleibt als Herausforderung stehen – Büchner nimmt sie später auf – und legitimiert die Werkausgabe.

Die zeitgenössische Kritik ist bereits befremdet über Tiecks Orientierung auf Goethe im Vorwort einer Lenz-Ausgabe, das zudem nur flüchtige und fehlerhafte biographische Informationen enthält. Genton kann 1963 durch die Neu-Edition eines Briefes Tiecks an F. Schlosser vom Januar 1825 nachweisen, daß jener mit Rücksicht auf den reizbaren Goethe jahrelang die Ausgabe verzögert hat, ganz abgesehen davon, daß er bekannte Texte mit Anspielungen auf das Verhältnis Goethe-Lenz nicht aufnimmt.

Lenz im Elsaß

Das Andenken Lenz' bleibt im Elsaß lebendig, wo die Familie Stöber den Oberlin-Nachlaß und ungedruckte Lenz-Materialien besitzt. August Stöber veröffentlicht von Oktober bis Dezember 1831 im Stuttgarter *Morgenblatt für gebildete Stände* Lenz-Briefe, ein Gedicht, Auszüge aus Oberlins Tagebuch und biographische Notizen, die erstmals genauere und korrekte Informationen über die Biographie geben. Für Stöber zeigt sich in Lenz' Werken – in vorsichtiger Korrektur von Goethes Wertung – das »schöne, segensvolle« wie das »verzerrte, verkrampfte Bild« des Sturm und Drang. Goethes eindeutige Überlegenheit wird freilich nicht in Frage gestellt. 1831 publiziert August Stöber im *Morgenblatt für gebildete Stände* »Der Dichter Lenz. Mitteilungen« und 1839 in der von ihm herausgegebenen Zeitschrift *Erwinia* das Tagebuch Oberlins über den Aufenthalt von Lenz bei ihm, sowie 1842 den Band *Der Dichter Lenz und Friederike von Sesenheim* mit einer biographischen Einleitung, Gedichten und Briefen. Diese Ausgabe ist sicher auch motiviert durch die Auffindung des Sesenheimer Liederbuchs 1835 mit Gedichten von Lenz und Goethe. Durch diesen Fund ergeben sich nicht nur Probleme der Zuordnung der Texte zu einem der beiden Autoren, sondern er belebt neu und über *Dichtung und Wahrheit* hinaus Erinnerung und Interesse an den Beziehungen von Goethe und Lenz zu Friederike Brion. Stöber greift ein schon bei Reichardt und Tieck formuliertes Argument auf, wenn er den »vollen Wahnsinn« Lenz' auf seine unglückliche Liebe zurückführt, wobei jetzt satt Goethes Schwester dessen frühere Geliebte in den Vordergrund rückt.

Ein enger Freund der Brüder August und Adolf Stöber und der vorgesehene Schwiegersohn des Pfarrers Jaeglé, der die Totenrede auf Oberlin gehalten hat, ist Georg Büchner. Dieser studiert 1831 bis Oktober 1833 in Straßburg, im März 1835 kommt er wieder dorthin, diesmal als politischer Flüchtling. Dazwischen liegen Büchners Studium in Gießen, vor allem aber seine agitatorische, den gesellschaftlichen Umsturz propagierende Tätigkeit in der Gesellschaft der Menschenrechte«, deren Höhepunkt die illegale Verteilung des *Hessischen Landboten* darstellt.

Büchners Auseinandersetzung mit Lenz

Büchner muß sich spätestens während des ersten Straßburger Aufenthaltes mit Lenz ausführlich beschäftigt haben; denn einen Brief an Minna Jaeglé vom März 1834 beendet er mit zwei Zitaten aus dem Gedicht »Die Liebe auf dem Lande«. In diesem beschreibt Lenz in ironischer Distanzierung die Situation der von Goethe verlassenen Geliebten Friederike Brion, die – entgegen der historischen Realität – durch einen ungeliebten Ehemann zu »verhaßter Lust« gezwungen wird. Wenn Büchners Zitatenauswahl auch unverfänglich ist, ist der Bezug auf dieses Gedicht in einem Brief, der Minna bittet, die Verlobung ihrem Vater offiziell mitzuteilen, überraschend. Die Anspielung auf die im Gedicht thematisierte Diskrepanz zwischen Liebe und Ehe signalisiert vorsichtige Vorbehalte Büchners gegen die vorgesehene Bindung. »Die Liebe auf dem Lande« dient ihm aber auch noch zu einem gänzlich anderen Zweck. Die Anfangszeilen werden als Geheimschrift-Code für den Kassiberwechsel mit den politischen Gefangenen des Büchner-Weidig-Kreises benutzt (vgl. Thomas Michael Mayer: Georg Büchner. In: *Georg Büchner* I/II. Sonderbd. Text und Kritik, 1979, S. 375). So rezipiert und instrumentalisiert Büchner einen Lenz-Text von vornherein im privaten und im politischen Bereich. Den Text des Gedichtes kann Büchner nicht aus der Werkausgabe Tiecks haben, die sich in seinem Nachlaß befunden hat – er fehlt bei Tieck –, sondern aus dem *Musenalmanach* von 1798 oder aus den Lenz-Materialien der Familie Stöber.

Mit der *Lenz*-Erzählung beschäftigt sich Büchner erst im Exil, wie aus einer Anfrage Karl Gutzkows hervorgeht. Er rekonstruiert den Fall Lenz also nach den menschlichen und politischen Erfahrungen der Gießener und Darmstädter Zeit. Gutzkow erwartet sich von Büchner für seine *Deutsche Revue* zumindest einen pikanten biographischen Enthüllungstext, der Goethes Schilderung der Beziehung zu Friederike widerlegen oder ergänzen könnte. Andererseits hat Gutzkow ein vages historisches Interesse an dem »gestrandeten Poeten« (an Büchner, 12.5.1835), über den er offensichtlich wenig weiß. Vermutlich meint Gutzkow die in Büchners Text enthaltene Umwertung des Verhältnisses zwischen Sturm und Drang und Klassik, wenn er die Erzählung am 14.9.1837 einen »außerordentlich wichtigen Beitrag zur Literaturgeschichte« nennt (an Minna Jaeglé). Außerdem erhofft sich Gutzkow einen Text, der trotz der Bedrohung durch die Zensur »Schmuggelhandel der Freiheit« betreiben könnte: »Wein verhüllt in Novellenstroh« (an Büchner, 17.3.1835). Nach Büchners Tod kann Gutzkow 1839 aufgrund einer Abschrift Minna Jaeglés vom Originalmanuskript den Text im *Telegraph für Deutschland* veröffentlichen. Büchner hat an ihm noch im Frühjahr 1836 gearbeitet. Vielleicht hält er den Text bis zu seinem Tod zurück, weil er ihn noch überarbeiten will.

Gutzkow betont in seiner Einleitung zum Druck entsprechend den Fragmentcharakter – allerdings mit Bezug auf die zeitgenössische Gattungserwartung einer Novelle. Zu dieser Norm, an der die Erzählung auch in der Sekundärliteratur häufig gemessen worden ist, hat sich Büchner freilich nirgends bekannt. Es ist auch nicht ausgeschlossen, daß Büchner den Text nur wegen des Verbotes der *Deutschen Revue* zurückgehalten hat, ihn aber als vollständig angesehen hat. Es kann also von der Gattungserwartung der Novelle oder von dem vermeintlich offenen Schluß, einem Formprinzip von Lenz, das Büchner übernimmt, nicht ohne weiteres ein Fragmentcharakter abgeleitet werden.

Wie Büchner im *Danton* zeitgenössische Quellen zum Teil wörtlich zitiert, übernimmt er im *Lenz* wichtige Passagen aus Oberlins Tagebuch, diesem wichtigen biographischen Dokument. Der Text belegt aber eine viel weiterreichende intime Kenntnis von Biographie, Theorie und Werk, zu der sicher Tiecks Ausgabe und weitere Materialien der Familie Stöber beigetragen haben. Es verwundert, daß vor Stephan (1984) der Text noch nicht konsequent in den Rahmen der Lenz-Rezeption gestellt worden ist. Zu Recht stellt sie fest, es gehe Büchner um eine historische Rekonstruktion des Dichters Lenz und um eine aktuell parteiliche Identifikationsarbeit. Das Verhältnis zwischen beiden zu bestimme ist die Aufgabe jeder Interpretation, die den Bezug der Lenz-Erzählung auf den historischen Autor nicht zum Verschwinden bringen oder umgekehrt Lenz und Büchner platt gleichsetzen will. Eine wichtige Voraussetzung hierfür ist, daß Büchner sich – wie auch Lenz in einigen Äußerungen – als Geschichtsschreiber versteht. Auch auf den *Lenz* ist seine Äußerung in einem Brief an die Familie vom 28.7.1835 zu beziehen, er wolle »der Geschichte, wie sie sich wirklich begeben, so nahe als möglich kommen«.

Daß es um historische Rekonstruktion und parteiliche Identifikation geht, signalisiert die gegenüber dem Oberlin-Tagebuch zentrale Veränderung im Verhältnis des Erzählers zu Lenz. Aus dem Ich-Erzähler wird ein Erzähler, dem seinerseits Lenz *und* Oberlin zu erzählten Figuren werden, der andererseits aber seine Distanz gegenüber Lenz teilweise aufgibt und durch diesen hindurch Gefühle und Handlungen vermittelt (vgl. Pütz 1965). Büchner kann so seelische Vorgänge in Lenz nachzeichnen, ohne sie wie Oberlin aus der Distanz des »Vernünftigen« moralisch zu bewerten. Ueding (1976) spricht daher zu Recht von einer »Entmoralisierung« im Umgang mit einem, der sich abweichend von der Norm verhält.

Die Erzählperspektive, die die Grenzen zwischen Innen- und Außenwelt teilweise fließend werden läßt, ohne sie grundsätzlich aufzuheben, wirkt sich auch in den Naturbeschreibungen aus – einer der wichtigsten Zutaten Büchners. Diese zeichnen selbständige Vorgänge, sie drücken aber auch seelische Bewegungen im Protagonisten aus. Büchner knüpft damit an die Technik der Vermenschlichung der Natur an, wie sie Goethe im *Werther* entwickelt hat und Lenz sie am Anfang des *Waldbruders* nachahmt. Goethe schenkt seinem Helden freilich Augenblicke der gelingenden Verschmelzung mit der Natur, während Büchner letztlich die überlegene Distanz der auktorialen Perspektive nutzt, das Scheitern festzustellen. Gegenüber dem sachlichen Konstatieren des Erzählers erscheinen so die Innensichtpassagen als Ausdruck eines zunehmend gefährdeten, schließlich aus den Fugen geratenen Verhältnisses zur Realität. Während Goethes *Werther* trotz der Monoperspektive seiner Briefe bis fast zum Schluß sich mitteilen, seine Gefühle interpretieren kann, geht Büchners Lenzfigur diese Fähigkeit von vornherein weitgehend ab. Der Erzähler muß seine Gefühle und Phantasien beschreiben und deuten. Er tut es mit der gleichen Sachlichkeit, mit der er sich immer wieder subtil der Innenperspektive entzieht. So erfährt man beiläufig, daß es Lenz auf seiner Wanderung ins Steintal »manchmal unangenehm war, nicht auf dem Kopf gehen« zu können – eine Feststellung, die den Verlust seines Gefühls für Raum und Distanz anzeigt. Kurz darauf heißt es dann: »er begriff nicht, daß es so viel Zeit brauchte, um einen Abhang hinunter zu klimmen, einen fernen Punkt zu erreichen; er meinte, er müsse Alles mit ein paar Schritten ausmessen können.« Später heißt es: »er riß sich auf und jagte den Abhang hinunter«. Dieser letzte Satz ist ein Beispiel dafür, wie die Erzählperspektive fast unmerklich von innen nach außen geht.

Büchner rekonstruiert nicht den zunächst relativ erfolgreichen, sondern den »gestrandeten Poeten« (Gutzkow). Diese Entscheidung, die das ihm zugängliche Material nahelegt, impliziert zwangsläufig eine Auseinandersetzung mit Goethes Lenz-Bild in *Dichtung und Wahrheit*. Büchner nimmt Goethes Aufforderung auf, Lenz' »Lebensgang, bis zu der Zeit, da er sich im Wahnsinn verlor« zu schreiben. In einer kleinen, von Büchner hinzu erfundenen Szene geht Lenz »mit rasender Schnelligkeit« sein Leben durch und sagt: »consequent, consequent« und wenn ihn jemand anspricht: »inconsequent, inconsequent«. Darin drückt er den Widerspruch zwischen sich und seiner Umwelt aus. Lenz fordert in dem von Büchner hinzu erfundenen Kunstgespräch für die Kunst wie für das Leben: »Leben, Möglichkeit des Daseins«.

In der Kunst folgt daraus ein kritischer Realismus (»Der Dichter ist mir der liebste, der mir die Natur am wirklichsten giebt«), der in das »eigenthümliche Wesen jedes«, auch des Geringsten eindringt. Für das Leben setzt die Forderung einer »Möglichkeit des Daseins« ein deutliches Bewußtsein der Entfremdung des menschlichen Individuums voraus. Lenz leidet an der eigenen Entfremdung und registriert auch die Entfremdung in seiner Umwelt. Verzweifelt und vergeblich versucht er, beide aufzuheben. Insofern sind für Büchner sein Kunstprogramm und sein »Wahnsinn« miteinander verbunden. Gegen Goethe, der bei Lenz ein künstlerisches Scheitern und Scheitern im Leben feststellt, beantwortet Büchner Tiecks Frage, ob Lenz' Leben »wirklich ein Irren« war, indem er die zwingende Konsequenz von Lenz' Lebensentwurf aufzeigt. Lenz hält an den Sturm und Drang-Postulaten, vor allem an der Forderung nach Selbstverwirklichung in einer Einheit von Kunst und Leben fest. Von dieser Position aus gesehen können »Idealismus« und Klassik nur »Holzpuppen« schaffen als »schmählichste Verachtung der menschlichen Natur«. Büchner verschiebt die historischen Zusammenhänge, wenn er Lenz zu einem Gegner des Idealismus macht, mit dem er noch gar nicht in Berührung gekommen ist. Hier ficht Büchner eindeutig einen eigenen Kampf gegen die ästhetische und ideologische Dominanz der Kunstperiode aus. Das zeigen die Zeugnisse außerhalb der Erzählung, zum Beispiel sein Brief an die Familie vom 28.7.1835. Darin beharrt er darauf, die Welt nicht zu zeigen, »wie sie sein solle«, sondern »wie sie ist«. »Was noch die sogenannten Idealdichter betrifft, so finde ich, daß sie fast nichts als Marionetten mit himmelblauen Nasen und affektiertem Pathos, aber nicht Menschen von Fleisch und Blut gegeben haben.« Für Büchner hat die Wirklichkeit vor der Idee Vorrang. »Die Gestalt mag nun schön oder häßlich seyn, sie hat nun einmal das Recht, zu seyn wie sie ist«, läßt er Camille in *Dantons Tod* sagen. So sehr Büchner die historischen Zusammenhänge verschiebt, auch indem er Kaufmann zum Idealisten macht, er trifft doch ein zentrales Merkmal von Lenz' Position, nämlich daß sie sich mit dem Weg, den Goethe literarisch und politisch nach 1776 gegangen ist, nicht vereinbaren läßt. (Allerdings vermeidet es Büchner, die Konfrontation auf die Spitze zu treiben, indem er Goethe nicht auftreten läßt. Mehr als Goethe ist für Büchner Schiller der Anzugreifende.) Büchner setzt Lenz ins Recht, er knüpft an dessen literaturtheoretische Position an. Er zeigt allerdings auch, daß Lenz seine Position, die in der Erzählung verknüpft ist mit seinen pantheistisch-materialistischen Thesen im Gespräch mit Oberlin – ebenfalls eine Zutat Büchners –, in seiner Zeit zum Außenseiter macht. Weder bei Oberlin noch bei Kaufmann stößt Lenz auf irgendein Verständnis.

Beide fordern seine Rückkehr zum Vater. Dieser steht für die Einschränkungen, die die zeitgenössische Gesellschaft dem Individuum auferlegt. Offensichtlich hat Lenz ihn als befehlende, verbietende und strafende Instanz erlebt. Der Vater fordert Triebunterdrükkung und steht damit den Vereinigungs- und Verschmelzungswünschen des Sohnes entgegen. Diese richten sich nicht nur auf die Natur, sondern, damit verknüpft, auf die Mutter, auf das weibliche Geschlecht, das in der Erzählung zusätzlich durch Madame Oberlin, das sterbende Kind und die Erinnerungen an Friederike vertreten wird. Stephan hat im einzelnen herausgearbeitet, wie ein idealisiertes Frauenbild (»Engel«) Lenz daran hindert, sein eigenes Begehren zu akzeptieren. Die in der Erzählung mit größter Feinfühligkeit nur angedeuteten Gründe liegen in der traumatisierten ödipalen Grundkonstellation seiner Familie. (Es kann auch von einer narzißtischen Störung gesprochen werden.) Wie einfühlend Büchner hier mit Lenz umgeht, wird erst dem klar, der sich ausführlich mit den historischen Dokumenten beschäftigt hat. Die Lenz-Forschung ist auf diese biographischen Zusammenhänge erst sehr viel später gestoßen.

Büchner gestaltet Lenz als ein leidendes Individuum, das das Leid in der Welt nicht ertragen und das eigene Leiden nicht verdrängen oder kanalisieren kann. Von hier aus erklären sich Lenz' Annäherung an die Religion wie auch seine später rigorose Abwendung bis hin zum Atheismus. Lenz macht die reale Probe auf die Fähigkeit der Religion, Leiden aufzuheben (vgl. die von Büchner hinzu erfundene Predigtszene und die Erwachungsszene) und erfährt, daß sie dieses nicht kann und außerdem Leiden verklärt und verschleiert. Mit dieser Darstellung geht Büchner deutlich über den historischen Lenz hinaus, indem er dessen Isolation in seiner Zeit auch mit seinem religionskritischen Denken begründet. Büchner aktualisiert hier Lenz, schließt seine Darstellung an die aktuelle Kritik an der Verschleierungsfunktion der Religion in den rückständigen Fürstentümern Deutschlands an. Immerhin ist schon für den historischen Lenz die Wahrnehmung, nur ein Ball der Umstände zu sein, ein unaufgelöster Widerspruch zur angenommenen Güte Gottes, weil dieser damit dem Individuum die Möglichkeit zur Selbstverwirklichung versagt.

Einfühlend und doch sachlich konstatierend vergegenwärtigt Büchner die Phantasien und Handlungen Lenz', die als Ausdruck von »Wahnsinn« interpretiert werden können. Schon Büchners Bruder Ludwig hat im Vorwort zu den *Nachgelassenen Schriften* (1850) darauf hingewiesen, Georg habe »in Lenzens Leben und Sein [...] halb verwandte Seelenzustände« gefühlt. Der Zustand, den Büchner in seinen Gießener Briefen zwischen November 1833 und März 1834 mitteilt (z.B. »Ich bin ein Automat [...] Das Gefühl des Gestorbenseins ist in mir [...] Alles verzehrt sich in mir selbst«) wird in der Forschung immer wieder als Ausgangspunkt für die Annäherung an die Person Lenz' angeführt. Wie bei Lenz führen auch bei Büchner individuell-biographische und politisch-gesellschaftliche Gründe zudem Zustand von Lähmung und Entfremdung (»Ich [war] in tiefe Schwermut verfallen; dabei engten mich die politischen Verhältnisse ein [...] Kummer und Widerwillen machten mich krank«, an die Familie im April 1834).

Gegen die Perspektive, »einem vermodertem Fürstengeschlecht« in »einem kriechenden Staatsdiener-Aristokratismus« als »Knecht« dienen zu müssen, wehrt sich Büchner durch die Gründung der »Gesellschaft der Menschenrechte« und eine agitatorische Tätigkeit, die durch Appell an das Volk auf den Umsturz der Verhältnisse zielt. Die Anknüpfung an die Entfremdungserfahrung von Lenz darf also nicht als Resignation gewertet werden. Mit Lenz bestehen in der Sozialkritik und im literarischen Selbstverständnis deutliche Gemeinsamkeiten, die Büchner ein Selbstverständnis als Schriftsteller ermöglichen, da sein kontinuierliches revolutionäres Engagement auch in Straßburg einschließt. Der Bezug auf Lenz' sozialkritischen Realismus hilft Büchner auch, sich nicht nur von der Klassik, sondern auch vom Jungen Deutschland abzugrenzen – vor allem von dessen Illusion, »durch die Tagesliteratur eine völlige Umgestaltung unserer religiösen und gesellschaftlichen Ideen« erreichen zu können (an Gutzkow, 1.1.1836): »ich gehe meinen Weg für mich [...] ich zeichne meine Charaktere, wie ich sie der Natur und der Geschichte angemessen halte.«

Die intensive Beschäftigung mit Lenz hinterläßt ihre Spuren nicht nur in der Erzählung, sondern in weiten Teilen von Büchners Werk. Leider gibt es hierüber noch keine zureichende Untersuchung. Diese müßte sowohl den formalen als auch den inhaltlichen Anknüpfungen und verändernden Wiederaufnahmen nachgehen. Nicht zufällig sind Teile von Lenz' und Büchners Werken immer wieder für eine offene, antiidealistische Dramenform in Anspruch genommen worden (zur Kritik daran vgl. Guthrie). Sengle bezeichnet den »Woyzeck« als »gereiften Sturm und Drang« (*Biedermeierzeit*. Bd. 3, 1980, S.282). Schon Gutzkow sieht in ihm, der ihm durch die Teilpublikation von Franzos 1875 bekannt wird, »ein Residuum der Lenz-Studien« (an Luise Büchner, 7.5.1876, mitgeteilt von Hauschild, *Büchner*, 1985, S.52). Auch zwischen der verquer artistischen, nur scheinbar als »Lustspiel« aufgehenden Struktur von »Leonce und Lena« und der »Komödien«struktur bei Lenz gibt es Entsprechungen. Wie Büchner hier mit verschiedenen zeitgenössischen Komödien- und Tragödienkonzeptionen spielt, versuchte dies schon Lenz – vor allem im *Hofmeister* und *Neuen Menoza*. In den Figuren Leonce, Woyzeck und – mit Abstrichen – Camille und Danton nimmt Büchner die Thematik des *Lenz* wieder auf: Lebensüberdruß, Langeweile, Entfremdungs- und Leiderfahrung, Selbstentfremdung bis zur Existenz als Automat, Wahnsinn.

3.3 Umstrittene Kultfigur einiger Literaten – von Büchners Tod bis zum Zweiten Weltkrieg

Lenz im 19. Jahrhundert

In der zweiten Hälfte des 19. Jahrhunderts beginnt sich ein kleiner Kreis von Autoren für Lenz zu interessieren. Es handelt sich um Lokalforscher und Außenseiter in der Literaturwissenschaft (Gruppe 1861, Dorer-Egloff 1857). Büchners *Lenz*-Erzählung wird erst im Naturalismus zu einem wichtigen Faktor in der Lenz Rezeption. Trotz Gutzkows Publikation der Erzählung und der ersten Werkausgabe von Ludwig Büchner (1859), in der die vermeintlich fragmentarische Erzählung bearbeitet und ergänzt erscheint, wird auch Büchner zunächst nicht einer breiteren, literarisch interessierten Öffentlichkeit bekannt.

Mit der Orientierung an einem monumentalisierenden Bild des »Dichterheros« Goethe werden die Urteile über Lenz als »Affen Goethes« weiter kolportiert – zum Beispiel sogar in den einflußreichen Literaturgeschichten Gervinus' und Hettners. Symptomatisch für das verbreitete Urteil ist ein Vorgang, den Karl E. Franzos, der Herausgeber der Büchnerausgabe von 1879 berichtet. Ihm verweigern in den siebziger Jahren zwei Zeitungen den Abdruck eines Aufsatzes, der Büchner in die Tradition von Lenz stellen soll. Die Redakteure verweisen auf die Unbekanntheit beider Autoren und auf ihren Mangel an »Kraft und Selbstzucht [...], sich die Beherrschung der Kunstform des Dramas zu erringen« (Karl E. Franzos: »Über Georg Büchner«. In: *Deutsche Zeitung* 29 (1901), S.290, Zitat bei Jan Ch. Hauschild: *Georg Büchner*, 1985, S.109). Die Orientierung an der klassischen Dramenform, wie sie zum Beispiel in den Hohenzollerndramen Wildenbruchs noch einmal erneuert wird, trifft Lenz wie Büchner. Der Inhalt ihres Werkes steht auch dem gründerzeitlichen Optimismus entgegen. Entsprechend werden beide Autoren aufgewertet, als die Kritik an Gesellschaft und Staat wächst. So entdecken die Naturalisten Lenz sowohl als Subjektivisten als auch als Realisten.

Zunächst wächst ein Interesse an Lenz aufgrund der Entdeckung der Friederike Gedichte, die die Aufmerksamkeit auf die Dreiecksbeziehung Goethe-Friederike-Lenz legen. Dieses Thema bearbeiten

Friedrich Geßlers Drama *Reinhold Lenz* (1867) und Albert Grüns Schauspiel *Friederike* (1859). Geßler, dessen Stück zuerst im »Friederike-Album« des Brion-Denkmal-Komitees veröffentlicht wird, schockt sein bürgerliches Publikum mit der »blutigen Kampfstatt« des Genies, das notwendig bürgerliche Ordnung, Sitte und Familie zerstöre. Einige Szenen aus den *Soldaten* adaptierend läßt Geßler seine Lenzfigur zunächst den Desportes spielen, der die Keuschheit eines naiven Bauernmädchens zerstört. Anschließend läßt der Autor seinen Helden in den »heiligen Dom« von Friederikes Herz eindringen, wo sie die »Gebete« ihrer fortdauernden Liebe zu Goethe verrichtet, ihrem ungetreuen, dennoch aber von ihr glorifizierten Liebhaber. Als Lenz abgewiesen wird, zerstört er das Bildnis Goethes im Pfarrhaus und stürzt sich in freier Abwandlung der Gustchenszene aus dem *Hofmeister* in den Teich, wobei er den biederen Schulmeister, der ebenfalls aussichtslos in Friederike verliebt ist, gleich mit hineinzieht. Immerhin vermeidet Geßler ein tragisches Ende. Beide werden gerettet, aber Lenz ist »doch verloren«. Sein »Wahnsinn«, der ihn den »Quell des Lichts« nicht mehr erkennen läßt, wird motiviert mit der Absage des Sohns an die bergende und rettende Einheit mit der Mutter, in die auch Salzmann den »Heimatlosen« nicht mehr zurückführen kann. Diese knappe Zusammenfassung zeigt, daß Geßlers Lenzfigur wenig mit dem historischen Autor, viel aber mit dem bürgerlichen Bewußtsein von 1867 zu tun hat. Geßler wiederholt – sehr im Gegensatz zu Büchner – die Ausgrenzung des Wahnsinnigen aus dem kommunikativen Zusammenhang der Menschen und will die bürgerlichen Normen von Sitte und Anstand durch das abschreckende Beispiel eines pathologischen Außenseiters festigen, der von ihnen abgefallen ist. Zugleich nimmt Geßler das von Stöber hervorgehobene Motiv von Lenz' scheiternden Liebesbeziehungen auf.

Die Friederike-Thematik nimmt auch großen Raum in der fünfzehnteiligen »Novelle« Wilhelm Benneckes *Reinhold Lenz* (1871) ein. Der Autor erscheint als unglücklich Liebender und auf Goethe fixierter Dichterkonkurrent und als exzentrischer Bohemien, der, hochbegabt, wahnsinnig wird. Goethes Urteil in *Dichtung und Wahrheit* wird trivialisiert und romanhaft ausphantasiert: »Das lag nun einmal in seiner Natur: Lust in Leid und Glück in Unglück zu verkehren.« »Reinhold Lenz, armes, hochbefähigtes Menschenkind, der Du ein Leben hattest, so verfehlt wie vielleicht kein Anderer auf Erden nach oder vor Dir.«

1863 bearbeitet der Wiener Dramatiker Eduard von Bauernfeld Lenz für die Bühne des Wiener Hof-Burgtheaters: *Soldatenliebchen. Schaupiel in vier Acten. Zum Theil nach Lenz: Die Soldaten.* Möglicherweise ist Bauernfeld von Hebbel auf Lenz hingewiesen worden, dessen Frau die Rolle der Mutter Stolzius' spielt. Hebbel hat sich zwar mit Lenz beschäftigt, kann aber aufgrund seiner eigenen, anders ausgerichteten Poetologie nur wenig Verständnis für den Autor aufbringen. Thema der »Salonstücke« Bauernfelds ist immer wieder der friedliche ›Klassenkompromiß‹ zwischen Adel und Bürgertum durch Heirat. Entsprechend entwickelt sich die Liebelei des Offiziers, der hier Könneritz heißt, zur großen Liebe. Er heiratet Marie.

Theodor Storm rezipiert in den siebziger Jahren mit Einfühlung und Sympathie Lenz' Werk. Zum Teil wird er dabei angeregt von Erich Schmidt, dem Autor von *Lenz und Klinger* (1878). Storm ist vorsichtig im Urteil. Er sieht zum Beispiel in Lenz' Dramen »Scenen von poetischer Wahrheit und wahrer Poesie, wie man sie auch dieser Richtung absolut nirgendwo antrifft« (an Schmidt, 8.11.1878).

Lenz im Unkreis von Naturalismus und Expressionismus

Ungleich tiefer und vielfältiger gestaltet sich die Rezeption der »jammervollsten aller Literaturleichen« (Bleibtreu) in Naturalismus und Expressionismus. Die Autoren beider Literaturrichtungen entwikkeln aus unterschiedlichen Gründen ein Bewußtsein für die Notwendigkeit, an vermeintlich ›unzeitgemäße‹ Dichter wieder anzuknüpfen. Zu diesen, die »isoliert, kämpfend, müde [...] einer gar baldigen Vergessenheit anheimgefallen« seien, zählt Julius Hillebrand, der Verfasser der Programmschrift »Naturalismus schlechtweg« (1886), Lenz (In: *Literarische Manifeste des Naturalismus*. Hg. von Erich Ruprecht, 1962, S.67).

Im Zeichen des Naturalismus opponiert seit den achtziger Jahren eine junge Generation gegen die Dominanz einer verklärten Klassik, aus der das übersteigerte Großmachtbewußtsein des jungen Kaiserreiches nach dem Sieg gegen Frankreich ideologisches Rüstzeug gewinnt. Dieser Gegensatz begünstigt die Anknüpfung an den Sturm und Drang. Um 1885 projiziert die junge Generation ihr Selbstbild in das der Genies von 1770. Mit diesen teilt sie die Betonung von Begeisterung und Phantasie, verbunden mit dem Pathos des Jugendlichen und Neuen und das offene Hineintragen eigener Zeiterfahrung in die Dichtung. An die Stelle einer idealistisch stilisierten Sprache soll die gesprochene treten, zum Beispiel der Dialekt. Hinzu tritt schon früh eine weitere Gemeinsamkeit: die sozialkritische Wirkungsabsicht.

Entsprechend weisen die Brüder Hart in den *Kritischen Waffengängen* (1882) immer wieder auf den Sturm und Drang und auf

Lenz hin, vor allem wenn sie Lyrik besprechen. Der Anthologie der jungen »Stürmer und Dränger« *Moderne Dichtercharaktere* (1885) sind zwei Motti von Lenz vorangestellt: »Wir rufen dem kommenden Jahrhundert« und »Der Geist des Künstlers wiegt mehr als das Werk seiner Kunst«. Im nächsten Jahr nimmt Carl Bleibtreu in seiner Programmschrift *Revolution der Literatur* energisch Partei für Lenz und fordert auf, ihn zu studieren, von ihm zu lernen. Die »fruchtlos gebliebenen Bemühungen der älteren Stürmer und Dränger, [...] die Tragik der alltäglichen Wirklichkeit zu gestalten«, seien eine »heilsame Reaktion gegen die kosmopolitischen und antiken Neigungen der großen Dioskuren«.

»An Tiefblick für das Tragische, an echtestem Realismus des Schmerzes steht aber ›Der Hofmeister‹ von Lenz für mich hoch über allen anderen Erzeugnissen dieses Styls. [...] An unmittelbarer *Wahrheit,* an wirklicher Lebenskenntnis und Charakteristik bleiben auch die künstlerisch verfehlten Producte Lenz immer noch unerreicht.« (Carl Bleibtreu: *Revolution der Literatur*. Leipzig 1886, Neuburg Tübingen 1973, S. 4)

1885 und noch 1900 setzt Bleibtreu Lenz sogar weit über Büchner (»Marlowe, Grabbe und Lenz«. In: *Wiener Rundschau* 4/1900, S. 429-432). Diese Wertung ruft bei Hans Landsberg energischen Widerspruch hervor (*Der Fall Georg Büchner*. In: *Wiener Rundschau* 5/ 1901). Dessen allzu übersteigerte Büchner-Apologie gleicht dann Franzos wieder aus (*Über Georg Büchner*. In: *Deutsche Dichtung* 29/ 1901, S.195-203, 289-300).

Einer der beiden Herausgeber der *Modernen Dichtercharaktere*, Wilhelm Arent, identifiziert sich mit Lenz so stark, daß er ihn als ein »alter Ego« ansieht. Psychisch labil und gefährdet, entwickelt Arent eine hektische Schreibaktivität. In einer Nervenheilanstalt verfaßt er als Neunzehnjähriger die »Mystifikation« (Arent: *»Mein alter Ego«*. In: *Die Gesellschaft* 8/1892) *Reinhold Lenz. Lyrisches aus dem Nachlaß* (1884). In ihr stellt er Lenz als einen »ebenbürtigen Rivalen des ›jungen Goethe‹, gleich groß als Lyriker und Dramatiker« vor. In einer Einleitung skizziert er die Forschungslage, wobei er der herrschenden Meinung seit Tieck ihre einseitige Goetheorientierung vorwirft, und preist Lenz' Werk als »Ausfluß des übervollen, überquellenden Herzens«, überzarter Sensibilität und einer »Liebessehnsucht, die nie befriedigt war, weil sie nie auf dieser Erde befriedigt werden konnte«. Zur Hauptsache besteht das Buch aus kommentierten Gedichten Lenz'. Arent erweist sich freilich nicht nur als ein guter, wenn auch in seinem Enthusiasmus unkritischer Lenzkenner, sondern er mischt eigene, nicht als solche gekennzeichnete Nachdichtungen zwischen die wirklichen Lenztexte.

Angeblich hat er sie aus den Händen des holländischen Autographensammlers Donoop erstanden. Arents Identifikation mit dem Autor geht nämlich so weit, daß er sich – nach der Aussage Halbes in *Scholle und Schicksal* (München 1933, S. 417f.) – als »Reinkarnation von Lenz« sieht, und zwar »nicht nur bildlich, sondern ganz wörtlich genommen«. Arent erklärt es zu seiner Pflicht, »für den Rahmen seines eigenen früheren Ichs, somit eigentlich für sich selbst das Nötigste zu tun« (Halbe ebd.). Für Arent steht folgerichtig der Subjektivist Lenz im Vordergrund. »Schroffster Subjektivismus, welcher sich im Augenblick ohne jede Spur von Reflexion auslebt, gilt mir als einzig berechtigte Lyrik.« (*Reinhold Lenz*). In einem Gedicht über den »Märtyrer der Phantasie« Lenz aus Anlaß des hundertsten Todestages, veröffentlicht in *Die Gesellschaft* 8, 1892, sieht er des »Genius Unrast, Leidensnot« den Dichter in einen »frühen, einsam-herben Tod« treiben. Aus eigener Geniesucht und zwanghaft gesuchter Einheit von Kunst und Leben entsteht eine sehr persönliche, aber im Grunde die Eigenart des Lyrikers Lenz verfehlende Rezeption. Mit seiner Gedichtsammlung will Arent offensichtlich nicht nur sich ins Gespräch bringen, sondern ganz gezielt auch die Goethephilologie herausfordern. Diese reagiert entsprechend. Erich Schmidt spricht zum Beispiel in der Münchner *Allgemeinen Zeitung* (18./ 19.10.1884) von dem Gassenjungen, der es gewagt habe, »Kot gegen die Sterne zu werfen«. Der Leipziger Germanist Friedrich Zarncke richtet an den Buchhandel gar den Appell, das Werk nicht zu vertreiben (*Literarisches Zentralblatt* 13.6.1885/12.9.1885).

Arent macht den jungen Halbe auf Lenz aufmerksam, der »in einigen heißen Tagen und Wochen« dessen dramatisches Werk liest und das Ergebnis dieser Studien in der »Gesellschaft« veröffentlicht: *Der Dramatiker Reinhold Lenz. Zu seinem hundertjährigen Todestage* (H. 8/1, 1892). Halbe erinnert sich in *Scholle und Schicksal*, daß auch Otto Brahm, der seit 1889 die »Freie Bühne« mit leitet, ihn auf Lenz hingewiesen habe. Er habe ihn als »eine Erscheinung wie Lenz« bezeichnet und ihm prophezeit, er werde »wohl auch so enden«. Solche Äußerungen zeigen, wie Lenz zu einer Kultfigur in der naturalistischen Bewegung wird. Nach Albert Soergel leben die jungen Autoren – vor allem in Berlin, Zürich und Wien – vor der Jahrhundertwende »das einbildungsreiche Leben vermeintlicher Genies. Ein Grabbe, ein Lenz zu sein, ist ihre Sehnsucht« (Albert Soergel: *Dichtung und Dichter der Zeit*, 1912, S. 85). Zu dieser Aussage paßt, daß Otto Julius Bierbaum in seinem Künstler- und Bohèmeroman *Stilpe* (1897) von einem Lenz-Zirkel unter Gymnasiasten berichtet. Die jungen Autoren zieht die Einheit von Kunst und Leben bei

Lenz an. Er wird als Außenseiter und Bohemien gesehen. Sein Scheitern erhöht eher die Identifikation.

Für Halbe steht in Lenz' Stücken »die Formel des naturalistischen Charakterdramas vor uns« (*Die Gesellschaft* 1892, Nr. 8/1, S. 569). Er beschreibt Lenz' Ziele als Dramatiker, den *Hofmeister*, die *Soldaten*, *Die Freunde machen den Philosophen* und den *Engländer*. Halbe zeigt Lenz als einen »jungen Revolutionär«, der aus Shakespeareschem Geist das deutsche Drama neu begründet habe, indem er den Vorrang der Charaktere gegenüber der Handlung, sowie die Einheit des Interesses gegenüber der Einheit der Handlung verwirklicht habe. Gerade Lenz' Wirkungsabsicht, seine Versuche, sich in zeitgenössische Verhältnisse einzumischen, werden jetzt zum Argument, Stücke wie den *Hofmeister* positiv gegenüber Goethe hervorzuheben. Der Abstand zur Gegenwart vermindert sich radikal, wenn Halbe am Beispiel des *Hofmeisters* fragt:

»Bist *du* das nicht? Sind *wir* das nicht, die dort agieren? Und mit einem Male wird uns Erlebnis, daß Raum und Zeit nur Anschauungsformen und hundert und tausend Jahre werden uns wie der Tag, der gestern vergangen ist.« (ebd., S. 571)

Halbe stellt eine Aufführung der *Soldaten* in Aussicht, die aber nicht zustandekommt. Erst 1911 regt der Theaterwissenschaftler und Germanist Arthur Kutscher in München eine Aufführung an, die im Künstlertheater mit großem Erfolg stattfindet und diesem Stück fortan die Bühnen öffnet (vgl. Genton).

Max Halbe berichtet in *Scholle und Schicksal* (S.418) auch, daß er zu seinem Drama *Jugend* durch die Identifikation mit Lenz angeregt worden sei. Lenz' Erlebnisse in Sesenheim, die er in dem Gedicht »Die Liebe auf dem Lande« verarbeitet hat, verbinden sich für Halbe mit eigenen Erfahrungen zum »Zeugungsfunken« für das Stück. Dabei hilft die Beschäftigung mit Lenz Halbe, die eigenen Grenzen eines »naturalistisch getreuen Bildes der Wirklichkeit« zu überwinden. Er will »Menschlichkeit im Bunde mit Schönheit, als Gegensatz zu dem die Bühne beherrschenden Grau in Grau«. Die thematische Korrespondenz zwischen »Jugend« und Lenz' Werken liegt im Konflikt zwischen Triebhaftigkeit und Moral, Natur und Zwang. Mit Lenz teilt der Autor den jugendlichen Ansturm gegen die Konventionen und Vorurteile der Erwachsenen.

Beim jungen Gerhart Hauptmann dominiert die Büchner- über die Lenzrezeption. Sein Lenz-Bild ist vorwiegend über Büchners Lenzfigur vermittelt. Seit Hauptmann verknüpfen sich bei vielen Autoren Lenz- und Büchnerrezeption. Dazu trägt bei, daß die Naturalisten nach Lenz auch Büchner entdecken. Ob Hauptmann sich überhaupt ausführlich mit dem Werk des historischen Lenz auseinandergesetzt hat, ist bisher noch nicht gründlich untersucht worden. In einem Punkt deckt sich die Grundeinstellung des jungen Dramatikers von vornherein mit der Lenz': in dem wieder betonten Primat der »Charaktere« über die »Handlung« im Drama, dem ja auch Halbe und Bleibtreu folgen:

»Was man der Handlung gibt, nimmt man den Charakteren.
Wo du auch immer dem begegnest, was dramaturgische Schädlinge immer vermissen, immer suchen und niemals erkennen, wo es vorhanden ist, eben das, was sie auch mit dem Namen ›Handlung‹ bezeichnen – nimm, was du findest, wenn dir die ›Handlung‹ begegnen sollte, Axt, Knüppel oder den ersten Stein, der dir gerade zur Hand ist, und schlage sie tot.« (Einsichten und Ausblicke. Dramaturgie.) In: *G.H.: Sämtliche Werke.* Hg. von Hans-Egon Hass. Bd 6, 1963, S. 1043, 1041)

In einem partiellen Gegensatz zum Postulat des Charakterdramas, aber in Korrespondenz mit Lenz steht die Absicht in den frühen Werken, den Einfluß der Umstände auf die Figuren, ihre Determiniertheit darzustellen: »Immer mehr ›Undramatisches‹ dramatisch zu begreifen ist der Fortschritt« (»Einsichten und Ausblicke. Dramaturgie«. in: ebd., S. 1040). Das Büchner-Lenzsche Vorbild bestärkt Hauptmann sowohl in seiner Ablehnung eines epigonalen Klassizismus, dem er sich anfangs noch genähert hatte, als auch in seiner Distanz zu einer Kunst als »absoluter Nachahmung« der Natur, die er bereits 1885 in dem Aufsatz *Über das Bemalen der Statuen* formuliert. Eine verwandte Position findet Hauptmann im Kunstgespräch von Büchners *Lenz*, wo sowohl eine idealistische wie eine äußerlich wirklichkeitsgetreue Kunst attackiert wird zugunsten einer solchen, die »die Natur am wirklichsten« wiedergibt.

Deutlicher und intensiver ist der Einfluß des Dramatikers Lenz auf Wedekind. Dieser kommt mit dem Werk des Stürmers und Drängers über den Züricher Dichterkreis Ende der achtziger Jahre in Berührung. Über die Diskussionen in diesem Kreis, dem unter anderem Carl und – zeitweilig – Gerhart Hauptmann, Karl Henkell, John Henry Mackay und Peter Hille angehören, berichtet Kutscher, daß die geäußerten Standpunkte weit auseinanderliegen. »Am ehesten verstand man sich noch, wenn die Rede auf Lenz, Grabbe oder Büchner kam« (Leuscher: *Wedekind*, 1964. S. 52). Auch im Münchner Kreis um Wedekind ist Lenz' Werk ein Diskussionsgegenstand. Zu diesem Kreis gehören unter anderem der Lenz-Editor Franz Blei und Otto Falckenberg, der Mitbegründer des Kabaretts »Elf Scharfrichter«. Falckenberg wird 1916 Leiter der Münchner Kammerspiele und führt im gleichen Jahr den *Engländer* erstmals auf, später auch andere Werke: *Die Soldaten* und *Die Buhlschwester.* 1910 hält Erich Oesterheld in »Der arme Lenz und die neueste Lenzliteratur« (in: *Preußische Jahrbücher* 139, 1910) Wedekind für einen »modernistischen Lenz«. Der Lenz-Editor Blei hingegen sieht die »grösste Bedeutung« des Autors in seiner Funktion für Goethe, dem er »mit dem Fragment seines Lebens und seines Werkes zu Einsichten in Kunst und Leben verhalf« (*Die Aktion* 2/1912).

Leider fehlt bisher eine eingehende Untersuchung der Einflüsse Lenz' auf Wedekind. Dessen *Frühlings Erwachen* (1891) korrespondiert schon im Thema der Erziehung mit dem *Hofmeister.* An der Art der Erziehung und am Wesen der Erzieher zeigen beide Stücke das Wesen der Gesellschaft auf. Beide drücken die Erfahrung einer Zeit gesellschaftlichen Stillstands aus und können als realistischer Ausdruck gesellschaftlicher Mangelerfahrungen interpretiert werden. Die grundsätzliche Kritik der pädagogischen Institutionen und ihrer Agenten läßt in beiden Werken eine Reformperspektive letztlich nicht zu. Brecht zeigt in seinen »Lenz-Studien«, daß der *Hofmeister* keine reine Komödie werden konnte, weil die gesellschaftlichen Verhältnisse dem widersprachen. Entsprechend kann Wedekind keine reine »Kindertragödie« schreiben. Wie schon Irmer (in: *Der Theaterdichter Frank Wedekind,* 1975. S. 111) bemerkt hat, paßt auf *Frühlings Erwachen* Lenz' Komödiendefinition in der »Menoza«-Rezension: »Komödien sind Gemälde der Gesellschaft. Und wo die ernsthaft wird, kann das Gemälde nicht lachend werden.« (2, 703) Tragödien sind den Figuren bei Wedekind entsprechend nur in der Form der Komödie gestattet. »Ich glaube, daß das Stück um so ergreifender wird, je harmloser, [...], je lachender es gespielt wird.« (Briefe II, Nr.279).

Die Personen werden um der Sache willen vorgeführt. Eine ›Einheit des Interesses‹ hält das Stück zusammen, nämlich »die Erscheinungen der Pubertät bei der heranwachsenden Jugend poetisch zu gestalten« (Briefe 1, Nr.79). Um das chaotische Ineinander sozialer, institutioneller, ideologischer und psychischer Zwänge zu gestalten, schreibt Wedekind statt eines Konversationsstückes ein offenes Drama, dessen Formprinzipien (zum Beispiel die lockere Szenenreihung) an Lenz erinnern. Die Figuren können dabei wie bei Lenz ihre eigentlichen Antriebe nur begrenzt oder gar nicht formulieren. Wie im *Menoza* sind viele Figuren bloße Personifizierungen, die durch eine Gebärde, eine Geste in ihrem Spielraum festgelegt werden. Der so entstehende Eindruck des Marionettenhaften führt schon für Kayser (*Das Groteske in Malerei und Dichtung,* 1960) bei beiden Autoren in die Nähe des Grotesken. Freilich ist Kaysers Untersuchung zu stark an den bloßen Formen interessiert, ihre sozialkritische Funktion wird ausgeklammert. So kann er Wedekind »pervertierte Erbauungsliteratur« vorwerfen. Damit hat er insofern recht, als beide Autoren in den Verrenkungen der Figuren, der Vermischung eigentlich getrennter Realitätsbereiche, den jähen Widersprüchen, Umschlägen und Abbrüchen in Dialog, Szenen und Handlung die Verletzung und Verzerrung des Menschlichen in der jeweiligen Gesellschaft zeigen wollen.

Über Büchner vermittelte Lenz-Rezeption bei Naturalisten und Expressionisten

Ein wichtiger Einfluß auf Naturalisten und Expressionisten geht von Büchners erzählerisch vermitteltem Lenz-Bild aus. Die Thematik des Wahnsinns, überhaupt in der zeitgenössischen Literatur wichtig, steht dabei im Vordergrund. Der fünfundzwanzigjährige Hauptmann liest Büchners Erzählung in der Ausgabe von Franzos und trägt im naturalistischen Verein »Durch«, dem unter anderem Leo Berg und Eugen Wolff angehören und zu dem Alberti, Bleibtreu, Bölsche, die Brüder Hart und Arno Holz Kontakt halten, am 17.6.1887 Auszüge vor. Hauptmann betreibt in Erkner und 1888 in Zürich einen regelrechten Büchner»kultus«, wie er in *Aus meinem Leben* beschreibt. Dieser beruht auf einer persönlichen wie literarisch-künstlerischen Identifikation mit »diesem wie eine glühende Lava aus dichterischen Tiefen emporgeschleuderten Dichtergeist«, den er »bei allem Abstand seiner Einmaligkeit« als einen »Verwandten von uns« ansieht (*Aus meinem Leben*). Hauptmann unterschlägt hier seine – auch – politische Identifikation mit Büchner. Immerhin muß er 1888 wie Büchner vor einer drohenden Verhaftung aufgrund der Sozialistengesetze nach Zürich ausweichen. Das dortige Grab Büchners wird für ihn und seine Freunde »ein ständiger Wallfahrtsort«.

Allerdings vermeidet Hauptmann ein politisches Engagement. Er entnimmt seinem Vorbild gerade die Distanz zu aktuellen politischen Bewegungen und literarischen Programmen. So verwundert es nicht, wenn die Rezeption des Büchnerschen Lenz-Bildes sich nicht auf die aufrührerischen Elemente bezieht, sondern vor allem auf die Beschreibung der Symptome von Schizophrenie und Wahnsinn, auf Stilmerkmale und Motive wie die Verbindung von Natur- und seelischer Stimmung. In der novellistischen Studie *Bahnwärter Thiel* (1888) ist die Gestaltung des psychischen Prozesses wesentlich durch Büchner angeregt. Thiel ist – bei allen signifikanten Unterschieden – eine Büchners Lenz verwandte Gestalt. Er ist ebenfalls durch ein schweres Schuldgefühl und eine tiefe Gespaltenheit charakterisiert. Wie Lenz ist er unfähig, sich auszusprechen und verstummt am Ende ganz. Hauptmann knüpft, wenn auch mit anderer Wendung, an die »Heiligung« der Mutter und die Muttermordphantasien im *Lenz* an. Der Protagonist Thiel belegt ferner die Beeinflussung durch das im Kunstgespräch formulierte Programm, sich in das Leben eines »Geringsten« zu versetzen. In dieser Anknüpfung drückt sich die sozialkritische Einstellung des frühen Hauptmann aus. Am deutlichsten zeigt sich der Einfluß des *Lenz* im Stil. Fischer ist ihm nachgegangen. Er hebt unter anderem den Gebrauch des Mienenspiels hervor, Wortanklänge wie »Wühlen«, »Angst«, die Entsprechung von seelischer Bewegung und Landschaftsstimmung, die Lichtmetaphorik, das »Lachen« des Atheismus. Die Studie *Apostel* (1890) haben Requardt/Machatzke zu Recht als »psychologische Fallstudie religiöser Wahnvorstellungen mit den Mitteln einer an der Sprachkunst Georg Büchners geschulten dichterischen Darstellung« bezeichnet (S. 234). Hauptmann knüpft hier an einen Teilaspekt des Lenz-Bildes an, vermeidet aber eine grundsätzliche Infragestellung der Religion. Die Spannung der Erzählung erwächst aus dem heftigen Schwanken zwischen dem Glauben an die Berufung und dem Zweifel an ihr, der Hingabe an grandiose Wahnphantasien und der durchbrechenden Selbsterkenntnis. Auch der Segelmacher Kielblock in *Fasching* (1887) ist eine Lenz verwandte Figur. Sein sich ins Maßlose steigender Anspruch auf Lebensintensität, auf Sichausleben führt in der Konfrontation mit der zunehmend abweisenden, unheimlichen Natur zum Außersichsein und zum Wahnsinn, der ihm und Marie den Tod bringt.

Wie die Naturalisten steht die junge Generation der expressionistischen Dichter dem herrschenden Kult des Klassisch-Vollendeten und -Erhabenen kritisch gegenüber. Georg Heym notiert am 20.7.1909 in sein Tagebuch: »Ich liebe alle, die in sich ein zerrissenes Herz haben, ich liebe Kleist, Grabbe, Hölderlin, Büchner [...] Ich liebe alle, die oft so an sich verzweifeln, wie ich fast täglich an mir verzweifle.« Am 10.12.1911 schreibt Heym:

»In dreihundert Jahren werden die Menschen sich an den Kopf fassen, wenn sie unsere Leben sehen. Sie werden sich wahrhaftig fragen, wie die Günther, Lenz, Kleist, Grabbe, Hölderlin, Lenau, die Hoddis, Heym, Frank überhaupt so weit durchgekommen sind. Und wie es für diese Naturen (die zu anständig waren, um zu compromißlern, wie Goethe, Rilke, George etc.) in dieser trüben und vor Wahnsinn knallenden Zeit überhaupt noch möglich war, sich durchzuschlagen.«

Das Thema ›Wahnsinn‹ behandelt Heym in der Erzählung *Der Irre* (1913) – allerdings mit dem wesentlichen Unterschied zu *Lenz,* daß er auf jegliche historische und gesellschaftliche Konkretion verzichtet und die Wahrnehmung von von vornherein fortgeschrittener Umnachtung in einem zeitlosen Raum vor sich gehen läßt. Die Berührungspunkte liegen weniger in der Figur des Irren, der, statt seine Aggressionen gegen sich selbst zu richten, sie radikal auf seine Umwelt konzentriert. Der Kindermord – bei Lenz gibt es Morde nur in der Imagination – führt zu einer Auferweckungsszene, die in Aufschwung und Scheitern Büchner nachgestaltet ist. Allgemein liegen die Berührungspunkte in der Gestaltung der Symptome des Wahnsinns: im Wechsel zwischen Ruhe und Bewegung, zwischen Selbstvergottung und Depression, in der Bewußtseinsspaltung.

Georg Trakls Traumtext *Traum und Umnachtung* erscheint 1914 kurz vor einem Wiederabdruck von Büchners Erzählung in der Zeitschrift *Der Brenner.* Er dokumentiert deutlicher als Heyms Text eine »Lenz«-Faszination. Schon der Titel verweist auf Schlüsselwörter aus der Erzählung. Auch hier verzichtet der Dichter auf jede zeitliche und örtliche Konkretion. Der hermetische Text signalisiert einen Kommunikationsabbruch, dem nicht wie im »Lenz« ein vorweggehendes positives Programm der Veränderung von Literatur und Gesellschaft gegenübersteht. Wichtige Motive wie Schuldgefühl, Mord- und Todesphantasien, vor allem das Mutterbild – auch ihre Epiphanie – und die Rolle des Priesters als Gott vertretendes Wesen erinnern an *Lenz.* Von Schierks (1972) und Goltschnigg (1974) durchgeführte Textvergleiche des zweiten Abschnittes mit den entsprechenden *Lenz*-Passagen ergeben weitgehende Korrespondenzen. Allerdings schmilzt Trakl diese Entlehnungen in einen neuen stilistischen und inhaltlichen Zusammenhang ein, der mit dem seiner Gedichte korrespondiert. Eindeutig wird durch den Träumer hindurch erzählt, es fehlt die bewegte Optik des Wechsels von Innen- und Außenperspektive.

Phänomene des Wahnsinns bilden ein wichtiges Thema in Trakls Werk überhaupt. »Es ist ein so namenloses Unglück, wenn einem die Welt entzweibricht«, schreibt er Ende November 1913 an Ficker. Diese Grunderfahrung vermitteln die Traumsequenzen. Die Bilder und Erinnerungssplitter, die aus dem Vorbewußten kommen, werden dabei in Mythen verwandelt, deren Archaik den Text deutlich gegen den Heyms abhebt, der in einer Stadtlandschaft spielt. (Später wird Peter Schneider Lenz in die Großstadt verlegen.) Natur und Dorf sind Teil einer Seelenlandschaft. Wie im *Lenz* signalisieren sie eine Idylle, die den Träumer nicht mehr birgt. Sein Verhältnis zu ihnen drückt entsprechend seine innere Gespaltenheit aus.

Auch Alfred Döblins Erzählung *Die Ermordung einer Butterblume* (1910) zeigt in den Naturbildern und den dargestellten Symptomen eines schließlich »unrettbaren Wahnsinns« einen deutlichen *Lenz*-Einfluß. Im Unterschied zu Lenz ist Herr Fischer freilich der Typ des durchschnittlichen Bürgers. Durch die »Ermordung« einer Butterblume wird die Natur ihm zu einer fremden, gefährlichen Macht, deren Zorn er nicht mehr befriedigen kann: Wie bei Büchner ist dieses Naturbild Ergebnis von Projektionen. Latente Schuldkomplexe verdichten sich in ihm, so die »gemordete« Geliebte und die »gemordete« Schwiegermutter. Wie Lenz inszeniert Fischer einen Auferweckungsversuch, der scheitert.

Lenz bei Hofmannsthal und Kafka

Zu der posthumen Veröffentlichung von Hugo von Hofmannsthals *Andreas*-Fragment bemerkt Hauptmann, er habe häufig mit jenem über *Lenz* gesprochen und er finde, daß in der Erzählung »der Einfluß des *Lenz* erkennbar« sei (C. F. Wilhelm Behl: *Zwiesprache mit Gerhart Hauptmann*, 1949, S.74). Hofmannsthal übernimmt 1912 Büchners *Lenz* in seinen Sammelband *Deutsche Erzähler*. Das Prosafragment *Andreas*, das er in einer ersten unvollständigen Fassung im gleichen Jahr niederschreibt, knüpft an die Motivik des Wahnsinns an. Es behandelt die Reise des jungen Wiener Adligen Andreas von Ferschengelder nach Venedig, die er begründet mit der »schwierigen, schleppenden Rekonvaleszenz nach einer seelischen Krise, Spuren von Anhedonia, von Verlust des Wertgefühls, Verwirrung der Begriffe«. Eigentlich geht es Andreas darum, seine tiefe Gespaltenheit zu überwinden, die sich in seinem doppelten Frauenbild (Maria/Mariquita – Kokotte und Heilige) ebenso zeigt wie in den einfühlsam-altruistischen und den egoistisch-zerstörerischen Anteilen seiner selbst. Letztere zeigen sich in seiner Bindung an den bösen Reitknecht und im Erlebnis mit dem Hund, den er als Kind brutal getötet hat. Die Erzählung zielt auf die Versöhnung von Andreas mit sich selbst. Diese soll in der Hochzeit mit dem Kärtner Bauernmädchen Romana vollzogen werden, die in Venedig, wo Andreas immer mehr in gegensätzliche Strebungen zerfällt, die Erinnerung an die Einheit verkörpert: »Er ahnte, daß ein Blick von hoch genug alle Getrennten vereinigt [...] Er hatte Romana überall, er konnte sie in sich nehmen, wo er wollte.« Für Hofmannsthal sind die Widersprüche offensichtlich aufhebbar – im Gegensatz zu Büchner, dessen Lenz mit dem »So lebte er hin« einen vorweggenommenen Tod erleidet. Insofern ist Andreas nicht Lenz' Bruder, sondern sein »Überwinder« (so Stephan/Winter 1984). Die Berührungspunkte liegen in den schizothymen Symptomen und ihrer sprachlichen Vergegenwärtigung, die bis in einzelne Bilder und Wortkomplexe Korrespondenzen zu Büchners Erzählung aufweist – vor allem im Finazzer-Kapitel. Unter den Fortsetzungsplänen von 1913 findet sich eine Begegnung von Andreas mit der Frau an der *Aar* aus Lenz' Ballade *Die Geschichte auf der Aar* (1777). Die Begegnung mit dem Unglück dieser Frau, die ihren Mann beim Umschlagen ihres Bootes auf der Aar verliert und nur durch sein Selbstopfer gerettet wird, soll als ein »Augenblick« gestaltet werden, der Andreas »trifft« und aufgrund dessen er beten kann.

Hofmannsthal verwendet dieses Gedicht auch im *Adligen Kaufmann*, einem Dramenfragment aus dem Nachlaß und in dem Erzählfragment *Die Heilung*, das 1910/12 datiert ist. In dieser Erzählung will Hofmannsthal das »Hauptmotiv ›Schwermut‹« »combinieren« mit dem Motiv der Frau an der Aar. »Auf diese Frau drückt so furchtbar die Wirklichkeit des Geschehenen, das Unaufhebliche.« Ein weiteres Gedicht Lenz' verwendet Hofmannsthal als Vorlage für das Harlekinlied in dem Libretto für die Oper *Ariadne auf Naxos*. Mayer (1988) weist darauf hin, daß der Autor auch *Die Liebe auf dem Lande* herangezogen hat, und zwar für eine unveröffentlichte Szene (III,1) der Urfassung von *Christinas Heimreise*.

Franz Kafka notiert am 21. August 1912 in sein Tagebuch: »Unaufhörlich Lenz gelesen und mir aus ihm – so steht es mit mir – Besinnung geholt.« Die Formulierung belegt eine Faszination und eine Sogwirkung des Werkes, die zu einer Dezentrierung des Leserbewußtseins führt, die der Schreiber zugleich an sich beobachtet. Der Vorgang ist anschließend in ein Bild gefaßt: »Das Bild der Unzufriedenheit, das eine Straße darstellt, da jeder von dem Platz, auf dem er sich befindet, die Füße hebt, um wegzukommen.« Von heute her gesehen, verbindet Kafka und Lenz vor allem die Auseinandersetzung mit dem Vater und das lebenslange Schicksal, das die Bindung an den Vater beinhaltet.

Robert Walsers »Lenz«-Fragment

Robert Walser veröffentlicht 1907 in der »Schaubühne« einen Aufsatz über Lenz' *Soldaten* (Nr.38, 19.09.1907), für deren Aufführung er sich einsetzt. Sein kurzes Szenenfragment *Lenz* (veröffentlicht April 1912 in der *Schaubühne*) beinhaltet eine Annäherung an den Autor, die sich ihre Perspektive nicht durch Büchners Erzählung vorgeben läßt. Sie dokumentiert eine Einfühlung in die Person, die wesentlich dadurch motiviert ist, daß Walser sich selbst sein Leben lang einen Platz an der »Peripherie der bürgerlichen Existenz« (*Gespräch mit Carl Seelig*, 1941) zuweist. Er identifiziert sich dabei mit denen, die im Schatten der Großen stehen. Walser rekonstruiert die Dreieckskonstellation Goethe-Friederike-Lenz und zeigt die Konkurrenz, ja unaufhebbare Antinomie zwischen den beiden Dichtern auf. Diese vergegenwärtigt er an den unterschiedlichen Perspektiven, die beide beim Blick vom Straßburger Münster herab entwickeln. Goethe formt eine Landschaft, in der »Ordnung [...] das Schöne« ist. Lenz dagegen vertritt die Produktivität des Chaos: »In unsere deutsche Literatur muß der Sturm fahren, daß das alte, morsche Haus in seinen Gebälken, Wänden und Gliedern zittert.« Am Weimarer Hof kann sich Lenz entsprechend nicht »anschmiegen«. Er begeht »Unziemlichkeiten«, ist nach Goethe ein »Esel«, der auf eine »sanfte Manier« fortgeschafft werden muß. Walser nimmt Büchners Konfrontation von Sturm und Drang und Klassik auf, spitzt sie aber auf Lenz und Goethe zu, was Büchner offensichtlich bewußt vermieden hat.

Seit der Aufführung der *Soldaten* (1911) durch Arthur Kutscher wird dieses Stück immer wieder von Bühnen und Regisseuren entdeckt, zum Beispiel 1916 von Max Reinhardt und 1920 von E.L. Stahl. Genton (1966) weist nach, daß im und nach dem Ersten Weltkrieg auch andere Stücke Lenz' entdeckt und gespielt werden: mehrere Plautusübersetzungen, sowie *Der Engländer* und die Shakespeare-Übertragung *Amor vincit omnia*.

Lenz-Rezeption in der Weimarer Republik

1930 wird in Düsseldorf die erste Oper aufgeführt, die sich auf ein Werk Lenz' stützt: Manfred Gurlitts *Die Soldaten*. Der Bremer Generalmusikdirektor hatte 1920 bereits Büchners *Woyzeck* vertont und 1926 uraufgeführt. Das vom Komponisten selbst hergestellte Libretto konzentriert sich auf die Marie-, Desportes- und Stolziushandlungen und läßt das Werk mit dem Mord und Selbstmord Stolzius' enden. Dies betont den Aspekt des Liebesverrats und der Rache. Das gegenüber der Vorlage stark gekürzte und gestraffte Libretto greift für Arien auch auf Gedichte Lenz' zurück und enthält an wenigen Stellen opernhaft sentimentalisierende Zusätze. Insofern Gurlitt sein Werk als Gesangsoper mit liedhafter, arioser und rezitativer Deklamation gestaltet, hat es »an der Ausformung der musikalischen Moderne nur wenig Anteil« (Petersen/Winter 1991); andererseits finden sich hinsichtlich der Kompositionstechnik Verfremdungen traditioneller harmonischer, rhythmischer und melodischer Strukturen. Auffällig ist freilich das Pathos, mit dem die Parteinahme für das Opfer Stolzius ausgeführt ist. Die Zentrierung auf diese Figur entfernt die Oper erheblich von ihrer Vorlage. Die Oper wird ein großer Erfolg, wie die Zahl der bei Genton (1966) dokumentierten Inszenierungen zeigt.

Gurlitts Bearbeitung ist nicht die einzige produktive Aneignung von Lenz im Musiktheater der Weimarer Republik. 1928 erscheint das erste Mal eine Lenzfigur in einer Operette. Franz Léhar gibt in seinem erfolgreichen Singspiel *Friederike* (1928) Lenz eine Hauptrolle, durch die er einem breiteren Bühnenpublikum bekannt wird. Das Libretto haben Ludwig Hirzer und Fritz Löhner-Beda erarbeitet. Im Mittelpunkt steht Goethes Sesenheimer Liebeserlebnis. Zwischen Goethe und Lenz wird ein deutlicher Abstand gehalten. Lenz ist der ewig unglücklich und erfolglos Verliebte, Goethe der große Dichter und erfolgreiche Liebhaber, der aufgrund unglücklicher Umstände dann doch mannhaft verzichten muß.

Waldfried Burggraf bearbeitet das Leben Lenz' für das Theater in dem fünfaktigen Drama *Weh um Michael*, das 1929 mit Erfolg in Nürnberg erstaufgeführt wird. Die biographische Anknüpfung an den »Schatten zerbrochenen Lebens« ist sehr frei und zum Teil von den damals schon bekannten historischen Fakten her gesehen fehlerhaft. Die reißerisch-kolportagehafte, aber geschickt gebaute Handlung zeigt einen Lenz, der in jeder Hinsicht von vornherein sich in einer Schieflage zur Welt befindet, die ganz zwangsläufig ihn am Ende in den Wahnsinn führt. Er solidarisiert sich in einer Gesellschaft streng getrennter Stände mit den Armen, er verliebt sich in fast jede Frau, die ihm begegnet, er konkurriert heftig mit dem Genie Goethe, an den er Besitzansprüche stellt, dessen Größe er aber nicht niederringen kann. Goethes Distanzierung – er wird früh auf dem Weg zur Klassik gezeigt – gibt Lenz das »Gift« seiner Krankheit ein, für die er freilich durch eine verrückte Großmutter schon erblich vorbelastet ist. Burggraf knüpft an das Interesse der Expressionisten an der mit Lenz verbundenen Wahnsinnproblematik an, auch die Strukturierung des Textes in zweiundzwanzig Stationen belegt den expressionistischen Einfluß. Lenz scheitert letztlich an der eigenen mangelnden Anpassungsfähigkeit. Er versucht strikt sich an die Maxime zu halten, die ihm ein Königsberger Professor mit auf den Lebensweg gibt: »Selbst erleben! Form und Erlebnis muß am eigenen Stock wachsen.« Die Folge davon, daß er so »tollkühn« gewesen ist, »zu dichten«, ist, daß er am Ende »auf brüchiger Scholle (der Moskwa) ins Nichts« treibt.

Eine viel tiefer gehende Auseinandersetzung mit Lenz' Biographie und Werk dokumentiert Peter Huchels *Lenz*-Gedicht von

1927. Trotz des vorangestellten Büchner-Mottos »So lebte er hin« belegt es eine Kenntnis und Aneignung des Autors, die über die »Lenz«-Erzählung hinausreicht. Huchel konzentriert sich auf den Aufenthalt des Dichters bei Oberlin. Zunächst zeigt er Lenz in einer Kammer des Pfarrhauses, »wirre Schreie an die Braut« schreibend. Die zweite Strophe beschreibt den Gegensatz zwischen dem Glanz der »Potentaten« und dem Elend ihrer »hinkenden Soldaten« und ihrer armen Untertanen. Lenz steht unter einem unwiderstehlichen Zwang, »nieder[zu]schreiben,/ was sich in der Kehle staut«. Die nächste Strophe thematisiert Lenz' Verbundenheit mit der Natur, seine Sehnsucht nach einem harmonischen »schönen Leben« – doch seine Erfahrung von Armut und Unterdrückung steht dem entgegen. Die letzte Strophe knüpft an die gescheiterte Auferweckungsszene in Fouday an und phantasiert Büchners »Triumpfgesang der Hölle«, Lenz' Abkehr von der Religion aus. Huchel nimmt damit drei zentrale Themenbereiche von Büchners Erzählung auf. Ihm kommt es dabei auf Lenz' Sozialerfahrung in der Ständegesellschaft an. Lenz identifiziert sich mit dem Los der Armen, daraus folgt seine Einsamkeit und Isolation; denn er wird nicht verstanden (»dich ließ die Welt allein«). Seine zu tiefe Kenntnis der Welt läßt ihn »frieren«. Huchel vermeidet im Gegensatz zu Büchner weitgehend das Einbringen psychopathologischer Symptome des Wahnsinns. Lenz ist der Dichter, der die Wahrheit über die soziale Verfassung der Welt sagen muß. Voraussetzung dafür ist eine ungewöhnliche Sensibilität (»Gott hat dich zu arm bekleidet/mit der staubgebornen Haut«). Die Lenz-Ansprache (»du«) signalisiert das Sich-in-Beziehung-setzen des Sprechenden zu dem thematisierten Autor. Daß Huchel sich gerade mit dem unverstandenen Anwalt der einfachen Leute identifiziert, erscheint angesichts seiner anderen früheren Gedichte nicht zufällig. In ihnen stellt er Tätigkeiten und Wesen der einfachen Menschen, der Mägde, Fischer, Kesselflicker und Bettler in seiner ländlichen Heimat südlich Potsdams dar. Rückblickend charakterisiert er sein Frühwerk, er habe eine »bewußt übersehene unterdrückte Klasse im Gedicht sichtbar machen wollen« (I. Seidler: »Peter Huchel und sein lyrisches Werk«. In: Otto F. Best: *Hommage für P.H.*, 1968, S. 98 f.). Genau dies zeigt er auch als den Grund für Lenz' Dichten an.

Der junge Brecht dürfte im Kreis der Münchner Bohème um den Theaterwissenschaftler und *Soldaten*-Bearbeiter Kutscher und um Wedekind, in dem er zwischen 1917 und 1922 verkehrt, auf Lenz verwiesen worden sein. Hans-Otto Münsterer berichtet, er habe Brecht in dieser Zeit immer wieder auf den ihm »besonders nahestehenden« Lenz aufmerksam gemacht (Münsterer: *Bert Brecht*, 1963, S.57). Doch erst in der zweiten Hälfte der zwanziger Jahre wächst Brechts Interesse an diesem Autor. Wie Elisabeth Hauptmann bezeugt (nach: Kitching 1976, S. 18), erwägt Brecht, den *Hofmeister* aufzuführen – als erster nach 1791. Mit Sicherheit ergibt sich dieses Interesse aus Brechts Vorhaben, ein politisches, realistisches und »episches« Theater zu begründen, das das herkömmliche bürgerliche ablösen soll. Die bürgerlichen »Weihetempel« dienen nach Brecht nur dem »Erlebertum«, einer anachronistischen »Einfühlung« in große »Persönlichkeiten«. Diese Kritik macht Brecht gerade auch an der Vielzahl der zeitgenössischen Klassikinszenierungen fest. Die antiklassische und antiaristotelische Tradition Shakespeare-Lenz-Büchner hat sich dagegen trotz der Naturalisten nicht durchsetzen können. An sie kann Brecht bei seinem Bestreben anknüpfen, »Individualität« auf der Bühne abzubauen, die soziale Determination zu gestalten, durch Verfremdungseffekte das Publikum zur Reflexion des Vorgeführten zu bringen. Schriftliche Belege für eine intensive Auseinandersetzung mit Lenz finden sich indes erst in der Exilzeit. Seitdem zieht Brecht immer wieder eine »Linie« von »gewissen Versuchen des epischen Theaters« zurück zur »elisabethanischen Dramaturgie«, zu Lenz, Schiller (Frühwerke), Goethe (›Götz‹ und ›Faust‹, beide Teile), Grabbe, Büchner (Ungedruckte Notiz Brechts, zit. von Käthe Rülikke-Weiler: *Die Dramaturgie Brechts*, 1968, S.94).

Wie Brecht hat vermutlich Marieluise Fleißer aufgrund ihres Münchner Studiums bei Arthur Kutscher und der Kontakte zu dessen Literatenkreis von Lenz Kenntnis bekommen. Es fällt auf, daß ihr zweites Theaterstück, *Die Pioniere in Ingolstadt*, dessen zweite Inszenierung in Berlin 1929 einen Theaterskandal auslöst, von der Kritik ziemlich einhellig in die Lenz-Büchnersche Tradition eingeordnet wird. Dies geschieht meist mit einem negativen Akzent, der sicher dadurch verstärkt wird, daß hier ausgerechnet eine Frau gegen ästhetische und vor allem moralische Normen verstößt. Diese Rezeption verweist auf das Fortbestehen des Anti-Lenz-Syndroms aus der Kaiserzeit in der bürgerlichen Kritik. So wird der Fleißer vom Maßstab des klassischen Werkes aus »Formlosigkeit« vorgeworfen, und zwar mit ausdrücklichem Verweis auf Lenz und Büchner als Vorbilder. Zum andern prangert die Kritik sittliche Verfehlungen der Autorin an. Sie habe eine »Pornodramatik« geschrieben, die schildere, wie »Pioniere, lauter Wozzecks von heute [...] über die Dienstmädchen herfallen« (*Berliner Illustrierte Nachtausgabe* Nr. 75. Zitat nach: *Materialien zum Leben und Werk der Marieluise Fleißer.* Hg. von Günther Rühle, 1973, S.95).

Die Einordnung in die Lenz-Büchnersche Tradition ist nicht zufällig. Schon in der Thematik ist Fleißers Stück mit Lenz' *Soldaten* und Büchners *Woyzeck* verwandt. Wie Lenz schreibt sich die Autorin von bedrängenden persönlichen Erfahrungen frei. Bei ihrem Bestreben, sie zu objektivieren, hilft ihr Brecht, indem er ihr den ›plot‹ vorgibt, den sie ausfüllt. Mit Lenz verbindet Fleißer der Zwang, die Sprachnot von Figuren darzustellen, die der sozialen Determination bewußtlos unterliegen. Wie bei Lenz kommen die eigentlichen Bedürfnisse der Figuren nach Anerkennung und Liebe nur entstellt und entfremdet in ihren Worten und Handlungen zum Ausdruck. Dieses Faktum ist auch bei Fleißer ein wesentlicher Grund für die epische Struktur des Stückes, seine lockere Szenenreihung, der eine Zielrichtung im aristotelischen Sinne fehlt. Stellt sich Fleißer eher instinktiv und vom Thema her in die Tradition Lenz' und Büchners, so greift Brecht bei der Berliner Inszenierung gezielt und radikal in den Text ein, indem er die dargestellten Konflikte verschärft, ins moralisch Provokante und Politische zuspitzt. Nicht zu Unrecht sieht der Kritiker der nationalistischen *Deutschen Zeitung* deshalb einen »Kulturbankrott des Theaters und seiner politischen Ausrichtung« heraufdämmern (*Materialien*, S.194). Für Brecht ist die Inszenierung der *Pioniere* ein Medium und Forum für seinen ästhetischen und politischen Kampf gegen das bürgerliche Theater. Seine Lenz-Anknüpfung ist, wie im nächsten Kapitel zu zeigen sein wird, viel reflektierter als die Fleißers. Brecht beerbt Lenz, um ihn kritisch aufzuheben in seinem Kampf für eine gesellschaftliche Umgestaltung mit den Mitteln des Theaters.

3.4 Letzte intensive Phase der Aneignung – von der Nachkriegszeit bis zur Gegenwart

Unmittelbar nach dem Zusammenbruch des Dritten Reiches 1945 ist die geistige Konstellation für Anknüpfungen an Lenz ungünstig. Sehr im Gegensatz zu der Zeit nach dem Ersten Weltkrieg besinnt man sich in allen vier Besatzungszonen auf die vermeintlich zeitüberdauernden und unbeschädigten Werte der Weimarer Klassik. Noch 1952 kann Emil Staiger in *Goethe* bei nur wenig Widerspruch die Frage »Was hat uns Goethe heute zu sagen?« umformulieren in »Wie bestehen wir heute vor ihm?«. Der Klassikkult kommt in den vielen Goethe- und Schillerinszenierungen und bei den Goethefeiern 1949 zum Ausdruck. Darüber hinaus setzen sich in Westdeutschland sehr schnell traditionalistische Konzepte durch, die »Geist« und »Tat« radikal trennen und ›realistische‹, in sich nicht abgerundete Werke wie die Lenz' ablehnen. Auch für die jüngere, früh sich einem oppositionellen Avantgardismus verschreibende Generation spielt die Tradition des Sturm und Drang keine Rolle.

Brechts Lenz-Rezeption

Anders wird die Lage in der sowjetisch besetzten Zone, in die Brecht zurückkehrt. 1950 inszeniert er als zweites Stück im Berliner Schiffbauerdamm-Theater eine Bearbeitung des *Hofmeisters.* Programmatisch und mit deutlicher Distanz zur Konjunktur der klassischen Werte auch in der DDR knüpft Brecht an den »Realisten« Lenz an und verstößt damit gegen die von Lukács, Abusch, Kurella und Becher, sowie dem »Demokratischen Kulturbund« und der SED ausgegebene Parole, daß »die Weimarer Kultur richtunggebend für das Deutschtum der Gegenwart« sei (Lukács: *Goethe und seine Zeit*, 1947, S.10). Brecht macht Lenz' wichtigstes Stück, das seit 1791 nicht mehr aufgeführt ist, überhaupt erst auf der Bühne heimisch.

Schon Ende der dreißiger Jahre setzt sich Brecht ausführlich mit Lenz auseinander. Die Rezeption drückt seine Distanz zu der Anknüpfung an Klassik und bürgerlichen Realismus aus, wie sie im Rahmen der Volksfrontpolitik von der Exil-KPD verstärkt vertreten wird. Schon in der Weimarer Republik ist Brecht ein Gegner der Versuche vor allem Lukács' und Kurellas, in Korrespondenz mit der traditionalistischen Wende in der Sowjetunion die klassische Ästhetik Goethes und Schillers für eine marxistische Literaturtheorie und -praxis zu aktualisieren. Neben grundsätzlichen Einwänden gegen die geschlossene Form der klassischen Werke sieht Brecht diese auch als »beschädigt« an aufgrund des Rückzugs der Weimarer Autoren in die literarische Autonomie während der Klassenauseinandersetzungen im Zeitalter der französischen Revolution. Über die Tauglichkeit bestimmter literarischer Formen und Schreibstrategien für den Realismus müsse entsprechend zuerst die jeweilige Wirklichkeit befragt werden. Ironisch notiert er 1940:

> »Man versteht nichts von der Literatur, wenn man nur die ganz Großen gelten läßt [...] Man mag bei Lenz nicht finden, was man bei Goethe findet, aber man findet auch bei Goethe nicht, was bei Lenz« (In: *Gesammelte Werke.* Hg. von Suhrkamp Verlag in Zusammenarbeit mit Elisabeth Hauptmann. Bd. 19, 1967, S. 465).

Mit dieser Position befindet sich Brecht in Übereinstimmung mit Anna Seghers, die 1938 in ihrem Briefwechsel mit Georg Lukács nach dem Preis für die Abrundung und Vollendung des klassischen Kunstwerkes fragt. Wie Brecht sieht sie diese erkauft »durch eine starke Anlehnung an die bestehende Gesellschaft, eine Auflehnung hätte vermutlich dieses Werk gefährdet«. Seghers führt unter anderem Lenz als Gegenbeispiel an. Dieser habe seine Auflehnung mit einem Mangel an Werk»totalität« und persönlich mit »Wahnsinn« bezahlt (an Lukács, 28.6.1938). Seghers setzt Lukács ihre Vorstellung einer »Unmittelbarkeit« und Wahrhaftigkeit des Künstlers entgegen. Dieser müsse rücksichtslos »auf die Realität lossteuern« und dürfe keine Furcht vor einer Abweichung »vom unmittelbaren Erlebnis« haben, weil diese »entrealisierend« wirke. So legitimiert Seghers eine Beschäftigung mit den Romantikern wie mit Lenz, die aufgrund des Vorrangs von Subjektivität und Phantasie gegenüber dem Typischen und Gesetzlichen von Lukács diskreditiert werden.

Für Brecht ist Lenz ein Kronzeuge für eine Realismuskonzeption, die nicht wie Lukács eine bestimmte Schreibweise favorisiert, sondern den Dichter als »Anwalt« der jeweiligen Wirklichkeit betrachtet. In den *Notizen über realistische Schreibweise* (1940) schreibt Brecht, Lenz drücke im *Hofmeister* die »Probleme und Selbstbespiegelungen der bürgerlichen Klasse« aus, er gestalte den »emanzipierten Lakai«, der »freilich noch als Hofmeister behandelt wird und als solchen sich behandeln läßt«. Für Brecht ist – entgegen Lenz' Gattungsbezeichnung – der *Hofmeister* ein »Trauerspiel« – entsprechend dem »Trauerspiel« des deutschen Bürgertums, auf das die »nicht vollzogene bürgerliche Revolution [...] ihre Schatten« werfe. Diesen Gedanken drückt Brecht schon 1938/39 in einer seiner »Studien« in Gedichtform, dem Sonett *Über das bürgerliche Trauerspiel ›Der Hofmeister‹ von Lenz* aus. Brechts Gattungsbestimmung zielt in Korrespondenz mit seiner Realismusauffassung auf die Haltung, die der historische Autor zu der von ihm erfahrenen »deutschen Misere«, der Unfähigkeit der Deutschen zu Revolutionen, einnimmt: »Des Dichters Stimme bricht, wenn er's erzählt.« Von 1938/39 her gesehen, fungiert der Held des Lenz-Textes nach der Abschaffung der Feudalgesellschaft nur noch als heiter zu betrachtender Hampelmann:

»Nun er gewahrt, daß sich mit seinem Glied
Zugleich sein Brotkorb in die Höhe zieht.
So heißt es denn zu wählen, und er wählt.« (*Werke* Bd. 9, S. 610)

So drückt die Kastration die Anpassung des deutschen »Figaro« aus, während der französische immerhin 1789 »Macht gewinnt«. Beide Werke, der *Hofmeister* und Beaumarchais' *Figaros Hochzeit* seien »Ergebnisse revolutionärer realistischer Haltung«, »Standardwerke des bürgerlichen Realismus« *Notizen über bürgerliche Schreibweise*, 1940. In: *Werke* Bd. 19, S. 363).

Im Herbst 1948 siedelt Brecht in die spätere DDR über. Zusammen mit Helene Weigel gründet er das Berliner Ensemble. Dessen dritte Produktion ist die *Hofmeister*-Bearbeitung. Zwischen Herbst

1949 und Frühjahr 1950 entstehen sechs Fassungen. Die dritte beeinflußt bereits den Probenverlauf. Die fünfte wird zur Uraufführung gespielt. Die sechste entspricht dem ersten Druck in den *Versuchen*, Heft 11 (1951/52). Sie wird auch in die *Stücke*, Band 9 und in die *Gesammelten Werke*, Band 6 übernommen. Seine Regieabsichten hält Brecht in *Notaten* fest.

Nach Kitching (1976) übernimmt Brecht in der Endfassung 44% des Lenz-Textes, 56% hat er selbst geschrieben. Brecht strafft den Text. Aus 35 Szenen werden siebzehn, wobei Brecht drei neue Szenen schreibt: »Auf der Schlittschuhbahn«, »zu Halle« (Abtreibung) und »Läuffer (bei offenem Fenster)«. Neu sind auch Prolog, Zwischenspiel und Epilog. Brecht trennt die bürgerlich-adlige Doppelhochzeit am Ende des Textes auf, indem er in Szene 15 Pätus zum Spießbürger in der Ehe mit der Schuldirektorstochter Karoline macht, in Szene 16 die Adligen Fritz und Gustchen vereint, in der – gegen Lenz – letzten dann Läuffer mit Lise. Diese Umstellung unterstreicht das Gewicht der »Hofmeister«-Handlung, der die Fritz- und Pätus-Handlungen spiegelbildlich entsprechen.

Brecht stilisiert Läuffer, Pätus und Fritz zu Figuren, die auf unterschiedliche Weise das verhängnisvolle Fehlverhalten deutscher Intellektueller – ihre Anpassung an die jeweils herrschende Macht – zeigen. Entsprechend legt Brecht Läuffers Selbstkastration eindeutiger als Lenz als Vernichtung des letzten Restes von Aufsässigkeit, als Anpassungshandlung an. Bezeichnenderweise läßt Brecht die Kastration mit einem Zeugnis belohnen, das Läuffer die langersehnte Lehrerstelle bringt. Pätus und Fritz rebellieren heftig gegen die Zustände, freilich nur im geistigen Bereich. Entsprechend versagen sie in der Realität bei der Probe auf ihre Gesinnung. In diesem Zusammenhang kritisiert Brecht in neu eingefügten Passagen die eskapistischen und ideologisch verschleiernden Funktionen der Rezeption von Philosophie und Literatur (u. a. Goethe, Klopstock und Rousseau). Hier greift Brecht auch ironisch Kants kategorischen Imperativ und seine Ehedefinition aus der *Metaphysik der Sitten* auf. Beide leisteten einer ins Geistige gewendeten Abwehr von Sinnenlust Vorschub. Für Brecht führt eine solche Triebunterdrückung auch zu einer Untertänigkeit gegenüber der Obrigkeit. Diesen schon bei Lenz angelegten Zusammenhang macht er zu einer Hauptthese seiner Bearbeitung. Neu gegenüber Lenz ist, daß Brecht diesen Zusammenhang weiterführt bis zur Kompensation der individuellen Untertänigkeit durch Aggressivität nach außen.

Mit aktuellem Bezug auf den gerade niedergerungenen Faschismus fügt Brecht in das Stück das Thema »Nationalismus und Krieg« ein. Wenzeslaus, der die eigene Triebunterdrückung durch Pfeiferauchen kompensierende Erzieher, formuliert ein nationalistisches Programm der Erziehung »teutscher Hermanne«. Mehrfach wird im Stück auf Preußens kriegerische Abenteuer unter Friedrich dem Großen und auf die durch ihn geförderte Ideologie des Patriotismus angespielt. So verscherzt sich Läuffer die Gunst des Majors, weil er angeblich die »Glorie« des »Heldenkönigs« verdunkelt hat. Am Ende verbindet der angepaßte Lenz die Bitte um ein Zeugnis mit der Versicherung, er werde künftig des »Heldenkönigs Martyrium immer ohne Weglassung lehren«. Die studentische Intelligenz diskutiert abstrakt über die Notwendigkeit von Kriegen. Die Ständegesellschaft des 18. Jahrhunderts identifiziert Brecht dabei als Klassengesellschaft, auch indem er die adligen Figuren eindeutig zu Ausbeutern macht, denen menschliche Züge gegenüber Bürgern fremd sind.

Prolog und Epilog sollen den Zuschauer zum distanzierten Betrachten der Misere motivieren, sie rufen aber auch zum befreienden Kampf gegen sie auf. Brecht stellt also die vorgeführten Haltungen und Ideologien immer noch als vorhanden und wirkungsmächtig dar. Dahinter steht für ihn die Einsicht, daß in dem durch die Besatzungsmacht »befohlenen Sozialismus« (Brecht) die alten Haltungen weiterwirken. In diesem Sinn sieht Brecht das Stück als einen »Beitrag zu der großen Erziehungsreform« an, »die eben jetzt in der Republik durchgeführt wird« (»Ist ›Der Hofmeister‹ ein ›negatives Stück‹?« In: *Werke,* Bd. 17, S. 1250). Brecht bezieht sich damit auf die Schul- und Hochschulreform in der DDR, die auch die Entlassung faschistisch gesinnter Lehrer einschließt.

Brecht will mit seiner Bearbeitung das Original nicht verdrängen. Es scheint im Gegenteil durch den Text durch, der als dessen Parodie gelesen werden kann. Dies gilt vor allem für die Stellen, wo Lenz ernsthaft wird. Auf weiten Strecken wirkt die Bearbeitung freilich als eine Umfunktionierung des Originals aus einer Gegenwartsperspektive, die das bei Lenz schon Angelegte deutlicher herausstellt und gleichzeitig dessen unentschiedene gesellschaftliche Perspektive von 1950 zurückblickend in eine eindeutige verändert. Dieser in den Text hineingestaltete Rückblick auf das Original führt strukturell zu einer Episierung des Textes, die an die antiaristotelischen Strukturen bei Lenz anknüpfen kann. Gleichzeitig erscheinen die Widersprüche, unter denen die Figuren Lenz' in ihrer Zeit leiden, von der Distanz der Gegenwart her als komisch. Brecht ›beerbt‹ also den von ihm geschätzten »Hofmeister«, indem er das geschichtlich Exemplarische herausarbeitet und zugleich die überlebte Vergangenheit heiter verabschiedet. Die intendierte Publikumsreaktion ist, ein dialektisches Verhältnis zur deutschen Misere aufzubauen: »Der

Hofmeister selbst erntet unser Mitgefühl, da er sehr unterdrückt wird, und unsere Verachtung, da er sich so sehr unterdrücken läßt.« (*Werke* Bd. 17, S. 1021).

Diese Absichten stoßen trotz der außerordentlich positiven Kritiken Rillas und Harichs (Nachdr. in: Monika Wyss (Hg.): *Brecht in der Kritik*, 1967) bei anderen Kritikern der SED und der DDR-Germanistik auf Kritik. Die SED führt seit 1950 eine heftige Kampagne gegen die »Miseretheorie«. Diese beinhalte eine »geschichtsmechanische« Auffassung der Vergangenheit, die sich nur an den Siegen der Reaktion, nicht aber an den Kämpfen der Volksmassen gegen sie orientiere. Diese Argumentation verknüpft sich mit der erwähnten Orientierung auf die Weimarer Klassik. Der junge sozialistische Staat sieht sich als »Vollstrecker« der bürgerlich-humanistischen Ideale. Dagegen formuliert Brecht, wie oben gezeigt, ausdrücklich den Abstand zu Lenz in den Text hinein. Gleichzeitig will er mit der *Hofmeister*-aufführung ganz ausdrücklich die einseitige Orientierung der Literaturgeschichte an Goethe und Schiller korrigieren: »Die Unterdrückung Lenzens durch die Literaturgeschichte muß man aufzeigen« (Brief Brechts von 1950, zit. bei Hans Mayer: *Bertolt Brecht und die Tradition*, 1965, S.53).

Die episch-dialektische Struktur des Stückes steht zusätzlich in einem deutlichen Gegensatz zu der Befürwortung von Einfühlung und Vorbildfiguren bei den meisten Theatermachern in der DDR (Wolfgang Langhoff, Harald Hauser) und weiten Teilen der Theaterkritik, die sich an Stanislavskijs Einfühlungstheater orientieren. Aus beiden Gründen – vermeintlich undialektische Miseretheorie und Mangel an Vorbildfiguren – muß sich Brecht gegen den Vorwurf wehren, er habe aus dem *Hofmeister* ein »negatives Stück« gemacht. So hat für Mittenzwei Brecht eine »Kampfposition des progressiven Bürgertums gegen die Feudalverhältnisse« preisgegeben und »auf die neu aufgeworfenen Fragen der Misere-Theorie keine sehr differenzierte Antwort« gegeben (Mittenzwei: *Brechts Verhältnis zur Tradition*, 1972, S.229, 238). In dem von einer Forschergruppe unter Leitung von Mittenzwei 1972 publizierten Werk *Theater in der Zeitenwende* wird Brecht sogar vorgeworfen, er unterstelle Lenz »ein freiwilliges Unterordnen unter die deutsche Misere« (Bd. 1, 1972, S.306).

Die DDR-Literaturwissenschaft hat keine neue detaillierte Untersuchung vorgelegt, die der seit 1973 veränderten Sicht des Erbeproblems entspräche. Die westliche Forschung hat das im Brechtarchiv vorhandene Material erstmals gesichtet (Kitching, 1976) und den *Hofmeister* als Beleg für Brechts »Umfunktionierung« der Klassik herangezogen (Mayer, 1974). Den eigentlichen politischen und ästhetischen Absichten Brechts wird erst Giese (1980) gerecht. Knopf gibt eine Interpretation des Textes, die vor allem auch die Traditionsbezüge und Anspielungen klärt. Grathoff (1986) beschreibt das Verhältnis von Bearbeitung und Original als »Rückschritt im Fortschritt«. Auf dem Theater ist Brechts Bearbeitung nach der erfolgreichen Uraufführung immer wieder zu sehen, doch hat sie auf Dauer den Reiz des Originals nicht verdrängen können, für dessen Rezeption in Wissenschaft und Theaterpraxis sie den entscheidenden Anstoß gegeben hat.

Brechts Hochschätzung von Lenz folgen seine Schüler Joachim Tenschert und Manfred Wekwerth, als sie 1964 Brechts fragmentarische Shakespearebearbeitung *Coriolan* für eine Inszenierung am Berliner Ensemble vervollständigen und dabei für die Textrevision unter anderem Lenz' ebenfalls fragmentarische »Übersetzung wegen ihrer »Sprachkraft und Poesie«« benutzen (Joachim Tenschert: »Zur Fassung des Berliner Ensembles«. In: *spectaculum 8*, S.188).

Anknüpfungen an Lenz in der DDR-Literatur

Trotz Brechts Eintreten für Lenz fehlen in der DDR zunächst weitere Anknüpfungen an ihn. Ein Grund dafür liegt sicher in der fortdauernden Orientierung von Literaturgeschichte und Kulturpolitik an der Weimarer Klassik als verpflichtendem Erbe und Vorbild. Wie sehr Brechts *Hofmeister*-Inszenierung auch die junge Autorengeneration herausfordert, belegen Christa Wolfs Überlegungen in »Brecht und andere« (in *Lesen und Schreiben*): »Seine Respektlosigkeit gegenüber dem ›bürgerlichen Trauerspiel‹ macht uns die Köpfe heiß.« Rückblickend sieht Wolf sich und ihre Kollegen 1950 »im Besitz« eines »allzurunden Wissens«: »Wir [...] konnten nicht wissen, daß er [Brecht] durch uns hindurch sah auf jene, die wir nach unerhörter Anstrengung vielleicht einmal werden würden.« (Ebd. S. 55) Diese Bemerkung zeigt, wie in Brechts Traditionsverständnis doch Anregungen liegen, die in einer verdrängten Situation aufgegriffen werden. Lenz wird für DDR-Autoren aktuell, wenn sich deren Haltung zur Umwelt, zur DDR-Realität dahingehend verändert, daß am »allzurunden Wissen« gezweifelt wird.

Der erste Autor, der sich nach Brecht direkt auf Lenz bezieht, ist Johannes Bobrowski. Sein 1963 entstandenes Gedicht *J. R. M.* [sic!] *Lenz* gehört in die Reihe von Künstlergedichten, in denen der Autor »gegen den Tod [zu] schreiben« versucht (an Peter Jokostra, 22.4.1959). Diese Formulierung ist zum einen biographisch zu verstehen, sie bezieht sich aber auch auf die immer gefährdete Stellung des Dichters am Rande der Gesellschaft. In diesem Sinn erinnert sich der Dichter Bobrowski aus einer aktuellen Situation heraus an menschliche und poetische Haltungen, denen er nahesteht. Das Lenz-Gedicht vergegenwärtigt den »niedlichen« Poeten – eine Anspielung auf seine Kleinheit und Goethes Verniedlichung seiner Erscheinung in *Dichtung und Wahrheit* – zunächst aus historischem Abstand, dann in zunehmender Verschmelzung des Sprechenden mit ihm. Die erste Strophe berichtet wichtige biographische Begebenheiten, vor allem die Umstände von Lenz' Tod in Moskau. Die Formulierung »[Lenz] geht durchs Gebirg« bezieht sich sowohl auf Büchner zurück als auch auf Paul Celans weiter unten zu besprechenden hermetischen Text. Das Werk Lenz' stellt die dritte Strophe in knappen Reminiszenzen vor: Anspielungen auf den *Hofmeister* (in der Bearbeitung Brechts!), auf die *Soldaten*, auf das Gedicht »Wo bist du itzt, mein unvergleichlich Mädchen«. Die letzte Strophe zeigt, eingeleitet durch eine Anspielung auf Huchels *Lenz*-Gedicht (»Es dröhnt zu den Augen herein«) den Zusammenbruch des Dichters, wobei mit dem Himmel und dem »Petriturm« Rigas auf die patriarchalische Macht verwiesen wird, die ihn preisgibt und der er zugleich unterliegt.

In diametralem Gegensatz zur kulturoffiziellen Bevorzugung des Wohlabgerundeten, Klassisch-Großen und Gesunden thematisiert Bobrowski also den an der Welt scheiternden, die eigene Pathologie ausdrückenden, schließlich im Wahnsinn endenden Dichter. Sein notwendiges Schicksal sind Unverständnis, Einsamkeit und Verstummen (»War einiges zu reden/[...] Aber nicht reden/jetzt«). Da Bobrowski von der Perspektive auf Lenz' Ende her schreibt, steht im Gegensatz zu Huchels Text nicht der kämpfende Dichter im Vordergrund. Bobrowskis eigene Isolationserfahrungen am Anfang der sechziger Jahre in der DDR tragen sicher zu der Identifikation bei, die sich abseits des »allzurunden Wissens« (Wolf) ergibt. Bobrowskis anspielungsreiches, artifizielles Gedicht ist ein Beispiel »engagierter Esoterik« (v. Heydebrandt). Gleichzeitig läßt sich mit diesem Text, der ja durchaus die sozialen Verhältnisse in Lenz' Zeit thematisiert, »gegen jede Verengung des Realismus-Begriffs« argumentieren, wie es der Autor selbst getan hat. Huchels und Bobrowskis »Lenz«-Gedichte sind Vorbilder für weitere Porträtgedichte, die in der DDR erscheinen: zum Beispiel Klaus Körner *J. R. M.* [sic!] *Lenz in Moskau* (1975) – hier wird der Autor als vom »Alten in Weimar« verkannter »Hofmeister und Narr« rehabilitiert –, Ulrich Berkes *Lenz* (1976) und Gerd Adloff *Lenz* (1985). Auf die letzten beiden Gedichte und auf das Porträtgedicht *Reinhold Michael Lenz* des westdeutschen Autors Gregor Laschen, das schon im Titel auf Bobrowski anspielt, macht Kaufmann (1996) zuerst aufmerksam.

Für Christa Wolfs Abkehr von derartigen »Verengungen« spielt die Lenzrezeption – vor allem die über Büchner vermittelte – eine große Rolle. In *Glauben an Irdisches* (entstanden 1968, veröffentlicht zuerst 1972 in *Lesen und Schreiben*) setzt sich Wolf ausführlich mit ihrem wichtigen Vorbild Anna Seghers auseinander. Im Mittelpunkt dieses Essays steht die Interpretation ihres Briefwechsels mit Lukács. Wolf nimmt Anna Seghers ausdrücklich gegen die »rein ideologische Kritik« von Lukács in Schutz und identifiziert sich mit Seghers' Verteidigung Lenz' und der Romantiker. Wolf folgert, »daß eine Entscheidung verlangt werden könnte zwischen Auflehnung, rückhaltloser Teilnahme an den Kämpfen der Zeit und dem aufgerundeten vollendeten Werk, dem die Zerrissenheit der Zeit und ihr Reflex im Künstler nicht mehr anzumerken ist«. Diese »Koordinate der Tiefe, der Zeitgenossenschaft des unvermeidlichen Engagements« entwickelt Wolf in dem Essay *Lesen und Schreiben* (1968, 1972 im gleichnamigen Sammelband veröffentlicht) am Beispiel von Büchners Verfahren in der *Lenz*-Erzählung. »Die Variante Wahnsinn kann dem nachgeborenen Büchner nicht fremd gewesen sein.« Der »Dichter, Naturwissenschaftler und Revolutionär« Büchner habe sich schreibend »mit der Zeit zu verschmelzen versucht« »in dem Augenblick, da beide ihre dichteste, konfliktreichste und schmerzhafteste Annäherung erfahren«. Entsprechend sei eine Geschichte von »phantastischer Genauigkeit« entstanden: »Einsicht«, »Nüchternheit und Kenntnis bei gesteigerter Sensibilität«. An Büchners Vergegenwärtigung des Sturm und Drang-Autors entwickelt Wolf die Forderung einer »epischen Prosa«, die sich als »Instrument« verstehe, »Zukunft in die Gegenwart hinein vorzuschieben, und zwar im einzelnen [Leser]«. Gegen eine Wiedergabe der Wirklichkeit in verfälschenden Konstruktionen oder in Wunschbildern fordert Wolf, Erfahrungen mit sich selbst und der Umwelt authentisch zu vermitteln, um die »Verhärtung, Versteinerung, Gewöhnung« aufzusprengen (S. 205, 207). Dieses erfahrungsorientierte Schreiben versucht Wolf zuerst in *Nachdenken über Christa T.*

Bildet für Christa Wolf der produktive Umgang Büchners mit der historischen Lenzfigur den Ausgangspunkt für die Formulierung einer Prosatheorie, die sich deutlich von den damals noch geltenden Konventionen des sozialistischen Realismus absetzt, betrifft die *Lenz*-Aneignung bei Volker Braun vorwiegend das Verfahren der Darstellung, die sprachlichen und stilistischen Mittel. Stellt sich Lenz außerhalb der herrschenden Diskurse über Religion, Moral, Gesellschaft und Ästhetik, was er mit Einsamkeit und Wahnsinn büßen muß, gerät Karin in *Unvollendete Geschichte* (1975) als überzeugte Sozialistin, Tochter eines Kreis-Ratsvorsitzenden halb gewollt, halb passiv in eine Position außerhalb des DDR-Herrschaftsdiskurses. Sie gehört plötzlich nicht mehr zu denen, die einfach »überzeugt sind«, aber auch nicht zu denen, die »überzeugt werden« müssen oder »feindlich« sind. Charlotte W. Körner (1979) hat gezeigt, wie in dieser Geschichte in der Erzählstruktur, in einzelnen Formulierungen und Motiven Büchners *Lenz* in produktiver Aneignung gegenwärtig ist. Freilich löst sich Karins Identität trotz der existentiellen Bedrohung im Gegensatz zu der Lenz' nicht völlig auf. Karin möchte freilich die ihr sozial und ideologisch zugeschriebene Rolle verändern. Wie Lenz steht sie unter dem Druck patriarchalischer Herrschaftsansprüche, die ihre Ängste auslösen und verstärken. Karins emotionales Sichwehren drückt das von Braun in den Text montierte Zitat aus dem *Hessischen Landboten* aus: »Was ist denn nun das für ein gewaltiges Ding: der Staat?« Die Wahnsinnsthematik aus »Lenz« wird aufgenommen, wenn die verzweifelte Karin die Lehre ziehen will: »Abstumpfen, um bei Sinnen zu bleiben.« Braun praktiziert in der *Unvollendeten Geschichte* ein erfahrungsorientiertes Schreiben im Sinne Christa Wolfs. Darauf weist auch der schon im Titel betonte Fragmentcharakter hin, der eine bewußte Abkehr vom Klassisch-Abgerundeten signalisiert.

Auch in anderen Texten Brauns hinterläßt Lenz Spuren. Lange (1990) weist auf das Theaterstück *Schmitten* hin (veröffentlicht 1981). Eine Geliebte macht ihren Partner, der sich nicht öffentlich zu ihr bekennt, zum Lenzschen Hofmeister, indem sie ihn kastriert. 1999 benutzt Braun den Titel von Lenz' Gedicht *Abschied von Kochberg*, enthalten in der Gedichtsammlung *Tumulus*, für die Reflexion des Abschieds von der schon früh verfehlten sozialistischen Utopie.

Seit dem Wechsel von Ulbricht zu Honecker 1972 verändert sich die kulturpolitische Linie in der DDR. Die Erbediskussion nimmt partiell von der These Abschied, der sozialistische Staat sei der bloße Vollstrecker der klassischen Ideale und Utopien. Dies signalisieren zuerst die Klassikdebatte in der Zeitschrift *Sinn und Form* und das Kolloquium der Akademie der Wissenschaften *Über Tradition und Erbe* 1973. Auf dem siebten Schriftstellerkongreß 1973 beschreibt Volker Braun polemisch die Tendenz, die »Aufgaben der Literatur« bruchlos aus Weimarer Verhältnissen abzuleiten, »einen bürgerlichen Humanismus mit sozialistischem Rostanstrich« zu propagieren. Braun will dagegen mit Brecht das Erbe »bewahren durch den Akt seiner Aufhebung« (»Literatur und Geschichtsbewußtsein«. In: *Texte in zeitlicher Folge*. Bd. 4, S. 305-314). Wird jetzt neben dem Moment der Kontinuität der Bruch mit der bürgerlichen Überlieferung betont, legitimiert dies die Rehabilitierung der Außenseiter in der deutschen Literaturgeschichte, die am Widerspruch zwischen sich und der Gesellschaft zerbrechen, ohne klassisch-abgerundete Werke zu schaffen. »Lenz, Hölderlin, Kleist [...] heißen die Bezugsgestalten und die Erinnerung an sie erfolgt oft im Zeichen einer beunruhigenden Heraufbeschwörung, durch das dem gesellschaftlichen Adressaten Warn- und Merktafeln aufgerichtet werden sollen« (Bernd Leistner: *Unruhe um einen Klassiker,* 1978, S.72). Es gehe um die »nicht zu Ende geführten« Ansätze, um »alles, was (nicht) zur Geltung gekommen ist«, formuliert Heiner Müller 1975 mit Blick auf Lenz (*Gesammelte Irrtümer*, 1986, S.25).

1978 gibt Joachim Seyppel eine Lenz-Werkauswahl heraus. In seinem einleitenden Essay vergleicht er die »Außenseiter« Lenz und Volker Braun. Er sieht »Ehrlichkeit ohne Rücksicht auf mögliche Auswirkungen«, eine »Radikalität im Entwerfen eines Modells der Besserung sozialer Zustände«, ein Fehlen von »Anpasserschaft«. »Was Opportunisten realistisch nennen, käme ihm [Lenz] als Verrat vor.« Provokant formuliert Seyppel mit Blick auf Lenz: »Wer will, daß Kommende ein ›Erbe‹ haben sollen, fordere das zunächst verkannte Kunstwerk.»

Christoph Hein beschreibt in dem Essay *Waldbruder Lenz* (1981) seine Sicht des Konfliktes zwischen Lenz und Goethe. Goethe habe als einziger genialer Autor durch den »Zufall« einer herrscherlichen Laune eine gesicherte Stellung erhalten als »Klassiker der Landesfürsten und Beamten«. Das fehlende Interesse der zeitgenössischen Gesellschaft an der Literatur treibe ihm dann die jungen Genies zu. Lenz sei dabei von vornherein persönlich fixiert gewesen auf den »Wahlbruder Goethe«. Eine Tradition der Lenz-Beurteilung aufnehmend, formuliert er – allerdings ohne Werturteil: »Goethe ist der Drehzapfen seiner Arbeiten, er bewirkt sie geradezu.« Genialität sei freilich »kein guter Gärtner« gewesen. Goethes Anspruch auf »Größe« habe keine Götter neben sich geduldet, die zudem »in ihrer Huldigung [...] schon den Umsturz anklingen« ließen. Die wenigen Stücke Lenz' lösen für Hein die mit ihm verbundenen Hoffnungen nicht voll ein, er sieht in »ihrem kleinmalenden Realismus« aber eine »folgenreiche«, immer noch in ihren Möglichkeiten unausgeschöpfte Darstellungsform, die die Großinterpretationen von Gesellschaft unterlaufe und diesen zugleich an »Genauigkeit« überlegen sei.

1977 wird im Apollosaal der Berliner Staatsoper Friedrich Goldmanns Opernfantasie »Hot« nach dem *Engländer* von Lenz, in der Bearbeitung von Thomas Körner erstaufgeführt. Der Text verwendet auch Passagen aus der »Goetz«-Rezension und dem »Ersten Principium der Moral«. Das Libretto weist gegenüber der Vorlage deutliche Änderungen auf. So nimmt die Prinzessin die Verantwortung für die »Folgen« daraus, daß sie der Bezugspunkt von Hots »verwirrter Einbildungskraft« ist, auf sich, indem sie sich letztlich mit Hot gegen die Welt der Erwachsenen und Mächtigen stellt. In einem Sprung über die Schranken der Realität fallen sich in der Schlußszene beide in die Arme und singen: »behaltet euren Himmel für euch«, nachdem Armida selbst vorher die nur vermeintliche Buhlerin gespielt und Hot seinen Stich in die Gurgel nur imitiert hat. Vergegenwärtigt *Der Engländer* den allmählichen Zerfall eines Subjekts, zeichnen Körner/Goldmann einen Entwicklungsprozeß mit dem Versprechen eines positiven Ausgangs, das Märchen der gelingenden Entfaltung eines Subjekts unter extrem entfremdeten Bedingungen. Die Opernfantasie feiert den Außenseiter, der die verbindlichen Interpretationen der Erwachsenen, die sozialen und religiösen Normen durch einen widerständigen Subjektivismus unterläuft. Da auf eine psychologische Motivierung auf der irrealen Ebene der Oper verzichtet werden kann, wirkt die Feier subjektiver Selbstverwirklichung eher als ein Wunschbild, zumal die ironischen Brechungen im Text die Distanz des Autors zum Figurenstandpunkt anzeigen. Artifizielle Distanz signalisiert auch die karge, knappe, substantivreiche Sprache, die nur selten die ›Hitze‹ der Hauptfigur ausdrückt. Trotz des scheinbar positiven Schlusses ist Hot kein Held – wie zum Beispiel Edgar Wibeau in Plenzdorfs *Neuen Leiden des jungen W.* Er ist als extremer Narzißt konzipiert und zugleich eine Kunstfigur, die in immer neuen ›Posen‹ als ›Eng-Länder‹ die engen Konventionen der zeitgenössischen Gesellschaft aufsprengt, ein Anti-Entwurf zum sozialistischen Menschenbild Auch die ›gestische‹, betont künstliche Musik mit ihren Zitaten aus früheren Epochen und unterschiedlichen Stilebenen betont den Aspekt des Marionettenhaften. Goldmanns Partitur ist für ein Bläserquintett mit einigen wenigen zusätzlichen Instrumenten (vor allem Schlagzeug, Elektroorgel und Kontrabaß) geschrieben. Nach Seyppel scheiden sich an der Berliner Aufführung die »Publikumsgeister« – in einer Zeit, in der auch im Bereich der Literatur die als dekadent gebrandmarkte Avantgarde vorsichtig rehabilitiert wird (zu *Hot* vgl. Petersen/Winter 1991, Schmidt 1993).

Benno Besson, Regieassistent Brechts bei dessen *Hofmeister*-Inszenierung, plant 1980 am Deutschen Theater in Berlin, den *Neuen Menoza* in einer Bearbeitung von Christoph Hein aufzuführen. Das Vorhaben scheitert und Besson kann das Stück erst 1982 inszenieren, und zwar am Wiener Burgtheater und auf der Grundlage des Originals. Heins Bearbeitung, 1981 in *Cromwell und andere Stücke* publiziert, wird zuerst 1982 in Schwerin gespielt. Die bundesdeutsche Erstaufführung findet erst 1985 in Augsburg statt (vgl. *Theater heute* 26/1985, H. 6, S.51). Lenz war sich darüber klar, daß diese

Komödie überarbeitet werden mußte. Hein korrigiert die in ihr vorhandenen Unstimmigkeiten – zum Beispiel in den Mitteilungen Babets, die sich in II, 3 selbst, in III, 2 und 4 dagegen die Biederlings zu Dianas Eltern erklärt. Außerdem strafft Hein das Stück, indem er dessen fünfaktige Struktur akzentuiert: durch Zusammenziehung von Szenen, durch ihre Vertauschung und durch kleinere Kürzungen oder Ergänzungen. Die Änderungen sollen auch die Komik verstärken oder Handlungsmotive der Figuren verdeutlichen. Die Figur des Magisters Beza geht im Edelmann von Zopf auf. Mit dieser Figur knüpft Hein an Brechts Charakterisierung der Rolle des Intellektuellen in der deutschen Misere an. Zopf vereint eine heimliche Sympathie für die französische Revolution mit Selbstanpassung und Denunziantentum in Deutschland. Wie Besson in Wien nimmt Hein die Schlußszene der angefangenen Überarbeitung auf, in der der Graf, der den Mordversuch Dianas überlebt hat, ihr seine Liebe beteuert, andererseits mit ihrer Hilfe doch noch Wilhelmine zur Geliebten machen will. Hein verlängert diese Szene, indem er in guter Kenntnis von Lenz' Komödienstruktur ironisch Familie Biederling in ihrer wahren Zusammengehörigkeit wiedervereinigt: der Vater erfährt, daß nicht nur der Prinz sein Sohn, sondern auch Diana seine Tochter ist. Auch das Problem, wer der jeweilige Schwiegersohn bzw. die Schwiegertochter sein kann, ist geklärt. Der die Idylle störende Graf fällt derweilen tot aus der Kutsche. Konsequenter als bei Lenz wird so die Opposition des »edlen Wilden« gegen die Verderbnis der europäischen Zivilisation aufgehoben, indem der ›Cumbaner‹ in die bürgerliche Familie integriert wird.

»Die Wiederkehr des verlorenen Sohnes« ist zu Recht eine Rezension in *Theater heute* (H. 8, 1982) überschrieben. Hein verschärft die schon im Original enthaltene Kritik an der deutschen Aufklärung, indem er ihren Kompromißcharakter, ihr Eingebundensein in die bestehende Feudalgesellschaft aufzeigt. Ausgerechnet der Graf beharrt bei Hein darauf: »Europa ist aufgeklärt«, es habe »Philosophie« und »Ökonomie«. Des Grafen ausbeuterische Sexualität, seine moralische Skrupellosigkeit, die dem Bekenntnis zur Aufklärung widersprechen, sind Ausdruck seiner Stellung als Feudalherr. Die beiden bürgerlichen Aufklärer Zierau und Zopf sind skrupellose Opportunisten. Und das patriarchalisch-moralische Pathos des ökonomisch erfolgreichen Biederling ist nicht zuletzt durch die Verdrängung der chaotischen Anteile der eigenen Familiengeschichte ermöglicht. In Heins Bearbeitung schildert das Stück den Sieg von »Empfindung«, »Feuer« und »Leben« über vom Verstand gezimmerte »Systeme«, über Opportunismus, Anpassung und Herrschaftsverhalten. Daß freilich die Vertreter der siegenden Werte deutlich in die bestehende Gesellschaft integriert sind und Hein außerdem keinen Kommentar zur Handlung aus der Perspektive der Gegenwart gibt, zeigt, daß Hein im Gegensatz zu Brecht keine Perspektive der Veränderung in das Stück hineinkomponiert. Offensichtlich will er seinem Publikum zeigen, wie Lenz die »bürgerliche Gesellschaft« mit »kleinmalendem Realismus« »formuliert« hat. »Die Wirklichkeitstreue dieser Poetik hat eine revolutionäre Unverschämtheit für ein mit Vorliebe heroisch einherschreitendes Geschichtsbewußtsein« (Hein: *Waldbruder Lenz*).

Lenz schreibe nämlich »vermengt in die Widersprüche« der Realität, denen er »qualvoll [...] ausgeliefert« sei und »schreit sie aus sich heraus« als »einer der wildesten Träumer«, dem zugleich »das Tor zur Utopie verschlossen ist« (Sigrid Damm: »Lenz«. In: *Blätter des deutschen Theaters*, 1986, H. 4, S. 116 f.). Seine fortdauernde Anziehungskraft belegt 1986 die Inszenierung *Lenz – ein deutsches Spiel nach Georg Büchner* im bat-Studiotheater Berlin (Regie: Hans-Dieter Meves). Es handelt sich um eine Aufführung Berliner Schauspielstudenten des 4. Studienjahres. Die gegensätzlichen Lebenskonzepte Goethes und Lenz' thematisiert Horst Ulrich Wendler in der »dramatischen Grille« *Lenz oder die Empfindsamen* (Uraufführung Weimar 1986). Zugleich bearbeitet der Berliner Komponist Paul Heinz Dittrich das Gedicht *Abschied von Kochberg* als »Lied für Singstimme und Klavier« (Leipzig 1986).

Celan und Lenz

Steht in der DDR-Rezeption eindeutig der Realist Lenz im Vordergrund, dessen Verständnis zugleich gegen »wohlabgerundete Werke« beansprucht wird, wird dieser in der Bundesrepublik erst in der Phase des politischen Aufbruchs und der Studentenbewegung entdeckt – zu einem Zeitpunkt, wo überhaupt in der Literatur der Realismus aktuell wird. Aus der Zeit vor 1968 ragt die Lenzrezeption Paul Celans heraus. Sie richtet sich auf die Tragik des an der Welt scheiternden Dichters – eine Deutungstradition, die in der DDR Bobrowski aufnimmt. Zugleich hängt Celans Rezeption mit seiner Konzeption des hermetischen Gedichts zusammen. Sie ist über Büchner vermittelt und dokumentiert in der Erzählung *Gespräch im Gebirg* und in der Büchnerpreis-Rede von 1960. »Initialzündung« (Mayer, 1973) ist ein Büchner-Seminar Hans Mayers in Paris Anfang 1960, an dem Celan teilnimmt. In der Rede entwickelt er seine Anschauung von Dichtung und Dichter. Die *Lenz*-Erzählung demonstriert für Celan Büchners und Lenz' radikale »In-Frage-Stellung« der Kunst, zu der alle heutige Dichtung zurück muß, wenn sie weiterfragen will«. Am Kunstgespräch zeigt Celan, wie es Büchners ästhetische Konzeption ausdrücke und man zugleich von diesem zurück zum »historischen Lenz« gelange. Celan knüpft an Lenz-Büchners Verurteilung der »Holzpuppen« des Idealismus an, denen das »Natürliche und Kreatürliche« entgegengesetzt werde. Lenz' Rede enthalte aber den Widerspruch, daß er, um »das Natürliche als das Natürliche mit der Kunst zu erfassen«, sich wünsche, ein »Medusenhaupt« zu sein, um eine »natürliche Gruppe in Stein [zu] verwandeln«, d.h. künstlerisch festzuhalten. Lenz' Kunst, die das Menschliche festhalten wolle, zerstöre es also zugleich. Celan sieht hierin eine unfreiwillige Annäherung Lenz' an die »Automaten« des Idealismus. Mit der Beobachtung des Erzählers am Ende des Gesprächs, Lenz habe sich »ganz vergessen«, sieht Celan den Dichter auf dem Weg in die »Ich-Ferne«. Lenz lasse sich freilich »gleichsam blind« auf dieses Prinzip ästhetischer Stilisierung ein. Celan fragt weiter, wie Lenz und der Künstler überhaupt, indem er diesen Weg gehe, am Ende wieder »frei« werden könne. Lenz habe diese Möglichkeit nicht gehabt mit der Konsequenz, daß »der Tod als Erlöser [...] nicht lange auf sich warten ließ«. In Lenz' spurlosem Verschwinden in Moskau drückt sich für Celan sein »Gegenwort« aus, das sich zuvor in seinem Wahnsinn gezeigt habe. Aus besonderem Grund hebt Celan, der am Ende die »Gegend« aufsucht, aus der Lenz, der ihm Begegnete, kommt, das Datum heraus, mit dem Büchners Erzählung beginnt: den 20. Januar. Janz (1975) hat gezeigt, daß Celan hier auch auf die Wannseekonferenz vom 20.1.1942 anspielt, auf der die »Endlösung« der »Judenfrage« beschlossen wurde. Für den Juden Celan ist dies ein wichtiges Datum, das das eigene Leben und Werk bestimmt, für Lenz wird mit dem am 20. Januar beginnenden Aufenthalt endgültig der Prozeß manifest, der ihn zum Ausgeschlossenen unter den Menschen macht. An Lenz' Verstummen zeigt Celan die Gefährdung des Dichters auf, der »seiner Daten eingedenk« bleibt. Für Celan neigt das Gedicht »zum Verstummen«, aber es soll aus dem »Schon nicht mehr« zurückrufen ins »Immer-noch«: »Das Gedicht spricht ja! Es bleibt seiner Daten eingedenk, aber – es spricht.«

In der »Meridian«-Rede erwähnt Celan, er habe »eine kleine Geschichte zu Papier [gebracht], in der ich einen Menschen ›wie Lenz‹ durchs Gebirg gehen ließ«. In diesem Text habe er sich von seinem »›20. Jänner‹ hergeschrieben«. »Ich bin [...] mir selbst begegnet.« (vgl. in diesem Zusammenhang auch das Gedicht *Tübingen, Jänner*). *Das Gespräch im Gebirg* (1959) behandelt die jüdische Existenz, zum einen ihre völlige Entwertung, das Ausgeschlossensein der Juden

»unter dem Stern« aus der menschlichen Gesellschaft, zum andern die Suche nach »radikaler [...] Individuation« (Celan) in dieser Außenseiterposition. In beiden Elementen liegt die Anknüpfung an Lenz, die signalisiert wird durch die Formulierungen »der Jud ging ...«, bzw. »wir, die Juden, die da kamen, wie Lenz, durchs Gebirg«. Die Juden definieren sich wie Lenz von ihrem »20. Jänner« her. Daß die Juden Groß und Klein sich in der Erzählung exakt ein halbes Jahr später begegnen, hebt diesen Bezug nicht auf, sondern zeigt an, daß es sich um Überlebende handelt, für die der Juli wie ihr Leben überhaupt unter jenem Zeichen steht.

Lenz-Rezeption vor der Studentenbewegung

In den fünfziger und sechziger Jahren werden nach Genton (1966) einige Stücke Lenz' auf dem Theater gespielt und sogar neu entdeckt. So wird Brechts *Hofmeister*-Bearbeitung mehrfach nachgespielt. Das Original wird zuerst 1957 aufgeführt. *Die Soldaten*, seit Kutschers Inszenierung auf der Bühne etabliert, erscheinen mehrfach in Spielplänen. 1963 wird *Der neue Menoza* erstaufgeführt.

1954 bearbeitet der Dramatiker Ferdinand Bruckner im Auftrag von Oskar Fritz Schuh die *Buhlschwester* für eine Aufführung im Berliner Theater am Kurfürstendamm. Nach Genton ist dieses Stück zuerst 1916 gespielt worden. Aus der fünfaktigen Komödie macht Bruckner eine einaktige. Mehr als bei Lenz steht die jetzt durchweg positiv gezeichnete »Buhlschwester« Julchen im Mittelpunkt. Sie führt die drei Herren aufgrund von deren Dummheit und Verblendung an der Nase herum. Bruckner will nämlich »die Rache der beleidigten Kreatur« darstellen, »die über die drei Vertreter der ›herrschenden Klasse‹ triumphiert« (an O.F. Schuh, 20.7. 1954, zit. nach Lehfeld 1965, S.193). Für eine Aufführung im Hamburger Ohnsorgtheater im Jahre 1985 überträgt Herma Koehn den Text ins Niederdeutsche (*Jungfer Julchen*). Text und Inszenierung sind ein Versuch, Lenz' Ziel einer volkstümlichen Komödie nahezukommen. Außerdem betonen sie stärker als Bruckner die sozialkritischen Akzente, wozu auch der Schluß beiträgt. Im Unterschied zu Lenz machen hier nach der Flucht der Kokotte die drei düpierten Galane sofort einer neuen »Dame« den Hof.

In Lenz' Abkehr von den drei Einheiten und der tendenziell offenen Form sieht der Komponist Bernd Alois Zimmermann einen wichtigen Anknüpfungspunkt. Die *Anmerkungen* nennt er eine Schrift voll »unerhörter Kühnheit«, die »in eine Richtung« weise, welche »in geradezu frappierender Weise mit meinen musikdramaturgischen Erkenntnissen von einer Form [...] übereinstimmte« (*Intervall und Zeit*). Lenz strebe eine »Einheit der inneren Handlung« an und nehme das Joycesche Prinzip der »Simultaneität« vorweg. 1965 wird Zimmermanns Oper *Die Soldaten* nach dem gleichnamigen Stück in Köln erstaufgeführt. Nach dem Prinzip der Simultaneität ist die Oper aufgebaut. Obwohl die Szenenfolge Lenz' nur teilweise aufgelöst ist, sind zeitliche und räumliche Trennungen radikal aufgehoben: »Die Zukunft frißt sich bedrohlich in die Vergangenheit ein [repräsentiert durch Lenz' Handlung, H.G.W.] und präsentiert ein Bild der Gegenwart, dem wir alle – am Schluß – gegenüberstehen« (*Intervall und Zeit*; S. 97). Lenz' Plädoyer für die intuitive Wesensschau des Dichters, die die zersplitterte Alltagserfahrung durchdringe, entspricht bei Zimmermann die Idee des totalen Theaters als Einheit aller Gattungen, Räume und Zeiten. Er benutzt neben drei Gedichten den gekürzten Text des Dramas, doch entfernt er sich bewußt weit von dem ursprünglichen Gehalt des Stükkes. Das »Zeitkolorit« des Originals ist für Zimmermann »lediglich der Grund, auf dem sich das Geschehen abhebt« (»Lenz und neue Aspekte der Oper«. In: *blätter und bilder* 9/1960, S. 41). Das historisch konkrete Schicksal Maries wird zu einer übergreifenden Anklage gegen eine unmenschliche Welt überhöht, in der eine reale Möglichkeit totaler Zerstörung vorhanden ist. Die Soldaten stehen in der Oper für die Repräsentanten und Handlanger eines »falschen Ganzen«. Sie entwickeln und bedienen eine Maschinerie, die letztlich auf die atomare Weltzerstörung zusteuert. Die Geschichte der Marie soll den Zwang und Schrecken verdeutlichen, den die Macht der Soldaten auch in den unmittelbaren menschlichen Beziehungen hervorruft.

Zimmermanns Sicht ist geprägt durch die Erfahrung von Faschismus und Krieg und durch die Debatte um die Atombombe in den fünfziger und sechziger Jahren. Die Komposition entstand bereits 1958-60 und wurde 1963/64 überarbeitet. Sie nimmt mit der aktuell-politischen Umformung der »anachronistischen« Operngattung die Politisierung der Kunst vorweg – allerdings in einer avantgardistischen Form. Das Werk bündelt die Musik verschiedener Kulturbereiche und Zeiten zu einem Aufschrei gegen die Bedrohung der Menschheit. Entsprechend monumental sind die Besetzung wie die Anforderungen an die Aufführenden. Mit seinem ›Gesamtkunstwerk‹ verfolgt der Komponist auch ein religiöses Anliegen, wenn er im Ästhetischen das Prinzip der Endlichkeit aufzuheben versucht. Die Beschwörung der Totalität menschlichen Unheils bricht die verzweifelte Hoffnung auf göttliche Barmherzigkeit und Gnade (vgl. dazu auch das »Pater noster« der letzten Szene und die zahlreichen

Choralzitate). (Zur Oper unter dem Aspekt der Lenz-Rezeption vgl. Petersen/Winter 1991, Schmidt 1993.)

Heinar Kipphardts Lenz-Rezeption

Eine produktive Rezeption Lenz', die sich an Breite und Vielfalt mit der in Naturalismus und Expressionismus vergleichen läßt, setzt in der Bundesrepublik erst Ende der sechziger Jahre ein. In dieser Zeit geraten die Literatur wie große Teile der Kultur in eine Legitimationskrise vor allem durch die Anfragen der Studentenbewegung, die die »gesellschaftlichen Funktionen« der Literatur problematisiert und mit dem frühen Marcuse die »affirmative Funktion« der Kultur anprangert. Hans Magnus Enzensberger und Walter Boehlich beschwören in *Kursbuch* 15 vermeintlich den »Tod der Literatur«. Auswege werden im operativ-dokumentarischen Schreiben gesehen, vor allem aber in einer radikalen Politisierung der Literatur. Eine weniger radikale Antwort bildet das Anknüpfen an die Tradition einer nicht autonomen, gesellschaftskritischen Literatur, die bisher durch das Beharren auf Kunstautonomie – auch noch legitimiert durch die einflußreiche Ästhetik Adornos – diskreditiert ist, zum Beispiel an die sozialkritischen Texte des Sturm und Drang. Jost Hermand setzt zwischen 1965 und 1971 eine erste Welle der Aneignung des »progressiven« Erbes an, die auf ein »Aktivieren«, »Verwerten«, »Bekanntmachen« aus sei (»Die Literatur wird durchforscht werden.« In: *Basis* 8/1978). Anknüpfungen an Lenz werden dabei zusätzlich gefördert durch die scharfe Kritik von Autoren und linker Literaturwissenschaft an der »Weimarer Hofklassik« (Hermand/Grimm), die die Literatur zugunsten eines Klassenkompromisses den bürgerlich-aufklärerischen Zielen entfremdet habe. Dieses Verdikt führt zu einer radikalen Umwertung der Geschichte der deutschen Literatur im letzten Drittel des 18. Jahrhunderts. Aufklärung, Sturm und Drang und Jakobinismus werden zum Maßstab für die Beurteilung ihrer Entwicklung. Durch Brechts Vorbild, aber auch die Praxis zeitgenössischer Autoren wie Frisch, Dürrenmatt und Wilder ist auch das Interesse an einer nicht autonomen, antiaristotelischen ›epischen‹ Dramenform gewachsen.

Unter diesen Aspekten finden Lenz' *Soldaten* 1967 einen neuen Bearbeiter: Heinar Kipphardt. Sein Text wird zuerst 1968 in Düsseldorf aufgeführt. Kipphardt hat nach seinem Weggang aus der DDR in der Bundesrepublik eine neue Identität als Autor von Dokumentarstücken gefunden, die »politische Schlüsselfragen« der Zeit aufgreifen. Auf der Suche nach der deutschen Tradition des politischen

Eingreiftheaters gerät er folgerichtig an Lenz' Stück. Dieses will er im Gegensatz zu Zimmermann nur »in einer verbesserten Form« vorlegen, »Schwächen und Unschärfen« beseitigen (S. 91). Freilich handelt es sich um eine mehr als technische Bearbeitung. Im Wunsch, die »Unterdrückung« Lenz' durch die Literaturgeschichte aufzuheben, trifft sich Kipphardt mit Brecht. Er verzichtet freilich auf dessen Prinzip der »Historisierung« durch episch-dialektische Aneignung. Im Gegenteil, Kipphardt stärkt die aristotelischen Elemente des Stückes, indem er die relative Autonomie der Einzelszene aufhebt, vor allem aber indem seine Figuren fähig sind, sich über ihre Absichten auszusprechen. Kipphardt streicht den Lenzschen Gegensatz zwischen kaum erahntem wahrem Selbst und entfremdetem Denken und Handeln. So berechnen Marie und ihr Vater ganz bewußt die Chancen zum Klassenaufstieg. Am deutlichsten wird Kipphardts Eingreifen in der von ihm erfundenen Figur des Sekretärs. Lessings Marinelli geschickt nachgestaltet, spricht er mit dem Klassenblick des Bürgers, der sich zum willigen Werkzeug der Herrschenden macht, die Interessenlage vor allem Desportes' brutal und offen aus. Der deutlich durch das marxistische Geschichtsverständnis der Gegenwart geprägte klassenanalytische Zugriff auf das Stück beschneidet freilich dessen Reichtum, weil er den Figuren und Handlungen ihre Widersprüchlichkeit nimmt, vor allem schränkt er die Schlagkraft der sozialen Kritik ein, weil ja alle Beteiligten die Klassenverhältnisse bewußt und direkt mit produzieren, unter denen sie leiden. Bei Lenz dagegen liegt die Stärke der Sozialkritik gerade in der Indirektheit der Beziehungen zwischen Individuum und Gesellschaft. Seine Figuren sind weitgehend Opfer, bewußtlose Marionetten. Eine weitere wichtige Änderung betrifft den Hauptmann Pirzel. Kipphardt steigert und aktualisiert diese Figur zu einem Theoretiker der Militärtechnik, der andeutungsweise die qualitative Veränderung des Soldatenstandes durch technische Innovation durchreflektiert. Pirzel trägt auch den Reformvorschlag der »Pflanzschule« vor, welcher so – gegen Lenz – als Utopie eines Außenseiters erscheint, der nicht ernstgenommen wird. Weil Kipphardt – klarer aufklärerisch-didaktisch als Lenz – von heute her Klassenstrukturen im 18. Jahrhundert aufzeigen will, muß er dem Reformvorschlag am Ende den Ernst nehmen.

Kipphardt strafft das Stück. Gegenüber 35 Szenen kommt er mit 32 aus. Insgesamt wirkt Kipphardts Text klarer und leichter spielbar als das Original, was ja auch angestrebt ist. Der Erfolg auf den Bühnen gibt Kipphardt zunächst recht. Doch kann die Bearbeitung das Original nicht verdrängen; denn die Faszination des letzteren liegt gerade darin, daß der Zuschauer nicht von einer überlegenen Position aus über das Funktionieren der Gesellschaft belehrt wird, sondern die Ratlosigkeit der Figuren über ihre Struktur und Veränderbarkeit teilt und ihm Erklärungen offengelassen werden.

Lenz und die Wende zur »neuen Subjektivität«

Eine breite produktive Aneignung Lenz', vor allem der Figur Büchners, setzt ein, als die politische Aufbruchsstimmung zuende geht, der Niedergang und die vermeintliche Erfolglosigkeit der Studentenbewegung, aber auch die politische »Tendenzwende«, zuerst sich bündelnd im »deutschen Herbst« der Terroristen- und »Sympathisanten«verfolgung, Resignationsstimmungen unter den linken Intellektuellen und Autoren verbreiten. Eine Signalfunktion kommt hierbei schon Peter Schneiders erfolgreicher Erzählung *Lenz* (1973) zu. Peter Rühmkorf läßt in dem autobiographischen Text *Die Jahre die ihr kennt* (1973) in einem Traum den »großen Lenz« als Medium auftreten, durch das er der eigenen »Ambivalenz« innewird (S. 69). Schneider vermittelt über die Lenzfigur ebenfalls Ambivalenzerfahrungen. Im Gegensatz zu Kipphardts Vertrauen auf politische Aufklärung, das ihn an den Realisten Lenz anknüpfen läßt, werden in diesem Text politisches Handeln und Agitieren zum Problem, obwohl sie als solche noch nicht radikal in Frage gestellt werden. Darin signalisiert *Lenz* den Umbruch der Studentenbewegung, deren relatives Scheitern von einem ihrer Exponenten in literarischer Formulierung eingestanden wird. Schneider schildert in dem Essay *Die Beseitigung der ersten Klarheit* (1977), wie die »Revolte« 1967/68 ihn selbst und viele Generationsgenossen erst zu »Personen« gemacht habe. Es habe zeitweise eine gelebte Utopie von Selbstveränderung und intendierter politischer Veränderung gegeben. Die Verwissenschaftlichung der »spontanen Parolen der ersten Stunde« habe erst später eingesetzt. Den inneren Grund für den Zerfall der Bewegung sieht Schneider in einem selbst auferlegten Zwang zur »Objektivierung«, zur Ausgrenzung des Individuell-Persönlichen zugunsten der Arbeit an politischen Strategien, wobei der Streit über diese den Zerfall in verschiedene Gruppen zur Folge gehabt habe. In diesen habe sich dann eine »Gruppenwahrnehmung« an die Stelle der Wahrnehmung des einzelnen Mitgliedes gesetzt. Als Beispiel führt Schneider den eigenen Aufsatz *Die Phantasie im Spätkapitalismus und die Kulturrevolution* an (in: *Kursbuch* 16/1969). In diesem läßt Schneider nur »agitatorische« und »propagandistische« Funktionen der Kunst gelten. Hier habe er, sagt Schneider, in einem »intellektuellen Kraftakt [...] den Hoffnungen, die ich nur noch denken, nicht mehr spüren konnte, die Gestalt objektiver Gesetze« gegeben (ebd.).

Die Folgen des Zwangs zur »Objektivierung« für den einzelnen stellt Schneider im *Lenz* dar. Dieser thematisiert die Entfremdungserfahrungen des einzelnen in einer Bewegung, die sich die kollektive Befreiung zum Ziel gesetzt hat. Ein solches Thema läßt sich nicht mehr in dokumentarischer oder agitatorischer Form darstellen. Im durchaus traditionellen Vertrauen darauf, daß die subjektive Erfahrung und Strukturierung von Welt am ehesten im Medium der Literatur gelinge, benutzt Schneider die Gattung der Prosaerzählung, wobei er darüber hinaus noch vor der Folie der Büchnerschen Vorlage erzählt. Entgegen den in der Studentenbewegung weit verbreiteten Zweifeln an der »gesellschaftlichen Funktion« fiktionaler Literatur sieht sich Schneider also genötigt, einen fiktionalen Text zu schreiben. »Es war [...] ein Bedürfnis, mich wiederzufinden [...]. ›Lenz‹ beschreibt einen Re-Individualisierungsprozeß« (Schneider in: *Stuttgarter Nachrichten* , 6.10.82).

Schneider bezieht sich nicht direkt auf den historischen Lenz, mit dem er sich erst später, in einer Besprechung der Erzählung Büchners für die *›Zeit‹-Bibliothek der 100 Bücher* auseinandersetzt. Entsprechend liest Schneider *Lenz* als Geschichte »einer inneren Versteinerung und Vereisung«, die »eine so radikale Zurückweisung durch die Wirklichkeit in Gang setzt« und die »der historische Lenz wehrlos erlitt«. Für Stephan (in: Stephan/Winter 1984) belegt diese Formulierung, daß Schneider in *Lenz* die »Selbstreflexion des scheiternden, resignierenden Revolutionärs gesehen hat«. Offensichtlich setzt Schneider Lenz' Perspektive in der Erzählung mit der Perspektive des Erzählers gleich. Und die »Beschwörung gescheiterter Hoffnungen« (Stephan) ist sicher ein Hauptthema der Erzählung Schneiders. Schneider wählt die Folie des *Lenz*, weil er sich im Seelenzustand des Protagonisten, in seinen Symptomen einer fortschreitenden Entfremdung von sich selbst und von seiner Umwelt wiedererkennt – wie sich ja auch Büchner in Lenz wiedererkannt hat.

Allerdings hat Schneider im Gegensatz zur Mehrheit seiner Nachfolger noch eine Utopie und eine Perspektive in die Erzählung hineinzugestalten versucht. Der aus Berlin geflohene Held findet bei den Kämpfen der Arbeiter in Trento ansatzweise eine Erfüllung seiner politischen und persönlich-emotionalen Bedürfnisse. Privatheit und Öffentlichkeit fallen hier nicht mehr auseinander.

»Es wurde ihm selbstverständlich, daß man sich für seine Zweifel und Unsicherheiten ebenso interessierte wie für seine Standpunkte. Da er mit den meisten ohne weiteres über L., über einen Traum, über eine Angst sprechen konnte, erschien es ihm nicht mehr so wichtig, so daß die persönlichen Konflikte oft von selber, ohne daß es eines Planes bedurft hätte, gelöst wurden.« (Lenz, S. 82)

Ob der unfreiwillig nach Berlin zurückgekehrte Held diese Erfahrungen in ein neues Verhalten umsetzen kann, läßt der Erzähler am Ende offen – als eine Aufforderung an den Leser, den in der Erzählung enthaltenen Appell produktiv umzusetzen. Trotz der deutlichen resignativen Elemente in den Berlinpassagen ist die Erzählung ein Eingreiftext. Schneider hat sie – außer zur Selbstklärung und zur Legitimation einer schriftstellerischen Tätigkeit – primär für das Publikum der Studentenbewegung geschrieben, dem er ihre Anfänge vorhält, wo »öffentliche« Politik und Privatheit noch nicht auseinandergetreten sind. Freilich ist diese Abkehr von den »vagen Begriffen des Anfangs« (Schneider) nicht zufällig gewesen und Schneider vermag auch nicht anzugeben, wie eine Bewegung, die sich aufgrund der Anforderungen der historischen Situation weiterentwickelt hat, die Verheißung des Anfangs wieder aufnehmen kann. So vermag der Text nicht zu verhindern, daß ihm eher die Momente der Resignation entnommen werden, daß er in der Rezeption häufig den Umbruch »Von der alten Radikalität zur neuen Subjektivität« (Michael Schneider in: *Die lange Wut zum langen Marsch*, 1975, S. 317-329) legitimiert.

Schneider ahmt Büchners Sprache, Erzählhaltung und Stil nach – bis hin zu zahlreichen Paraphrasen und Zitaten. Goltschnigg (1974) hat die Entsprechungen und Übereinstimmungen untersucht und zusammengestellt. An die Stelle von Natur und Dorf tritt die Stadtlandschaft Berlins. Sie bildet das Medium und Forum, um die Gefühle und den Identitätsverlust, die Einsamkeit, Angst und Depression des modernen Lenz zu entfalten. Zerbricht Büchners Lenz an der Unmöglichkeit, eine Einheit zwischen Kunst und Leben herzustellen, »Leben, Möglichkeit des Daseins« in der Kunst gegen den Idealismus durchzusetzen, so leidet Schneiders Lenz an dem Auseinandertreten von Kopf und Körper, Intellekt und Sinnlichkeit, Politik und Emotionalität. Der Konflikt von Büchners Lenz mit der patriarchalen Autorität spiegelt sich in Lenz-Schneiders Konflikt mit den dogmatischen linken Gruppen, vor allem aber in seinem Zusammenstoß mit B. Das ambivalente Frauenbild von Büchners Lenzfigur taucht bei Schneider in den Beziehungen zu L., zu Marina und Pierra, vor allem aber auch in den Muttermordphantasien auf. Sahlberg (1979) kommt diesbezüglich zu dem Ergebnis: »Man könnte Büchners Lenz als Symbol des Unbewußten von Schneiders Lenz bezeichnen: Dieser trägt einen latenten Wahnsinn in sich, den Orestkomplex des Muttermörders. Büchners Lenz geht im Wahnsinn unter, Schneiders wird geheilt« (ebd., S. 142). Der geglückte Anschluß an das Proletariat in Trento bewirkt bei Schneiders Lenz, daß sich seine Wahrnehmungsfähigkeit verändert und er sich aus den Phantasmen, die Gewalt über ihn haben, befreien kann. Wenn in der Trienter »Therapie« die verdrängten Erfahrungen ihre Gewalt über Schneiders Lenz verlieren, liegt darin eine politisch-didaktische Absicht linker Kritik an der Psychoanalyse, die der Anknüpfung an Büchner einen Teil ihrer Ernsthaftigkeit nimmt. Büchners Erzählung macht betroffen aufgrund der Konsequenz des dargestellten Prozesses. Schneider nimmt einen Teil der geschilderten pathologischen Symptome auf, biegt aber die in ihnen liegenden Konsequenzen ab. Dies muß zu einer Verflachung der Anknüpfung führen. Zum Beispiel wird der »Riß«, den Büchners Lenz in der Schöpfung empfindet, bei Schneider zu einem »Riß«, der Lenz beim Anblick seiner ehemaligen Freundin »durchzuckt«, wobei dieser »Riß«, wie später deutlich wird, aus Schuldgefühlen bezüglich des Todes der Mutter entstanden ist. Das Beispiel zeigt, wie Schneider Büchners sehr vielschichtige Motivik, die sich gegen eine einlinige Interpretation sperrt, eher verengt.

Brecht gestaltet in seiner *Hofmeister*-Bearbeitung die Ohnmacht und Willfährigkeit des Intellektuellen gegenüber der Macht. Bei Schneider will der Intellektuelle »kämpfen«, wird aber durch seine eigenen Verletzungen und Entfremdungen, die zudem in der Gruppe nicht aufgearbeitet werden können, daran gehindert. Peter Rühmkorfs Kritik trifft zu, Schneiders »zweigestrichener Lenz« sei »ein Reisender in eigenen Reizbarkeiten«, der »aus Begegnungen immer nur sein eigenes Erregungskapital« schlage (»Urlaub am Fließband«. In: *Dasda* 19.11.1973, S. 50). Die Erzählung zeigt, wie die Politisierung für die Studenten viel zu schnell gekommen ist, so daß die eigene bürgerliche Vergangenheit übersprungen wurde. Die Geschichte ist dort am stärksten, wo sie schildert, wie die vom eigenen Narzißmus geprägten Ansprüche und Wahrnehmungsformen den Intellektuellen davon abhalten, die Welt einmal anders als aus dem eigenen Blickwinkel zu sehen.

Nur sehr vorsichtig deutet Schneider hierfür Ursachen an. Die jüngste Geschichte der »deutschen Misere« – Faschismus, Krieg und Nachkriegsrestauration – bildet den Rahmen für die »Privatgeschichte«. So vermischen sich die Kriegsszenen, die Angst und Ohnmachtsgefühle auslösen, in Lenz' Erinnerung mit den kindlichen Konflikten, der Prügelszene, dem Fremdgehen und dem Tod der Mutter. »Private« familiäre und politische Erfahrungen formen bei Lenz ein Syndrom, das schließlich eine Handlungslähmung bewirkt. So gesehen, ist Schneiders *Lenz* schon ein wichtiger und authentischer Text über die Studentenbewegung, weil er ihre innere Krise herleitet aus der trotz Ideologie- und Systemkritik noch unaufgearbeiteten Faschismuserfahrung und aus der Verdrängung der Verletzungen aus der individuellen Sozialisation.

Obwohl Schneider in seiner Besprechung von Büchners *Lenz* in der ›*Zeit*‹-*Bibliothek* anmerkt, daß man »Lenz' Seelenzustand [...] nicht prolongieren und zum Lebensgefühl stilisieren« dürfe, wird die Lenzfigur zu einem Katalysator für breite Stimmungen, wobei Schneider die Bilder und Formulierungen bereitgestellt hat. Ein typisches Beispiel dafür, wie Entfremdungs- und Resignationsgefühle auf Lenz projiziert werden, bildet der *Provinzlenz* von Albert Herrenknecht:

»Lenz irrte durch die Kleinstadt. Er fühlte sich entsetzlich einsam; er war allein, ganz allein. Irgendetwas trieb ihn. Er mußte raus, er mußte unter Leute. Und als er sie fand, waren sie anders als die, die er brauchte. [...]
Er fühlte sich anders als die anderen, und dieses Gefühl machte ihm Angst; denn es schuf seine Einsamkeit. Es machte ihn stumpf für die Lebendigkeit der anderen, hinterließ Unverständnis und Gleichgültigkeit. Er hatte das Gefühl, sein Leben zu verschleudern, ein unnützes Dasein zu führen.« (S. 96)

Allerdings ist die geschilderte Melancholie bei Herrenknecht nur die eine Seite des »Provinzlebens«, die andere ist der Kampf um die Veränderung des Bestehenden, hier vor allem für ein neues Jugendzentrum in Wertheim. Eine Neuausgabe des *Hessischen Landboten* als »Provinzzeitung der Jugendzentren im hessischen Lande und Umlande« repräsentiert die politisch-aufklärerische Seite des Büchnerbezugs bei Herrenknecht. Völlig gelöst von solchen konkreten politischen und historischen Zusammenhängen sind dann die Zitate der *Lenz*-Stimmung in Alexander Rockwells Film *Lenz* (1980), der in New York spielt und nicht mehr in die engere Lenz-Rezeption einzuordnen ist.

Lenz-Stimmung prägt auch die Schilderung einer Fußwanderung von München nach Paris, die der Filmregisseur Werner Herzog im November/Dezember 1974 unternommen hat. *Vom Gehen im Eis* (1978) reproduziert bis in einzelne Formulierungen hinein Lenz-Büchners und -Schneiders Entfremdungsklage, Depression und Narzißmus, obwohl die Autoren nicht ausdrücklich genannt werden. Die Wanderung kreuzt die Vogesen und berührt das Tal von Waldbach und Fouday. Die Strapazen, die Einsamkeit und die Naturerlebnisse auf der Wanderung dienen freilich der Selbstinszenierung eines Narzißten, der als erfolgreicher Regisseur und Künstler überleben will. Die Verfluchung der »kalten« Welt, das »Wühlen in sich« (!), die Klage über die eigene »Erschöpfung« und Leere, die Versuche, Gehen, Wahrnehmen und Flüchten zu lernen, geschehen nicht zuletzt um der Motive für neue Filme willen. Je weniger Bilder der Wanderer in der öden Natur sieht, desto mehr produziert sie sein Inneres.

Lenz-Bezüge bei Hermann Kinder und Uwe Timm

Näher in den konkreten Zusammenhang der Lenzrezeption gehört Hermann Kinders autobiographischer Roman *Schleiftrog* (1979).

»Lenz, Lenz, wer war das denn noch? Da gabs doch so ein Stück von Brecht. Hat der sich nicht kastriert? Heute abend werde ich mir in der Literaturgeschichte ansehen, wer das war. Daß ich alles vergesse!« (S. 121 f.)

So reagiert der Germanistikstudent Bruno auf die Erwähnung von Lenz in der Vorlesung eines Professors. Für Bruno ist der historische Lenz nur eine Bildungsreminiszenz, Teil des toten Wissens, das er in seiner Verhaftung an einen heruntergekommenen bürgerlichen Bildungsbegriff des Sammelns und Archivierens speichern möchte. Wie Schneiders Lenz leidet Bruno unter einer tiefen Diskrepanz zwischen Theorie und Praxis. Sein akkumuliertes Wissen hilft Bruno nicht, zum Handeln zu kommen und noch nicht einmal, den eigenen Alltag zu bestehen. Der intellektuelle Leistungsdruck, dem er sich, geprägt von den väterlichen Ansprüchen, unterwirft, entfremdet ihn von sich selbst. Clichés und Fremdzitate verstellen ihm schon früh den Zugang zu eigenen Empfindungen, lassen ihn zeitweise ganz im Wirrwarr des unbegriffen Angeeigneten aufgehen. Auch die dezidiert linke Theorie und Phraseologie hebt für Bruno den Abstand zum praktischen Leben nicht auf. Daraus resultieren bei ihm wie bei Schneiders Lenz Aggressionen gegenüber Marx. Bei Schneider und bei Kinder spiegelt die Beziehung zur Geliebten ein Nachholbedürfnis des Kopfmenschen an Sinnlichkeit und Emotionalität wieder. Schneiders Lenz gelingt es aber, das Scheitern seiner Beziehung in Trento zu verarbeiten. Für Bruno hingegen entwickelt sich Gertrud zu der Person, die eine Alternative verkörpert und daher ihm sein Scheitern vollends deutlich werden läßt. Nach dem Examen verläßt sie die intellektuelle Klasse, wird Arbeiterin und kommt erst über die praktische Gewerkschaftsarbeit wieder mit Theorie in Berührung. Bruno hingegen gibt jede politische Praxis auf. Statt dessen schreibt er sein Leben als einen »realistischen Roman« auf. In dieser Einbeziehung der Autorproblematik liegt eine Parallele zu Büchners Lenz. Beide, Bruno und Lenz können auf keine Weise die Kluft zwischen Schreiben und Leben schließen. Für Bruno ist das Schreiben zuletzt nur noch resignierende Flucht aus dem Handeln. Im Realismusanspruch Brunos liegt eine Parallele zu Lenz', Büchners und Schneiders Poetologie.

Kinder, der wie Schneider, allerdings zu einem späteren Zeitpunkt, die Voraussetzungen und das Scheitern der Studentenbewegung vom individuellen Beispiel her reflektiert, stellt sich die Frage, ob der Schriftsteller wie in Schneiders *Lenz* individuelle und/oder kollektive Wege zur Veränderung aufzeigen soll, was leicht zu einer Idealisierung von Figuren und Handeln führt. (Diese signalisiert die recht schematische Konstruktion der Trento-Episode bei Schneider.) Kinder entscheidet sich für einen nicht idealisierten Helden. Dessen letztendliche innere Gebrochenheit zeigt sich darin, daß er seinen Lebensweg, seine Gefühle und Reflexionen nur ironisch distanziert als »Bildungsroman« beschreiben kann. Dabei stellt er sich als Erzähler immer wieder die Frage, warum er nie so »ideal« ist, wie er es gern wäre. Bruno ist melancholischer, narzißtischer und larmoyanter als Schneiders Lenz. Kinder zeigt in dem Text, daß »wir Schreiber Neurotiker sind! Hysteriker, Exhibitionisten, Narzissten, Geltungssüchtige, Lebensversager« (»Patriotisch? Alltäglich? Dramatisch?« in: *tübinger texte* 7/1978). Das Lebensfazit Brunos erinnert an Lenz' Beginn der *Goetz*-Rezension, wo die durchschnittliche Biographie eines Intellektuellen in seiner Zeit dargestellt ist, der nur ein Rädchen in der großen Maschinerie der Gesellschaft sei und schließlich in eine Stellung geschoben werde, ohne etwas zu bewirken: »Bullen sind wir geblieben, bürgerliche Einzelkämpfer. Wir sind ein bißchen verzweifelt, ein bißchen ironisch und hängen an uns [...]. Wir werden dreißig, nehmen eine Stellung ein, man braucht uns, man kann sich auf uns verlassen, es ist unnötig, uns Berufsverbot zu geben.« (S. 202 f.)

Das Motto von Uwe Timms Roman *Kerbels Flucht* (1980) zitiert den im Selbstmord endenden Dichter Kleist; zu Recht ist der Text in Handlungsverlauf und Struktur auch mit dem *Werther* verglichen worden. Timm knüpft aber außerdem an Büchners *Lenz* an, und zwar vorrangig an die selbstzerstörerischen Züge des Protagonisten. Auf dem Höhepunkt seiner Krise notiert er im Tagebuch den *Lenz*-Satz: »Er stand nun am Abgrund, wo eine wahnsinnige Lust ihn trieb, immer wieder hinzuschauen und sich diese Qual zu wiederholen.« Wie Schneiders Lenz wird Kerbel von der Freundin verlassen, ihm dadurch seine »Austauschbarkeit« vorgeführt. Er erlebt das eigene Leben als zunehmend verödet und steigert sich hinein in eine »allgemeine Lustlosigkeit«, »langsame Auszehrung der Zuversicht«, eine »Bleichsucht der Wünsche, eine Atrophie des Willens«. Kerbel verkörpert deutlich den resignierten und gescheiterten Rebellen der ausgehenden Studentenbewegung, der seine politische Arbeit, die vor dem Handlungszeitraum des Textes liegt, als »vertane« Zeit ansieht. Wie für Schneiders Lenz und Kinders Bruno verlieren für ihn die »Begriffe der politischen Theorie« ihre Relevanz. Dies geht bei ihm freilich so weit, daß das Problem der Theorie-Praxis-Vermittlung gar nicht mehr auftaucht. Der noch aktive Studentenpolitiker

Oberhofer verkörpert das patriarchale Element und mahnt Kerbel, sein Leben nicht zu verschleudern, d.h. das Studium abzuschließen und sich wieder aktiv in die linke Bewegung zu integrieren. Kerbel empfindet freilich gegenüber der Umwelt zunehmend nur Ekel: »Wie kommt es zu dieser allgemeinen Starre in diesem Land, zu dieser entsetzlichen Bewußtseinslähmung, zu dieser perversen Selbstzufriedenheit mit dem eigenen Kastratendasein?« Kerbel erkennt wie Büchners Lenz einen »Riß« in der Weltordnung: »Warum soll dieser häßliche Riß in mir nicht auch durch den ganzen Kosmos gehen?« Ganz konsequent läßt Timm seinen Helden eine Polizeikontrolle im ›deutschen Herbst‹ der Terroristenverfolgung ignorieren und diese »Flucht« im Kugelhagel beenden. Kerbel verkörpert die Wende »von der alten Radikalität zur neuen Sensibilität« (M. Schneider), die schon Schneiders Lenz signalisiert. Die Tagebuchform verstärkt noch den Eindruck von Solipsismus und Masochismus. Bleibt die Entwicklung Lenz' und Brunos am Ende offen, scheitert Kerbel auch bei dem Versuch, sich schreibend zu befreien. Timms Zurücknahme jeder Utopie dokumentiert ein sicheres Gefühl für eine gesellschaftliche Stimmungslage, gibt aber mit dem Verzicht aufs Kämpfen ein wesentliches Element des Lenz-Büchnerschen »Erbes« auf.

Lenz-Bezüge bei Karin Struck

Karin Struck zitiert in ihren Werken, insbesondere in *Klassenliebe* (1973) und *Die Mutter* (1975) häufig aus Büchners *Lenz*. Für die Autorin drücken diese Zitate »Hilferufe« mit der »bloßen ungeübten Hand« aus. Sie beinhalten – wie überhaupt die vielen Entlehnungen bei Struck – keine strukturelle und nur begrenzt eine motivische Anknüpfung. Und doch gewinnen die Verweise auf *Lenz* eine besondere Funktion im Hinblick auf das Programm der Autorin, sich schreibend immer wieder selbst zu definieren. »Mindestens viermal« liest Karin in *Klassenliebe* »Lenz«. Ihre Rezeption sprengt die Autonomie des Textes auf und entlehnt einzelne Formulierungen. Auf Lenz' Ausspruch, »ich verlange in Allem Leben, Möglichkeit des Daseins« – zweimal zitiert in »Klassenliebe« – projiziert die Schreiberin ihre ganz persönliche Sehnsucht nach befreiender Spontaneität und Ausbruch aus der sozialen Determination: »Tanz, Befreiung von seelischem Druck«. Das Zitat aus der Aufweckungsszene »wühlte all seinen Willen auf einen Punkt« (S. 83) führt bei Karin zu der Frage: »Wie kann *ich* all meinen Willen auf einen Punkt wühlen? Genau das Bild. Zerstreut wurden meine Willen überallhin, auf Sinnloses.

Ich muß jetzt all meinen Willen auf einen Punkt wühlen. Auf meinen Punkt.« Die Schreiberin versucht hier die äußerste Kraftanspannung, die Büchners Lenz im Moment dieser Formulierung vollzieht, nachzuahmen, aus den Worten Kraft zu saugen. Karin Struck betont immer wieder, daß Schreiben für sie einen Vorgang des Gebärens darstelle. Büchners Lenz geht es um eine Neugeburt eines gestorbenen Kindes. Beiden geht es – Büchners verzweifeltem Lenz zum letzten Mal – um eine Probe der eigenen Schöpfungskraft.

In ihrem Roman *Lieben* stellt Karin Struck unter anderem einen schizophrenen Drogensüchtigen namens Lenz dar. Die selektive Anknüpfung an Büchners Erzählung liegt hier darin, daß Büchner-Lenz' Versuch, ein gestorbenes Kind aufzuwecken, doppelt aufgenommen wird: in den Schuldgefühlen der Hauptfigur Lotte nach der Abtreibung, die sie in ihren Phantasien rückgängig machen möchte und in ihrer Anstrengung, Lenz, der als Drogensüchtiger dem Tode geweiht ist, zu retten. Wie Büchners Lenz seine eigenen Schuldgefühle durch die scheiternde Kindesaufweckung nicht überwinden kann, vermag Lotte ihre bedrückende Abtreibungserfahrung durch ihren Beistand für Lenz nicht zu überwinden. Im Gegensatz zu Schneiders und Büchners Figur ist Strucks Lenz ein ausgeflippter »Wilder ohne Sprache« (Beatrice von Matt), bei dem Lotte ihren mit Lenz-Büchners Wünschen vergleichbaren Wunsch nach Regression und Verschmelzung partiell erfüllt findet, dessen Genuß- und Todeswut sie aber nicht besänftigen kann.

Karin Strucks *Lenz*-Zitieren gehört wie die strukturell und motivisch enger an Büchners »Erbe« anknüpfenden Texte ihrer männlichen Kollegen in die Phase der »neuen Sensibilität« am Ausgang der Studentenbewegung. *Klassenliebe* zum Beispiel ist wie Schneiders *Lenz* ein bedeutender Signaltext für jene. Das Schreibprogramm Karin Strucks zelebriert aber keine Resignationsgefühle von gescheiterten Rebellen, sondern drückt in seinen Widersprüchen und sprachlichen Unzulänglichkeiten eine streitbare Subjektivität aus, die sich ihr Selbstwertgefühl mit jedem Satz neu erkämpft. Die *Lenz*-Bruchstücke werden diesem Programm rücksichtslos einverleibt, zum Sprechen-Lernen benutzt, als Autorität zur Selbst-Aufwertung mit eigenem Leben gefüllt und zur Selbst-Absicherung verwendet.

Untergründiger, aber hinsichtlich Büchners Text substantieller, ist der *Lenz*-Bezug in Kipphardts Roman *März* (1976) über den Patienten und Dichter Alexander Herbeck. Dieser ist, wie der Titel schon andeutet, eine Lenz verwandte Gestalt. Die Bezüge liegen in den geschilderten Übergängen zwischen Genie und Wahnsinn, Dichtung und Leben, aber auch in Motivparallelen wie der Muttermordphantasie, der Angst vor der patriarchalen Gewalt, dem Christusbezug und ganz allgemein in der Darstellung schizophrener Symptome. Kipphardt vermeidet aber jede direkte Bezugnahme auf Lenz. Der Autor stellt das Buch in den Zusammenhang der antipsychiatrischen Bewegung, wobei er, der selber als Psychiater tätig war, in ihm auch eigene Erfahrungen verarbeitet.

Aneignungen der Lenz-Figur in Lyrik, Film, Oper und Drama

Von den vorgestellten, Büchners *Lenz* rezipierenden Texten sind die Versuche zu unterscheiden, Büchners Figur in einem anderen Medium als dem der Prosa zu vergegenwärtigen. Dies setzt eine genaue und umfassende Aneignung der Erzählung voraus und fordert auch eine eingehendere Auseinandersetzung mit dem historischen Lenz, um Büchners Bild zu verstehen, zu vervollständigen oder zu korrigieren. Zunächst sind hier zwei Porträtgedichte zu nennen: Werner Söllners *Oberlin an Lenz* (1991) und O. E. Jelemmas *Den 20. Januar ging Lenz durchs Gebirg* (1988). Mit Unterstützung des Literarischen Colloquiums Berlin dreht 1970 George Moorse nach Büchners Text seinen *Lenz*-Film, ein Werk, das mit Sicherheit Schneider zu seiner Büchner-Bezugnahme angeregt hat. Moorse stellt den verhaltensgestörten, kommunikationsunfähigen und schizophrenen Außenseiter in ruhigen Bildsequenzen dar, die seine Gestik, Mimik und Bewegungen, den ständigen Wechsel zwischen hektischem Aufbruch und Erschlaffung meist vor der winterlichen Landschaft des Elsaß zeigen. Die Sorgfalt und Genauigkeit, mit der die seelischen Regungen – häufig in vergrößernden Nahaufnahmen oder in Von-unten-Perspektive und oft ohne Sprache von dem hervorragenden Schauspieler Michael König dargestellt werden, gibt dem Individuum ein sehr hohes Maß an Bedeutsamkeit. Die notwendig beim Zuschauer Identifikation fordernde Perspektive unterscheidet den Film von der Sicht Büchners auf Lenz, die bei aller Einfühlung doch sachlich und häufig auch distanziert ist. So heroisiert der Film Lenz zu einer Kultfigur, deren Sog der Zuschauer leicht erliegt. Die Ursachen für sein abweichendes Verhalten treten dabei in den Hintergrund. Moorse hat vor allem durch den Rahmen – 27 eingeblendete zeitgenössische Illustrationen, die auf die Klassenunterschiede und französische Revolution hinweisen – zeitgeschichtliche Gründe andeuten wollen – freilich hat schon die Kritik dessen mangelnde Verknüpfung mit dem vorgeführten Schicksal Lenz' moniert.

Als Auftragswerk der Hamburgischen Staatsoper entsteht Wolfgang Rihms Kammeroper *Jakob Lenz*, die 1979 erstaufgeführt wird. Das Libretto gestaltet Michael Fröhlich nach Motiven aus Büchners

Lenz. In seinen Text bezieht er kurze Ausschnitte aus Briefen und Gedichten ein. Rihm hat sich nach eigenen Angaben ausführlich mit dem historischen Lenz beschäftigt. Versuche, sich ihm – auch musikalisch – zu nähern, seien aber »gescheitert«, so daß er – Rihm – sich dann entschieden habe, sein eigenes Scheitern wie das der Zeitgenossen Kaufmann und Oberlin darzustellen. Bewußt sieht Rihm von allem überflüssig Zeithistorischem ab, das die Einfühlung der Zuschauer erschweren könnte, und konzentriert sich darauf, Lenz' Existenz als »Chiffre von Verstörung« zu gestalten (Programmheft der Aufführung 1979, Hamburgische Staatsoper). Der Komponist entscheidet sich ganz konsequent für eine Innenperspektive. Auch die »Stimmen der Gesellschaft«, die neben Oberlin und Kaufmann als ländliche Gemeinde und als Stimme der Natur, bzw. des Gewissens auftreten, sind Projektionen der Innenwelt Lenz'. Die Oper vergegenwärtigt seinen Zerfallsprozeß, seine zunehmende und unrettbare Vereinsamung und Verstörung. Durch den Wegfall des Erzählers sind Lenz' wahnhafte Phantasien dem Zuhörer bedrängend nah. Individuelle Lebensperspektive und Gesellschaft, Dichtung und Leben fallen für diesen Lenz völlig auseinander, der sich im »Schlaraffenland verwilderter Ideen« (ein aufgenommenes *Waldbruder*-Zitat) einrichtet. Die Vertreter der patriarchalen Macht können ihm nicht mehr heraushelfen, stecken ihn am Ende in eine Zwangsjacke und verlassen ihn. Auch eine ersehnte, vielleicht rettende Verschmelzung mit dem Mütterlich-Weiblichen mißlingt. Deutlich gestaltet Rihm also Lenz' Lebenskrise als ein unrettbares Sichverlieren im bedrohenden Kindheitsdrama. Zugleich verstärkt er die schon bei Büchner angelegten Bezüge auf Christi Passion, die am »melodramatischen Wert« des Librettos wesentlich beteiligt sind.

Rihm benutzt Bläser, drei Violoncelli, ein Schlagzeug und als Continuo ein Cembalo. Die Hauptrollen und Stimmen werden durch einen Kinderchor ergänzt. Im Gegensatz zu Zimmermanns »Gesamtkunstwerk« schreibt Rihm nach eigener Aussage »extreme Kammermusik«. Diese zeichnet präzis die Wahnlogik Lenz' nach. Die atonale Komposition verwendet traditionelle Tonalität als Zitat – bis hin zu Gattungen wie Choral, Sarabande und Ländler.

»Eine Person wie Jakob Lenz auf der Bühne ist kompliziert allein dadurch, weil sie selbst mehrere Ebenen in sich birgt. Diese ständig präsenten Bühnen muß die Musik repräsentieren. Ich habe dies auf die direkteste Art versucht: die musikalischen Schichten nicht säuberlich voneinander getrennt, sondern ständig präsent gehalten, bis sie – ihrer eigenen Dramaturgie entsprechend – hervorbrechen müssen.« (Programmheft der Hamburger Aufführung 1979)

1980 gibt es gleich zwei Lenz-Erstaufführungen im Ausland. In New York wird durch die LDP Productions in der Calvary Episcopal Church Mike Stotts *Lenz* (1979) gespielt. Der Schwerpunkt dieser freien Büchneradaption liegt auf der Schizophreniedarstellung, wobei die Rezension der *New York Times* (29.2.80) zu Recht feststellt, daß der Zusammenhang von Lenz' Leben und erst recht der überindividuelle Zusammenhang kaum vermittelt werden. In Straßburg vergegenwärtigt Hannes Klett, der frühere Regieassistent von Klaus Michael Grüber, mit deutschen und französischen Schauspielern Lenz' Leben vor dem Straßburger Münster in einer Collage aus Lenz-Texten, Büchners Erzählung und Robert Walsers Dialog. Der Text ist in Zusammenarbeit mit Brigitte Landes entstanden, die dann 1982 in Christoph Nels Hamburger *Hofmeister*-Inszenierung die Dramaturgie übernimmt. Die Collage thematisiert zuerst die Freundschaft zwischen Goethe und Lenz in Straßburg, dann den Zusammenstoß in Weimar, Lenz' ziellose Schweizer Reisen und seine Verstörung in Waldersbach. Albtraumartig zieht der Text Lenz' geniales Wollen, sein Sichaufbäumen gegen die gesellschaftlichen Zustände zusammen mit dem späteren Realitätsverlust und dem Scheitern.

Der Künstler als gesellschaftlicher Außenseiter, die psychischen Auswirkungen der Spannung zwischen Schreiben und Leben, die Nähe von Genialität und Wahnsinn bilden die Grundthematik in Jürg Amanns Werk. Er spielt sie unter anderem an Goethe, Novalis, Kafka und Robert Walser durch, bevor er sich in dem Hörspiel »Büchners Lenz« (1983 von Radio Bremen und Südwestfunk Baden Baden gesendet) unserem Autor zuwendet. Zuvor hat er schon Friederike Brion im ersten von *Elf Monologen* (enthalten in *Nachgerufen*, 1983) dem werbenden Lenz ihre immer noch bestehende Bindung an Goethe schildern lassen. Hier läßt Amann Lenz in seiner Fixierung auf den immer überlegenen Konkurrenten Goethe die Bereitschaft Friederikes zum Sichöffnen ihm gegenüber nicht erkennen. Immer benutzt Amann biographische Quellen und literarische Werke, um die Existenz des von ihm thematisierten Dichters von innen her zu verstehen und zu gestalten. Dies gilt auch für das Hörspiel. Es lehnt sich zwar eng an Büchner an, bezieht aber auch andere Texte, zum Beispiel *Die Liebe auf dem Lande* ein. Amann hat sich offensichtlich sehr genau mit Lenz' Leben und Künstlertum beschäftigt. In den gedrängten, atemlosen, oft zerhackten Sätzen, die an Büchner und Robert Walser erinnern, gelingt es ihm gerade auch an den Stellen, wo er erfindet, Lenz' innere Spannungen sprachlich zu vergegenwärtigen. Da der Erzähler wegfällt, ist Amann gezwungen, Lenz selbst seine Gefühle und Handlungen erklären zu lassen.

Im Gegensatz zu Büchners Lenz kann daher sein Lenz seine Lebensproblematik versprachlichen, zum Beispiel Kindheitserinnerungen an den Vater, an die Mutter klar formulieren. Diese Bewußtheit nimmt seinem Wahn einen Teil der beklemmenden Wirkung. Indem Lenz direkt ausspricht, inwiefern er Opfer der Konstellation in seiner bürgerlichen Familie ist, hat er selber die Einsichten, die bei Büchner selbst der Erzähler nur sehr selektiv besitzt und an den Leser weitergibt. Amann akzentuiert überdeutlich die ödipale Konfliktsituation des kindlichen Lenz, aus der seine Muttermordphantasien ebenso erwachsen wie der unlösbare Konflikt mit dem Vater. Amann nimmt ferner die Versuche der Forschung (Schöne 1958), aber auch der Literatur (Hofmann) auf, Lenz' Leben unter das biblische Gleichnis des verlorenen Sohnes zu stellen. Bei Amann predigt Lenz über dieses Gleichnis und faßt in dieser Rede sein Leben zusammen. Gegenüber Büchner und dem Oberlin-Bericht verändert Amann signifikant die Chronologie, indem Kaufmann erst nach der gescheiterten Kindesaufweckung sein Gespräch mit Lenz führt. In diesem zieht Lenz dann die Konsequenzen, formuliert er klar seine Abwendung vom Patriarchat. Amann akzentuiert den nicht zu versöhnenden Zwiespalt zwischen Schreiben und Leben, nimmt aber die bei Büchner angedeuteten aufrührerischen Elemente der Lenzfigur deutlich zurück. *Büchners Lenz* vermittelt wie die meisten der nach Schneider erschienenen Texte »neue Innerlichkeit«. Die umfassenden sozialen und politischen Zusammenhänge, die bei Büchner angedeutet sind, fehlen. Im Rückzug auf die sehr persönliche Problematik von Lebensbewältigung, Destruktion und Kreativität liegt eine persönliche Projektion des Autors. Dieser formuliert in diametralem Gegensatz zu Karin Struck: »Indem ich mich zu Papier bringe, bringe ich mich um« (»Der Himmel in der Glatze des Pfarrers.« In: *Die Baumschule*, 1982).

Hans Joachim Kleins Szenario *Ein Mann namens Lenz* bildet die Grundlage für die Saarbrücker Aufführung 1984. Im Gegensatz zu Amann geht es Klein vorrangig um die sozialen und ideologischen Gründe für die Isolation Lenz'. Deutlich reduziert sind deshalb die Büchners Text kennzeichnenden Bezüge zwischen Held und Natur. Nach Klein findet Lenz in Oberlin statt eines ihm feindlichen leiblichen Vaters einen zweiten gütigen. Der Text verdeutlicht, warum Oberlins Einfluß trotz seiner gegenüber Büchners Figur viel größeren Langmut den Dichter nicht heilen kann. Der aufklärerische, immer tätige Reformer, der das Tal durch Ökonomie und Bildung der Armut entreißen möchte, verkörpert für Lenz gerade die Leistungszwänge der bürgerlichen Gesellschaft, vor allem auch die Selbstdisziplinierung und Triebunterdrückung, vor denen er flieht. Hier wie an anderen Stellen führt der Text breit aus, was Büchner nur knapp andeutet. Dies gilt vor allem auch für das Unverständnis und die Ablehnung, die Lenz auslöst. Er ist im Tal ein fremdes Element. Seine Absicht, das Leiden (auch der Bauern) aufzuheben – zugleich sein Gottesbeweis –, muß deshalb scheitern.

Der Text ist offensichtlich Produkt genauer historischer Studien zu Oberlin, Lenz und Büchner. Er ist durch zahlreiche Hinzufügungen und durch Zitate aus *Dantons Tod*, *Woyzeck* und dem *Hessischen Landboten* erweitert. Trotz der deutlichen Bemühungen um eine differenzierte Darstellung der Vorgänge im Steintal stellt sich die Frage, ob der Text Büchners Vorlage nicht manchmal zu penetrant unterbietet, weil diese das Ineinander von individuellen und überindividuellen Ursachen in ihrer sprachlichen Verknappung und bildlichen Prägnanz einfach eindrucksvoller und treffender formuliert.

Eine weitere Gruppe von Texten sieht von Büchners Lenz-Bild völlig ab oder sucht es durch Einbeziehung anderer Zusammenhänge zu ergänzen. Hermann Ottos »Schauspiel in neun Bildern« *Lenz oder die nutzlose Wertschätzung nutzloser Geschäftigkeit* (1984) thematisiert Episoden aus Lenz' Leben in Straßburg, Weimar, Waldbach, Basel und Riga. Otto zeigt Lenz zu Recht als einen Außenseiter, der sich weigert, die »Spielregeln« der Gesellschaft anzuerkennen. Dazu gehören die Anpassung an die gesellschaftliche Hierarchie ebenso wie das Streben nach einem Amt. Freunde bieten Lenz immer wieder Hilfe an, die dieser aber meist weder würdigen noch wirklich annehmen kann. In Goethes Langmut und Freundschaft täuscht sich Lenz, weil jener letztlich die »Regel« beachtet, gegen die für ihn das Verhältnis besteht. Es ist eine Schwäche des Stückes, daß der Konflikt zwischen den beiden Autoren abgemildert wird, indem Goethe nicht etwa Lenz' Ausweisung aus Weimar bewirkt, sondern als der immer Überlegene den Freund als krank erkennt und den historischen Umständen entgegen zu Oberlin schickt. Der Text zeichnet Lenz zu sehr als bedauernswertes Opfer: »Ich kann mich nicht wehren, denn ihr alle seid so schrecklich stark und vernünftig.« Immerhin stellte Lenz doch für die Zeitgenossen zeitweise auch eine Bedrohung dar und besaß eine vielversprechende dichterische Kreativität. Das Stück gipfelt in der Konfrontation zwischen Sohn und Vater. Otto zeigt, wie ein Dialog zwischen beiden unmöglich ist, weil sich der Sohn den partriarchalen Werten entfremdet hat. Lenz' zunehmende Schreibprobleme und seine Bewußtseinsspaltung werden mit der Figur des Abumasar verdeutlicht, die aus dem Stück *Myrsa Polagi* stammt. Ihre häufigen Auftritte wirken aber meist aufgesetzt, zumal da auf das Drama selbst nicht eingegangen wird, obwohl dieses doch die Weimarer Erlebnisse verarbeitet.

Gert Hofmanns Lenz-Figur

Anders als Hermann Ottos Schauspiel kann Gert Hofmanns Erzählung *Die Rückkehr des verlorenen Jakob Michael Reinhold Lenz nach Riga* (1981) als eine Fortsetzung des *Lenz* bezeichnet werden. Hofmann konkretisiert Büchners »So lebte er hin«, indem er den Dichter mit seinem Vater konfrontiert. Büchners Lenz entgegnet Kaufmann: »Hinweg, weg! nach Haus? Toll werden dort?« Hofmann führt nun vor, wie Lenz tatsächlich bei der Begegnung mit dem Vater zugrundegeht.

Er konzentriert das Geschehen auf einen einzigen Tag, den 23. Juli 1779. Während für den Sohn Wiederkehr ins Vaterhaus und Tod in dieser kurzen Zeitspanne zusammengedrängt sind, ist der Vater gerade zum Generalsuperintendenten berufen worden und zieht mit seiner zweiten Frau, die er gerade geheiratet hat, in ein neues 24-Zimmer-Haus ein, das seiner neuen Stellung entspricht. Am Abend gibt er ein großes Fest.

Hofmann weicht mit dieser äußersten Zuspitzung des Vater-Sohn-Konflikts von den historischen Fakten ab, um zugleich ihre tiefere Bedeutung zu gestalten. Den Bezugspunkt der Geschichte bildet wie bei Amann die biblische Erzählung der Rückkehr des verlorenen Sohnes. Dieser kommt als Gescheiterter, krank und ohne Geld und Stellung zu seinem Vater zurück, den er gegen dessen Willen verlassen hat. Der Vater freilich nimmt bei Hofmann den Sohn nicht mit Liebe auf, sondern verweigert sich. Er kann keine Güte zeigen und nicht verzeihen. Von vornherein stört der Sohn seine Kreise. Dieser sucht in langen, verzweifelten Monologen die Geschichte seiner Abwesenheit zu erklären, gesteht sein vielfältiges Scheitern ein, demütigt sich, zugleich formuliert er Wünsche. Der Vater versucht Jakobs Reden und Fragen aus dem Weg zu gehen, indem er sich auf seine Geschäfte, den Umzug und die Festvorbereitungen zurückzieht. Obwohl er den Sohn scheinbar nicht beachtet, ist er im Innersten getroffen und beunruhigt. Er spürt die bedrohliche Andersartigkeit des Sohnes; außerdem fürchtet er den öffentlichen Skandal. Das abweisende Verhalten des Vaters führt bei Jakob zu immer hektischeren Reaktionen: er beschwört, bedrängt, biedert sich an, zeigt versteckt Aggressionen. Der Vater ist in der Alltagswelt verankert und hat eine Stellung. Für Jakob ist er der einzige, der ihm noch einen Platz in der Gesellschaft verschaffen kann. Er erscheint ihm als Herr der Welt und »von unten her« betrachtet als eine »riesenhafte Gestalt«. In dem Gottesdienst, wo sich der Sohn »so flach wie möglich in seinen Betstuhl legt«, erkennt er, »daß sein Vater ja eigentlich Gott ist« (S. 35). Die Predigt faßt Lenz als allein an sich gerichtet auf, für ihn erklärt der Pastor »seine Schöpfung«, in deren »gut gelungenem« Zusammenwirken für Jakob kein Platz ist. Der Höhepunkt, auf den die Erzählung zustrebt, ist das Fest. In der Harmonie der Tanzenden versinnbildlicht sich die Harmonie der Welt. Diese Harmonie stört Lenz, indem er immer noch an den Vater drängt, ja sich an dessen Rock hängt: »Warum lehnen Sie mich ab? [...] Warum lehnen Sie sogar meine Werke ab? Sogar die Namen meiner Helden?« (S. 38) Den öffentlichen Skandal abkürzend verweist der Vater »mit Donnerstimme seinen schwierigen Sohn« aus dem Festsaal. Die Geschichte endet mit dem Vollzug des Urteils nach dem Vorbild Kafkas: zwei Matrosen, die Jakob das Geld für die Überfahrt vorgeschossen haben, schlagen im Park vor dem Haus auf ihn ein. »Ein plötzlicher Riß [!] tut sich auf zwischen Lenz und der Natur.« Lenz versteht immer noch nicht: »Meine Herren, was wollen Sie von mir?« (S. 39).

Wesentlich zur Wirkung des Textes trägt die gehetzte, atemlose Sprache bei, für die Kafka und Robert Walser Pate gestanden haben. Die seelische Erregung spiegelt sich unmittelbar in den zerhackten Sätzen und Wortreihungen. Gleichzeitig verleugnen Motivik und Stil nicht den Charakter des Textes als eine literarische Konstruktion, die vielfältig an überkommene Motive, Stile und Worte anknüpft. Das Artifizielle des Textes balanciert kunstvoll seinen beklemmenden Inhalt aus. Insbesondere auf Büchners *Lenz* spielen zahlreiche Wendungen an, ferner auf Lenz' Werke und Briefe, aber auch auf das bekannte Gedicht Walthers von der Vogelweide: »Ich saß auf dem Stein und [...] Jetzt ist es fort, das Wort! [...] haben Sie das Wort vielleicht? Herr Vater, bitte geben Sie mir das Wort zurück.« (S. 25).

Besonders am Ende, aber überhaupt in der Geschichte sind die Analogien zu Kafka (*Prozeß, Urteil, Verwandlung, Auf der Galerie*) überdeutlich. Das Verhältnis zum Vater erinnert an Kafkas *Brief an den Vater.* Hofmanns Text gehört aber vor allem in die Reihe der Vatertexte, der Auseinandersetzungen der jüngeren Generation mit der älteren, die Ende der siebziger Jahre erscheinen. Dieser Bezug ist auch bei Amann zu erkennen. Handelt es sich bei den Vaterbüchern (z.B. Plessen *Mitteilung an den Adel*, Härtling *Nachgetragene Liebe*, Meckel *Suchbild*) meist um Autobiographien, so kann Hofmann im fiktionalen Text und aufgrund seines freien Umgangs mit den historischen Daten den Sohn-Vater-Gegensatz zuspitzen zur konsequenten Kritik an einem erbarmungslosen, Macht ausübenden Patriarchat, das alles ihm Entgegenstehende vernichten muß. In einer Welt, in der nur Zielstrebigkeit, Erfolg und erreichte Position etwas gelten, steht der Sohn für Menschlichkeit, »Herzensfülle«, aber auch für Produktivität und Kreativität – alles Werte, die in der Welt des Vaters nicht gelten. Hofmann knüpft damit deutlich an den oppositionellen Zug des Stürmers und Drängers Lenz an. So eng die Erzählung auf die Familienkonstellation bezogen scheint, sie nimmt doch die in dieser Lebenslinie angelegte Kritik an der Gesellschaft auf: als Kritik an der sozialen Erstarrung, am Fehlen jeder Veränderungsperspektive. Bezeichnenderweise ergänzt Hofmann Lenz' Konfrontation mit dem verstorbenen Vater durch dessen Trauer um seine verstorbene Mutter. Ihr gegenüber habe er, fühlt Lenz, Schuld auf sich geladen, »als er ging«. Dadurch wurde das symbiotische Verhältnis zu ihr endgültig zerstört, das er in der Phantasie aktualisiert, wofür die geträumte Begegnung mit der Mutter steht, die Hofmann aus Büchners Erzählung übernimmt. Die neue Frau »an Vaters Seite« kann Jakob dagegen nicht anerkennen, da er sie als Teil der ihm feindlichen Vaterwelt ansieht. Seine eigentliche Mutter dagegen hätte vielleicht vermitteln können im Konflikt mit dem Vater.

Als Gegenfigur zum Vater gestaltet Hofmann den Schustergesellen Conrad Süß. Dieser ist nämlich in der Erinnerung Jakobs zu der Liebe bereit und fähig gewesen, die der Vater versagt. Hofmann spielt damit auf die latent homosexuellen Neigungen Lenz' an. Lenz bezeichnet Conrad als einen »Künstler«. Der ganze Text kann als eine Künstlernovelle gelesen werden. Sie führt vor, wie die bürgerliche Gesellschaft den Künstler, der etwas gesellschaftlich Überflüssiges produziert und zudem gegen die sozialen Normen verstößt, wie einen Paria ausstößt. Mit diesem Motiv nimmt Hofmann einen wichtigen Bestandteil der Lenz-Tradition auf, der in den meisten Texten der »neuen Subjektivität« ausgespart ist, die vorrangig an die masochistischen und selbstzerstörerischen Züge der Identitätskrise anknüpfen.

Jochen Beyses Bezüge auf Lenz

In die Reihe der Sohn/Vater-Auseinandersetzungen von Meckel, Härtling bis Hofmann gehört auch Jochen Beyses Novelle *Der Aufklärungsmacher* (1985). Moritz, der erwachsene Sohn Friedrich Nicolais, arbeitet seinen Konflikt mit dem Vater, dem *Aufklärungsmacher*, auf. Dessen alles rubrizierendes, katalogisierendes, objektivierendes und instrumentalisierendes Denken läßt dem Sohn keinen Raum, seine Individualität und Andersartigkeit zu entfalten. Nicht zufällig identifiziert sich der Sohn mit dem vom Vater gebrandmarkten und parodierten Werther, aber vor allem mit dem ja schon von Goethe als ›wertherkrank‹ bezeichneten Lenz. Zuerst erinnert sich Moritz daran, daß Lenz auf einer Moskauer »Promenade [...] zwischen rücksichtslos weiterstrebenden Passanten [...] verendet« sei (S. 15). Seine Bücher habe der Vater verboten, während er weiter mit ihnen als Buchhändler seine Geschäfte gemacht habe. Der »lebenslänglich Verhinderte« ist Moritz' »Favorit« (S. 114). Er verkörpert ein radikales Gegenprogramm zur patriarchalen Vernunft, der er vorwirft, als Zwangszusammenhang Körperlichkeit und Sinnlichkeit auszugrenzen, ein subjektiv-unmittelbares Verhältnis zur Natur zu unterbinden und sich zugleich kongruent zu den Herrschaftsstrukturen in der Feudalgesellschaft zu verhalten.

Beyse will in seinem Porträt Nicolai nicht historisch »gerecht« werden. Es ist deutlich geprägt von der antiaufklärerischen Stimmung Mitte der achtziger Jahre, wo es Mode geworden ist, der Vernunft ihre Ausgrenzungen und ihren Herrschaftsanspruch vorzuhalten. Zugleich versteckt der Erzähler nicht, daß es sich um ein haßerfülltes Porträt handelt. Moritz »braucht« seinen Vater als Gegner. Nur in der Ablehnung vermag sich Moritz gegen ihn zu behaupten und bleibt doch in der Negation an ihn gebunden. Lenz gewinnt für Moritz scheinbar die Funktion, die der junge Goethe für jenen hatte. Er ermutigt zum Ausbruch aus den überkommenen Normen: »Die geschlossene Form aufbrechen, in der Dichtung, im Leben, sagte ich laut vor mich hin aus dem Fenster« (S. 115). Lenz wird in der Erzählung vorgestellt als Poet, der die Wertherstimmung lebt, der um eine Verbindung von Dichtung und Leben ringt. Goethe hingegen betone und lebe die Trennung zwischen beiden, sei dadurch der »Überlebensgroße«. Indem er Lenz letztlich abweise, löse er dessen »Wahnsinn als Verzweiflungsklarsicht« aus. Der Erzähler Moritz identifiziert sich mit Lenz' radikal narzißtischen Zügen, mit seiner Hingabe an das »Diktat« der eigenen »Empfindungen«. Sein vorgelebtes Programm einer Einheit von Leben und Schreiben verfehlen für Moritz sowohl die Aufklärer wie Nicolai als auch die Weimeraner. Freilich schließt die Novelle mit der ironischen Wendung, daß auch Moritz dieses Programm verfehlt, er sogar – das Schicksal des Dichters Lenz vor Augen – letztlich vor ihm zurückschreckt. »Es war schwer, dem Bann des Aufklärungsmachers nicht zu erliegen.« Wie Lenz findet Moritz zum Schreiben, weil er Klarheit über sich gewinnen möchte. Dabei spielt er mit dem Gedanken, eine Novelle über Lenz zu schreiben, als deren »idealen Verfasser« er sich sieht. Gerade deswegen rettet er sich freilich ins Verstummen. Aus »Angst« identifiziert er sich am Ende doch lieber mit dem erfolgreichen Versuch des Vaters, Phantasie und Empfindungen zu disziplinieren. Mit dem »Lenz«-Schluß »so lebte er hin« schließt die Erzählung. Den in diesen Worten ausgedrückten inneren Tod bei äußerem Dahinvegetieren möchte der Erzähler vermeiden, indem er letztlich eine Erzählung über den Vater statt über Lenz schreibt.

Wie an Hofmanns Text fällt bei Beyses Novelle der betont artifizielle Charakter auf, der sich in den zahlreichen Anknüpfungen, Zitaten und Verweisungen zeigt, aber auch in der ironisch-parodistischen Stilhaltung. Wie bei Hofmann soll freilich die ausgewiesene Künstlichkeit, die eine Identifikation des Lesers mit dem Protagonisten erschwert, den existentiellen Ernst der Auseinandersetzung ausbalancieren.

Neueste Lenz-Rezeptionen in Oper, Film und Theater

1990 wird in München *Le Précepteur* uraufgeführt, eine Kammeroper der französischen Komponistin und Professorin für Musiktheorie Michèle Reverdy nach Lenz' *Hofmeister*. Das Libretto, in das auch Gedichtzitate eingefügt sind, schreibt Hans-Ulrich Treichel, Nicole Roche übersetzt es. Das eher konventionell wirkende Libretto, das in seiner sprachlichen Zurückhaltung der Musik um so mehr Entfaltungsmöglichkeiten bietet, tilgt aus der Perspektive des historisch Wissenden viele der Ambivalenzen der Vorlage. Zugleich wird sie stark gestrafft und in Personenzahl und Vielperspektivität beschnitten. Die politisch-gesellschaftsanalytische Perspektive der *Hofmeister*-Bearbeitung Brechts vermeidet Treichel. Wie Brecht fügt er eine Kastrationsszene hinzu. Aus Angst vor der Unberechenbarkeit des Triebs bringt Läuffer sein Selbstopfer. Der Schluß – die Heiraten von Lise und Läuffer und Fritz und Gustchen – scheint vordergründig glücklich, allerdings akzentuiert das in den verhallenden letzten Takt hinein gesprochene »Pauvre petit homme!« eine eher nachdenkliche Distanzierung.

Le Précepteur ist zwar eine Gesangsoper – die Komponistin bekennt sich ausdrücklich dazu –, aber die Musik ist weitgehend autonom, aus 21 Akkorden hergeleitet. Allerdings werden die Parameter Rhythmus, Tempo, Klangfarbe und Lautstärke zur charakterisierenden Gestaltung der dramatischen Situationen eingesetzt. Das ändert gleichwohl nichts an dem »Gesamteindruck, daß Orchester- und Bühnengeschehen [...] nur lose verbunden sind.« (Petersen/Winter 1991, S. 49) Statt der Geschlossenheit, die das Festhalten an Handlungssukzession und -motivierung anzudeuten scheint, setzt die Oper auf eine relative Selbständigkeit von Handlung, Sprache, Szene und Musik und auf ein daraus sich ergebendes »Netz von Verweisungszusammenhängen« (Schmidt 1993, S. 272). Die Vielheit, die Lenz durch mehrere Handlungsstränge, die relative Autonomie der Einzelszenen, durch ihre »gezackten Ränder« (Klotz) und durch die Sprachohnmacht der Figuren schafft, kommt so über die vielfältigen Möglichkeiten der Verknüpfung von Strukturen in das Opernwerk hinein. Freilich setzt ihre Erfassung eine hohe Kompetenz des Zuhörers voraus.

Unter den zahlreichen Sendungen im 200. Todesjahr 1992 sind Holger Teschkes Hörspielfassung des *Waldbruders*, produziert vom Bayrischen Rundfunk und vom Deutschlandsender, vor allem aber Egon Günthers Fernsehfilm *Lenz* hervorzuheben. Dieser wird vom Saarländischen Rundfunk und vom ORB Brandenburg produziert. Günther, früher DEFA-Spielplandramaturg, hat 1975 Thomas Manns *Lotte in Weimar* verfilmt und 1978 die TV-Dokumentation *Weimar, du Wunderbare*. Im Vordergrund des Films steht die Konfrontation zwischen Lenz und Goethe. Der Lenz-Darsteller Jörg Schüttauf präsentiert überzeugend die widersprüchlichen Verhaltensweisen des Autors: seinen intellektuellen Ehrgeiz, seinen Drang nach Anerkennung, seine extreme Verletzlichkeit und seinen Hang zu unberechenbaren, oft den Anderen verletzenden Reaktionen. Diese wollen meist eine Nähe herstellen, die Lenz in der Regel versagt bleibt. Sehr deutlich stellt der Film die Distanz zwischen Goethe und Lenz heraus. Allerdings kann der weltkluge Goethe in der entscheidenden Auseinandersetzung in Weimar seine Überlegenheit nicht behaupten, was dann zur Ausweisung des Schwächeren führt. Immerhin muß Goethe Lenz als genialen Dichter anerkennen. Die darauf folgenden abschließenden Szenen (Lenz auf dem Weg nach Rußland und dort umkommend) scheinen eher mißlungen. Dies gilt insbesondere für die Liebesszene im Heu, von Günther als »grandioses Geschenk des Filmemachers an Lenz« intendiert. Lenz ist als ein einsamer und extrem liebebedürftiger Mensch gestaltet, der Liebe weder von den Frauen – in den Friederike- und Cleopheszenen – noch von Goethe bekommt. In dieser eher populären, aber naheliegenden psychologischen Deutung vollzieht sich der aktualisierende Zugriff auf das historische Geschehen. Darüber hinaus wird die soziale Deklassierung des Dichters gezeigt. Lenz muß sich immer erniedrigen, als Dichter »täglich Scheiße fressen«, wie es in der Szene heißt, in der die Kleists ihn demütigen. Nicht zufällig beginnt der Film mit der Ausweisung aus Weimar. Erst dann wird chronologisch – Weimar eingeschlossen – erzählt, wobei mit der historischen Überlieferung frei umgegangen wird. Zum Beispiel spielt im Film ein Treffen von Lenz und Goethe mit Herder in Straßburg, das es nicht gegeben hat, eine wichtige Rolle. Der Film liefert also keine Biographie, sondern, wie Günther sagt, die »Deutung einer Biographie«. Weil er eigentlich biographische Kenntnisse voraussetzt, ist er für ein breites Publikum sicher schwer zu rezipieren. Der Regisseur, der auch das Drehbuch selbst verfaßt, entscheidet sich für eine an der Gegenwart orientierte, aber leicht archaisierte Kunstsprache. Authentische Zitate aus Gedichten oder Briefen läßt Günther Lenz meist lesen. Besonders beeindrucken die Bilder, die sich meist auf prägnante Situationen und Posen oder nah herangeholte Gesichter beschränken.

Unter den Theaterinszenierungen des Todesjahres ist die Erstaufführung der *Catharina von Siena* an der Berliner Schaubühne hervorzuheben. Dieter Sturm stellt aus den verschiedenen Fragmenten eine spielbare Fassung her. Die junge Catharina flieht aus Angst vor der vom Vater gewünschten Standesheirat aufs Land. Dort erlebt sie eine Feuersbrunst, deren Opfer sie mit Geld unterstützt. Gegen die Flammen kämpft auch der Maler Rosalbino, den Catharina unerwidert liebt wie ihre Konkurrentin, die Hirtin Aurilla. In der Exaltation ihrer Exerzitien sieht Catharina in Corregio Christus. Freilich kann – das zeigt Michael Grübers Inszenierung – die Kunst weder der Liebe noch der Welt helfen, umgekehrt wird das am Ende entsagende Mädchen zu einem Kunst-Bild: ein Frauenopfer zugunsten der Ästhetisierung. Diese Interpretation trifft vermutlich nicht Lenz' Intentionen, wohl aber die auch inszenierte Problematik, daß wirkliche Liebe zwischen den Menschen unmöglich ist.

Auch in den nächsten Jahren gibt es einige wichtige Inszenierungen von Stücken Lenz'. In der Spielzeit 1993/94 haben *Die Soldaten* in der Bearbeitung Kipphardts im Münchner Residenztheater Premiere (Regie: Klaus Emmerich). Die Inszenierung fällt auf durch stark stilisierte Bewegungsabläufe und durch filmische Techniken wie rasche Schnitte sowie durch den Bezug auf den Bosnien-Krieg, in dem Frauen zum Opfer männlicher Gewalt werden. Dieser Thematik ist eine eigens hinzugefügte Szene gewidmet.

Am Hamburger Thalia-Theater wird in der Spielzeit 1994/95 der *Neue Menoza* inszeniert. Die Spielvorlage verfaßt Niklaus Helbling, Regie führt Nikolai Sykosch. Die Selbstreflexivität des Stückes wird verstärkt, indem Zitate aus der Rezension zu *Goetz von Berlichingen* und aus den *Anmerkungen* eingefügt werden, die durch Zierau als Kommentator präsentiert werden, der hier seine Rechthaberei verliert und als Lenz' Stellvertreter erscheint.

Besonders hervorzuheben ist die Uraufführung des *Engländers* an der Württembergischen Landesbühne Esslingen (1996). Der Regisseur Hannes Glarner, der auch eine wichtige Untersuchung des Stückes geschrieben hat, bindet es mit der Plautus-Bearbeitung *Das Väterchen* zu einem »Projekt« zusammen. Glarner bezieht auch das Oberlin-Tagebuch ein und konfrontiert so die Realität des Wahnsinns mit seiner fiktionalen Darstellung, die hier als Traumphantasie in die Ereignisse im Steintal eingebunden wird. Lenz inszeniert sich so als Robert Hot. Die Traumlogik kommt der Struktur des Stückes mit seiner radikalen Innenperspektive durchaus entgegen. Das *Väterchen* – wie *Der Engländer* ein Sohn-Vater-Stück – fungiert dagegen als hintersinnig heiterer Kontrast.

Insgesamt freilich hat in den achtziger und neunziger Jahren die Aufmerksamkeit, die Lenz in der Wissenschaft findet, keine Entsprechung im deutschsprachigen Theater. Nach der Werkstatistik des Deutschen Bühnenvereins gibt es seit der Spielzeit 1981/82 pro Spielzeit nur ein bis zwei Lenz-Premieren, 1985/86 und 1986/87 gar keine. In den neunziger Jahren gibt es in den Spielzeiten 1991/92 und 1992/93 je fünf Premieren, 1993/94 sechs, 1994/95 drei und 1995/96 und 1996/97 je zwei. 1997/98 gibt es keine Lenz-Premiere. Deutlicher Spitzenreiter seit 1991/92 ist der *Neue Menoza* mit 12 Premieren; zwei davon geben das Stück in der Bearbeitung durch Christoph Hein. *Die Soldaten* werden fünfmal aufgeführt, davon zweimal in Kipphardts Bearbeitung. *Der Hofmeister* wird ebenfalls fünfmal aufgeführt, davon zweimal in der Bearbeitung Brechts. *Das Väterchen* hat außer in Tübingen noch ein zweites Mal am Nürnberger Gostner Hoftheater Premiere (1993). Die viel beachtete Uraufführung von *Die Freunde machen den Philosophen* 1988 in Paris (Centre Dramatique National, Regie: Bernard Sobel, Übersetzung: Sylvie Mueller) findet in Deutschland keine Nachfolge. Hier scheut man Experimente und hält sich meist an die bekannten Stükke. Doch vielleicht entdeckt die jüngere Generation von Theatermachern Lenz. Thomas Ostermeier, einer der drei neuen künstlerischen Leiter der Berliner Schaubühne, erwägt: »Dieses Theater wird vielleicht nicht den neuen Shakespeare hervorbringen, nicht mal den neuen Büchner. Aber vielleicht wirds wenigstens den neuen Lenz geben.« (»Menschlich gesehen«. In: *Hamburger Abendblatt*, 24.1.2000).

Werkverzeichnis und Sekundärliteratur

1. Bibliographien

Benseler, David Price: Jakob Michael Reinhold Lenz. An Indexed Bibliography with an Introduction on the History of the Manuscripts and Editions. Diss. Phil. Univ. of Oregon 1971 (Masch.) [Diese Bibliographie enthält die Lenz-Ausgaben, Rezensionen und wissenschaftliche Literatur bis 1970].

Kocker, Uwe: Bibliographie. In: *Wurst,* Karin A. (Hg.): J.M.R. Lenz als Alternative?: Positionsanalysen zum 200. Todestag. Köln 1992, S. 229-243.

Grund, Sonja: Bibliografie Jakob Michael Reinhold Lenz. In: J.M.R. Lenz. München 2000 (edition text + kritik. Hg. von Heinz-Ludwig Arnold), S. 82-95.

2. Werkausgaben

2.1 Werkausgaben zu Lenz' Lebzeiten

Kayser, Philipp Christoph (Hg.): Flüchtige Aufsäzze von Lenz. Zürich: Füessli 1776. (Enthält: Die beiden Alten; Matz Höcker; Über die Bearbeitung der deutschen Sprache; Über die Veränderung des Theaters im Shakespeare; Über die Vorzüge der deutschen Sprache.)

Philosophische Vorlesungen für empfindsame Seelen. Basel [Frankfurt, Leipzig]: C.A. Serini 1780. (Enthält: Vom Baum der Erkenntnis Guten und Bösen; Erstes, zweites und drittes Supplement; Einige Zweifel über die Erbsünde; Unverschämte Sachen.)

2.2 Werkausgaben nach Lenz' Tod

Tieck, Ludwig (Hg.): Gesammelte Schriften von Jakob Michael R. Lenz. Bde. 1-3, Berlin: Reimer 1828. (Enthält: Dramen; Lustspiele nach dem Plautus; Anmerkungen übers Theater; Wiederabdruck von Kayser: Flüchtige Aufsäzze von Lenz; Aufsätze; Gedichte; Prosa; Pandämonium Germanicum.) [Siehe Erläuterung im Text.]

Weinhold, Karl (Hg.): Dramatischer Nachlaß von J.M.R. Lenz. Frankfurt/M.: Rütten und Loening 1884. (Enthält: Boris; Caroline; Catharina von Siena; Cato; Der Geizhals; Der großprahlerische Offizier; Der Magister; Der Truculentus; Der tugendhafte Taugenichts; Die alte Jungfer; Die Aussteuer (2. Akt); Die Familie der Projektenmacher; Die Kleinen; Graf Heinrich; Henriette von Waldeck oder die Laube; Piramus und Thisbe; Vertheidigung der Vertheidigung des Übersetzers der Lustspiele; Vorrede zu den Lustspielen; Verschiedene Entwürfe und Materialien zu: Der Engländer; Der neue Menoza; Die Freunde machen den Philosophen; Die Soldaten; Die Wolken.)

Ders. (Hg.): Gedichte von J.M.R. Lenz. Berlin: Hertz 1891

Blei, Franz (Hg.): Jakob M. R. Lenz: Gesammelte Schriften. Bd. 1 u. 2, München/Leipzig: Georg Müller 1909. Bd. 3 u. 4, ebd. 1910, Bd. 5, ebd. 1913. (Enthält: Gedichte; Der Hofmeister; Anmerkungen übers Theater; Amor vincit omnia; Der Neue Menoza; Lustspiele nach dem Plautus [1909]; Dramen; Dramatische Fragmente; Coriolan; Schriften in Prosa [1910]; Schriften in Prosa [1913].)

Lewy, Ernst (Hg.): J.M.R. Lenz: Gesammelte Schriften. Bde. 1-4, Berlin: Paul Cassirer 1909 u. 1917. (Enthält: Dramen; Gedichte; Lustspiele nach dem Plautus; Fragmente; Prosa.)

Hammer, Klaus (Hg.): J.M.R. Lenz: Erzählungen. Leipzig: Reclam 1962. (Enthält: Zerbin oder die neuere Philosophie; Der Landprediger; Empfindsamster aller Romane.)

Titel, Britta, *Haug,* Hellmut (Hg.): J.M.R. Lenz: Werke und Schriften. Bde. 1 u. 2, Stuttgart: Goverts 1966. (Enthält: Gedichte; Prosadichtungen; Theoretische Schriften; Dramen; Dramatische Fragmente; Lustspiele nach dem Plautus.)

Daunicht, Richard (Hg.): J.M.R. Lenz: Gesammelte Werke in vier Bänden. München: Fink 1967. Band 1 [mehr nicht erschienen]. (Enthält: Der verwundete Bräutigam; Der Hofmeister; Lustspiele nach dem Plautus; Das Väterchen; Die Aussteuer; Die Entführungen; Die Buhlschwester; Die Türkensklavin; Der neue Menoza.) [Siehe Erläuterung im Text.]

Haug, Hellmut (Hg.): J.M.R. Lenz: Gedichte. Stuttgart 1968 (RUB 8582.)

Daunicht, Richard (Hg.): J.M. R. Lenz: Werke und Schriften. Texte deutscher Literatur 1500-1800, Bd. 34, Reinbek: Rowohlt 1970. (Enthält: Das Väterchen; Der Engländer; Der Hofmeister; Pandämonium Germanicum; Meynungen eines Layen; Tantalus; Zerbin.)

Richter, Helmut (Hg.): J.M.R. Lenz. Werke in einem Band. Bibliothek deutscher Klassiker. Einleitung von Rosalinde Gothe. Berlin/Weimar: Aufbau 1972. (Enthält: Gedichte; Die Buhlschwester; Der Hofmeister; Die Soldaten; Pandämonium Germanicum; Zerbin; Der Landprediger; Über Götz von Berlichingen; Anmerkungen übers Theater.)

Schwarz, Hans-Günther (Hg.): J.M.R. Lenz: Anmerkungen übers Theater. Shakespeare-Arbeiten und Shakespeare-Übersetzungen. Stuttgart: Reclam 1976. (Enthält: Anmerkungen übers Theater; Amor vincit omnia; Über die Veränderung des Theaters im Shakespeare; Das Hochburger Schloß; Verteidigung des Herrn W. gegen die Wolken [Auszug]; Coriolan [Auszug]; Shakespeares Geist.)

Seyppel, Joachim (Hg.): J.M.R. Lenz: Erzählungen und Briefe. Berlin: Buchverlag Der Morgen 1978. (Enthält: Zerbin; Der Waldbruder; Der Landprediger; Empfindsamster aller Romane; 12 Briefe.)

Damm, Sigrid (Hg.): J.M.R. Lenz: Poesialbum 1 u. 2. Berlin (DDR): Vlg. Neues Leben 1979. (Enthält: Gedichte.)

Hohoff, Ulrich u. Bettina (Hg.): J.M.R. Lenz: Der Engländer. Der tugendhafte Taugenichts. Die Aussteuer. Dramen und Gedichte. Frankfurt: Dagyeli 1986. (Enthält: Der Engländer; Der tugendhafte Taugenichts; Die Aussteuer; Gedichte [Auswahl].)

Damm, Sigrid (Hg.): J.M.R. Lenz: Werke und Briefe in 3 Bänden. Hg. und mit einem Essay von Sigrid Damm. Leipzig: Insel. München/Wien: Hanser 1987 (Enthält als relativ vollständigste Ausgabe Dramen, Erzählungen, Lyrik, Essays, Briefe, vgl. die Erläuterung im Text.)

Unglaub, Erich: Jakob Michael Reinhold Lenz. Dramen des Sturm und Drang. München 1988. (Serie Piper.801.) (Enthält: Der Hofmeister; Der neue Menoza; Die Soldaten; Pandämonium Germanikum; Coriolan.)

Voit, Friedrich: J.M.R. Lenz: Erzählungen. Stuttgart 1988. (RUB 8468.) (Enthält: Zerbin; Der Waldbruder; Der Landprediger.)

Müller, Peter/*Stötzer,* Jürgen: Jakob Michael Reinhold Lenz. Ein Lesebuch für unsere Zeit. Berlin: Aufbau 1992. (Aufbau Tb. 112.) (Enthält: Gedichte [Auswahl]; Pandämonium Germanicum; Der Engländer; Die Freunde machen den Philosophen; Weltanschaulich-ästhetische Schriften [Auswahl]; Briefe [Auswahl].)

Lauer, Karen: Jakob Michael Reinhold Lenz: Werke. Mit e. Nachwort v. Gerhard *Sauder*. München 1992. (dtv 2296.) (Enthält: Der Hofmeister; Die Soldaten; Der neue Menoza; Pandämonium Germanikum; Die Freunde machen den Philosophen; Der Engländer; Zerbin; Der Waldbruder; Der Landprediger; Über Götz von Berlichingen; Anmerkungen übers Theater; Gedichte [Auswahl].)

Voit, Friedrich: J.M.R. Lenz. Werke. Stuttgart 1992. (RUB 9755.) (Enthält: Der Hofmeister; Der neue Menoza; Die Soldaten; Pandämonium Germanikum; Moralische Bekehrung; Der Waldbruder; Gedichte [Auswahl]; Theoretische Schriften [Auswahl].)

2.3 Lenz' Werke in anderen Ausgaben

Sauer, August (Hg.): Stürmer und Dränger. Zweiter Teil: Lenz und Wagner. Deutsche National-Litteratur, Bd. 80. Berlin u. Stuttgart: Spemann 1883 (Enthält: Der Hofmeister; Die Soldaten; Pandämonium Germanicum; Der Waldbruder; Gedichte.)

Grotthus, J. E. von (Hg.): Das Baltische Dichterbuch. Eine Auswahl deutscher Dichtungen aus den baltischen Provinzen Rußlands mit einer literaturhistorischen Einleitung und biographisch-kritischen Studien. Reval: Kluge 1894. (Enthält: Gedichte.)

Freye, Carl (Hg.): Sturm und Drang. Dichtungen aus der Geniezeit. Goldene Klassiker-Bibliothek, 2 Bände. Berlin, Leipzig, Wien, Stuttgart: Bong & Co. 1911. Bd. 1, Teil 2, S. 1-463. (Enthält: Catharina von Siena; Cato; Der Engländer; Der Hofmeister; Der tugendhafte Taugenichts; Die beiden Alten; Die Buhlschwester; Die Entführungen; Die Freunde machen den Philosophen; Die Soldaten; Pandämonium Germanicum; Der Waldbruder; Zerbin oder die neuere Philosophie; Gedichte.)

Credner, Karl (Hg.): Sturm und Drang: Der junge Goethe und sein Kreis: Herder, Lenz, Klinger, Friedrich Müller u. a.. Eine Auswahl aus ihren Schriften. Voigtländers Quellenbücher, Bd. 70. Leipzig: Voigtländer 1914. (Enthält: Der Hofmeister; Der neue Menoza; Die Soldaten; Pandämonium Germanicum; Anmerkungen übers Theater; Über die Bearbeitung der deutschen Sprache im Elsaß; Über die Vorzüge der deutschen Sprache [jeweils in Auszügen]; Gedicht: Matz Höcker.)

Hoppe, Karl (Hg.): Sturm und Drang. Leipzig: Weber 1925. (Enthält: Der Hofmeister; Die Soldaten; Der Waldbruder; Gedichte.)

Kindermann, Heinz (Hg.): Kultur- und Gesellschaftskritik. Deutsche Literatur: Sammlung literarischer Kunst- und Kulturdenkmäler in Entwicklungsreihen. Reihe Irrationalismus, Bd. 8. Leipzig: Reclam 1939. (Enthält: Das Väterchen; Der Hofmeister; Der neue Menoza; Die Soldaten.)

Loewenthal, Erich, *Schneider,* Lambert (Hg.): Sturm und Drang. Dramatische Schriften. 2. Ausgabe, 2 Bände. Heidelberg: Schneider 1963. Bd. 1, S. 135-

554. (Enthält: Cato; Der Hofmeister; Der Magister; Der neue Menoza; Der tugendhafte Taugenichts; Die Aussteuer; Die Buhlschwester; Die Entführungen; Die Freunde machen den Philosophen; Die Soldaten; Fragment aus einer Farce; Pandämonium Germanicum.)

Strasser, Rene (Hg.): Sturm und Drang. Werke in drei Bänden. Zürich: Stauffacher 1966. Bd. 2. (Enthält: Der Hofmeister; Die Soldaten; Gedichte.)

Nicolai, Heinz (Hg.): Sturm und Drang. Dichtungen und theoretische Texte. Mit Anmerkungen von Elisabeth Raabe u. Uwe Schweikert. München: Winkler 1971. Bd. 1. (Enthält: Gedichte; Der Waldbruder; Zerbin; Der Hofmeister; Die Soldaten; Die Freunde machen den Philosophen; Pandämonium Germanicum; Tantalus; Über Götz von Berlichingen; Anmerkungen übers Theater; Briefe über die Moralität der Leiden des jungen Werther.)

Müller, Peter (Hg.): Sturm und Drang. Weltanschauliche und ästhetische Schriften. Berlin u. Weimar: Aufbau 1978. Bd. 2. (Enthält: Entwurf eines Briefes an einen Freund, der auf Akademien Theologie studiert; Zweierlei über Virgils erste Ekloge; Über Götz von Berlichingen; Anmerkungen übers Theater; Vom Baum der Erkenntnis Guten und Bösen; Nur ein Wort über Herders Philosophie der Geschichte; Briefe über die Moralität der Leiden des jungen Werther; Rezension des Neuen Menoza; Über die Natur unseres Geistes; Verteidigung des Herrn W. gegen die Wolken; Das Hochburger Schloß.)

2.4 Briefausgaben

Waldmann, Fritz (Hg.): Lenz in Briefen. Zürich: ›Sterns literarisches Bulletin in der Schweiz‹ Presse 1894. (Enthält: Auszüge aus Briefen an und von Lenz sowie von Zeitgenossen, die sich über Lenz äußern.)

Freye, Karl, *Stammler,* Wolfgang (Hg.): Briefe von und an J.M.R. Lenz. 2 Bände. Leipzig: Kurt Wolff 1918. Neuauflage: Bern: Lang & Co. 1969

Damm, Sigrid (Hg.): Werke und Briefe. Bd 3. [s.o.] (Enthält: fast vollständigen Abdruck der seinerzeit bekannten Briefe Lenz'.)

3. Werke

(Das Verzeichnis strebt keine absolute Vollständigkeit an; an Gedichten werden nur die im Text behandelten aufgeführt; es werden der Aufbewahrungsort der Handschrift (MS) und der Erstdruck (E) angegeben; die folgenden Drucknachweise beziehen sich, wenn nicht genauer ausgeführt, auf die in 1.2 aufgeführten Werkausgaben, in seltenen Fällen auch auf in 3 aufgeführte Lenz-Sekundärliteratur.)

»Abschied von Kochberg«
MS: Staatsbibliothek Preuß. Kulturbesitz. Berlin
E: *Tieck,* Bd. 3, S.252-253. – *Blei,* S.203-204; Lewy, Bd. 2, S.127-128; *Richter,* S.28-29; *Sauer,* S. 260-261

»Ach bist du fort?«
MS: Verloren. Abschrift H. Kruse Universitätsbibliothek Leipzig. Abschrift A. Stöber Goethe-Schiller-Archiv. Weimar

E: Deutscher Musenalmanach 1838, S.4. – *Blei,* Bd. 1, S.74-75; *Damm*, Bd. 3, S.96-97; *Lewy,* Bd. 2, S.11-12; *Müller*, S.72; *Richter,* S.4-5; *Sauer,* S.218-219; *Strasser,* Bd. 2, S.246-247; *Titel/Haug,* Bd. 1, S.108; *Vonhoff,* S. 195; *Weinhold* (Gedichte), S.88-89

»Abgerissene Beobachtungen über den launigen Dichter«
MS: Verloren
E: Deutsches Museum 7 (1782), S.195-196. – *Blei,* Bd. 4, S.269-270; *Damm*, Bd. 2, S.769; *Titel/Haug,* Bd. 1, S.464-465

»Abgezwungene Selbstvertheidigung«
MS: Biblioteka Jagiellonska. Kraków
E: *Weiß,* Christoph: »Abgezwungene Selbstvertheidigung.« Ein bislang unveröffentlichter Text von J.M.R. Lenz aus seinem letzten Lebensjahr. In: Lenz Jb 1 (1991), S. 7-42

»Als Sr. Hochedelgebohrnen der Herr Professor Kant, den 21. August 1770 für die Professorwürde disputierte. Im Namen der sämtlichen in Königsberg studierenden Cur- und Lief-Länder aufgesetzt von L... aus Liefland«
MS: Verloren
E: Ders. Titel. Im Namen der sämtlichen in Königsberg studierenden Cur- und Liefländer aufgesetzt von L... aus Liefland. Königsberg: Kanter 1770. – *Blei,* Bd. 1, S.65-67; *Damm,* Bd. 3, S.83-84; *Lewy,* Bd. 2, S.8-9; *Müller*, S.57 f.; *Sauer,* S.215-216; *Weinhold* (Gedichte), S.79-80

»Amor vincit omnia«
MS: Verloren
E: *Lenz:* Anmerkungen übers Theater nebst angehängtem übersetzten Stück Shakespeares. Leipzig: Weygand 1774. – *Blei,* Bd. 1, S.257-326; *Damm,* Bd. 1, S.608-666; *Schwarz,* S.41-103; *Tieck,* Bd. 2, S.230-298

»An das Herz«
MS: Verloren
E: Der Bürgerfreund 1776, S.142-144 (1. Fassung); Musenalmanach oder poetische Blumenlese für das Jahr 1777, S.28. (2. Fassung). – *Blei,* Bd. 1, S.98-99; *Damm*, Bd. 3, S.105-106; *Dorer-Egloff,* S.134; *Haug* (Gedichte), S.10; *Lauer*, S.486-488; *Lewy,* Bd. 2, S.39; *Maltzahn,* Wendelin von: Der Dichter J.M.R. Lenz. In: Blätter für literarische Unterhaltung v. 24. 08. 1848, S.947; Müller, S.81; *Richter,* S.3; *Sauer,* S.246-247; *Strasser,* Bd. 2, S.245; *Titel/Haug,* Bd. 1, S.110; *Voit* 1992, S. 352; *Weinhold* (Gedichte), S.111-112; *Zöppritz,* Rudolf (Hg.): Lenziana. In: *ders.*: Aus F. H. Jacobis Nachlaß. Ungedruckte Briefe von und an Jacobi und andere. Nebst ungedruckten Gedichten von Goethe und Lenz. Leipzig 1869. Bd. 2., S.307-308

»An den Geist«
MS: Zentralbibliothek Zürich (vom Druck abweichende Fassung)
E: Urania für Kopf und Herz 1 (1793), S.49-50. – *Blei,* Bd. 1, S.219-220; *Damm*, Bd. 3, S.226-227; *Haug,* S.46-47; *Lauer*, S. 486; *Lewy,* Bd. 2, S.159-160; *Müller*, S.117; *Sauer,* S.267-268; *Strasser,* Bd. 2, S.267-277; *Titel/Haug,* Bd. 1, S.203; Vonhoff, S.204 f. (beide Fassungen); *Weinhold* (Gedichte), S.237-238

»Anmerkungen übers Theater nebst angehängtem übersetzten Stück Shakespeares«
MS: Verloren
E: *Lenz:* ders. Titel. Leipzig: Weygand 1774. – *Lenz:* ›Der Hofmeister‹ und ›Anmerkungen übers Theater‹. Leipzig 1962. (Reclams Universalbibliothek Nr.1375/76. Nachwort von Klaus Hammer); *Blei,* Bd. 1, S.221-255; *Damm,* Bd. 2, S.641-671; *Friedrich,* Theodor: Die ›Anmerkungen übers Theater‹ des Dichters J.M.R. Lenz. Nebst einem Anhang: Neudruck der ›A. ü. T.‹ in verschiedenen Typen zur Veranschaulichung ihrer Entstehung. Leipzig 1908 (Probefahrten.13); *Lauer,* S. 428-458; *Lewy,* Bd. 4, S.243-278; *Richter,* S.356-386; *Schneider,* Lambert, *Schleuning,* Waltraud (Hg.): Sturm und Drang. Kritische Schriften. 2. Ausgabe. Heidelberg: Schneider 1962, S.715-745; *Schwarz,* S.5-40; *Tieck,* Bd. 2, S.199-239; *Titel/Haug,* Bd. 1, S.329-362; *Voit* 1992, S.369-402

»Aretin am Pfahl gebunden mit zerfleischtem Rücken«
MS: Staatsbibliothek Preuß. Kulturbesitz. Berlin
E: *Weinhold* (Gedichte), S.197-198. – *Blei,* Bd. 1, S.182; *Damm,* Bd. 3, S.184-185, *Lewy,* Bd. 2, S.115; *Müller,* S.100; *Tieck,* Bd. 3, S.259-260; *Titel/Haug,* Bd. 1, S.196-197; *Vonhoff,* S.199 f.

»Auf die Musik zu Erwin und Elmire von Ihrer Durchlaucht, der verwittibten Herzogin zu Weimar und Eisenach gesetzt«
MS: Staatsbibliothek Preuß. Kulturbesitz. Berlin
E: Teutscher Merkur 2 (1776), S.197-198. – *Blei,* Bd. 1, S.177-179; *Damm,* Bd. 3, S.188-189; *Lewy,* Bd. 2, S.110-111; *Sauer,* S.253-254; *Tieck,* Bd. 3, S.274-275; *Titel/Haug,* Bd. 1, S.102-103; *Vonhoff,* S.228 f.; *Weinhold* (Gedichte), S.192-193

»Auf ein Papillote«
MS: Staatsbibliothek Preuß. Kulturbesitz Berlin
E: *Zöppritz,* Rudolf: Lenziana. Leipzig 1869, S.310-311. – *Blei,* Bd. 1, S.101-102; *Damm,* Bd. 3, S.107-109; *Haug* (Gedichte), S.14-15; *Lewy,* Bd. 2, S.43; *Müller,* S. 81; *Sauer,* S.221-222; *Titel/Haug,* Bd. 1, S.113-114; *Weinhold* (Gedichte), S.114-115; *Voit* 1992, S. 354 f.; *Vonhoff,* S.198 f.

»Ausfluß des Herzens, eine esoterische Ode«
MS: Zentralbibliothek Zürich (vom Druck abweichende Fassung)
E: Urania für Kopf und Herz 1 (1793), S.46-48. – *Blei,* Bd. 1, S.217-218; *Damm,* Bd. 3, S.92-93; *Lewy,* Bd. 2, S.18-19; *Strasser,* Bd. 2, S.263-264; *Tieck,* Bd. 3, S.234-235; *Titel/Haug,* Bd. 1, S.93-94; *Voit,* S. 345; *Weinhold* (Gedichte), S.235-236

»Belinde und der Tod«
MS: privat
E. Faksimileausg. mit Transkription hg. von Vera *Tammannn-Bertholet* und Adolf *Seebaß.* Erasmushaus, Haus der Bücher AG. Basel 1988

»Boris«
MS: Zerstört
E: *Weinhold* (Dramen), S.304-306. – *Blei,* Bd. 3, S.408-409; *Damm,* Bd. 1, S.602-605; *Titel/Haug,* Bd. 2, S.569-570

»Briefe über die Moralität der Leiden des jungen Werthers«
MS: verloren
E: *Schmitz-Kallenberg,* Lotte (Hg.): Briefe über ... Eine verloren geglaubte Schrift der Sturm- und Drangperiode. Münster 1918. – *Damm,* Bd. 2, S.673-691; *Titel/ Haug.* Bd. 1, S.383-402

»Catechismus«
MS: Staatsbibliothek Preuß. Kulturbesitz . Berlin
E: *Rosanow,* S. 548-554 (Teilabdr. unter dem Titel »Meine Lebensregeln«; *Blei,* Bd. 4, S. 31-70 (Titel »Vom Baum der Erkenntnis Guten und Bösen«); *Lewy,* Bd. 4, S. 307-325 (Titel »Lebensregeln«; *Damm,* Bd. 2, S. 487-499 (Titel »Meine Lebensregeln«); *Weiß,* Christoph: J.M.R. Lenz' »Catechismus«. In: Lenz Jb 4 (1994), S. 31-69 (einzig zuverlässige Edition nach der Handschrift)

»Catharina von Siena«
MS: Biblioteka Jagiellonska. Kraków
E: *Weinhold* (Dramen), S.133-190. – *Blei,* Bd. 3, S.235-287; *Damm,* Bd. 1, S.421-449; *Freye,* Bd. 1, Teil 2, S.275-305; *Lewy,* Bd. 3, S.247-300; *Titel/Haug,* Bd. 2, S.427-486

»Coriolan«
MS: Goethe-Schiller-Archiv. Weimar
E: *Blei,* Bd. 3, S.411-448. – *Damm,* Bd. 1, S.667-699; *Müller,* Johannes H.: J.M.R. Lenz' ›Coriolan‹. Diss. phil. Jena 1930. Text S.48-77; Auszug in *Schwarz,* S.120-129; *Unglaub,* S. 255-293

»Das Hochburger Schloss«
MS: Verloren
E: Teutscher Merkur 5 (1777), S.16-29. – *Blei,* Bd. 4, S.227-235; *Damm,* Bd. 2, S.753-761; *Müller,* S. 310-317; *Tieck,* Bd. 3, S.192-199; *Titel/Haug,* Bd. 1, S.369-377

»Das Väterchen (Asinaria)«
MS: Verloren
E: *Lenz:* Lustspiele ... 1774. – *Blei,* Bd. 2, S.1-40; *Damm,* Bd. 2, S.7-39; *Daunicht* (Werke), Bd. 1, S.125-156; *Daunicht* (Texte), S.75-100; *Lewy,* Bd. 3, S.5-40; *Tieck,* Bd. 2, S.3-36; *Titel/Haug,* Bd. 2, S.573-610

»Das Vertrauen auf Gott«
MS: Verloren
E: Heidelberger Taschenbuch. (1812), S.219. – *Blei,* Bd. 1, S.436-438; *Damm,* Bd. 3, S.20-21; *Lewy,* Bd. 2, S.3-4; *Müller,* S.39; *Sauer,* S.213-214; *Tieck,* Bd. 3, S.233-234; *Weinhold* (Gedichte), S.12-13

»Der Engländer. Eine dramaturgische Phantasey«
MS: Staatsbibliothek Preuß. Kulturbesitz. Berlin
E: *Lenz,* ders. Titel. Leipzig: Weidmanns Erben und Reich 1777. – *Blei,* Bd. 3, S.147-172; *Damm,* Bd. 1, S.317-339; *Daunicht* (Texte), S.123-140; *Hohoff,* S.5-22; Lauer, S.287-310; *Lewy,* Bd. 1, S.277-300; *Müller,* S.153-174; *Tieck,* Bd. 1, S.315-336; *Titel/Haug,* Bd. 2, S.329-354

»Der Hofmeister oder Vortheile der Privaterziehung. Eine Komödie«
MS: Staatsbibliothek. Preuß. Kulturbesitz. Berlin (Erste Fassung)
E: *Lenz:* ders. Titel. Leipzig: Weygand 1774 (zweite Fassung). – *Lenz:* ders. Titel. Biel 1775; *Lenz:* ›Der Hofmeister‹ und ›Anmerkungen übers Theater‹. Leipzig: Reclam 1962. (Nachwort von Klaus Hammer.); *Lenz:* ders. Titel. Stuttgart 1963. Reclams Universal-Bibliothek.1376. (Nachwort von Karl S. Guthke.); *Blei,* Bd. 1, S.327-421; *Damm,* Bd. 1, S.41-125; *Daunicht* (Texte), S.7-73; *Kohlenbach,* Michael: J.M.R. Lenz: Der Hofmeister. Synoptische Ausgabe von Handschrift und Erstdruck. Basel 1986; *Lauer,* S. 9-90; *Lewy,* Bd. 1, S.1-88; *Loewenthal/Schneider,* Bd. 1, S.135-214; *Richter,* S.82-173; *Sauer,* S.1-81; *Strasser,* Bd. 2, S.288-361; *Tieck,* Bd. 1, S.1-84; *Titel/Haug,* Bd. 2, S.9-104; *Voit* 1992, S.9-100

»Der Landprediger. Eine Erzählung«
MS: Verloren
E: Deutsches Museum 3 (1777), S.289-307, 409-439, 567-574. – Veröffentl. unter dem Titel ›Geschichte eines Dorfpredigers von J.M.R. Lenz‹ in: Pilger durch die Welt 5 (1846); *Blei,* Bd. 5, S.147-206; *Damm,* Bd. 2, S.413-464; *Lauer,* S. 371-422; *Lewy,* Bd. 4, S.165-224; *Richter,* S.296-347; *Tieck,* Bd. 3, S.91-142; Unglaub 1988, S. 68-122

»Der Neue Menoza. Oder Geschichte des cumbanischen Prinzen Tandi: Eine Komödie«
MS: Biblioteka Jagiellonska. Kraków
E: *Lenz:* ders. Titel. Leipzig: Weygand 1774. – *Blei,* Bd. 2, S.249-326 u. 455-460; *Damm,* Bd. 1, S.125-191; *Daunicht* (Werke), S.317-381; *Hinck,* Walter (Hg.): Berlin 1965. (Komedia. 9.); *Lauer,* S. 91-156; *Lewy,* Bd. 1, S.89-160; *Loewenthal/Schneider,* Bd. 1, S.215-277; *Tieck,* Bd. 1, S.85-150; *Titel/Haug,* Bd. 2, S.105-180; *Voit* 1992, S.101-172; *Weinhold* (Dramen), S.307-312 (Letzte Szene in 2. Fassung)

»Der Tod der Dido«
MS: Verloren
E: Auch ein Melodram mit Chören und Tänzen untermischt/der Tod der Dido. In: Literatur- und Theaterzeitung. Nr. 32, Berlin 5.8.1780, S. 497-510; Der Tod der Dido. (Ein Melodrama mit Chören und Tänzen untermischt). In: Für Leser und Leserinnen. Bd. 2, H. 11, April 1781, S.379-392. – Werner H. *Preuss*: Drei unbekannte poetische Werke von J.M.R. Lenz. Die Elegie »Ernstvoll – in Dunkel gehüllt«, die Posse »Der Tod der Dido« und der Lukianische Dialog »Der Arme kömmt zuletzt doch eben so weit«. In: Wirkendes Wort 35 (1985), S.257-264, hier S. 260-264. Werner H. *Preuss*: »Lenzens Eseley«: »Der Tod der Dido«. In: Goethe Jb 106 (1989), S. 53-90

»Der tugendhafte Taugenichts«
MS: Biblioteka Jagiellonska. Kraków
E: *Weinhold* (Dramen), S.209-237. – *Blei,* Bd. 3, S.342-374; *Damm,* Bd. 1, S.499-527; *Freye,* Bd. 1, S.257-274; *Hohoff,* S.23-46; *Lewy,* Bd. 3, S.315-320; *Loewenthal/Schneider,* Bd. 1, S.377-397; *Titel/Haug,* Bd. 2, S.517-550

»Der verlorne Augenblick, die verlorne Seligkeit«
MS: Staatsbibliothek Preuß. Kulturbesitz. Berlin

E: *Weinhold* (Gedichte), S.129-130. – *Blei,* Bd. 1, S.114-116; *Damm,* Bd. 3, S.139-143; *Haug* (Gedichte), S.16-17; *Lauer,* S.472*; Lewy,* Bd. 2, S. 135; *Müller*, S. 89 f.; *Richter,* S. 9-11; *Sauer,* S.223-224; *Strasser,* Bd. 2, S.255-256; *Tieck,* Bd. 3, S.249-250; *Titel/Haug,* Bd. 1, S.118-121; *Vonhoff,* S.224-227 (beide Fassungen

»Der Versöhnungstod Jesu Christi, besungen von einem Jüngling in Dorpat«
MS: Verloren
E: Gelehrte Beyträge zu den Rigischen Anzeigen. (1766), S.49-60. – *Blei,* Bd. 1, S.425-436; *Damm,* Bd. 3, S.8-20; *Falck,* S.43-49; *Weinhold* (Gedichte), S.1-11

»Der verwundete Bräutigam»
MS: Verloren
E: *Blum,* Karl Ludwig (Hg.): Der verwundete Bräutigam: Im Manuskript aufgefunden. Berlin: Duncker & Humblot 1845. – *Blei,* Bd. 1, S.463-501; *Damm*, Bd. 1, S.7-41; *Daunicht,* Bd. 1, S.5-37

»Der Waldbruder. Ein Pendant zu Werthers Leiden«
MS: Verloren. Fragmente in: Biblioteka Jagiellonska. Kraków
E: Die Horen 10 (1797), S.85-102, und Die Horen 11 (1797), S.92-130. – *Blei,* Bd. 5, S.107-146; *Damm,* Bd. 2, S.380-413; *Dorer-Egloff,* S.92-130; *Froitzheim* (Lenz und Goethe), S.70-113; *Lauer,* S.336-370; *Lewy,* Bd. 4, S.75-114; *Sauer,* S.175-209; *Titel/ Haug,* Bd. 1, S.283-322; *Unglaub* 1988, S.31-67; *Voit* 1988, S.31-67; *Voit* 1992, S.293-332; *Waldberg,* Max von (Hg.): Der Waldbruder ... Neu zum Abdruck gebracht und eingeleitet. Berlin: Kühl 1882; Edition der Fragmente aus Kraków: Christoph *Weiß*: »Waldbruder«-Fragmente. In: Lenz Jb 3 (1993), S. 87-98

»Der Wasserzoll. Denkmal der Freundschaft«
MS: Staatsarchiv. Weimar
E: Iris v. 02.08.1776. S.147. – *Blei,* Bd. 1, S.130-131; *Damm,* Bd. 3, S.122; *Haug* (Gedichte), S.5; *Müller,* S.86 f*.; Sauer,* S.230; *Strasser,* Bd. 2, S.253; *Titel/ Haug,* Bd. 1, S.104; *Weinhold* (Gedichte), S.145

»Die alte Jungfer. (Fragment)«
MS: Biblioteka Jagiellonska. Kraków
E: *Weinhold* (Dramen), S.191-208. – *Blei,* Bd. 3, S.299-314; *Damm,* Bd. 1, S.553-565; *Lewy,* Bd. 3, S.301-314

»Die Aussteuer (Aulularia)«
MS: Verloren
E: *Lenz:* Lustspiele nach dem Plautus fürs deutsche Theater. Frankfurt u. Leipzig: Weygand 1774. Darmstadt: Wittich 1774.-*Blei,* Bd. 2, S.41-84 u. 347-352; *Damm*, Bd. 2, S.39-77; *Daunicht* (Werke), S.157-194; *Hohoff,* S.47-77; *Lewy,* Bd. 3, S.41-80; *Loewenthal/Schneider,* Bd. 1, S.435-470; *Tieck,* Bd. 2, S.37-74; *Weinhold* (Dramen), S.21-24 (2. Akt in 2. Fassung)

»Die Buhlschwester (Truculentus)«
MS: 1. Fassung: Staatsbibliothek Preuß. Kulturbesitz. Berlin.
E: *Lenz:* Lustspiele nach dem Plautus ... 1774 (2. Fassung). – *Blei,* Bd. 2, S.139-186; *Damm,* Bd. 2, S.177-255; *Daunicht,* Bd. 1, S.241-281; *Lewy,* Bd. 3, S.131-

176; *Loewenthal/ Schneider,* Bd. 1, S.515-554; *Richter,* S.37-81; *Tieck,* Bd. 2, S.123-164; *Titel/Haug,* Bd. 2, S.663-710; *Weinhold* (Dramen), S.77-105 (1. Fassung)

»Die Demuth«
MS: Zentralbibliothek Zürich
E: Christliches Magazin 4 (1779), S.165-168. (Mit leichten Abweichungen von MS) – In: Heidelberger Taschenbuch (1812), S.77-78 (abweichender Druck); *Blei,* Bd. 1, S.211-214; *Damm,* Bd. 3, S.88-92; *Lauer,* S.467; *Lewy,* Bd. 2, S.141-144; *Müller,* S.65-67; *Strasser,* Bd. 2, S.273-276; *Tieck,* Bd. 3, S.230-232; *Titel/Haug,* Bd. 1, S.89-92; *Voit* 1992, S.341-344; *Vonhoff,* S.208-215 (beide Fassungen); *Weinhold* (Gedichte), S.228-229

»Die Entführungen (Miles Gloriosus)«
MS: 1. Fassung: Verloren. Druckfassung: Staatsbibliothek Preuß. Kulturbesitz. Berlin
E: *Lenz:* Lustspiele nach dem Plautus ... 1774. – *Blei,* Bd. 2, S.85-138; *Damm,* Bd. 2, S.77-177; *Daunicht,* Bd. 1, S.195-240; *Freye,* Bd. 1, Teil 2, S.309-349; *Lewy,* Bd. 3, S.81-130; *Loewenthal/Schneider,* Bd. 1, S.471-514; *Tieck,* Bd. 2, S.75-122; *Titel/Haug,* Bd. 2, S.611-662; *Weinhold* (Dramen), S.30-76 (1. Fassung)

»Die Freunde machen den Philosophen. Eine Komödie«
MS: Verloren
E: *Lenz:* ders. Titel. Lemgo: Meyer 1776. – *Blei,* Bd. 3, S.95-146; *Damm,* Bd. 1, S.273-317; *Lewy,* Bd. 1, S.223-268; *Müller,* S. 175-224; *Tieck,* Bd. 1, S.211-256; *Titel/Haug,* Bd. 2, S.279-328

»Die Freundin aus der Wolke«
MS: Verloren
E: Iris v. 01.07.1775, S.72. – *Blei,* Bd. 1, S.76; *Haug* (Gedichte), S.6-7; *Lewy,* Bd. 2, S.20; *Müller,* S.76; *Richter,* S.12; *Sauer,* S.230; *Titel/Haug,* Bd. 1, S.107; *Voit* 1992, S. 351; *Weinhold* (Gedichte), S.89

»Die Geschichte auf der Aar«
MS : Verloren
E: Musenalmanach oder Poetische Blumenlese auf das Jahr 1778, S.62-65. – In: Alsatisches Taschenbuch für das Jahr 1807. Straßburg u. Paris 1806, S.169-174 (abweichender Druck); *Blei,* Bd. 1, S. 205-207; *Damm,* Bd. 3, S.209-212; *Haug* (Gedichte), S.44-46; *Lewy,* Bd. 2, S.30-32; *Müller,* S. 114 f.; *Sauer,* S.262-264; *Titel/Haug,* Bd.1, S.146-149; *Weinhold* (Gedichte), S.221-223

»Die Kleinen«
MS: Staatsbibliothek Preuß. Kulturbesitz. Berlin
E: *Tieck,* Bd. 3, S.258-269. – *Blei,* Bd. 3, S.315-341; *Damm,* Bd. 1, S.473-499; *Lewy,* Bd. 3, S.321-326; *Titel/Haug,* Bd. 2, S.487-516; *Weinhold* (Dramen), S.238-265

»Die Landplagen«
MS: Verloren

E: *Lenz:* Die Landplagen. Ein Gedicht in sechs Büchern: nebst einem Anhang einiger Fragmente. Königsberg: J. D. Zeisens Wittwe und J. H. Hartungs Erben 1769. – *Blei,* Bd. 1, S. 3-54; *Damm,* Bd. 3, S.32-83; *Tieck,* Bd. 3, S.1-55; *Titel/Haug,* Bd. 1, S. 11-84; *Weinhold* (Gedichte), S.19-68

»Die Liebe auf dem Lande»
MS: Verloren
E: Musen-Almanach für das Jahr 1798. Hg. von Friedrich Schiller. S.74-79 (2. Fassung). – *Blei,* Bd. 1, S.134-139; *Damm,* Bd. 3, S. 97-100; *Dorer-Egloff,* S.131-134; *Haug* (Gedichte), S.41-44; *Lauer,* S.478-480; *Lewy,* Bd. 2, S.15-17; *Müller,* S. 73-75; *Richter,* S.13-16; *Sauer,* S.231-233; *Strasser,* Bd. 2, S.267-270; *Titel/Haug,* Bd. 1, S.139-141; *Urlichs,* Ludwig: Neues von Lenz. In: Archiv für Literaturgeschichte 8 (1879), S.167-170; *Voit* 1992, S.361-364; *Vonhoff,* S.230-232; *Weinhold* (Gedichte), S.149-153

»Die sizilianische Vesper. Ein historisches Gemählde«
MS: Verloren
E: Liefländisches Magazin der Lektüre 1 (1782), S.19-72. – *Blei,* Bd. 3, S.173-208; *Damm,* Bd. 1, S.359-389; *Titel/Haug,* Bd. 2, S.355-390; *Weinhold,* Karl (Hg.): Die sizilianische Vesper. Ein Trauerspiel. Breslau: Koebner 1887

»Die Soldaten. Eine Komödie«
MS: Staatsbibliothek Preuß. Kulturbesitz. Berlin
E: *Lenz:* ders. Titel. Leipzig: Weidmanns Erben und Reich 1776 (partiell, vor allem hinsichtlich der Schlußszene von der Handschrift abweichende Fassung). – *Lenz:* ders. Titel. Stuttgart 1966. Nachwort von Manfred Windfuhr. (Reclam 5899); *Blei,* Bd. 3, S.29-94; *Damm,* Bd. 1, S.191-247; *Lauer,* S.183-240; *Lewy,* Bd. 1, S.161-220; *Loewenthal/Schneider,* Bd. 1, S.279-332; *McInnes,* Edward: J.M.R. Lenz: Die Soldaten. Text, Materialien, Kommentar. München, Wien: Hanser 1977; *Richter,* S.175-236; *Sauer,* S.83-135; *Strasser,* Bd. 2, S.362-410; *Tieck,* Bd. 1, S.257-314; *Titel/ Haug,* Bd. 2, S.181-248; *Weinhold* (Dramen), S.324-328 (2. Version der letzten Szene)

»Die Türkensklavin (Curculio)«
MS: Verloren
E: *Lenz:* Lustspiele nach dem Plautus ... 1774. – *Blei,* Bd. 2, S.187-224; *Damm,* Bd. 2, S. 255-287; *Daunicht* (Werke), Bd. 1, S.283-315; *Lewy,* Bd. 3, S.177-212; *Tieck,* Bd. 2, S.165-198

»Die Wolken«
MS: Zerstört
E: *Lenz:* Die Wolken. Lemgo: Helwing 1775. (Druck vernichtet.) – Fragment in: *Blei,* Bd. 3, S.375-377; *Weinhold* (Dramen), S.313-323

»Dir Himmel, wächst er kühn entgegen«
MS: Stiftung Preuß. Kulturbesitz. Berlin
E: *Weinhold* (Gedichte), S.89. – *Blei,* Bd. 1, S.76; *Damm,* S.101; *Lewy,* Bd. 2, S.68; *Vonhoff,* S.203 f.

»Eloge de feu Monsieur XXnd Écrivain trés célèbre en Poesie et en Prose. Dédiè au beau Sexe de l'Allemagne«. (Auch unter den Titeln: »Das gute Mädchen. Der neue Amadis. Die Grazien. Palinodie«.)
MS: Verloren
E: *Lenz:* ders. Titel. Hanau 1775. – *Blei,* Bd. 1, S.86-92; *Damm,* Bd. 3, S.162-168; *Lewy,* Bd. 2, S.88-93; *Titel/Haug,* Bd. 1, S.186-191; *Weinhold* (Gedichte), S.99-105

»Empfindsamster aller Romane oder lehrreiche und angenehme Lektüre für Frauenzimmer«
MS: Verloren
E: Für Leser und Leserinnen 2 (1781), S.1-45. – *Blei,* Bd. 5, S.313-341; *Boëtius,* Henning: Der verlorene Lenz. Auf der Suche nach dem inneren Kontinent. Frankfurt 1985, S.170-193

»Empfindungen eines jungen Russen, der in der Fremde erzogen seine allerhöchste Landesherrschaft wiedererblickt«
MS: Biblioteka Jagiellonska. Kraków
E: *Weinhold* (Gedichte), S.240-243. – *Blei,* Bd. 1, S.445-448; *Damm,* Bd. 3, S.227-230

»Entwurf eines Briefes an einen Freund, der auf Akademien Theologie studiert«
MS: Staatsbibliothek Preuß. Kulturbesitz. Berlin
E: *Stöber* (Röderer), S.178-182. – *Blei,* Bd. 4, S.20-24; *Damm,* Bd. 2, S.483-487; *Lewy,* Bd. 4, S.337-344

»Entwurf einiger Grundsätze für die Erziehung überhaupt, besonders aber für die Erziehung des Adels«
MS: Verloren
E: Für Leser und Leserinnen 2 (1780), S.27-29. – *Blei,* Bd. 4, S.323-330; *Damm,* Bd. 2; S.830-839

»Epistel eines Einsiedlers an Wieland«
MS: Verloren
E: Deutsches Museum 1 (1776), S.1099-1102. – *Blei,* Bd. 1, S.189-192; *Damm,* Bd. 3, S.194-198; Iris 7 (1776), S.524-530 (Textvariante); *Lewy,* Bd. 2, S.103-106; *Richter,* S.24-27; *Sauer,* S.256-259; *Tieck,* Bd. 3, S.263-266; *Titel/Haug,* Bd. 1, S.193-196; *Weinhold* (Gedichte), S.205-208

»Erwache Friederike (Strophe 1 und 3 von Goethe)
MS: Verloren. Abschrift H. Kruse: Universitätsbibliothek Leipzig. Abschrift A. Stöber: Goethe-Schiller-Archiv, Weimar
E: Deutscher Musenalmanach 1938. – Nachdruck in: *Goethe,* Johann Wolfgang von: Werke. Hamburger Ausgabe. Hg. von Erich Trunz. Bd. 1: Gedichte und Epen. Hamburg 1948, S.29 f.

»Etwas über Lenzens Neuen Menoza
MS: Verloren
E: Frankfurter Gelehrte Anzeigen v. 08.09. 1775, S.595-597. – *Daunicht,* Richard: J.M.R. Lenz und Wieland. Diss. phil. Berlin 1941. Dresden 1942, S.43-45

»Expositio ad hominem«
MS: Goethe-Schiller-Archiv. Weimar
E: *Genton,* Elisabeth: Expositio ad hominem. Un Inédit de J.M.R. Lenz. In: Études Germaniques 17 (1962), S.259-269, *Albrecht,* Wolfgang, ; *Kaufmann,* Ulrich: Lenzens »Expositio ad hominem« in historisch-kritischer Edition (mit Faksimile). In: *Kaufmann,* Ulrich, *Albrecht,* Wolfgang, *Stadler,* Helmut (Hg.): »Ich aber werde dunkel sein«. Ein Buch zur Ausstellung J.M.R. Lenz. Jena 1996, S.78-91; *Kaufmann,* Ulrich: »... das verhaßte Schreiben um Brod«. Die Reformschrift »Expositio ad hominem« nach der Handschrift ediert. In: *ders.*: Lenz in Weimar. München 1999, S.60-67;

»Fragment eines Gedichts über das Begräbnis Christi«
MS: Verloren
E: J.M.R. *Lenz:* Die Landplagen. Ein Gedicht in sechs Büchern: nebst einem Anhang einiger Fragmente. Königsberg: J. D. Zeisens Wittwe und J. H. Hartungs Erben 1769, S.99-105. – *Blei,* Bd. 1, S.55-59; *Damm,* Bd. 3, S.21-26; *Tieck,* Bd. 3, S.56-60; *Weinhold* (Gedichte), S.68-73

»Freundschaft geht über Natur oder: Die Algierer (Captivi)«
MS: Abschrift in der Staats- und Universitätsbibliothek Hamburg
E: *Luserke,* Matthias, *Weiß,* Christoph: Arbeit an den Vätern. Zur Plautus-Bearbeitung »Die Algierer« von J.M.R. Lenz. In: Lenz Jb 1 (1991), S.58-91

»Für Wagnern«
MS: Staatsbibliothek Preuß. Kulturbesitz. Berlin
E: *Zoeppritz,* Bd. 2, S.319-320. – *Blei,* Bd. 4, S.286-287; *Damm,* Bd. 2, S.673; *Lewy,* Bd. 4, S.297-298; *Titel/Haug,* Bd. 1, S.466

»Glückwunsch zur Verlobung für seinen Bruder Friedrich David Lenz, Pastor in Tarwast« (11.10.1767)
MS: Fundamentala Biblioteka der Latvijas PSR Zinatnu Akademija. Riga
E: *Weinhold* (Gedichte), S.16-17. – *Blei,* S.440-441; *Damm,* Bd. 3, S.243-246; *Rosanov,* S.514-515; *Freye/Stammler,* Bd. 1, S.3-5 (Auszüge)

»Henriette von Waldeck oder die Laube«
MS: Biblioteka Jagiellonska. Kraków
E: *Weinhold* (Dramen), S. 106-132. – *Blei,* Bd. 3, S.209-234; *Damm,* Bd. 1, S.527-549; *Lewy,* Bd. 3, S.213-234; *Titel/Haug,* Bd. 2, S.551-563 (nur die 2. Fassung)

»Hymnus (Hymne)«
MS: Verloren
E: Christliches Magazin 5 (1780), S.234-236. – *Blei,* Bd. 1, S.214-217; *Damm,* Bd. 3, S.215-217; *Lewy,* Bd. 2, S.145-147; *Voit* 1992, S.365; *Weinhold* (Gedichte), S.232-234

»Ich suche sie umsonst, die heilige Stelle. (In Emmendingen.)«
MS: Staatsbibliothek Preuß. Kulturbesitz. Berlin
E: *Tieck,* Bd. 3, S.253. *Blei,* Bd. 1, S. 112-113; *Damm,* Bd. 3, S.122-124; *Haug* (Gedichte), S.5; *Lewy,* Bd. 2, S.129; *Müller,* S. 88; *Richter,* S.11-12; *Sauer,* S.261;

Strasser, Bd. 2, S.264-265; *Titel/Haug,* Bd. 1, S.48-49; *Voit* 1992, S.352; *Weinhold* (Gedichte), S.127

»Lied eines schiffbrüchigen Europäers«
MS: Verloren
E: Musenalmanach oder poetische Blumenlese auf das Jahr 1776, S.99. – In: Cornelia. Taschenbuch für deutsche Frauen (1816), S.112; Poetisches Portefeuille (1784), S. 118 (2. Fassung); *Blei,* Bd. 1, S.139; *Boëtius,* S.29; *Lewy,* Bd. 2, S.21; *Sauer,* S.229; *Vonhoff,* S.222, 256; *Weinhold* (Gedichte), S.154

»Lied zum teutschen Tanz«
MS: Staatsbibliothek Preuß. Kulturbesitz. Berlin
E: Weinhold (Gedichte), S.120-121. – *Blei,* Bd. 1, S. 107; *Damm,* Bd. 3, S.191-192; *Haug* (Gedichte), S.11; *Richter,* S.6; *Strasser,* Bd. 2, S.253-254; *Titel/Haug,* Bd. 1, S.104; *Voit* 1992, S.36; Vonhoff, S.228, 257

»Menalk und Mopsus. Eine Ekloge nach der fünften Ekloge Vergils«
MS: Verloren
F: Frankfurt u. Leipzig: Weygand 1775. – Rheinischer Most. 1775, S.147-170; Gesammelte Schauspiele fürs deutsche Theater. 3. Sammlung. Frankfurt 1780; *Blei,* Bd. 1, S.77-86; *Damm,* Bd. 3, S.152-161; *Tieck,* Bd. 3, S.67-76; *Titel/Haug,* Bd. 1, S.177-185; *Weinhold* (Gedichte), S.90-98

»Meynungen eines Layen den Geistlichen zugeeignet. Stimmen des Layen auf dem letzten theologischen Reichstag im Jahr 1773«
MS: Verloren
E: Leipzig: Weygand 1775. – *Blei,* Bd. 4, S.79-188; *Damm,* Bd. 2, S. 522-619; *Daunicht* (Texte), S.167-244; *Titel/Haug,* Bd. 1, S.510-571

»Moralische Bekehrung eines Poeten, von ihm selbst aufgeschrieben«
MS: Goethe-Schiller-Archiv. Weimar
E: *Weinhold,* Karl: Anfang eines fantastischen Romans von Lenz, von dessen eigener Hand. In: Goethe-Jahrbuch 10 (1889), S.46-70. – *Blei,* Bd. 5, S.49-76; *Damm,* Bd. 2, S.330-354; *Lewy,* Bd. 4, S.47-74; *Titel/Haug,* Bd. 1, S.254-282; *Voit* 1992, S. 265-292

»Myrsa Polagi oder die Irrgärten, ein Lustspiel à la chinoise«
MS: Verloren
E: Liefländisches Magazin der Lektüre 1 (1782), S.229-281. – *Damm,* Bd. 1, S.389-419; *Guthke,* Karl S.: Myrsa Polagi oder die Irrgärten. Ein J.M.R. Lenz zugeschriebenes Lustspiel. In: Jahrbuch des Freien Deutschen Hochstifts (1964), S.76-101; *Petersen,* Otto von: M. Po. d. I.: Ein neuentdecktes Lustspiel des Sturm und Drang-Dichters J.M.R. Lenz. Diss. phil. Jena 1924; *Titel/Haug,* Bd. 2, S.391-423

»Nachtschwärmerey«
MS: Staatsbibliothek Preuß. Kulturbesitz. Berlin
E: Teil des Briefes Lenz an Goethe. Februar 1775. In: *Freye/Stammler,* S.86-89. – *Blei,* Bd. 1, S.131-134; *Damm,* Bd. 3, S.119-122; *Haug* (Gedichte), S.7-9; *Lewy,* Bd. 2, S.130; *Richter,* S.22-24; *Sauer,* S.238-240; *Strasser,* Bd. 2, S.270-272; *Titel/*

Haug, Bd. 1, S. 199-201; Voit 1992, S. 349 f.; *Weinhold* (Gedichte), S.146-148; *Zöppritz,* Bd. 2, S.314

»Neujahrswunsch an meine hochzuverehrende Eltern«
MS: Fundamentale Biblioteka der Latvijas PSR Zinatnu Akademija. Riga
E: *Freye/Stammler,* Brief Nr.1. – *Damm,* Bd. 3, S.7-8

»Nur ein Wort über Herders Philosophie der Geschichte«
MS: Verloren
E: Frankfurter Gelehrte Anzeigen v. 18.07. 1775. S.475-477. – *Damm,* Bd. 2, S.671-673; *Dorer-Egloff,* S.142-144; *Titel/Haug,* Bd. 1, S.403-404

»Pandämonium Germanikum«
MS: ältere Fassung in: Staatsbibliothek Preuß. Kulturbesitz. Berlin jüngere Fassung in: Biblioteka Jagiellonska. Kraków
E: *Dumpf,* Georg Friedrich (Hg.): Pandämonium Germanicum: Eine Skizze. Aus dem handschriftlichen Nachlaß des verstorbenen Dichters. Nürnberg: Friedrich Canipe 1819. – *Blei,* Bd. 3, S.1-28; *Damm,* Bd. 1, S.247-273; *Daunicht* (Texte), S.101-122; *Kindermann,* Heinz (Hg.): Von deutscher Art und Kunst. Deutsche Literatur: Sammlung literarischer Kunst- und Kulturdenkmäler in Entwicklungsreihen. Reihe Irrationalismus, Bd. 6. Leipzig 1935, S.283-303; *Lewy,* Bd. 1, S.301-325; *Loewenthal/Schneider,* Bd. 1, S.407-431; *Müller,* S.127-152; *Richter,* S.237-265; *Sauer,* S.137-160; *Schmidt,* Erich (Hg.): P. G., nach den Handschriften erläutert. Festschrift für Karl Weinhold. Berlin 1896; *Tieck,* Bd. 3, S.207-299; *Titel/Haug,* Bd. 2, S.249; *Voit* 1992, S. 237-262; Lenz: Pandämonium Germanikum. Eine Skizze. Synoptische Ausg. beider Handschriften. Mit e. Nachw. hg. von Matthias *Luserke* und Christoph *Weiß.* St. Ingbert 1993

»Petrarch. Ein Gedicht aus seinen Liedern gezogen«
MS: Verloren
E: *Lenz:* ders. Titel. Winterthur: Heinrich Steiner 1776. (Mit Anhang: Ein Versuch über die neunte Kanzonette Petrarchs.) – *Blei,* Bd. 1, S.117-130; *Damm,* Bd. 3, S.124-137; *Tieck,* Bd. 3, S.77-78; *Titel/Haug,* Bd. 1, S.128-138; *Weinhold* (Gedichte), S.131-145

»Philosophische Vorlesungen für empfindsame Seelen.«
MS: Verloren, »erstes« und »zweites Supplement« in: Staatsbibliothek Stiftung Preuß. Kulturbesitz. Berlin
E: *Lenz*: ders. Titel. Basel [Frankfurt/Leipzig]: C. A. Serini 1780. – Faksimiledruck der Ausgabe mit e. Nachw. hg. von Christoph *Weiß.* St. Ingbert 1994

»Placet«
MS: Goethe-Schiller-Archiv. Weimar
E: *Freye/Stammler,* Brief Nr.147. – *Damm,* Bd. 3, S.187; *Lauer,* S. 477; *Müller,* S.102; *Titel/Haug,* Bd. 1, S.105

Sergei Pleschtschejew: Übersicht des russischen Reichs nach seiner gegenwärtigen neu eingerichteten Verfassung. Aus dem Russischen übersetzt von J.M.R. Lenz.
MS: Verloren

E: Moskau 1787. 2. Aufl. Moskau 1790. – Faksimilenachdruck mit e. Nachw. von Matthias *Luserke* und Christoph *Weiß*. Hildesheim, Zürich, New York 1992.

»Recension des neuen Menoza, von dem Verfasser selbst aufgesetzt»
MS: Verloren
E: Frankfurter Gelehrte Anzeigen v. 11.07.1775, S.459-466. – *Damm*, Bd. 2, S.699-704; *Dorer-Egloff*, S.136-142; *Lewy*, Bd. 3, S.373-380; *Titel/Haug*, Bd. 1, S.414-420; *Voit* 1992, S.415-420

»Schinznacher Impromptus«
MS: Verloren
E: Jupiter und Schinznach. Drama per Musica. Nebst einigen bey letzter Versammlung ob der Tafel recitierten Impromptus. O.O. 1777, S.20 f. u. 23. – *Damm*, Bd. 3, S.212-213; *Titel/Haug*, Bd. 1, S.198

»Sir John Oldcastle«
MS: Biblioteka Jagiellonska. Kraków
E: *Blei*, Bd. 3, S.449-454

»So kurz das Leben ist, so sehr mein Herz erschrickt. (An Cornelia)«
MS: Staatsbibliothek Preuß. Kulturbesitz. Berlin
E: *Tieck*, Bd. 3, S.251. – *Blei*, Bd. 1, S.116; *Damm*, Bd. 3, S.209; *Lewy*, Bd. 2, S.61; *Sauer*, S.242; *Strasser*, Bd. 2, S.258-259; *Weinhold* (Gedichte), S.131

»Tagebuch«
MS: Staatsbibliothek Preuß. Kulturbesitz. Berlin
E: *Urlichs*, Ludwig: Etwas von Lenz. In: Deutsche Rundschau 11(1877), S.271-292. – *Blei*, Bd. 5, S.1-47; *Damm*, Bd. 2; S.289-330; *Lewy*, Bd. 4, S.1-46; *Müller*, S.225-267; *Titel/Haug*, Bd. 1, S.207-253

»Tantalus«
MS: Verloren
E: Musen-Almanach für das Jahr 1798. S.224-236. – *Blei*, Bd. 1, S.194-201; *Damm*, Bd. 3, S.198-205; *Daunicht* (Texte), S.141-146; *Haug*, S.35-41; *Lewy*, Bd. 1, S.269-278; *Müller*, S.107-113; *Sauer*, S.165-173; *Strasser*, Bd. 2, S.282-287; *Tieck*, Bd. 3, S.200-205; *Titel/Haug*, Bd. 1, S.150-156; *Weinhold* (Gedichte), S.211-217

»Über Delikatesse der Empfindung«
MS: Biblioteka Jagiellonska. Kraków
E: *Tieck*, Bd. 3, S.414-464. – Blei, Bd. 5, S.241-298; Auszug in: *Boëtius*, S.147-169; Edition nach der Handschrift in: Elke Meinzer: »Über Delikatesse der Empfindung«, eine späte Prosaschrift von J.M.R. Lenz. St. Ingbert 1996

»Über die Bearbeitung der deutschen Sprache im Elsaß, Breisgau und den benachbarten Gegenden«
MS: Staatsbibliothek Preuß. Kulturbesitz. Berlin (Frühe Fassung)
E: *Kayser*, S.55-69 (2. Fassung). – *Blei*, Bd. 4, S.241-249; *Damm*, Bd. 2, S.770-777; *Lewy*, Bd. 4, S.225-234; *Tieck*, Bd. 2, S.318-325; *Titel/Haug*, Bd. 1, S. 449-457; *Voit* 1992, S. 421-428

»Über die deutsche Dichtkunst«
MS: Staatsbibliothek Preuß. Kulturbesitz. Berlin (Fragment)
E: *Tieck,* Bd. 3, S.254-256. – *Blei,* Bd. 1, S.148-150; *Damm,* Bd. 3, S.115-117; *Lewy,* Bd. 2, S.148-150; *Richter,* S.29-31; *Sauer,* S.269-271; *Titel/Haug,* Bd. 1, S.160-162; *Voit* 1992, S.346-348; *Weinhold* (Gedichte), S.163-165

»Über die Natur unseres Geistes. Eine Predigt über den Prophetenausspruch: Ich will meinen Geist ausgießen über alles Fleisch vom Layen«
MS: Staatsbibliothek Preuß. Kulturbesitz. Berlin
E: Ausschnitt in *Rosanov,* S.554-556. – Gleicher Ausschnitt in *Blei,* Bd. 4, S.25-29; *Damm,* Bd. 2, S.619-625; Ausschnitt in *Lewy,* Bd. 4, S. 327-336; *Müller,* S. 318-326; *Titel/ Haug (*erster vollständiger Druck nach MS*),* Bd. 1, S.572-578; *Voit* 1992, S. 447-456

»Über die Soldatenehen«
MS: Biblioteka Jagiellonska. Kraków. Dort zahlreiche weitere Handschriften zum Umkreis der »Soldatenehen«-Problematik
E: *Freye,* Karl (Hg.): Über die Soldatenehen. Nach der Handschrift der Berliner Königlichen Bibliothek. Hamburg (Privatdruck) 1913. Nachdruck: Leipzig: Kurt Wolff 1914. – *Damm,* Bd. 2, S.787-827;
Zu den Handschriften im Umkreis vgl. David *Hill*: Die Arbeiten von Lenz zu den Soldatenehen. Ein Bericht über die Krakauer Handschriften. In: »Unaufhörlich Lenz gelesen«. Studien zu Leben und Werk von J.M.R. Lenz. Hg. von Inge Stephan und Hans-Gerd Winter. Stuttgart, Weimar 1994, S.118-138; Ders.: J.M.R. Lenz' »Avantpropos zu den Soldatenehen«. In: Lenz Jb 5 (1995), S.7-21

»Über die Veränderung des Theaters im Shakespeare«
MS: Verloren
E: *Kayser,* S.86-95. – *Blei,* Bd. 4, S.254-259; *Damm,* Bd. 2, S.744-749; *Lewy,* Bd. 4, S.279-296; *Tieck,* Bd. 2, S.335-340; *Titel/Haug,* Bd. 1, S.263-268

»Über die Vorzüge der deutschen Sprache«
MS: Staatsbibliothek Preuß. Kulturbesitz. Berlin
E: *Kayser,* S.70-79. – *Blei,* Bd. 4, S.236-241; *Damm,* Bd. 2, S.777-782; *Lewy,* Bd. 4, S.235-242; *Tieck,* Bd. 2, S.326-330; *Titel/Haug,* Bd. 1, S.458-463

»Über Goetz von Berlichingen«
MS: Biblioteka Jagiellonska. Kraków
E: *Schmidt,* Erich: Lenziana. Sitzungsberichte der Königlich Preußischen Akademie der Wissenschaften zu Berlin. 24.10.1901, S.994-996. – *Blei,* Bd. 4, S.222-227; *Damm,* Bd. 2, S.637-641; *Lewy,* Bd. 4, S.299-306; *Müller,* S. 297-302; *Richter,* S.351-355; *Titel/*Haug, Bd. 1, S.378-382; *Voit* 1992, S.403-408

»Über Ovid«
MS: Biblioteka Jagiellonska. Kraków
E: *Blei,* Bd. 4, S.205-214. – *Damm,* Bd. 2, S.704-713; *Titel/Haug,* Bd. 1, S.473-482

»Versuch über das erste Principium der Moral«
MS: Staatsbibliothek Preuß. Kulturbesitz. Berlin

E: *Stöber* (Röderer), S.183-200. – *Blei,* Bd. 4, S.3-20; *Damm*, Bd. 2, S.499-514; *Lewy,* Bd. 4, S.345-364; *Titel/Haug,* Bd. 1, S.483-500; *Voit* 1992, S. 429-446

»Vertheidigung des Herrn W. gegen die Wolken von dem Verfasser der Wolken«
MS: Verloren
E: Ders. Titel. O. O. 1776. – *Blei,* Bd. 4, S.293-320; *Damm*, Bd. 2, S.713-737; *Schmidt,* Erich (Hg.): Deutsche Literaturdenkmale des 18. und 19. Jahrhunderts. 3. Folge, Nr.1. Berlin 1902. Neuauflage: Wendeln 1968; *Titel/Haug,* Bd. 1, S.421-448

»Vertheidigung der Vertheidigung des Übersetzers der Lustspiele«
MS: Biblioteka Jagiellonska. Kraków
E: *Weinhold* (Dramen), S.14-21. – *Blei,* Bd. 2, S.335-346; *Damm*, Bd. 2, S.691-699; *Titel/Haug,* Bd. 1, S.405-413

»Vom Baum der Erkenntnis des Gutens und Bösen«
MS: Fragment: Stiftung Preuß. Kulturbesitz. Berlin
E: J.M.R. *Lenz*: Philosophische Vorlesungen für empfindsame Seelen. Basel [Frankfurt/Leipzig]: C. A. Serini 1780, S.3-35 – *Lenz*: Philosophische Vorlesungen für empfindsame Seelen. Faksimiledr. d. Ausg. Frankfurt und Leipzig 1780. Mit d. Nachdr.? Von Christoph *Weiß*. St. Ingbert 1994, S.3-35

»Was ist Satyre?«
MS: Biblioteka Jagiellonska. Kraków
E: *Tieck,* Bd. 3, S.294-298. – *Blei,* Bd. 1, S.454-459; *Damm*, Bd. 3, S.234-241; *Müller*, S.119-126; *Weinhold* (Gedichte), S.249-254

»Willkommen, kleine Bürgerin«
MS: Staatsarchiv des Kantons Basel-Stadt
E: *Nicolovius,* Alfred: Johann Georg Schlossers Leben und literarisches Wirken. Bonn 1844, S. 68. – Teil des Briefes an Sarasin vom 10.10.1777 in: *Blei,* Bd. 1, S.208-209; *Damm*, Bd. 3, S.213-214; *Freye/Stammler,* Brief Nr. 289; *Haug,* S.9-10; *Lauer*, S.485; *Lewy,* Bd. 2 , S.134; *Müller*, S.116; *Richter,* S.12-13; *Sauer,* S.267; *Titel/Haug,* Bd. 1, S.101; *Voit* 1992, S.365; *Weinhold* (Gedichte), S.225-226

»Wo bist du itzt, mein unvergeßlich Mädchen«
MS: Verloren. Abschrift H. Kruse: Universitätsbibliothek Leipzig.
Abschrift A. Stöber: Goethe-Schiller-Archiv. Weimar
E: Blätter für literarische Unterhaltung v. 05.01.1837, S.18. – *Blei,* Bd. 1, S.73-74; *Damm*, Bd. 3, S.95-96, *Lauer*, S.463; *Lewy,* Bd. 2, S.10; *Müller*, S.71; *Richter,* S.4; *Sauer,* S.217; *Strasser,* Bd. 2, S.246; *Titel/Haug,* Bd. 1, S.108; *Voit* 1992, S.340; *Vonhoff,* S.294; *Weinhold* (Gedichte), S.87

»Zerbin oder die neuere Philosophie«
MS: Verloren
E: Deutsches Museum 1(1776), S.116-131 u. S.193-207. – *Blei,* Bd. 5, S.77-106; *Damm*, Bd. 2, S.354-380; *Daunicht* (Texte), S.147-166; *Lauer*, S.311-335; *Müller*, S. 268-296; *Lewy,* Bd. 4, S.135-164; *Richter,* S.271-295; *Tieck,* Bd. 3, S.143-170; Voit 1988, S. 3-30

»Zweyerlei über Virgils erste Ekloge«
MS: Biblioteka Jagiellonska. Kraków
E: *Schmidt* (Lenziana), S.996-999. – *Blei,* Bd. 4, S.199-204; *Damm*, Bd. 2, S.632-637; *Lewy,* Bd. 4, S.299-305; *Titel/Haug,* Bd. 1, S.467-47

4. Sekundärliteratur zu Lenz

4.1 Übergreifende Sekundärliteratur

Agricola, Kathrin: »Wäre ich König, so wäre der Autor mein Freund«. Der »Wandsbecker Bothe« über den »Neuen Menoza« und andere Werke von J.M.R. Lenz (1751-1792). In: Jahresschriften Claudius Gesellschaft 5 (1996), S.5-16

Albrecht, Wolfgang: Lenz und Sophie von La Roche: empfindsamer Tugendidealismus als Konsensstifter für Sturm und Drang und (Spät-)Aufklärung. In: *Kaufmann,* Ulrich u.a. (Hg.): »Ich aber werde dunkel sein«: ein Buch zur Ausstellung J.M.R. Lenz. Im Auftrag des Mercurius e.V. und der Kulturstiftung der deutschen Vertriebenen. Jena 1996, S.24-31

Altmayer, Claus: Bloß ein vorübergehender Meteor am Horizont der Literaturgeschichte?: Zur Lenz-Forschung der neunziger Jahre. In: Der Ginkgo-Baum 12 (1993), S.149-161

Andreas, Willy: Der Sturm und Drang im Spiegel der Weimarer Hofkreise. In: Goethe-Jb NF 8 (1943), S.126-149

Anwald, Oskar: Beiträge zum Studium der Gedichte von J.M.R. Lenz. Diss. phil. München 1897

Arendt, Dieter: J.W. Goethe und J.M.R. Lenz oder: »Ich flog empor wie die Rakete«. In: Germanisch-romanische Monatsschrift 74 (1993), H. 1, S. 36-62

Arntzen, Hellmut: Die ernste Komödie. Das deutsche Lustspiel von Lessing bis Kleist. München 1968

Bamberger, Uta: Ein solch unerträgliches Gemisch von helldunkel: Krankheit und tragikomisches Genie bei J.M.R. Lenz. Diss. phil. Massachusetts 1997. Ann Arbor, Mich. 1999

Batley, Edward M.: A critique of Lenz's art of scenic variation. In: *Hill,* David (Hg.): J.M.R. Lenz. Studien zum Gesamtwerk. Opladen 1994, S. 179-189

Bauer, Gerhard: Genialität und Gewöhnlichkeit. In: *Stephan/Winter* 1994, S. 1-10

Bauer, Roger: Die Komödientheorie von J.M.R. Lenz, die älteren Plautus-Kommentare und das Problem der »dritten« Gattung. In: *Corngold,* Stanley, *Curschmann,* Michael, *Ziolkowsky,* Theodor (Hg.): Aspekte der Goethe-Zeit. Göttingen 1977, S. 11-37

Ders.: »Plautinisches« bei J.M.R. Lenz. In: *Mainusch,* Herbert (Hg.): Europäische Komödie. Darmstadt 1990

Bernhardt, Rüdiger: »J.M.R. Lenz aus Livland«: Tagung in Travemünde vom 15. bis 17. März 1996. In: Deutschunterricht 49 (1996), H. 6, S. 327-328

Bertram, Mathias: Das gespaltene Ich. Zur Thematisierung disparater Erfahrung und innerer Konflikte in der Lyrik von J.M.R. Lenz. In: *Stephan/Winter* 1994, S. 353-373

Bertram, Mathias: Jakob Michael Reinhold Lenz als Lyriker. Zum Weltverhältnis und zur Struktur seiner lyrischen Selbstreflexionen. St. Ingbert 1994 (Saarbrükker Beiträge zur Literaturwissenschaft; 47)

Beuthner, Johanna: Der Dichter Lenz: Beurteilung und Behandlung seiner Krankheit durch seine Zeitgenossen. Diss. med. Freiburg 1968. (Masch.)

Blunden, Allan G.: A Study of the Role of Language in the Personal Relationships in the Major Works of J.M.R. Lenz. Diss. phil. Cambridge 1973

Ders.: Language and Politics: The Patriotic Endeavours of J.M.R. Lenz. In: DVjs (1975), S. 168-189

Ders.: J.M.R. Lenz and Leibniz: a point of view. In: Sprachkunst 9 (1978), S. 3-18

Böcker, Herwig: Die Zerstörung der Persönlichkeit des Dichters J.M.R. Lenz durch beginnende Schizophrenie. Diss. med. Bonn 1969

Boëtius, Henning: Der verlorene Lenz. Auf der Suche nach dem inneren Horizont. Frankfurt 1985

Ders.: Jakob Michael Reinhold Lenz. In: Deutsche Dichter. Leben und Werke deutschsprachiger Autoren. Hg. Gunther E. Grimm Und Frank Rainer Max. Bd. 4: Sturm und Drang, Klassik. Stuttgart 1989, S. 175-188

Bohm, Arnd: Klopstock's influence on J.M.R. Lenz. In: Colloquia Germanica 25 (1992), S.211-227

Böhm, Michael: Zur Dialektik von philosophisch-weltanschaulichem Gehalt, ästhetischen Anschauungen und bürgerlichem Emanzipationsbestreben in der geistigen Kultur des Sturm und Drang. Diss. phil. Jena 1989

Bosse, Heinrich: Über den Nachlaß des Lenz-Forschers Paul Theodor Falck. In: Lenz Jb 2 (1992), S. 112-117

Ders.: Berufsprobleme der Akademiker im Werk von J.M.R. Lenz. In: *Stephan/ Winter* 1994, S. 38-52

Burger, Heinz Otto: J.M.R. Lenz innerhalb der Goethe-Schlosserschen Konstellation. In: Dialog. Literatur und Literaturwissenschaft im Zeichen deutsch-französischer Begegnungen. Berlin 1973, S. 95-126

Chantre, Jean-Claude: Les considérations religieuses et ethiques d'un »Stürmer und Dränger«. Étude des écrits théoriques de J.M.R. Lenz (1751-1792). Berne, Francfort/M. 1982

Conrady, Karl Otto: Zu den deutschen Plautusübertragungen. Ein Überblick von A. von Eyb bis J.M.R. Lenz. In: Euphorion 48 (1954), S. 373-396

Cordelli, Franco: Lenz agonista. In: *Cercignani*, Fausto (Hg.): Studia Büchneriana. Georg Büchner 1988. Milano 1990 (Cisalpino università. 1), S. 195-205

Daemmrich, Horst S.: Lenz in themengeschichtlicher Sicht. In: *Stephan/ Winter* 1994, S. 10-27

Damm, Sigrid: Vögel, die verkünden Land. Das Leben des J.M.R. Lenz. Berlin, Weimar 1985

Dies.: Unruhe. Anläßlich der Verleihung des Lion-Feuchtwanger-Preises 1987. In: Sinn und Form 40 (1988), S. 244-248

Dies.: Lenz – eine geheime Lernfigur. In: Insel-Almanach auf das Jahr. Frankfurt/ M. 1992, S. 125-132

Daunicht, Richard: Lenz und Wieland. Dresden 1942

Dedert, Hartmut: Die Erzählung im Sturm und Drang. Stuttgart 1990

Dedner, Burghard, *Gersch*, Hubert, *Martin*, Ariane (Hg.): »Lenzens Verrückung«: Chronik und Dokumente zu J.M.R. Lenz von Herbst 1777 bis Frühjahr 1778. Tübingen 1999

Demuth, Volker: Der gekreuzigte Prometheus: Grenzerfahrungen in fatalen Verhältnissen; zum 200. Todestag von J.M.R. Lenz. In: Allmende (1992), H. 32/33, S. 7-25

Ders.: Realität als Geschichte: Biographie, Historie und Dichtung bei J.M.R. Lenz. Diss. phil. Tübingen 1993. Würzburg 1994

Diffey, Norman: J.M.R. Lenz und Jean-Jaques Rousseau. Bonn 1981

Ders.: Language and liberation in Lenz. In: *Leidner,* Alan C., *Madland,* Helga S. (Hg.): Space to act: the theater of J.M.R. Lenz. Columbia, SC 1993 (Studies in German literature, linguistics, and culture), S. 1-9

Dorer-Egloff, Edward: J.M.R. Lenz und seine Schriften: Nachträge zu der Ausgabe von Ludwig Tieck und ihren Ergänzungen. Baden 1857

Düntzer, Heinrich: Die Sendung der Lenzischen Lustspiele nach dem Plautus an Merck. In: *Ders.:* Zur Goetheforschung: Neue Beiträge. Stuttgart 1891, S. 199-216

Ders.: Friederike und Lenz. In: *ders.:* Friederike von Sesenheim im Lichte der Wahrheit. Stuttgart 1893, S. 88-122

Duncan, Bruce: Dark Comedy in 18th. Century Germany: Lessing and Lenz. Diss. phil. Comell Univ. 1969. (Masch.)

Ders.: A ›cool medium‹ as social corrective: J.M.R. Lenz' concept of comedy. In: Colloquia Germanica 1975, S. 2232-2245

Dwenger, Heinz: Der Lyriker Lenz. Seine Stellung zwischen petrarkistischer Formensprache und Goethescher Erlebniskunst. Diss. phil. Hamburg 1961 (Masch.)

Ebersbach, Volker: Fünf Etüden über die Eseley: Goethe und Lenz. Winsen/Luhe u.a. 1994

Ehrich-Haefeli, Verena: Individualität als narrative Leistung? Zum Wandel der Personendarstellung in Romanen um 1770 – Sophie LaRoche, Goethe, Lenz. In: Physiognomie und Pathognomie. Zur literarischen Darstellung von Individualität. Festschrift für Karl Pestalozzi zum 65. Geburtstag. Hg. von Wolfram Groddeck und Ulrich Städler. Berlin u.a. 1994, S. 49-75

Eissler, Kurt R.: J.M.R. Lenz. In: *Ders.:* Goethe: A Psychoanalytic Study 1775-1786, Bd. 1, Detroit 1963, S. 16-31, 224-229

Falck, Paul Theodor: Der Dichter J.M.R. Lenz in Livland: Eine Monographie nebst einer bibliographischen Parallele zu M. Bernays' jungem Goethe von 1766-1768, unbekannte Jugenddichtungen von Lenz aus derselben Zeit enthaltend. Winterthur 1878

Ders.: Das Haus Lenz und dessen Stammbaum nach einem neuen System: Ein Beitrag zur Geschichte der baltischen Literatenfamilie Lenz von 1742-1892. Mit einer Tafel. In: Vierteljahresschrift für Wappen-, Siegel- und Familienkunde 22 (1894), S. 30-42

Ders.: Der Stammbaum der Familie Lenz in Livland nach einem neuen System: Dazu als Pendant ein Goethe-Stammbuch nach demselben System. Nürnberg 1907

Frank, Richard A.: Lenz contra Wieland. An episode in Eighteenth Century Poetics. Rice University Press 1982

Freye, Karl: J.M.R. Lenzens Knabenjahre. In: Zeitschrift für Geschichte der Erziehung und des Unterrichts 6 (1916), S. 174-193

Froitzheim, Johannes: Lenz, Goethe und Cleophe Fibich von Straßburg. Beiträge zur Landes- und Volkskunde von Elsaß-Lothringen, Bd. 1, 4. Straßburg 1888a

Ders.: Zur Straßburger Sturm- und Drangperiode, 1770-1776: Urkundliche Forschungen, nebst einem ungedruckten Briefwechsel der Straßburgerin Luise König mit Karoline Herder aus dem Herder- und Röderer-Nachlaß. In: Beiträge zur Landes- und Volkskunde von Elsaß-Lothringen. Bd. 1, 7. Straßburg 1888b, S. 24-59

Ders.: Lenz und Goethe. Mit ungedruckten Briefen von Lenz, Herder, Lavater, Röderer, Luise König. Stuttgart, Leipzig, Berlin, Wien 1891

Ders.: Salzmanns Verhalten gegen Goethe und Lenz. In: *ders.*: Friederike von Sesenheim nach geschichtlichen Quellen. Gotha 1893, S. 72-81

Gamper, Michael: »Die Verfassung sei demokratisch«. Verhandlungen über Ordnung und Unordnung in den Kunstdebatten des 18. Jahrhunderts. In: Zeitschrift für deutsche Philosophie 118 (1999), S. 189-215

Genton, Elisabeth: Lenz – Klinger – Wagner: Studien über die rationalistischen Elemente in Denken und Dichten des Sturmes und Dranges. Diss. phil. Berlin 1955. (Masch.)

Dies.: Ein unveröffentlichter Brief von J.M.R. Lenz an Christian Heinrich Boie. In: Jahrbuch der Schillergesellschaft 8 (1964), S. 6-18

Dies.: J.M.R. Lenz et la scène Allemande. Paris 1966

Genton, François: Lenz et la »misère allemande«. In: Études germaniques 52 (1997), N. 1, S. 143-158

Gersch, Hubert: Die Bedeutung des Details: J.M.R. Lenz, Abbadona und der »Abschied«; literarisches Zitat und biographische Selbstinterpretation. In: Germanisch-romanische Monatschrift 72 (1991), H. 4, S. 385-412

Gille, Klaus F.: »Ein gekreuzigter Prometheus«. Zu Lenz und Werther. In: Weimarer Beiträge 40 (1994), S. 562-575

Gim, Chang-Hwa: Dramaturgie des Realismus: eine Untersuchung zur dramatischen Grundlage des empirischen Realismus bei J.M.R. Lenz unter Einfluß Shakespeares. Diss. phil. München 1991. Frankf./M., Bern u.a. 1991

Girard, René: J.M.R. Lenz 1751 – 1792: Genèse d'une dramaturgie du tragicomique. Paris 1968

Ders.: Lenz ou l'inquiétante étrangeté. In: Études germaniques 43 (1988), S. 15-24

Gluth, Oskar: Lenz als Dramatiker. Diss. phil. München 1912. München und Leipzig 1912

Glaser, Horst Albert: Heteroklisie – der Fall Lenz. In: Kreuzer, Helmut (Hg.): Gestaltungsgeschichte und Gesellschaftsgeschichte: Literatur-, Kunst-, und Musikwissenschaftliche Studien. Stuttgart 1969, S. 132-151

Goebel, Julius: The Authority of Goethes Sesenheim Songs. In: Modern Philology 1 (1903-1904), S. 159-170

Görner, Rüdiger: Lenz: eine Verstörung. In: *ders.:* Grenzgänger: Dichter und Denker im Dazwischen. Tübingen 1996, S. 43-53.

Graf, Roman: The homosexual, the prostitute, and the castrato: closet performances by J.M.R. Lenz. In: *Kuzniar,* Alice A. (Hg.): Outing Goethe & his age. Stanford, Calif. 1996, S. 77-93, 255-256

Gruppe, Otto Friedrich: Reinhold Lenz. Leben und Werke. Mit Ergänzungen der Tieckschen Ausgabe. Berlin 1861

Gündel, Vera: J.M.R. Lenz' Mitgliedschaft in der Moskauer Freimauererloge »Zu den drei Fahnen«. In: Lenz Jb 6 (1996), S. 62-74

Guthke, Karl S.: Geschichte und Poetik der deutschen Tragikomödie. Göttingen 1961, S. 51-72

Guthrie, John: Lenz and Büchner. Studies in dramatic form. Frankfurt/M., Bern, New York 1984

Ders.: »Shakespears Geist«. Lenz and the reception of Shakespeare in Germany. In: *Hill,* David (Hg.) 1994, S. 36-46

Ders.: Lenz's style of comedy. In: *Leidner,* Alan C., *Madland,* Helga S. (Hg.): Space to act: the theater of J.M.R. Lenz. Columbia, SC 1993 (Studies in German literature, linguistics, and culture), S. 10-24

Hacks, Peter: »Lenzens Eseley«: warum wurde J.M.R. Lenz aus Weimar vertrieben? Späte Lösung eines literarischen Kriminalfalles anhand Goethescher Dichtung. In: TransAtlantik (1990), H. 8, S. 37-42

Haffner, Herbert: Lenz' »Der Hofmeister« – »Die Soldaten«. Mit Brechts »Hofmeister«-Bearbeitung und Materialien. München 1979 (Analysen zur deutschen Sprache und Literatur)

Harig, Ludwig: Reine Liebesklage. In: Frankfurter Anthologie. Bd. 12 (1989), S. 81-84

Harris, Edward P.: The structure of Dramatic Charakterisations in Four Plays by J.M.R. Lenz. Diss. phil. Tulane Univ. 1967

Ders.: J.M.R. Lenz in German literature. From Büchner to Bobrowsky. In: Colloquia Germanica 1973, S. 214-233

Hassenstein, Friedrich: Ein bisher unbekannter Brief von J.M.R. Lenz aus Pertersburg. In: Jb. Freies deutsches Hochstift 1990, S. 112-117

Hausdorff, Georg: Die Einheitlichkeit des dramatischen Problems bei Lenz. Diss. phil. Würzburg 1913

Haustein, Jens: Jakob Michael Reinhold Lenz als Briefschreiber. In: *Stephan/ Winter* (Hg.) 1994, S. 337-353

Hayer, Uwe: Das Genie und Transzendenz. Untersuchung zur konzeptionellen Einheit theologischer und aesthetischer Reflexion bei J.M.R. Lenz. Frankfurt 1995. (Frankfurter Hochschulschriften zur Sprachtheorie und Literaturaesthetik; 9.)

Heinrichsdorff, Paul: J.M.R. Lenzens religiöse Haltung. Berlin 1932. Nachdruck Nendeln 1967

Hill, David: Stolz und Demut, Illusion und Mitleid bei Lenz. In: *Wurst,* Karin A. (Hg.): J.M.R. Lenz als Alternative?: Positionsanalysen zum 200. Todestag. Köln 1992, S. 64-91

Ders. (Hg.): J.M.R. Lenz: Studien zum Gesamtwerk. Opladen 1994

Ders.: » – und macht mir die Erde zum Himmel«. Utopisches in der Lyrik von J.M.R. Lenz. In: *Kagel,* Martin (Hg.): J.M.R. Lenz. München 2000 (edition text +kritik. Hg. von Heinz Ludwig Arnold).

Hinck, Walter: Das deutsche Lustspiel des 17. und 18. Jahrhunderts und die italienische Komödie, Stuttgart 1965

Hirschfeld, Anni: J.M.R. Lenz als Lyriker. Diss. phil. Frankfurt 1924 (Masch.)

Hoffbauer, Jochen: Lenz. In: Hessischer Literaturbote 2 (1987), H. 6, S. 23-28

Hohenstein, Friedrich August: Weimar und Goethe. Berlin 1949

Hohoff, Curt: J.M.R. Lenz in Selbstzeugnissen und Bilddokumenten. Reinbek 1977

Huber-Bindschedler, Berta: Die Motivierung in den Dramen von J.M.R. Lenz. Ein Beitrag zur Psychologie Lenzens. Diss. phil. Zürich 1922

Huyssen, Andreas: Drama des Sturm und Drang. München 1980

Imamura, Takeshi: J.M.R. Lenz. Seine dramatische Technik und ihre Entwicklung. Diss. phil. Regensburg 1996. St. Ingbert 1996 (Saarbrücker Beiträge zur Literaturwissenschaft; 52)

Inbar, Eva Maria: Lenz and Shakespeare. Diss. phil., Irvine, Univ. of Califomia 1977

Japp, Uwe: Lesen und Schreiben im Drama des Sturm und Drang; insbesondere bei Goethe und Lenz. In: Lesen und Schreiben im 17. und 18. Jahrhundert: Studien zu ihrer Bewertung in Deutschland, England, Frankreich. Tübingen 1994 (ScriptOrdia; 65), S. 265-276.

Jürjo, Indrek: Die Weltanschauung des Lenz-Vaters. In: *Stephan/Winter* (Hg.) 1994, S. 138-153

Kaarsberg Wallach, Martha: Emilia und ihre Schwestern: Das seltsame Verschwinden der Mutter und die geopferte Tochter. In: Helga Kraft, Elke Liebs (Hg.): Mütter – Töchter – Frauen. Weiblichkeitsbilder in der Literatur. Stuttgart, Weimar 1993, S. 53-72 [zu »Hofmeister«, »Soldaten«]

Kaeser, Rudolf: Die Schwierigkeit, ich zu sagen: Rhetorik der Selbstdarstellung in Texten des »Sturm und Drang«: Herder-Goethe-Lenz. Bern 1987

Kagel, Martin: Strafgericht und Kriegstheater. Studien zu Ästhetik von Jakob Michael Lenz. Diss. phil. Ann Arbor, Mich. 1996. St. Ingbert 1997

Ders.: Briefe an den Vater: Figurationen des Vaters in den Schriften von J.M.R. Lenz. In: *Ders.* (Hg.): J.M.R. Lenz. München 2000. (edition text+ kritik. Hg. von Heinz Ludwig Arnold), S. 69-77

Kahn-Wallerstein, Carmen: J.M.R. Lenz und Cornelia Schlosser. In: Schweizer Rundschau 2 (1953), S. 93-100

Kaufmann, Ulrich: Heimstatt für einen »schiffbrüchigen Europäer«?: Sieben Überlegungen zu einer Lenz-Ausstellung in Thüringen. In: Palmbaum 1 (1993), H. 3, S. 92-100

Ders.: » ... ausgestoßen aus dem Himmel als ein Landläufer, Rebell, Pasquillant«. J.M.R. Lenz und der Weimarer Musenhof. In: *Ignasiak*, Detlef (Hg.): Beiträge zur Geschichte der Literatur in Thüringen. Rudolstadt u.a. (Palmbaum-Studien, 1), S. 163-179

Ders.: Neuer Blick auf alte Funde: die Lenziana in Weimar. In: *Hill*, David (Hg.): J.M.R. Lenz: Studien zum Gesamtwerk. Opladen 1994a, S. 214-221

Ders.: »Ich geh aufs Land, weil ich bei Euch nichts tun kann.« – Zu einigen Aspekten des Aufenthalts von J.M.R. Lenz am Weimarer Musenhof. In: *Stephan/ Winter* (Hg.) 1994b, S. 153-167

Ders. (Hg.): »Ich aber werde dunkel sein«: ein Buch zur Ausstellung J.M.R. Lenz. Im Auftrag des Mercurius e.V. und der Kulturstiftung der deutschen Vertriebenen. Jena 1996

Ders. (Hg.): Lenz in Weimar. Jakob Michael Reinhold Lenz 1776 am Weimarer Hof. Zeugnisse – Beiträge – Chronik. In Zusarb. mit Kai Agthe. München 1999

Keckeis, Gustav: Dramaturgische Probleme im Sturm und Drang. Bern 1907. (Untersuchungen zur neueren Sprach- und Literaturgeschichte. 11)

Keller, J.: Les sociétés culturelles à Strasbourg vers 1770. In: Revue d'Allemagne. Bd. 3, Nr.1 (janv. – mars 1971), S. 225-234

Kes-Costa, Barbara R.: »Freundschaft geht über Natur«. On Lenz's rediscovered adaption of Plautus. In: *Leidner*, Alan C., *Madland*, Helga S. (Hg.): Space to act: the theater of J.M.R. Lenz. Columbia, SC 1993 (Studies in German literature, linguistics, and culture), S. 162-173

Dies.: Ätolien, Algier und das Serail: Entführungsthema und Religionsgegensatz bei Plautus, J.M.R. Lenz und Mozart. In: Carleton Germanic Papers 22 (1994), S. 95-105

Kindermann, Heinz: J.M.R. Lenz und die deutsche Romantik. Ein Kapitel aus der Entwicklungsgeschichte romantischen Wesens und Schaffens. Wien, Leipzig 1925

Kirschfeldt, Johann: Der Pietismus des Christian David Lenz. In: Baltische Blätter für allgemein-kulturelle Fragen 2 (1925), S. 99-105

Kliess, Werner: Sturm und Drang. Hannover 1966, S. 34-74

Klotz, Volker: Geschlossene und offene Form im Drama. 2. Ausgabe. München 1962

Koepke, Wulf: In Search of a New Religiosity: Herder and Lenz. In: *Leidner/Madland* (Hg.) 1993 S. 121-132

Kreutzer, Leo: Literatur als Einmischung: J.M.R. Lenz. In: *Hinck*, Walter (Hg.): Sturm und Drang. Kronberg 1978, S. 213-229

Kruse, Heinrich: Wallfahrt nach Sesenheim. In: Deutsche Rundschau 17 (1878), S. 218-226

Kühn, Julius: Der junge Goethe im Spiegel seiner Zeit. Beiträge zur neueren Literaturgeschichte, Bd. 1. Heidelberg 1912, S. 30-42

Kunz, Josef: Die Dramaturgie von J.M.R. Lenz. Einige Überlegungen zu René Girard: Lenz 1751-1792. In: Études Germaniques 25 (1970), S. 53-61

Leffzt, Joseph: Die gelehrten und literarischen Gesellschaften im Elsaß vor 1780. Heidelberg 1931

Leidner, Alan C.: Zur Selbstunterbrechung in den Werken von J.M.R. Lenz. In: *Wurst* (Hg.)1992, S. 46-63

Ders., *Madland,* Helga S. (Hg.): Space to act: the theater of J.M.R. Lenz. Columbia, SC: Camden House 1993 (Studies in German literature, linguistics, and culture).

Ders.: The Impatient Muse: Germany and the Sturm und Drang. Chapel hill 1994

Ders./Wurst, Karin A. (Hg.): Unpopular virtues: the scholary reception of J.M.R. Lenz. Columbia, SC 1999.

Leiser Gjestvang, Ingrid: Machtworte: Geschlechterverhältnisse und Kommunikation in dramatischen Texten (Lenz, Hauptmann, Bernstein, Streeruwitz). Diss. phil. Madison 1998. Ann Arbor, Mich. 1999

Lorenz, Heinz: Die ästhetischen Anschauungen des Dramatikers J.M.R. Lenz: Eine Untersuchung zur Tradition des Realismus in der deutschen Dramenliteratur. Diss. phil. Greifswald 1968 (Masch.)

Lösel, Franz: Melodrama und Groteske im dramatischen Werk von Reinhold Lenz. In: *Hill* (Hg.) 1994, S. 202-213

Luserke, Matthias, *Marx,* Reiner: Die Anti-Läuffer. Thesen zur Sturm und Drang-Forschung oder Gedanken neben dem Totenkopf auf der Toilette des Denkers. In: Lenz Jb 2 (1992), S. 126-150

Ders. (Hg.): J.M.R. Lenz im Spiegel der Forschung. Hildesheim, Zürich, New York 1995

Lyman, Linda Marian: J.M.R. Lenz and the development of modern tragicomedy. Diss. phil. Oregon 1975

Madland, Helga Stipa: Non-Aristotelian drama in 18th century Germany and its modernity: J.M.R. Lenz. Diss. phil. Univ. of Washington 1981. Bern, Frankfurt/M. 1982

Dies.: Lenz and Wieland. The Dialectics of Friendship and Morality. In: Lessing Yearbook 18 (1985), S. 201-212

Dies.: Imitation to creation. The changing concept of mimesis from Bodmer and Breitinger to Lenz. In: Eighteenth-century German authors (1988), S. 29-43

Dies.: Lenzens Sprachwahrnehmung in Theorie und Praxis. In: *Wurst* (Hg.)1992, S. 92-111

Dies.: Madness and Lenz: two hundred years later. In: The German quaterly 66 (1993), N.1, S. 34-42

Dies. (Hg.): Space to act: the theater of J.M.R. Lenz. Columbia, SC 1993 (Studies in German literature, linguistics, and culture)

Dies.: Image and text: J.M.R. Lenz. Amsterdam 1994

Dies.: Lenz, Aristophanes, Bachtin und die »verkehrte Welt«. In: *Stephan,* Inge, *Winter,* Hans-Gerd (Hg.): »Unaufhörlich Lenz gelesen...«. Studien zu Leben und Werk von J.M.R. Lenz. Stuttgart, Weimar 1994, S. 167-181

Mandet, Jean: L'adapteur de Plaute. In: Études germaniques 52 (1997), N. 1, S. 37-48

Marcuse, Max: Lenz. Vater und Sohn. In: Zeitschrift für Sexualwissenschaft 14 (1928), S. 395-397

Markwardt, Bruno: Geschichte der deutschen Poetik. Grundriß der Germanischen Philologie, Bd. 13. Berlin 1956, S. 406-418, 624-636

Martin, Ariane: Pfeffels Briefe über Lenz im Steintal. Lenz Jb 6 (1996), S. 93-99

Martin, Ariane/*Stiening,* Gideon: ›Genie und Wahnsinn‹ am Beispiel zweier Autoren. In: Aurora 5g (1999), S. 45-70

Dies.: Die Ereignisse vor dem 20. Januar 1778. Jakob Michael Reinhold Lenz' religiösen Paroxismen in Zürich und in Emmendingen. In: Georg-Büchner Jb. 9 (1995-98). Erscheint 2000

Martin, Ariane/*Vering,* Eva-Maria: Erinnerungen an das Steintal. Notizen von J.M.R. Lenz aus den letzten Lebensjahren. In: Georg-Büchner Jb. 9 (1995-98). Erscheint 2000

Martini, Fritz: Die Poetik des Dramas im Sturm und Drang. Versuch einer Zusammenfassung. In: *Grimm,* Reinhold (Hg.): Deutsche Dramentheorie. Beiträge zu einer kritischen Poetik des Dramas in Deutschland. Frankfurt/M. 1971, Bd. 1, S. 123-166

Matt, Peter von: ... fertig ist das Angesicht: Zur Literaturgeschichte des menschlichen Gesichts. München, Wien 1983, S. 63-82

Ders.: Hochgemut und chancenlos. In: Frankfurter Anthologie: Gedichte und Interpretationen. Hg. von Marcel Reich-Ranicki. Frankfurt/M. 1990

Ders.: Der tragische Klamauk: über die vielen Väter bei J.M.R. Lenz. In: *Ders.:* Das Schicksal der Phantasie: Studien zur deutschen Literatur. München 1994, S. 102-108

Ders.: Schöpferischer Vaterhaß: zum 200. Todestag des Dichters und Dramatikers J.M.R. Lenz. In: FAZ Nr. 120 vom 23.5. 1992

Mattenklott, Gert: Melancholie in der Dramatik des Sturm und Drang. Stuttgart 1968

Maurach, Martin: Aufklärung im Gespräch: eine interaktionsanalytische Untersuchung des Dramendialogs im Sturm und Drang am Beispiel von J.M.R. Lenz. In: Das achtzehnte Jahrhundert 21 (1997), H. 2, S. 176-188.

Maurer, Theodor: Die Sesenheimer Lieder: Eine kritische Studie. In: Beiträge zur Landes- und Volkskunde von Elsaß-Lothringen. Bd. 32. Straßburg 1907

Mayer, Hans: Lenz oder die Alternative. In: *Titel,* Britta, *Haug,* Hellmut (Hg.): J.M.R. Lenz: Werke und Schriften. Stuttgart 1967, Bd. 2, S. 795-827

Mclnnes, Edward: Die Regie des Lebens. Domestic Drama and the Sturm und Drang. In: Orbis Litterarum 32 (1977), S. 269-284

Ders.: »Kein lachendes Gemälde«: Beaumarchais, Lenz und die Komödie des gesellschaftlichen Dissens. In: *Wurst* (Hg) 1992, S. 123-137

Ders.: Lenz, Shakespeare, Plautus and the »unlaughing picture«. In: *Hill* (Hg.) 1994, S. 27-35

Meinzer, Elke: Biblische Poetik als Stilprinzip bei J.G. Hamann und J.M.R. Lenz. In: Beiträge zu einem besonderen Kapitel der deutschen Geistesgeschichte des 18. und angehenden 19. Jahrhunderts. Frankfurt 1998, S. 37-57

Mendes, Anabela: Preceptor, mentor, professor: variações do acto pedagógico em J.M.R. Lenz, H. v. Kleist e F. Hölderlin. In: Runa 1994, N. 22, S. 145-159

Menke, Timm Rainer: Zwei Thesen zur Rezeption und Krankheit von J.M.R. Lenz. In: Stephan/Winter (Hg.) 1994, S. 27-37

Menz, Egon: Lenzens Weimarer Eselei. In: Goethe Jb. 106 (1989), S. 90-105

Menz, Egon: Das »hohe Tragische von heut«. In: *Stephan/Winter* (Hg.)1994, S. 181-195

Ders.: Aretins Passion. In: *Kaufmann,* Ulrike u.a. (Hg.): »Ich aber werde dunkel sein«: ein Buch zur Ausstellung J.M.R. Lenz. Im Auftrag des Mercurius e.V. und der Kulturstiftung der deutschen Vertriebenen. Jena 1996, S. 66-77

Ders.: Die Mutter, die Kurtisane; Anmerkungen zu Lenz. In: Lenz Jb 6 (1996), S. 75-92

Michel, Gabriele: Lenz – »ist er nicht gedruckt?«: Über die vernachlässigte Bedeutung der Schriften von J.M.R. Lenz für Georg Büchners Novellentext. In: Lenz Jb 2 (1992), S. 118-125

Müller, Gustav Adolf: Der Dichter J.M.R. Lenz in Emmendingen. In: *ders.:* Goethe-Erinnerungen in Emmendingen: Neues und Altes in kurzer Zusammenfassung. Leipzig 1909, S. 18-25, 35-78

Müller, Peter (Hg unter Mitarbeit von Jürgen *Stötzer*): Jakob Michael Reinhold Lenz im Urteil dreier Jahrhunderte. Texte der Rezeption von Werk und Persönlichkeit. 18.-20. Jahrhundert. Bern, Berlin, Frankfurt/M. 1995

Müller, Udo: Stundenblätter. Lenz/Brecht: Der Hofmeister. Lenz/Kipphardt: Die Soldaten. Stuttgart 1982

Nahke, Evamarie: Über den Realismus in J.M.R. Lenzens sozialen Dramen und Fragmenten. Diss. phil. Berlin (DDR) 1955. (Masch.)

Niedermeier, Michael: Mitteldeutsche Aufklärer und elsässische »Genies« im Kampf um das pädagogische Musterinstitut des Philantropismus in Dessau. In: Lenz Jb 5 (1995), S. 92-117

Oehlenschläger, Eckart: J.M.R. Lenz. In: *Wiese,* Benno von (Hg.): Deutsche Dichter des 18. Jahrhunderts. Berlin 1977, S. 747-781

O'Regan, Brigitta: Self and existence: J.M.R. Lenz's subjective point of view. New York, Frankfurt/M. u.a. 1997

Osborne, John: The Problem of Pride in the Works of J.M.R. Lenz. In: Publications of the English Goethe Society 39 (1969), S. 57-84

Ders.: From Pygmalion to Dibutade: Introversion in the prose writings of J.M.R. Lenz. In: Oxford German Studies 8 (1973), S. 23-46

Ders.: J.M.R. Lenz: The Renunciation of Heroism. Göttingen 1975

Ders.: Motion pictures: the tableau in Lenz's drama and dramatic theory. In: *Leidner/Madland* (Hg.) SC 1993 S. 91-105

Ders.: Sehnsucht nach Weimar. Bemerkungen zu den Briefen von Louis-François Ramond de Carbonnières an J.M.R. Lenz. In: Lenz Jb 5 (1995), S. 67-78

Pange, Jean de: Goethe en Alsace. Paris 1925, S. 160-170, 197 f.

Pascal, Roy: J.M.R. Lenz, 1751-1792: A Bicentenary Lecture. In: Publications of the English Goethe Society 21 (1952), S. 1-26

Paterson, Margot: Friederike Brion, Cornelia Schlosser and Charlotte von Stein viewed through the eyes of the poet Jacob Lenz. In: Woman writers of the age of Goethe. Hg. von Margaret C. *Ives.* Lancaster: Department of Modern Language, Univ., Vol. IX, 1997, S. 63-79

Pautler, Stefan M.: »Wehe dem neuen Projektenmacher«: Überlegungen zur sozialreformerischen Programmatik im Werk von J.M.R. Lenz. In: *Kaufmann*, Ulrike u.a. (Hg.): »Ich aber werde dunkel sein«: ein Buch zur Ausstellung J.M.R. Lenz. Im Auftrag des Mercurius e.V. und der Kulturstiftung der deutschen Vertriebenen. Jena 1996, S. 32-43

Ders.: J.M.R. Lenz: pietistische Weltdeutung und bürgerliche Sozialreform im Sturm und Drang. Diss. Phil. München 1995. Gütersloh 1999

Perugia, Stefan: Die dramatischen Fragmente von J.M.R. Lenz. Diss. phil. München 1925

Petersen, Otto von: Lenz. Vater und Sohn. In: *Braun*, Fritz, *Stegmann von Pritzwald*, Kurt (Hg.): Dankesgabe für Albert Leitzmann. Jena 1927, S. 91-103

Petter, Walter: Das Satirische bei J.M.R. Lenz: Ein Beitrag zur Psychologie Lenzens und zur Geschichte des Satirischen im 18. Jahrhundert. Diss. phil. Halle 1920. (Masch.)

Pope, Timothey F.: J.M.R. Lenz' Literarischer Zirkel in Straßbourg. In: Seminar 20 (1984), S. 235-245

Preuss, Werner Hermann: Selbstkastration oder Zeugung neuer Kreatur. Zum Problem der menschlichen Freiheit in Leben und Werk von J.M.R. Lenz. Bonn 1983

Ders.: »Verfasser unbekannt« – »typisch Lenz«. Über den Anteil von J.M.R. Lenz an der Zeitschrift »Für Leser und Leserinnen«. In: Lenz Jb 3 (1993), S. 99-115

Ders.: Der Oberpahlener Kreis: Bausteine zur Biographie des jungen Lenz. In: Lenz Jb 4 (1994), S. 69-80

Profitlich, Ulrich: Zur Deutung von J.M.R. Lenz' Komödientheorie. In: DVjs 72 (1998), S. 411-432

Rabelhofer, Bettina: Das verborgene Elend der Lächler. Die Ambivalenz im Spiel mit der eigenen Identität bei J.M.R. Lenz. In: Literatur als Geschichte des Ich. Hg. von Eduard *Beutner* und Ulrike Tanzer. Würzburg 2000

Rauch, Hermann: Lenz und Shakespeare. Ein Beitrag zur Shakespearomanie der Sturm- und Drangperiode. Diss. phil. Freiburg 1892. Berlin 1892

Rector, Martin: La Mettrie und die Folgen. Zur Ambivalenz der Maschinen-Metapher bei J.M.R. Lenz. In: Willkommen und Abschied der Maschinen. Literatur und Technik. Bestandsaufnahme eines Themas. Hg. von Erhard Schütz unter Mitarb. von Norbert Wehr. Essen 1988, S. 23-41

Ders.: Optische Metaphorik und theologischer Sinn in Lenz' Poesie-Auffassung. In: *Hill* (Hg.)1994, S. 11-26

Ders.: Seven theses on the problem of action in Lenz. In: *Leidner/ Madland* (Hg.) SC 1993 S. 60-76

Ders.: Sieben Thesen zum Problem des Handelns bei Jakob Lenz. In: Zeitschrift für Germanistik 2 (1992), H. 3, S. 628-639

Reinhardstoettner, Karl von: Plautus. Spätere Bearbeitungen plautinischer Lustspiele: Ein Beitrag zur vergleichenden Literaturgeschichte. Leipzig 1886

Rosanov, Matjev N.: J.M.R. Lenz. Der Dichter der Sturm- und Drangperiode. Sein Leben und seine Werke. Leipzig 1909

Rudolf, Ottomar: Die Moralphilosophie von J.M.R. Lenz. Ein Beitrag zur Geistesgeschichte des 18. Jahrhunderts. Diss. phil. Univ. of Pennsylvania 1964

Ders.: J.M.R. Lenz: Moralist und Aufklärer. Bad Homburg, Berlin, Zürich 1970

Ders.: Lenz: Vater und Sohn: zwischen patriarchalem Pietismus und pädagogischem Eros. In: *Wurst*, Karin A. (Hg.): J.M.R. Lenz als Alternative?: Positionsanalysen zum 200. Todestag. Köln 1992, S. 29-45

San-Giorgiu, Jon: Sebastien Merciers dramaturgische Ideen im Sturm und Drang.

Diss. phil. Basel 1921, S. 60-79

Saulé-Tholy, Jean-Paul: Le personnage dramatique dans le théâtre de Lenz. In: Études germaniques 52 (1997), N. 1, S. 15-36

Sautermeister, Gert: »Unsere Begier wie eine elastische Feder beständig gespannt«: der ›Geschlechtertrieb‹ in Lenzens Theorie, Lyrik und Dramatik. In: Études germaniques 52 (1997), N. 1, S. 79-98

Schäfer, Walter Ernst: Mädchenerziehung: Kontroversen zwischen Gottlieb Konrad Pfeffel und J.M.R. Lenz. In: Gesellige Vernunft: zur Kultur der literarische Aufklärung. Festschrift für Wolfram Mauser zum 65. Geburtstag. Hg. von Ortrud *Gutjahr* u.a. Würzburg 1993, S. 277-296

Scherpe, Klaus R.: Dichterische Erkenntnis und »Projektmacherei«. Widersprüche im Werk von J.M.R. Lenz. In: Goethe-Jahrbuch 94 (1977), S. 206-235

Ders.: Historische Widersprüche in der Gattungspoetik des 18. Jahrhunderts. In: GRM 34 (1984), S. 312-322

Schmalhaus, Stefan: »Mir ekelt vor jedem feinern Gesicht«. J.M.R. Lenz und die Physiognomik. In: *Hill* (Hg.)1994, S. 55-66

Ders.: Litarische Anspielungen als Darstellungsprinzip. Studien zur Schreibmethodik von J.M.R. Lenz. Diss. phil. Münster 1994. Münster u.a. 1994 (Germanistik. 8)

Schmidt, Erich: Lenz und Klinger. Zwei Dichter der Geniezeit. Berlin 1878, S. 4-61

Ders.: Satirisches aus der Geniezeit. In: Archiv für Literaturgeschichte 9 (1880), S. 179-190

Ders.: Lenziana. In: Sitzungsberichte der Königlich Preussischen Akademie der Wissenschaften zu Berlin 41 (1901), S. 979-1017

Schmitt, Axel: Die »Ohn-Macht der Marionette«. Rollenbedingtheit, Selbstentäußerung und Spiel-im-Spiel-Strukturen in Lenz' Komödien. In: *Hill* (Hg) 1994, S. 67-80

Schnaak, Thomas: Das theologische Profil des Vaters in einigen Grundzügen. In: *Kaufmann,* Ulrich u.a. (Hg.): »Ich aber werde dunkel sein«: ein Buch zur Ausstellung J.M.R. Lenz. Im Auftrag des Mercurius e.V. und der Kulturstiftung der deutschen Vertriebenen. Jena 1996, S. 15-23

Ders.: Zum Bildungsgang des jungen Lenz. In: »Ich aber werde dunkel sein«: ein Buch zur Ausstellung J.M.R. Lenz. Im Auftrag des Mercurius e.V. und der Kulturstiftung der deutschen Vertriebenen. Jena 1996, S. 11-14

Schneilin, Gérard: L'écriture grotesque dans le théâtre de Lenz. In: Études germaniques 52 (1997), N. 1, S. 5-13

Schnorf, Hans: Sturm und Drang in der Schweiz. Diss. phil. Zürich 1914

Scholz, Rüdiger: Eine längst fällige historisch-kritische Gesamtausgabe: J.M.R. Lenz. In: Jb der Dt. Schillergesellschaft 34 (1990), S. 195-229

Ders.: Zur Biographie des späten Lenz. In: Lenz Jb 1 (1991), S. 106-134.

Schöne, Albrecht: Wiederholung der exemplarischen Begebenheit: J.M.R. Lenz. In: *Ders.:* Säkularisation als sprachbildende Kraft: Studien zur Dichtung deutscher Pfarrersöhne. Göttingen 1958, S. 92-138

Schröder, Eduard: Die Sesenheimer Lieder von Goethe und Lenz: Mit einem Excurs über Lenzens lyrischen Nachlaß. In: Nachrichten von der königlichen Gesellschaft der Wissenschaften zu Göttingen, Philologisch-historische Klasse. Göttingen 1905, S. 51-115

Ders.: Sesenheimer Studien. In: Jahrbuch der Goethe-Gesellschaft 6 (1919), S. 82-107

Schulz, Georg-Michael: »Läuffer läuft fort«. Lenz und die Bühnenanweisungen im Drama des 18. Jahrhunderts. In: *Hill* (Hg.) 1994, S. 190-201

Schwarz, Hans-Günther: Lenz und Shakespeare. In: Jahrbuch der deutschen Shakespeare-Gesellschaft West 1971, S. 85-96

Ders.: Dasein und Realität. Theorie und Praxis des Realismus bei J.M.R. Lenz. Bonn 1985

Siebs, Theodor: Die Sesenheimer Lieder von Goethe und Lenz. In: Preußische Jahrbücher 88 (1897), S. 407-454

Sinnreich, Maria: Das gesellschaftskritische Element im Schaffen von J.M.R. Lenz. Diss. phil. Wien 1936. (Masch.)

Sintenis, Franz: J.M.R. Lenz in Moskau. In: Archiv für Literaturgeschichte 5 (1876), S. 600-605

Sittel, Angela: Jakob Michael Reinhold Lenz' produktive Rezeption von Plautus' Komödien. Frankfurt 1999

Sivers, Jegor von: J.M.R. Lenz. In: *Ders.:* Deutsche Dichter in Rußland. Berlin 1855, S. 40-59

Ders.: J.M.R. Lenz: Vier Beiträge zu seiner Biographie und zur Literaturgeschichte seiner Zeit. Riga 1879. Leipzig 1879

Sørensen, Bengt Algot: »Schwärmerei« im Leben und Werk von Lenz. In: *Hill* (Hg.) 1994, S. 47-54

Staatsmann, Peter: Inszenierung des Realen. Lenz und die Bühne. In: *Kagel*, Martin (Hg.): J.M.R. Lenz. München 2000 (edition text +kritik. Hg. von Heinz Ludwig Arnold), S. 16-26

Stephan, Inge, *Winter*, Hans-Gerd: Ein vorübergehendes Meteor? J.M.R. Lenz und seine Rezeption in Deutschland. Stuttgart 1984

Stephan, Inge, *Winter*, Hans-Gerd (Hg.): »Unaufhörlich Lenz gelesen...«. Studien zu Leben und Werk von J.M.R. Lenz. Stuttgart, Weimar 1994

Dies.: »Meteor« und »Sterne«. Zur Textkonkurrenz zwischen Lenz und Goethe. In: Lenz Jb 5 (1995), S. 22-43

Dies.: Geniekult und Männerbund. Zur Ausgrenzung des Weiblichen in der Sturm- und Drang-Bewegung. In: *Kagel* (Hg.) 2000, S. 46-54

Stöber, August: Der Dichter Lenz und Friederike von Sesenheim. Basel 1842

Ders.: Der Aktuar Salzmann und seine Freunde. In: Alsatia. Jahrbuch für elsässische Geschichte, Sage, Altertumskunde, Sitte, Sprache und Kunst. Mühlhausen 1853

Ders.: Der Aktuar Salzmann. Goethes Freund und Tischgenosse in Straßburg. Frankfurt 1855

Ders.: Johann Gottfried Röderer von Strassburg und seine Freunde: Biographische Mitteilungen nebst Briefen an ihn von Goethe, Kayser, Schlosser etc. Mit einem Nachtrag von Briefen an Röderer und Lenz. Colmar 1874

Stockhammer, Robert: Zur Politik des Herz(ens): L.M.R. Lenz' »misreadings« von Goethes Werther. In: *Hill* (Hg.)1994, S. 129-139

Stötzer, Jürgen: Das vom Pathos der Zerissenheit geprägte Subjekt: Eigenwert und Stellung der epischen Texte im Gesamtwerk von J.M.R. Lenz. Diss. phil. Humboldt Univ. Berlin 1990. Frankfurt/M., Bern u.a. 1992

Titel, Britta: Nachahmung der Natur als Prinzip dramatischer Gestaltung bei J.M.R. Lenz. Diss. phil. Frankfurt/M. 1961 (Masch.)

Torggler, Joseph: Sozialbewußtsein und Gesellschaftskritik bei J.M.R. Lenz. Diss. phil. Innsbruck 1957

Unger, Thorsten: Handeln im Drama: Theorie und Praxis bei J. Chr. Gottsched und J.M.R. Lenz. Diss. Phil. Göttingen 1992. Göttingen 1993

Ders.: Contingent spheres of action: the category of action in Lenz's anthroplogy and theory of drama. In: *Leidner/Madland,* (Hg.)1993 S. 77-90

Unglaub, Erich: »Das mit den Fingern deutende Publicum«: das Bild des Dichters J.M.R. Lenz in der literarischen Öffentlichkeit 1770-1814. Diss. phil. München 1981. Frankfurt/M., Bern 1983

Urlichs, Ludwig: Etwas von Lenz. In: Deutsche Rundschau 11 (1877), S. 271-292

Ders.: Neues von Lenz. In: Archiv für Literaturgeschichte 8 (1879), S. 167-170

Vonhoff, Gert: Subjektkonstitution in der Lyrik von J.M.R. Lenz: mit einer Auswahl neu hrsg. Gedichte. Frankfurt/M., Bern u.a. 1990

Ders.: Unnötiger Perfektionismus oder doch mehr? Gründe für historisch-kritische Ausgaben. In: Schiller Jb 34 (1990), S. 419-423

Weichbrodt, Rudolf: Der Dichter Lenz. Eine Pathographie. In: Archiv für Psychiatrie und Nervenkrankheiten 62 (1921), S. 153-188

Wender, Herbert: Was geschah Anfang Februar 1778 im Steintal?: Kolportage, Legende, Dichtung und Wahnsinn. In: Lenz Jb 6 (1996), S. 100-126

Werner, Franz: Soziale Ungleichheit und »bürgerliche Intelligenz« im 18. Jahrhundert. Der organisierende Gesichtspunkt in J.M.R. Lenz' Drama »Der Hofmeister oder Vorteile der Privaterziehung«. Diss. phil. Heidelberg 1978. Frankfurt/M. 1981

Wien, Werner: Lenzens Sturm- und Drang-Dramen innerhalb seiner religiösen Entwicklung. Diss. phil. Göttingen 1935. Berlin 1935

Wilson, W. Daniel: Zwischen Kritik und Affirmation. Militärphantasien und Geschlechterdisziplinierung bei J.M.R. Lenz. In: *Stephan/Winter* (Hg.)1994, S. 52-86

Winter, Hans-Gerd: J.M.R. Lenz as Adherent and Critic of Enlightenment in Zerbin; or, Modern Philosophy and the Most Sentimental of All Novels. In: Impure Reason. Dialectic of Enlightenment in Germany. Ed. by W. Daniel Wilson and Robert C. Holub: Detroit 1993, S. 443-464

Ders.: Lenz, Jakob Michael Reinhold. In: Metzler Autoren Lexikon. Deutschsprachige Dichter und Schriftsteller vom Mittelalter bis zur Gegenwart. 2. überarb. U. erw. Ausg. hg. von Bernd Lutz. Stuttgart, Weimar 1994, S. 536-541

Ders.: »Denken heißt nicht vertauben«. Lenz als Kritiker der Aufklärung. In: Hill (Hg.)1994, S. 81-96

Ders.: »Ein kleiner Stoß und dann erst geht mein Leben an!« Sterben und Tod in den Werken von Lenz. In: *Stephan/Winter* 1994, S. 86-108

Ders: »Poeten als Kaufleute, von denen jeder seine Ware, wie natürlich, am meisten anpreist«. Überlegungen zur Konfrontation zwischen Lenz und Goethe. In: Lenz Jb 5 (1995), S. 44-67

Ders.: »Pfui doch mit den großen Männern, [...] Es sind die kleinsten [...] Staubinsekten.« Männliche Kommunikationsstrukturen und Gemeinschaften in Dramen von J.M.R. Lenz. In: *Kagel,* Martin (Hg.): J.M.R. Lenz. München 2000. (edition text +kritik. Hg. von Heinz Ludwig Arnold), S. 55-68

Wirtz, Thomas: »Halt's Maul«. Anmerkungen zur Sprachlosigkeit bei J.M.R. Lenz. In: Der Deutschunterricht 41 (1989), H. 6 S. 88-107

Wolf, Hans M.: Zur Bedeutung Batteux's für Lenz. In: MLN 56 (1941), S. 508-513

Wurst, Karin A. (Hg.): J.M.R. Lenz als Alternative?: Positionsanalysen zum 200. Todestag. Köln 1992

Dies.: »A shattered mirror«: Lenz's concept of mimesis. In: *Leidner,* Alan C., *Madland,* Helga S. (Hg.): Space to act: the theater of J.M.R. Lenz. Columbia, SC 1993 (Studies in German literature, linguistics, and culture), S. 106-120

Dies.: Erzählstrategien im Prosawerk von J.M.R. Lenz. Eine Leseanleitung. In: *Kagel*(Hg.) 2000, S. 36-43

Zelle, Carsten: Alte und neue Tragödie – Mythos, Maschine, Macht und Menschenherz. Beiträge zur Querelle des Anciens et des Modernes von Saint-Évremand, Lenz, Molitor, Robert und Kürnberger. In. Germanisch-romanische Monatsschrift 41 (1991), S. 284-300

Ders.: Ist es eine Komödie? Ist es eine Tragödie?: Drei Bemerkungen dazu, was bei Lenz gespielt wird. In: *Wurst* (Hg.) 1992, S. 138-157

Ders.: Maschinen-Metaphern in der Ästhetik des 18. Jahrhunderts. In: Zeitschrift für Germanistik 7 (1997), H. 3, S. 510-520

Zierath, Christof: Moral und Sexualität bei J.M.R. Lenz. Diss. Phil. Marburg 1994. St. Ingbert 1995

4.2 Sekundärliteratur zu einzelnen Werken

Albert, Claudia: Verzeihungen, Heiraten, Lotterien. Der Schluß des Lenzenschen »Hofmeisters«. In: Wirkendes Wort 39 (1989), S. 63-71

Altenhein, Hans: Die Wolken, oder wir arbeiten alle vergeblich. In: Lichtenberg-Jb (1991), S. 85-90.

Arendt, Dieter: J.M.R. Lenz: »Der Hofmeister« oder Der kastrierte »pädagogische Bezug«. In: Lenz Jb 2 (1992), S. 42-77

Ballof, Rudolf: Über die sizilianische Vesper von J.M.R. Lenz. Archiv für das Studium der neueren Sprachen und Literaturen: Deutsches Sonderheft (1921), S. 156 f.

Becker-Cantarino, Barbara: J.M.R. Lenz: »Der Hofmeister«. In: Dramen des Sturm und Drang (Interpretationen). Stuttgart 1987 (RUB 8410), S. 99-127

Bochan, Bohdan: The dynamics of desire in Lenz's »Der Hofmeister«. In: *Hill* (Hg.)1994, S. 179-189

Bohnen, Klaus: Irrtum als dramatische Sprachfigur. Sozialzerfall und Erziehungsdebatte in J.M.R. Lenz' »Hofmeister«. In: Orbis litterarum 42 (1987), S. 317-331

Brinkhorst, Martin: Shakespeares »Coriolanus« in deutscher Bearbeitung. Berlin 1973

Burger, Heinz-Otto: Lenz: Der Hofmeister. In: Steffen, Hans (Hg.): Das deutsche Lustspiel. Bd. 1. Göttingen 1968, S. 48-67

Chee, Hans-Martin: Literatur als Aufklärung: J.M.R. Lenz ' Drama »Der Hofmeister oder Vorteile der Privaterziehung«; Modell einer Unterrichtseinheit für den fortgeschrittenen Literaturunterricht im Fach Deutsch. In: Wirkendes Wort 41 (1991), N. 2, S. 265-275

Daunicht, Richard: J.M.R. Lenz im Herbst 1777. Zu einem anonymen Gedicht in Wielands »teutschem Merkur«. In: *Stephan/Winter* (Hg.)1994, S. 109-118

Duncan, Bruce: The Comic Structure of Lenz' »Soldaten«. In: MLN 91 (1976), S. 515-523

Durzak, Manfred: Lenz' »Der Hofmeister« oder die Selbstkasteiung des bürgerlichen Intellektuellen. Lenz' Stück im Kontext des bürgerlichen Trauerspiels. In: *Hill* (Hg.)1994, S. 110-119

Dusen, Wanda van: Reconciling reason with sensibility: J.M.R. Lenz's »Anmerkungen zum Theater«. In: *Timm*, Eitel (Hg.): Subversive sublimities: undercurrents of the german Enlightenment. Columbia, SC 1992 (Studies in German literature, linguistics, and culture), S. 27-35

Eibl, Karl: »Realismus« als Widerlegung von Literatur. Dargestellt am Beispiel von Lenz' »Hofmeister«. In: Poetica 6 (1974), S. 456-467

Friedrich, Theodor: Die »Anmerkungen übers Theater« des Dichters J.M.R. Lenz: nebst einem Anhang: Neudruck der »Anmerkungen übers Theater« in verschiedenen Typen zur Veranschaulichung ihrer Entstehung. Leipzig 1908 (Probefahrten; 13)

Gerth, Klaus: »Vergnügen ohne Geschmack«. J.M.R. Lenz' »Menoza« als parodistisches »Püppelspiel«. In: Jb des Freien Dt. Hochstifts 1988, S. 35-56.

Girard, René: Die Umwertung des Tragischen in Lenzens Dramaturgie unter besonderer Berücksichtigung der »Soldaten«. In: Dialog (1973), S. 127-138

Glarner, Hannes: »Diese willkürlichen Ausschweifungen der Phantasey«: das Schauspiel »Der Engländer« von J.M.R. Lenz. Diss. phil. Zürich 1991/92. Bern, Frankf./M. u.a. 1992

Ders.: »Der Engländer«. Ein Endpunkt im Dramenschaffen von J.M.R. Lenz. In: *Stephan/Winter* (Hg.) 1994, S. 195-210

Glaser, Horst Albert: Bordell oder Familie?: Überlegungen zu Lenzens »Soldatenehen«. In: *Wurst* (Hg.) 1992, S. 112-122

Graf, Roman: »Die Folgen des ehlosen Standes der Herren Soldaten«: male homosexual desire in Lenz's »Die Soldaten«. In: *Leidner/ Madland* (Hg.) SC 1993 S. 35-44

Greiner, Bernhard: Der Fluchtpunkt des Aufklärungs-Theaters als Leerstelle: J.M.R. Lenz' Komödie »Der Hofmeister«. In: Gesellige Vernunft: zur Kultur der literarische Aufklärung. Festschrift für Wolfram Mauser zum 65. Geburtstag. Hg. von Ortrud *Gutjahr* u.a. Würzburg 1993, S. 43-55. Auch in: *Ders.*: Die Komödie. Eine theatralische Sendung: Grundlagen und Interpretationen. Tübingen 1992, S. 185-207

Guthke, Karl S.: Lenzens Hofmeister und Soldaten: Ein neuer Formtypus in der Geschichte des deutschen Dramas. In: Wirkendes Wort 9 (1959), S. 274-286

Ders.: Klingers Fragment »Der verbannte Göttersohn«. Lenzens »Tantalus«, und der humanistische Fatalismus und Nihilismus der Geniezeit: ein Beitrag zum Thema Sturm und Drang und Romantik. In: Wort und Werte: Bruno Markwardt zum 60. Geburtstag. Berlin 1961. S. 111 -122

Ders.: »Myrsa Polagi« – Ein Drama von Lenz? In: *ders.*: Wege zur Literatur. Bern, München 1967, S. 21-35

Guthrie, John: Revision und Rezeption: Lenz und sein »Hofmeister«. In: Zeitschrift für dt. Philologie 110 (1991), S. 181-201

Haag, Ingrid: Die Dramaturgie der Verschiebung im »Hofmeister« von Lenz oder: über die Konstellation von Lücke und Glück. In: Études germaniques 52 (1997), N. 1, S. 113-130

Haffner, Herbert: Lenz: Der Hofmeister – Die Soldaten. Mit Brechts »Hofmeister«-Bearbeitung und Materialien. München 1979

Hallensleben, Silvia: »Dies Geschöpf taugt nur zur Hure ...«. Anmerkungen zum Frauenbild in Lenz' »Soldaten«. In: *Stephan/Winter* (Hg.) 1994, S. 225-243

Hill, David: »Das Politische« in »Die Soldaten«. In: Orbis litterarum 43 (1988), S. 299-315

Ders.: Die Arbeiten von Lenz zu den Soldatenehen. Ein Bericht über die Krakauer Handschriften. In: *Stephan/Winter* (Hg.) 1994, S. 118-138

Ders.: J.M.R. Lenz' »Avantpropos« zu den »Soldatenehen«. In: Lenz Jb 5 (1995), S. 7-21

Hinderer, Walter: Lenz: Der Hofmeister. In: Die Deutsche Komödie. 1977, S. 66-88 u. 370-373

Ders.: Gesellschaftskritik und Existenzerhellung: »Der Hofmeister« von J.M.R. Lenz. In: *ders.*: Über deutsche Literatur und Rede. München 1981, S. 66-94

Hoff, Dagmar von: Inszenierung des Leidens. Lektüre von J.M.R. Lenz' »Der Engländer« und Sophie Albrechts »Theresgen«. In: *Stephan/Winter* (Hg.) 1994, S. 210-225

Höllerer, Walter: Lenz: Die Soldaten. In: Wiese, Benno von (Hg.): Das deutsche Drama. Düsseldorf 1958, Bd. 1, S. 128-147

Horn, Peter: »Das heißt, sie wollten die Welt umkehren.« Realismus und Populismus in Lenz' »Die Soldaten« als ethisch-ästhetische Reaktion gegen den Ästhetizismus des Klassizismus. In: Acta Germanica 22 (1994), S. 153-170

Huyssen, Andreas: Gesellschaftsgeschichte und literarische Form: J.M.R. Lenz' Komödie »Der Hofmeister«. In: Monatshefte 71 (1979), S. 131-144

Kaiser, Ilse: Die Freunde machen den Philosophen, Der Engländer, Der Waldbruder von J.M.R. Lenz. Diss. phil. Erlangen 1917

Klein, Christian: »Ich weiß nicht, soll das Satire sein, oder« – ...: intertextualité et indétermination dans »Le précepteur« de Lenz. In: Études germaniques 52 (1997), N. 1, S. 131-142

Knopf, Jan: Noch einmal Pätus. Zur Vaterschaft in Lenz' »Hofmeister«. In: DVjs 54 (1980), S. 517-519

Koneffke, Marianne: Der »natürliche« Mensch in der Komödie »Der neue Menoza« von J.M.R. Lenz. Frankfurt/M., Bern u.a. 1990

Dies.: Die weiblichen Figuren in den Dramen des J.M.R. Lenz: »Der Hofmeister«, »Der neue Menoza«, »Die Soldaten«. In: Wirkendes Wort 42 (1992), S. 389-405

Kopfermann, Thomas: Bürgerliches Selbstverständnis: J.M.R. Lenz: »Der Hofmeister«; G.E. Lessing: »Emilia Galotti«; Fr. Schiller: »Kabale und Liebe«. Stuttgart 1988

Korb, Richard Alan: »Der Hofmeister«: Lenz's sex comedy. In: *Leidner/Madland* (Hg.) SC 1993 S. 25-34

Krämer, Herbert: »In amore omnia insunt vitia«: Lenzens »Hofmeister« wiedergelesen. In: Der Ginkgo-Baum 12 (1993), S. 113-116

Landwehr, Jürgen: Das suspendierte Formurteil: Versuch der Grundlegung einer Gattungslogik anläßlich von Lenz' sogenannten Tragikomödien »Der Hofmeister« und »Die Soldaten«. In: Lenz Jb 6 (1996), S. 7-61

Lappe, Claus O.: Noch einmal zur Vaterschaftsfrage in Lenz' »Hofmeister«. In: DVjs 54 (1980), S. 520-521

Ders.: Wer hat Gretchens Kind gezeugt? Zeitstruktur und Rollenspiel in Lenzens »Hofmeister«. In: DVjs 54 (1980), S. 14-46

Lefevre, André: Geht in die Geschichte. Observations on the study of literary translations on the occasion of Lenz's Coriolan. In: *Pabisch,* Peter, *Stoehr,* Ingo R. (Hg.): Dimensions. A. Leslie Wilson and contemporary German arts and letters. Krefeld 1993, S. 184-194

Liebman, Giuli: Werther fra impegno morale e autonomia estetica nei »Briefe über ...« di J.M.R. Lenz. In: Amali. Ist. Univ. Orient. Sez. Germanica. Studie tedesci 18 (1975), S. 1-18

Liewerstedt, Dieter: J.M.R. Lenz: »Der neue Menoza«, eine apokalyptische Farce. In: Wirkendes Wort 33 (1983), S. 144-152

Luserke, Matthias, *Weiß*, Christoph: Arbeit an den Vätern: zur Plautus-Bearbeitung »Die Algierer« von J.M.R. Lenz. In: Lenz Jb 1 (1991), S. 59-91

Ders.: J.M.R. Lenz: »Der Hofmeister«. »Die Soldaten«. München 1993

Ders.: Das »Pandämonium Germanikum« von J.M.R. Lenz und die Literatursatire des Sturm und Drang. In: *Stephan/Winter* (Hg.) 1994, S. 257-273

Lyman, Linda M.: Lenz and the development of modern tragicomedy. Diss. phil. Univ. of Oregon 1975, S. 102-144

Madland, Helga Stipa: Gesture as evidence of language skepticism in Lenz' »Der Hofmeister« and »Die Soldaten«. In: GQ 57 (1984), S. 546-557

Dies.: Semiotic layers in J.M.R. Lenz's »Der Engländer«. In: Seminar 30 (1994), N. 3, S. 276-285

Martini, Fritz: Die Einheit der Konzeption in J.M.R. Lenz' »Anmerkungen übers Theater«. In: Revue d'Allemagne, Paris, janvier-mars 1971, Bd. III, Nr. 1, S. 267-296. Ebenso in: Jahrbuch der deutschen Schillergesellschaft 14 (1970), S. 159-182

Maurach, Martin: J.M.R. Lenzens »guter Wilder«. Zur Verwandlung eines Topos und zur Kulturdiskussion in den Dialogen des »Neuen Menoza«. In: Schiller-Jb 40 (1996), S. 123-146

Mayer, Willi: Lenz' »Hofmeister«: Ein Kapitel aus der Entwicklungsgeschichte der deutschen Literatur. Diss. phil. Erlangen 1933. (Masch.)

McInnes, Edward O.: Lenz's »Der Hofmeister«. London 1992.

Meier, Werner: Der Hofmeister in der deutschen Literatur des 18. Jahrhunderts. Diss. phil. Zürich 1938

Meinzer, Elke: Die Irrgärten des J.M.R. Lenz. Zur psychoanalytischen Interpretation der Werke »Tantalus«, »Der Waldbruder« und »Myrsa Polagi«. In DVjs 68 (1994), S. 695-716

Dies.: »Über Delikatesse der Empfindung«. Eine späte Prosaschrift von J.M.R. Lenz. St. Ingbert 1996 (Mannheimer Studien zur Literatur- und Kulturwissenschaft; 9)

Menz, Egon: Lenzens »Faust«. In: Wahrnehmungen im poetischen All. Festschrift für Alfred Behrmann zum 65. Geburtstag. Hg. von Klaus Deterding. Heidelberg 1993 (Beiträge zur neueren Literaturgeschichte. Folge 3, 129), S. 166-186

Michel, Willi: Sozialgeschichtliches Verstehen und kathartische Erschütterung. Lenz' Tragikomödie »Der Hofmeister«. In: *ders.*: Die Aktualität des Interpretierens. Heidelberg 1978. (medium literatur 11.), S. 34-57

Morton, Michael: Exemplary poetics: the rhetoric of Lenz's »Anmerkungen über das Theater« and »Pandämonium Germanicum«. In: Lessing Yearbook 20 (1988), S. 121-151

Müller, Maria E.: Die Wunschwelt des Tantalus. Kritische Bemerkungen zu sozialutopischen Entwürfen im Werk von J.M.R. Lenz. In: Literatur für Leser (1984), S. 148-161

Dies.: »Der verwundete Bräutigam«, Bemerkungen zu einem Jugenddrama von J.M.R. Lenz. In: Lenz Jb 3 (1993), S. 7-23

Murat, Jean: Le »Pandaemonium Germanicum«. In: Revue d'Allemagne 3 (1971), S. 255-266

Nahke, Eva: Ein Brief über das Umfeld der »Hofmeister«-Ausstellung 1950. In: *Kaufmann* (Hg.) 1996, S. 127-131

Niggl, Günther: Neue Szenenkunst in Lenzens Komödie »Die Soldaten«. In: Études germaniques 52 (1997), N. 1, S. 65-78

Oh, Yangrok: Das Gesellschaftsbild in J.M.R. Lenzens Drama »Der Hofmeister« (1774) und B. Brechts Konzeption der ›deutschen Misere‹. In: Dogilmunhak 31 (1990), H. 44, S. 65-95

Okada, Tsuneo: Über »Philosophische Vorlesungen«. In: Goethe-Jb (Tokyo) 38 (1996), S. 215-233. [dt. Zusammenfassung S. 22-23]

Orehovs, Ivan: J.M.R. Lenz, »Der Hofmeister« (1774). In: Der Ginkgo-Baum 12 (1993), S. 110-112

Osborne, John: Exhibition and criticism. J.M.R. Lenz' »Briefe über Die Leiden des jungen Werthers«. In: Seminar 11 (1975), S. 199-212

Ders.: The Postponed Idyll.Two Moral Tales by J.M.R. Lenz. In: Neophilologus 59 (1975), S. 68-83

Ders.: Zwei Märchen von J.M.R. Lenz oder »Anmerkungen über die Erzählung«. In: *Stephan/Winter* (Hg.) 1994, S. 325-337

Pausch, Holger: Zur Widersprüchlichkeit in der Lenzschen ›Dramaturgie‹. Eine Untersuchung der »Anmerkungen übers Theater«. In: Maske und Kothurn 1971, S. 97-108

Parkes, Ford B.: Epische Elemente in J.M.R. Lenz' Drama »Der Hofmeister«. Göppingen 1973 (Göppinger Arbeiten zur Germanistik)

Pastoors-Hagelüken, Marita: Die »übereilte Comödie«: Möglichkeit und Problematik einer neuen Dramengattung am Beispiel des »Neuen Menoza« von J.M.R. Lenz. Diss. TU Aachen 1990. Frankfurt/M., Bern u.a. 1990

Pelzer, Jürgen: Das Modell der »alten« Komödie. Zu Lenz' »Lustspielen nach dem Plautus«. In: Orbis litterarum 42 (1987), S. 168-177

Petersen, Otto von: »Myrsa Polagi oder die Irrgärten«: Ein neuentdecktes Lustspiel des Sturm und Drang-Dichters J.M.R. Lenz. Diss. phil. Jena 1924

Pizer, John: Realism and utopianism in »Der neue Menoza«: J.M.R. Lenz's productive misreading of Wieland. In: Colloqiua Germanica 27 (1994/95), S. 309-319

Preuss, Werner H.: »Lenzens Eseley«: »Der Tod der Dido«. In: Goethe-Jb 106 (1989), S. 53-90

Ders.: Aus den Memoiren des »Verwundeten Bräutigams«. Reinhold Johann von Igelström (1740-1799). In: Lenz Jb. 7 (1997), S. 89-100

Rector, Martin: Götterblick und menschlicher Standpunkt. J.M.R. Lenz' Komödie »Der neue Menoza« als Inszenierung eines Wahrnehmungsproblems. In: Schiller Jb 33 (1989), S. 185-209

Ders.: Anschauendes Denken: zur Form von Lenz' »Anmerkungen über das Theater«. In: Lenz Jb 1 (1991), S. 92-105.

Ders.: Die Fremdheit des Eigenen: Wahrnehmungsperspektive und dramatische Form in J.M.R. Lenz' Komödie »Der neue Menoza«. In: Untersuchungen zur polnisch-deutschen Kulturkontrastivik. Hg. von Jan Papiór. Poznan 1992, S. 105-135

Ders.: Zur moralischen Kritik des Autonomie-Ideals. Jakob Lenz' Erzählung »Zerbin oder die neuere Philosophie«. In: *Stephan/Winter* (Hg.) 1994, S. 294-309

Ders.: Ästhetische Liebesverzichtserklärung: J. Lenz' Dramenfragmente »Catharina von Siena«. In: *Kaufmann* (Hg.) 1996, S. 58-65

Reicke, Rudolf: Reinhold Lenz in Königsberg und sein Gedicht auf Kant. In: Altpreußische Monatsschrift 4 (1867), S. 647-658

Rieck, Werner: Poetologische Positionen in poetischen Texten des Sturm und Drang unter besonderer Berücksichtigung des »Pandämonium Germanicum« von J.M.R. Lenz. In: Studia i materialy. Germanistyca 8 (1991), S. 11-17

Ders.: Poetologie als poetisches Szenarium: zum »Pandämonium Germanicum« von J.M.R. Lenz. In: Lenz Jb 2 (1992), S. 78-111

Salumets, Thomas: Von Macht, Menschen und Marionetten: zur Titelfigur in Lenz' »Der Hofmeister«. In: *Wurst* (Hg.) 1992, S. 158-178

Sauder, Gerhard: Konkupiszenz und empfindsame Liebe: J.M.R. Lenz »Philosophische Vorlesungen für empfindsame Seelen«. In: Lenz Jb. 4 (1994), S. 7-29

Ders.: Lenz' eigenwillige »Anmerkungen über das Theater«. In: Études germaniques 52 (1997), N. 1, S. 46-64

Sato, Ken-Ichi : Über »Der neue Menoza« von J.M.R. Lenz. Lenz' Volkstheater als Provokation. In: Doitsu Bungaku (1989), N. 82, S. 92-101 [dt. Zusammenfassung S. 100-101]

Ders.: Sozialkritik und Theaterspaß: J.M.R. Lenz' Komödie »Die Soldaten«. In Goethe-Jb (Tokyo) 35 (1993), S. 21-36.

Ders.: J.M.R. Lenz' Fragment »Die Kleinen«. In: *Stephan/Winter*, (Hg.) 1994, S. 243-257

Ders.: Rousseaus Einfluß auf J.M.R. Lenz, dargestellt am Drama »Der Engländer«. In: International Congress on the Enlightenment (9, 1995, Münster): Transactions of the ninth International Congress on the Enlightenment, Münster, 25.-29. July 1995. Oxford 1996, Vol. 2, S. 544-546

Saumer, Andreas U.: Theodizee und Triebverzicht: zu J.M.R. Lenzens »Philosophischen Vorlesungen für empfindsame Seelen«. In: Lichtenberg-Jb (1995), S. 242-250

Schmidt, Henry J.: J.M.R. Lenz' »Der neue Menoza«: die Unmöglichkeit einer Geschlossenheit. In: *Wurst* (Hg.) 1992, S. 220-228

Schönert, Jörg: Literarische Exerzitien der Selbstdizsiplinierung. »Das Tagebuch« im Kontext der Straßburger Prosa- Schriften von J.M.R. Lenz. In: *Stephan/ Winter* (Hg.) 1994, S. 309-325

Sommerfeld, Martin: J.M.R. Lenz und Goethes Werther: Aufgrund der neu aufgefundenen Lenz'schen Briefe über ... In: Euphorion 24 (1922), S. 68-107. Nachdruck in: *ders.*: Goethe in Umwelt und Folgezeit. Leiden 1935, S. 60-101

Spiess, Heinrich: Erwache Friederike. In: Zeitschrift für deutsche Philologie 56 (1931), S. 195-206

Stammler, Wolfgang: »Der Hofmeister« von J.M.R. Lenz: Ein Beitrag zur Literaturgeschichte des 18. Jahrhunderts . Diss. phil. Halle 1908

Stephan, Inge: Das Scheitern einer heroischen Konzeption. Der Freundschafts- und Liebesdiskurs im »Waldbruder«. In: *dies./Winter* (Hg.) 1994, S. 273-294

Stern, Martin: Akzente des Grams. Über ein Gedicht von J.M.R. Lenz. Mit einem Anhang: Vier unbekannte Briefe von Lenz an Winckelmanns Freund Heinrich Füssli. In: Jahrbuch der deutschen Schillergesellschaft Bd. 9 (1966), S. 160-169

Unger, Gerhard: Lenz' Hofmeister. Diss. phil. Göttingen 1942

Unger, Thorsten: Omnia vincit amor zum Mitlachen. Funktion der Komik in frühen Übersetzungen von Love's Labour's Lost. In: *ders.*(Hg.): Differente Lachkulturen? Fremde Komik und ihre Übersetzung. Tübingen 1995 (Forum modernes Theater: Schriftenreihe; 18), S. 209-242

Unglaub, Erich: Werkimmanente Poetik als Dramenschluß. Zur Frage nach dem ursprünglichen Schluß der Komödie »Der neue Menoza« von J.M.R. Lenz. In: Text & Kontext 15 (1987), S. 182-187

Velez, Andrea: Wie »unverschämt« sind Lenz' »Philosophische Vorlesungen«?: Diskursive und persönliche Einflüsse auf Lenz' erste moralphilosophische Abhandlung. In: »Ich aber werde dunkel sein«: ein Buch zur Ausstellung J.M.R. Lenz. Im Auftrag des Mercurius e.V. und der Kulturstiftung der deutschen Vertriebenen. Jena 1996, S. 46-57

Vonhoff, Gert: Kunst als »fait social«: Lenz' »Dido«, auch eine Kritik am Melodram. In: Lenz Jb 1 (1991), S. 135-146

Wallach-Kaarsberg, Martha: Emilia und ihre Schwestern: das seltsame Verschwinden der Mutter und die geopferte Tochter. Lessing, Emilia Galotti; Lenz, Hofmeister, Soldaten; Wagner, Kindermörderin; Schiller, Kabale und Liebe; Goethe, Faust, Egmont. In: Mütter-Töchter-Frauen. Weiblichkeitsbilder in der Literatur. Hg. von Helga Kraft und Elke Liebs. Suttgart 1993, S. 53-72

Wefelmeyer, Fritz: Der scheiternde Künstler auf der Höhe mit »Bruder Goethe« und Zuschauer. Selbstdarstellung im »Pandämonium Germanicum«. In: *Hill* (Hg.) 1994, S. 140-160

Weiß, Christoph: »Abgezwungene Selbstvertheidigung«: ein bisher unveröffentlichter Text von J.M.R. Lenz aus seinem letzten Lebensjahr. In: Lenz Jb 2 (1992), S. 7-26

Ders.: »Waldbruder«-Fragmente. Über einige bislang ungedruckte Entwürfe zu J.M.R. Lenz' Briefroman »Der Waldbruder, ein Pendant zu Werthers Leiden«. In Lenz Jb 3 (1993), S. 87-98

Ders.: J.M.R. Lenz' Catechismus. In: Lenz Jb 4 (1994), S. 30-67

Werner, Franz: Soziale Unfreiheit und »bürgerliche Intelligenz« im 18. Jahrhundert. Der organisierende Gesichtspunkt in J.M.R. Lenzens Drama »Der Hofmeister oder die Vorteile der Privaterziehung«. Frankfurt 1981. (Saarbrücker Beiträge zur Literaturwissenschaft; 5.)

Wesle, Curt: Über die Catharina von Siena von J.M.R. Lenz. In: Zeitschrift für deutsche Philologie 46 (1915), S. 229-254

Wirtz, Thomas: Das Ende der Hermetik: zu den Schlußszenen von J.M.R. Lenz' »Verwundeter Bräutigam« und dem »Hofmeister«. In: Zeitschrift für dt. Philologie 111 (1992), H.4, S. 481-498

Wittkowski, Wolfgang: »Der Hofmeister«: Der Kampf um das Vaterbild zwischen Lenz und der neuen Germanistik. In: Literatur für Leser (1996), H. 2, S. 75-92

Wurst, Karin A.: Überlegungen zur ästhetischen Struktur von J.M.R. Lenz' »Der Waldbruder, ein Pendant zu Werthers Leiden«. In: Neophilologus 74 (1990), S. 70-86

Dies.: J.M.R. Lenz' Poetik der Bedingungsverhältnisse: »Werther«, die »Werther-Briefe« und »Der Waldbruder, ein Pendant zu Werthers Leiden«. In: *dies.*: 1992, S. 198-219

Dies.: »Von der Unmöglichkeit, die Quadratur des Zirkels zu finden.« Lenz' narrative Strategien in »Zerbin oder die neuere Philosophie«. In: Lenz Jb 3 (1993), S. 64-86

Yakame, Tokuya: Eine Untersuchung zu Realistik und Komik bei J.M.R. Lenz. Anhand des »Tugendhaften Taugenichts«. In: Die deutsche Literatur 35 (1991), S. 68-91 [mit dt. Zusammenfassung]

5. Rezeption

5.1 Werke

Amann, Jürg: Büchners Lenz. Hörspiel. Mskr. 1983. (Radio Bremen/Südwestfunk Baden Baden)

Ders.: Sesenheim, Juni 1772. In: Elf Monologe. In: Nachgerufen. München, Zürich 1983, S. 7-10

Arent, Wilhelm: Mein Alter ego. Einige notgedrungene Notizen von Wilhelm Arent. In: Die Gesellschaft 8/1(1892), S. 711-713

Ders: Reinhold Lenz. Lyrisches aus dem Nachlaß aufgefunden von Karl Ludwig [d. i. Wilhelm Arent]. Berlin 1884

Bauernfeld, Eduard von: Soldatenliebchen. Wien 1863

Bleibtreu, Karl: Revolution der Literatur. Leipzig 1886 Neuauflage: Tübingen 1973

Bennecke, Wilhelm: Reinhold Lenz. Leipzig 1871

Beyse, Jochen: Der Aufklärungsmacher. München 1985

Bierbaum, Otto Julius: Stilpe. Ein Roman aus der Froschperspektive. Berlin/ Leipzig 1897. Nachdruck München 1963

Bobrowski, Johannes: J.M.R. Lenz. In: Wetterzeichen. Berlin (DDR) 1966, S. 51

Braun, Volker: Unvollendete Geschichte. Frankfurt/M. 1982

Ders.: Abschied von Kochberg. In: *ders.*: Tumulus. Frankfurt/M. 1999, S. 20

Brecht, Bertolt: Coriolan. In: Stücke. Bd. 11. Bearbeitungen. Frankfurt 1959. S. 227-381. In: Spectaculum 8. Frankfurt/M. 1965, S. 7-70

Ders.: Der Hofmeister nach J.M.R. Lenz. In: Versuche, H. 11, Berlin: Suhrkamp 1951. In: *ders.*: Gesammelte Werke. Frankfurt/M.: Suhrkamp 1967, Bd. 6, S. 2331-2395

Bruckner, Ferdinand: Die Buhlschwester. Komödie nach dem Plautus und Reinhold Lenz in einem Akt. Berlin 1955 (Hektograph. Mskr. F. Bruckner Archiv, Akademie der Künste. Berlin).

Büchner, Georg: Lenz. Eine Reliquie. In: Telegraph für Deutschland, Nr. 5 (Jan. 1839), S. 7-11 u. 13-14. – In: Georg Büchner: Sämtliche Werke und Briefe. Nach der Historisch-Kritischen Ausgabe von Werner R. Lehmann. München 1980. S. 69-90; *Gersch,* Hubert (Hg.): Lenz. Studienausgabe. Stuttgart 1986. (Reclam 8210)

Burggraf, Waldfried: Weh um Michael. Leipzig 1929

Celan, Paul: Gespräch im Gebirg. In: Die neue Rundschau 1960, S. 199-202

Ders.: Büchner-Preis-Rede 1960. In: Büchner-Preis-Reden 1951 – 1971. Stuttgart 1972 (Reclam. 9332/9334), S. 88-102

Dittrich, Paul Hans: Abschied von Kochberg. Leipzig 1986

Döblin, Alfred: Die Ermordung der Butterblume. In: *ders.*: Die Ermordung der Butterblume. Ausgewählte Erzählungen. In: Ausgewählte Werke in Einzelbänden in Verbindung mit den Söhnen des Dichters. Hg. von Walter *Muschg.* Olten/Freiburg 1962. S. 42-55

Fleißer, Marie-Luise: Die Pioniere von Ingolstadt. 2. Fassung (Berliner Fassung 1929). Bühnenmskr. Berlin 1929. In: Gesammelte Werke. Hg. von Günter *Rühle.* Frankfurt 1972. Bd. 1, S. 178-222

Geßler, Friedrich: Reinhold Lenz. Eine Novelle. Leipzig 1871. Nachdruck in: Gesammelte Werke. Lahr 1899, S. 53-104

Goldmann, Friedrich: R. Hot oder die Hitze. Text: Thomas Körner. Leipzig 1979. Textbuch: Leipzig 1978

Grün, Albert: Friederike. Ein Schauspiel. Straßburg 1859

Gurlitt, Manfred: Die Soldaten. Oper in drei Akten. Dichtung von J.M.R. Lenz. Bearbtg. vom Komponisten. Wien/Leipzig 1930

Halbe, Max: Der Dramatiker Reinhold Lenz. Zu seinem 100-jährigen Todestage. In: Die Gesellschaft 8/1 (1892), S. 568-582

Ders.: Jugend. Ein Liebesdrama. Berlin 1893

Hauptmann, Gerhard: Bahnwärter Thiel. In: Die Gesellschaft 10 (1888); In: *ders.*: Sämtliche Werke. Hg. von Hans-Egon *Hass.* Bd. 6: Erzählungen und theoretische Prosa. Frankfurt/M. 1963, S. 35-68

Ders.: Der Apostel. In: Moderne Dichtung 1(1890). In: *ders.*: Sämtl. Werke, Bd. 6, S. 69-84

Ders.: Fasching. In: Siegfried. August 1888. In: *ders.*: Sämtliche Werke. Hg. von Hans-Egon *Hass.* Bd. 6: Erzählungen und theoretische Prosa. Frankfurt/M. 1963 S. 13-34

Hein, Christoph: Der neue Menoza oder Geschichte des Kumbanischen Prinzen Tandi. In: *ders.*: Cromwell und andere Stücke. Berlin, Weimar 1981, S. 233-308

Ders.: Waldbruder Lenz. In: Konkret Literatur 1984/85. S. 67-74. Nachdr. in: *ders.*: Die wahre Geschichte des Ah. Q. Neuwied/ Berlin 1984, S. 136-160

Herrenknecht, Albert: Provinz-Leben. Aufsätze über ein politisches Neuland. Frankfurt 1977

Herzog, Werner: Vom Gehen im Eis. München 1978

Heym, Georg: Der Irre. In: *ders.*: Dichtungen und Schriften, Bd. 2. Hamburg 1962, S. 19-34

Hofmann, Gert: Die Rückkehr des verlorenen J.M.R. Lenz nach Riga. In: *ders.*: Gespräch über Balzacs Pferd. Vier Novellen. Salzburg, Wien 1981, S. 7-40

Hofmannsthal, Hugo von: Andreas oder die Vereinigten. In: Corona 1930. Nachdruck Berlin 1932; in: Schriften und Werke. Kritische Ausgabe, veranstaltet vom Freien deutschen Hochstift. Bd. 30: Aus dem Nachlaß. Hg. von Manfred Pape. Frankfurt/M. 1982, S. 7-218

Ders.: Die Heilung. In: Schriften u. Werke, Bd. 29: Erzählungen aus dem Nachlaß. Hg. von Ellen Ritter. Frankfurt 1978, S. 189-192.

Huchel, Peter: Lenz (Straßburg, Paris 1927). In: Die Sternenreuse. Gedichte 1925-1947. München 1967, S. 46

Ders.: Georg Büchners ›Lenz‹. In: Die literarische Welt 9 (1933), Nr. 19, S. 3

Kinder, Hermann: Der Schleiftrog. Ein Bildungsroman. Zürich 1977

Kipphardt, Heinar: Die Soldaten nach J.M.R. Lenz. Frankfurt/M. 1968 (edition Suhrkamp 273)

Ders.: März. Roman. München, Gütersloh, Wien 1976

Klein, Hans Joachim: Ein Mann namens Lenz. (Grundlage der Aufführung Saarbrücken 1984). Bühnenmskr. Saarbrücken 1984

Klett, Johannes, *Landes,* Brigitte: Szenario ›Lenz‹. (Grundlage der Aufführung des Theatre National de Strasbourg 1980). Mskr. im Besitz des Verfassers

Koehn, Herma: Jungfer Julchen. Lustspiel von J.M.R. Lenz. Plattdeutsch von H. K. (Grundlage der Aufführung Hamburg 1985). Bühnenmskr. Hamburg 1985

Körner, Klaus: J.M.R. Lenz in Moskau. In: NDL 23 (1975), H. 1, S. 119-121

Körner, Thomas: R. Hot. In: Theater der Zeit H. 8 (1976), S. 66-72

Léhar, Franz: Friederike. Ein Singspiel. Leipzig 1928

Lodemann, Jürgen: Durchs Gebirg. Eine Filmgeschichte – über Oberlin, Lenz und Büchner, über Germanisten, Goethe, Gott und Friederike. In: C'est la vie. Impressionen – Frankreich en passant. Hg. von Alice *Frank* und Guntram *Vesper.* Reinbek 1989, S. 240-250

Ders.: Im Steintal. Auf Spuren von Oberlin, Lenz und Büchner. Mit Anmerkungen über Goethe, Gott und die Germanisten. Baden-Baden 1983 (Filmskript Südwestfunk. Kultur und Wissenschaft.)

Moorse, George: Lenz. Film. Produktion: Literarisches Colloquium Berlin und Barbara Moorse Workshop München 1970. Presseaufführung 25.03. 1971. Urauff. 30.03. 1971

Oberlin, Jean-Fréderic: Herr L ... Edition des bisher unveröffentlichten Mskr. Hg. von Hartmut *Dedert,* Hubert *Gersch,* Stephan *Oswald* u. Reinhard F. *Spieß.* In: Revue des Langues Vivantes 42 (1976), S. 357-385; In: Lenz. Studienausgabe 1986. (Reclam 8210)), S. 35-50

Otto, Hermann: Lenz oder die subjektive Wertschätzung nutzloser Geschäftigkeit. Schauspiel in neun Bildern. Bühnenmskr. Verden 1985

Reverdy; Michèle: Le Précepteur. Paris 1989. (Editions Salabert.18891p)

Reverdy, Michèle: Tagebuch (zum »Précepteur). In: Katalog der 2. Münchener Biennale. Hg. vom Kulturreferat der Landeshauptstadt München. München 1990, S. 66-74

Rihm, Wolfgang: Chiffren von Verstörung. Anmerkungen zu Jakob Lenz. In: *ders.*: Jakob Lenz. Programmheft der Hamburgischen Staatsoper. Hamburg 1979.

Ders.: Jakob Lenz. Kammeroper. Mainz 1979

Rockwell, Alexander: Lenz. Film. New York 1980

Schneider, Peter: Lenz. Berlin 1983.

Stott, Michael: Lenz. A play based (loosely) on the story by Georg Büchner. Todmorden, Lancs 1979

Struck, Karin: Klassenliebe. Frankfurt/M. 1973

Dies.: Die Mutter. Frankfurt/M. 1975

Dies.: Lieben. Frankfurt/M. 1977

Timm, Uwe: Kerbels Flucht. München 1980

Trakl, Georg: Traum und Umnachtung. In: Der Brenner 1914, S. 358-363. Nachdruck in: Dichtungen und Briefe. Hist.-krit. Ausgabe (Hg. v. Walter *Killy* und Hans *Szeklar*). Bd. 1, Salzburg 1969

Walser, Robert: Lenz. In: Schaubühne 8 (April 1912). Nachdruck in: Dichtungen in Prosa. Genf/Dannstadt 1953, Bd. 1, S. 231-243

Wedekind, Frank: Frühlings Erwachen. Zürich 1891. In: *ders.*: Gesammelte Werke. München 1924. Bd. 5, S. 93-174.

Wolf Christa: Büchner-Preis-Rede 1980. Sonderdruck für die Freunde des Luchterhand-Verlages. Darmstadt u. Neuwied 1980. Nachdr. in: Lesen und Schreiben. Neue Sammlung. Darmstadt, Neuwied 1980, S. 319-332

Dies.: Lesen und Schreiben. Berlin, Weimar 1971. Veränd. Nachdruck: Darmstadt/Neuwied 1972

Zimmermann, Bernd Alois: Lenz und neue Aspekte der Oper. In: blätter und bilder 9 (1960), S. 39-44

Ders.: Die Soldaten. Studien-Partitur. Mainz, London, NewYork 1975 (Edition Schott 6343)

Ders.: Intervall und Zeit. Mainz 1974, S. 93-99

5.2 Sekundärliteratur

Arendt, Dieter: Georg Büchner über J.M.R. Lenz oder: »die idealistische Periode fing damals an.« In: Internationales Georg-Büchner-Symposium 1987. Ebersdorfgrund: Referate. Hg. von Burghard *Dedner* und Günther *Oesterle*, veranst. vom Institut für Neuere deutsche Literatur der Philipps-Univ. Marburg. Frankfurt/M. 1990 (Büchner Studien. 6), S. 309-332

Becker, Peter: Aspekte der Lenz-Rezeption in Bernd A. Zimmermanns Oper »Die Soldaten«. In: Musiktheater heute. Hg. von Helmut Kühn. Mainz, London, New York 1982, S. 94-104.

Becker, Sabine: Lenz-Rezeption im Naturalismus. In: Lenz Jb 3 (1993), S. 34-64

Berens, Cornelia: »Das gegenwärtige Theater ist Schreibanlaß für Prosa«. Christoph Hein und J.M.R. Lenz – vom Theater zur Prosa und zurück. In: *Stephan/Winter* (Hg.) 1994, S. 391-406

Bertram, Mathias: Zum Lenz-Bild Ludwig Tiecks. In: Zeitschrift für Germanistik Leipzig 8 (1987), S. 588-591

Blunden, Allan: Notes on Georg Heyms Novelle »Der Irre«. In: GLL N. S. 28 (1975), S. 107-119

Brierley, David: Der Meridian. Ein Versuch zur Poetik und Dichtung Paul Celans. Frankfurt/M. 1984 (Europäische Hochschulschriften, Reihe 1, Bd. 809), S. 150-155

Burke, Ilse H.: »Man muß den Menschen lieben«. Georg Büchner und J.M.R. Lenz. Ein Beitrag zur Rezeptionsgeschichte. Diss. phil. Michigan 1987

Dahnke, Hans Dietrich: Lenz: Erbeaneignung und aktuelle Literaturfunktion: Spiegel des Hofmeister-Stückes. In: Brecht-Dokumentation 1978. Kunst und Politik. Redaktion Carl-Klaus Hahn. Dokumentation Berlin (DDR) 1979, S. 109-115

Damm, Sigrid: Georg Büchner und Jakob Lenz. In: Georg Büchner. Revolutionär, Dichter, Wissenschaftler. Ausstellung Mathildenhöhe, Darmstadt, 2. August bis 27. September 1987. Der Katalog. Basel, Frankfurt 1987, S. 258-262

Dedner, Burghard: Der autobiographische Text als literarische Quelle. Oberlins Bericht »Herr L ...« und Büchners »Lenz«. In: *Golz*, Joachim (Hg.): Edition von autobiographischen Schriften und Zeugnissen zur Biographie. Internationale Fachtagung der Arbeitsgemeinschaft für germanistische Edition an der Stiftung Weimarer Klassik, 2.-5. März 1994, autor- und problembezogene Referate. Tübingen 1995, S. 218-227

Ders.: J. Lenz und Georg Büchner. In: *Kaufmann* (Hg.) 1996, S. 116-126

Ders.: Büchners »Lenz«. Rekonstruktion der Textgenese. In: Georg Büchner Jahrbuch 8 (1990-1994) [1995], S. 69-103

Dentan, Michel: De Reinhold Lenz à Bertholt Brecht. In: Études des Lettres 25 (1953), Nr. 3, S. 28-34

Faul, Eckhard/Weiß, Christoph: Ferdinand von Ecksteins Aufsatz »Œuvres dramatiques de Lenz« in der Zeitschrift »Le Catholique« (1929). Ein unbekanntes Zeugnis zur Lenz-Rezeption im 19. Jahrhundert. In: Lenz Jb. 7 (1997), S. 81-88 [Mit Textpubl.]

Fingerhut, Karlheinz: War Lenz wahnsinnig? Tatsachenorientiertes Schreiben im Dienst historischer Selbstverständigung. Zu Sigrid Damms »Vögel, die verkünden Land« [im Anhang »So könnte es gewesen sein« – Angebote an die Vorstellungskraft. Gespräch mit Sigrid Damm über den dokumentarischen Roman – Biographien]. In: Diskussion Deutsch 20 (1989), S. 302-317

Fischer, Heinz: Georg Büchner. Bonn 1972, S. 41-61
Genton, Elisabeth: Ein Brief Ludwig Tiecks über die nachgelassenen Schriften von Lenz: In: Jb Stiftung Kippenberg NF 1 (1963), S. 169-184
Gersch, Hubert: Der Text, der (produktive) Unverstand des Abschreibers und die Literaturgeschichte: Friedrich Oberlins Bericht Herr L... und die Textüberlieferung bis zu Georg Büchners Lenz-Entwurf. Tübingen 1998
Ders. in Zusarb. mit Stefan Schmalhaus: Quellenmaterialien und ›reproduktive Phantasie‹. Untersuchungen zur Schreibmethode Georg Büchners: Seine Verwertung von Paul Merlins Trivialisierung des Lenz-Stoffs und von anderen Vorlagen. In: Georg Büchner Jahrbuch 8 (1990-1994) [1995], S. 69-104
Giese, Peter-Christian: Das »Gesellschaftlich-Komische«. Zu Komik und Komödie am Beispiel der Stücke und Bearbeitungen Brechts. Stuttgart 1974.
Goergen, Peter: Der Gott der Väter und die Treue zum geringsten Bruder: Bemerkungen zu Oberlin, Büchner und Lenz. In: *ders.*: SeitenSprünge: Literaten als religiöse Querdenker. Mit einem Beitrag von Ludwig Harig. Zürich u.a. 1995, S. 66-76
Goltschnigg, Dietmar: Büchners »Lenz«, Hofmannsthals »Andreas« und Trakls »Traum und Umnachtung«. Eine literaturpsychologische Wirkungsanalyse. In: Sprachkunst 1 (1974), S. 231-243
Ders.: Materialien zur Rezeptions- und Wirkungsgeschichte Georg Büchners. Kronberg 1974
Ders.: Rezeptions- und Wirkungsgeschichte Georg Büchners. Kronberg 1975
Grathoff, Dirk: Literaturhistorische Ungleichzeitigkeiten: Der Hofmeister von Lenz zu Brecht – ein Rückschritt im Fortschritt. In: *ders.*. Studien zur Ästhetik und Literaturgeschichte der Kunstperiode. Frankfurt/M., Bern, New York 1986, S. 163-207
Ders.: J.M.R. Lenz in den Fehden zwischen Klassikern und Romantikern. In: Monatshefte 87 (1995), S. 19-33
Greiner, Bernhard: bürgerliches Lachtheater als Komödie in der DDR: Heins Bearbeitung von J.M.R. Lenz' »Der neue Menoza«. In: *Hammer,* Klaus (Hg.): Chronist ohne Botschaft: Christoph Hein; ein Arbeitsbuch; Materialien, Auskünfte, Bibliographie. Berlin u.a. 1992, S. 200-212
Grimm, Reinhold: The Descent of the Hero into Fame: Büchner's Woyzeck and his Relatives. In: *Leidner/Madland* (Hg.) 1993, S. 45-60
Großklaus, Götz: Rückgewinnung der Natur. Zu Werner Herzogs »Vom Gehen im Eis«. In: Jahrbuch Deutsch als Fremdsprache 10 (1984), S. 14-23
Harris, Edward: Lenz on stage: Schröder's adaption of »Der Hofmeister«. In: *Leidner/Madland* (Hg.) 1993 S. 132-140
Heister, Hans Werner: Natur, Kreatur, Gesellschaft. J.M.R. Lenz und das neue deutsche Musiktheater. In: Jahrbuch der Hamburgischen Staatsoper 7 (1980), S. 184-203
Ders.: Historische Tragik und moderne Farce. Zu Friedrich Goldmanns Opernphantasie »R. Hot bzw. Die Hitze«. In: *Stephan/Winter* (Hg.) 1994, S. 406-422
Hertling, Gunter H.: Georg Büchner und J.M.R. Lenz im »Kunstgespräch«: Anmerkungen übers Theater des Lebens. In: Text und Kontext 19 (1994/95), H. 1, S. 25-45
Hinck, Walter: Produktive Rezeption heute: Am Beispiel der sozialen Dramatik von J.M.R. . Lenz und H.C. Wagner. In: Sturm und Drang (1989), S. 257-269
Höpfner, Felix: »Un enfant perdu«. Anmerkungen zu Egon Günthers Lenz-Film und ein Gespräch mit dem Regisseur. In: Lenz Jb 5 (1995), S. 78-91
Ichikawa, Akira: Von Lenz zu Brecht: über Brechts »Hofmeister«-Bearbeitung. In:

Forschungsberichte zur Germanistik 35 (1993), S. 75-97 [dt. Zusammenfassung S. 94-97]

Janz, Marlies: Vom Engagement absoluter Poesie. Zur Lyrik und Ästhetik Paul Celans. Frankfurt/M. 1975, S. 99-121.

Kanzog, Klaus: Norminstanz und Normtrauma. Die zentrale Figurenkonstellation in Georg Büchners Erzählung und George Moorse Film »Lenz«. Filmanalyse als komplementäres Verfahren zur Textanalyse. In: Georg Büchner Jb. 3 (1983), S. 76-97

Kaufmann, Ulrich: Doppelter Abschied von Kochberg. Volker Braun im Gespräch mit Jakob Lenz. Mscr. Jena 1999

Kitching, Laurence Patrick Anthony: Der Hofmeister. A critical analysis of Bertolt Brechts adaptation of J.M.R. Lenz's drama. München 1976

Knopf, Jan: Brecht-Handbuch. Theater. Stuttgart 1980, S. 292-315

Köhn, Lothar: Lenz und Claude Frollo. Eine Vermutung zu Büchners Lenz-Fragment. In: DVjs 66 (1992), S. 667-686

Körner, Charlotte W.: Volker Brauns Unvollendete Geschichte. In: Basis 9 (1979), S. 149-171

Kuribayashi, Sumio: ein Aspekt des Geschichtsdramas: J.M.R. Lenz und Georg Büchner. In: Forschungsberichte zur Germanistik 37 (1995), S. 1-8 [dtsch. Zusammenfassung S. 17-18]

Lang, Walter: Lenz und Hauptmann. Ein Beitrag zur Geschichte des Naturalismus im Drama. Diss. phil. Frankfurt 1921

Lange, Sigrid: Volker Braun und der deutsche Hofmeister. In: *Krippendorf,* Klaus (Hg.): Dialog mit dem Erbe. Universität Jena 1990, S. 78-86

Lehfeld, Christine: Der Dramatiker Ferdinand Bruckner. Göppingen 1965, S. 192-193

Luserke, Matthias, *Marx,* Reiner: Die Anti-Läuffer. Thesen zur SuD-Forschung oder Gedanken neben dem Totenkopf auf der Toilette des Denkers. In: Lenz Jb 2 (1992), S. 126-151

Madland, Helga S.: A question of norms: the stage reception of Lenz's »Hofmeister«. In: Seminar 23 (1987), S. 98-114

Mann, Grant Thomas: J.M.R. Lenz and George Büchner. A comparative study. Diss. phil. Univ. of Michigan 1979

May, Nicola: Das Bild des J.M.R. Lenz als Bühnenfigur. Stuttgart 1991

Mayer, Hans: Brecht und die Tradition. München 1965

Ders.: Lenz, Büchner und Celan. Anmerkungen zu Paul Celans Büchner-Preis-Rede »Der Meridian« v. 22. Oktober 1960. In: *ders.*: Vereinzelt Niederschläge. Pfullingen 1973

Mayer, Mathias: »Die Liebe auf dem Lande«. Ein Lenz-Zitat bei Hofmannsthal. In: Germanisch-romanische Monatsschrift 38 (1988), S. 338-343

McInnes, Edward: Lenz und das Bemühen um realistische Tragödienformen im 19. Jahrhundert. In: *Stephan/Winter* (Hg.) 1994, S. 373-391

Menke, Timm Rainer: Lenz- Erzählungen in der deutschen Literatur. Hildesheim, Zürich, New York 1984

Ders.: The Reception of Lenz in the Final Years of the German Democratic Republic: Christoph Hein's Adaption of der »Der neue Menoza«. In: *Leidner/Madland* (Hg.) 1993, S. 150-162

Ders.: Zwei Thesen zu Rezeption und Krankheit von J.M.R. Lenz. In: *Stephan/Winter* (Hg.) 1994, S. 27-38

Mensing, Erwin: Jüngste deutsche Dichter in ihren Beziehungen zu J.M.R. Lenz.

Diss. phil. München 1927
Mittenzwei, Werner: Brechts Verhältnis zur Tradition. Berlin 1972.
Müller, Peter u.a. (Hg.): J.M.R. Lenz im Urteil dreier Jahrhunderte: Texte der Rezeption von Werk und Persönlichkeit; 18.-20. Jahrhundert. Gesammelt und hg. von Peter *Müller* unter Mitarb. von Jürgen *Stötzer*. Bern, Berlin u.a. 1995
Neef, Sigrid: Vom Vergnügen alter Stoffe. Durchblicke zur Realität und Herausforderung zur Produktivität in Goldmanns Opernphantasie »Hot« und Dessaus Lustspieloper »Leonce und Lena«. In: Für und wider die Literaturoper. Hg. von Sigrid *Wiesmann*. Laaber 1982, S. 105-111
Osborne, John: Lenz, Zimmermann, Kipphardt: Adaptation as closure. In: German Life and Letters 38 (1985), S. 385-394
Pape, Manfred: Die Geschichte auf der Aar. In: Dichtung und Wahrheit bei J.M.R. Lenz und Hugo von Hofmannsthal. Neue Züricher Zeitung, Fernausgabe Nr.77 vom 01.04.1977, S. 25 und Nr.78 v. 02./03. 04.1977, S. 57
Parker, John R.: Some reflections on Georg Büchners »Lenz« and its principal source, the Oberlin record. In: German Life and Letters 21 (1967/68), S. 103-111
Petersen, Peter, *Winter,* Hans-Gerd: Lenz-Opern. Das Musiktheater als Sonderzweig der produktiven Rezeption von J.M.R. Lenz' Dramen und Dramentheorie. In: Lenz Jb 1 (1991), S. 9-59
Ders.: Eine Französin deutet den »Hofmeister«. Die Oper »Le Précepteur« (1990) von Michèle Reverdy. In: *Stephan/Winter* (Hg.) 1994, S. 422-430
Pilger, Andreas: Die ›idealistische Periode‹ in ihren Konsequenzen. Georg Büchners kritische Darstellung des Idealismus in der Erzählung »Lenz«. In: Georg Büchner Jahrbuch 8 (1990-1994) [1995], S. 104-126
Pizer, John: »Man schaffe ihn auf eine sanfte Manier fort«: Robert Walser's Lenz as a cipher for the dark side of modernity. In: *Leidner/Madland* (Hg.) 1993, S. 141-149
Pütz, Heinz-Peter: Büchners Lenz und seine Quelle. Bericht und Erzählung. In: ZfdPh 84 (1965), S. 1-22
Rector, Martin: Grabbe von Lenz her zu verstehen. In: Grabbe und die Dramatiker seiner Zeit: Beiträge zum II. Internationalen Grabbe-Symposium 1989. Hg. von Detlev *Kopp* und Michael *Vogt*. Tübingen 1990, S. 26-44
Requardt, Walter, *Machatzke,* Martin: Gerhard Hauptmann und Erkner. Studien zum Berliner Frühwerk. Berlin 1980
Rizzo, Roberto: »Ich verlange in allem – Leben, Möglichkeit des Daseins ... «: la concezione dell'arte in Büchner e in Lenz. In: Studia Büchneriana: Georg Büchner 1988. Hg. von Fausto *Cercignani*. Milano 1990 (Cisalpino Università, 1), S. 125-155
Ders.: Brechts Interpretation des »Hofmeisters« von J.M.R. Lenz: Pädagogik, Sexualität und »Deutsche Misere«. In: Moderne und Gegenwart: Ringvorlesung der Philosophischen Fakultät der RWTH Aachen im Sommersemester 1989. Hg. von Helmut *Siepmann* und Kaspar *Spinner*. Bonn 1992 (Meisterwerke der Weltliteratur 5; Abhandlungen 7. Sprache und Literatur, 54), S. 155-177
Rothe, Friedrich: Georg Büchners »Spätrezeption«. Hauptmann, Wedekind und das Drama der Jahrhundertwende. In: Georg Büchner Jb 3 (1983), Frankfurt 1984, S. 270-274
Röttinger, Werner: Bauernfeld auf dem Burgtheater. Diss. phil. Wien 1945
Rubensohn, Max: Schiller und Lenz. In: Euph. 12 (1905), S. 692 f.
Sahlberg, Oskar: Peter Schneiders Lenz-Figur. In: Zeitgenosse Büchner. Hg. von Ludwig *Fischer*. Stuttgart 1979, S. 131- 152

Sauder, Gerhard: Romantisches Interesse am Sturm und Drang (Maler Müller, Lenz, Goethe). In: Maler Müller in neuer Sicht. Studien zum Werk des Schriftstellers und Malers Friedrich Müller (1749-1825). Hg. von Gerhard *Sauder* u.a. St. Ingbert 1990 (Saarbrücker Beiträge zur Literaturwissenschaft; 24), S. 225-242

Schierks, Rudolf Dirk: Büchner und Trakl. Zum Problem der Anspielungen im Werk Trakls. In: PMLA 87 (1972), S. 1052-1064

Schlick, Werner (Hg.): Dichter über Büchner. Frankfurt/M. 1973

Schmidt, Dörte: Lenz im zeitgenössischen Musiktheater. Literaturoper als kompositorisches Projekt bei Alois Zimmermann, Friedrich Goldmann, Wolfgang Rihm und Michèle Reverdy. Stuttgart u.a. 1993 (Metzler Musik)

Dies.: »Libretto frei nach Büchners ›Lenz‹«. Zur Kammeroper »Jakob Lenz« von Wolfgang Rihm. In: *Petersen*, Peter, *Winter*, Hans-Gerd (Hg.): Büchner-Opern. Frankfurt, Berlin, Bern 1997 (Hamburger Jahrbuch für Musikwissenschaft; 14.), S. 224-244

Schoeps, Karl H.: Zwei moderne Lenz-Bearbeitungen. In: Monatshefte 67 (1975), S. 437-451

Schulz, Georg Michael: Individuation und Austauschbarkeit. Zu Paul Celans »Gespräch im Gebirg«. In: DVjs 53 (1979), S. 463-477

Schwalgin, Stefan: »Le précepteur« von Michèle Reverdy: Analyse der Kompositionstechnik unter semantischem Aspekt. Kiel 1999

Schwarz, Hans-Günther: Büchner und Lenz: Paradigmen des Realismus im modernen Drama. In: *Dietrich*, Linda, *John*, David G. (Hg.): Momentum dramaticum. Festschrift for Eckehard Catholy. Waterloo 1990, S. 195-208

Spalter, Max: Brechts tradition. Baltimore 1967, S. 3-36

Stöber, August (Hg.): Der Dichter Lenz im Steinthale (aus Pfarrer Oberlins Papieren gezogen). In: Erwinia 2 (1839), S. 6-8, 14-16, 20-22

Stötzer, Jürgen: »Lenz – ein Schatten nur einer ungesehenen Tradition«? Aspekte der Rezeption J.M.R. Lenz' bei Christoph Hein. In: Zeitschrift für Germanistik Leipzig 9 (1988), S. 429-441

Stoianova, Ivanka: Das Auge des Unvergesslichen. Von Lenz zu Artaud. In: Der Komponist Wolfgang Rihm. Ein Buch der Alten Oper Frankfurt. Frankfurt Feste 1985. Hg. von Dieter *Rexroth*. Mainz 1985, S. 127-137

Subiotti, Amigo: Bertolt Brechts Adaptation for the Berliner Ensemble. London 1975

Thorn-Prikker, Jan: Ach die Wissenschaft, die Wissenschaft! Bericht über die Forschungsliteratur zu Büchners »Lenz«. In: Georg Büchner III. Sonderband text & kritik. München 1981, S. 181-197

Thunecke, Jörg: Die Rezeption Georg Büchners in Paul Celans »Meridian«-Rede. In: Georg Büchnerjb 3 (1983), Frankfurt/M. 1984, S. 298-307

Ueding, Cornelia: Denken sprechen handeln. Aufklärung und Aufklärungskritik im Werk Georg Büchners. Bern 1976

Unglaub, Erich: Ein neuer Menoza? Die Komödie »Der neue Menoza« von J.M.R. Lenz und der Menoza-Roman von Erik Pontoppidan. In: Orbis litterarum 44 (1989), S. 10-47

Weiß, Christoph: Elisabeth Hauptmanns Hörfunksendung über Lenz am Vorabend der Premiere von Brechts »Hofmeister«-Bearbeitung. In: *Kagel*, Martin (Hg.): J.M.R. Lenz. München 2000 (edition text +kritik. Hg. von Heinz Ludwig Arnold), S. 3-15

Will, Michael: »Autopsie« und »reproduktive Phantasie«. Quellenstudie zu Georg Büchners Erzählung »Lenz«. Stuttgart 1999

Winter, Hans-Gerd: Georg Büchners »Lenz« – Eine produktive Aneignung eines Dichters und Darstellung eines Verstörten. In: *Petersen,* Peter/*Winter,* Hans-Gerd (Hg.): Büchner-Opern. Frankfurt, Berlin, Bern 1997 (Hamburger Jahrbuch für Musikwissenschaft; 14), S. 203-224

Wurst, Karin A.: »Der gekreuzigte Prometheus«: J.M.R. Lenz; Wirkungsgeschichte in Literaturwissenschaft und -kritik. In: *Kaufmann,* Ulrike u.a. (Hg.): »Ich aber werde dunkel sein«: ein Buch zur Ausstellung J.M.R. Lenz. Im Auftrag des Mercurius e.V. und der Kulturstiftung der deutschen Vertriebenen. Jena 1996, S. 108-116

Zerinschek, Klaus: J.M.R. Lenz' Werke auf dem modernen Musiktheater. Ein Beitrag zur Strukturbestimmung des Opern-Librettos. Diss. phil. Univ. Innsbruck 1981. (Masch.)

Zimmermann, Rolf Christian: Marginalien zur »Hofmeister-Thematik« und zur »Teutschen Misere« bei Lenz und Brecht. In: Dramen und Theater im 20. Jahrhundert. 1983, S. 213-227

Personenregister

(Das Register enthält nur die im Text genannten Personen)

Sammlung Metzler

Einführungen, Methodenlehre

SM 1 Raabe: Einführung in die Bücherkunde zur dt. Literaturwissenschaft
SM 13 Bangen: Die schriftliche Form germanistischer Arbeiten
SM 28 Frenzel: Stoff-, Motiv- und Symbolforschung
SM 59 Behrmann: Einführung in die Analyse von Prosatexten
SM 79 Weber-Kellermann/Bimmer: Einf. in die Volkskunde/ Europ. Ethnologie
SM 112 Schlawe: Neudeutsche Metrik
SM 148 Grimm u.a.: Einf. in die französische Literaturwissenschaft
SM 183 Schwenger: Literaturproduktion
SM 188 Asmuth: Einführung in die Dramenanalyse
SM 190 Zima: Textsoziologie
SM 217 Schutte: Einführung in die Literaturinterpretation
SM 235 Paech: Literatur und Film
SM 246 Eagleton: Einführung in die Literaturtheorie
SM 259 Schönau: Einf. i. d. psychoanalytische Literaturwissenschaft
SM 263 Sowinski: Stilistik
SM 270 Heidtmann: Kindermedien
SM 277 Hickethier: Film- und Fernsehanalyse
SM 283 Ottmers: Rhetorik
SM 284 Burdorf: Einführung in die Gedichtanalyse
SM 285 Lindhoff: Feministische Literaturtheorie
SM 287 Eggert/Garbe: Literarische Sozialisation
SM 300 Kammer: Wissenschaftliche Arbeiten mit dem PC
SM 302 Korte/Müller/Schmid: Einführung in die Anglistik
SM 305 Bauer: Romantheorie
SM 317 Paefgen: Einführung in die Literaturdidaktik
SM 320 Gfrereis (Hg.): Grundbegriffe der Literaturwissenschaft
SM 324 Bossinade: Poststrukturalistische Literaturtheorie

Gattungen

SM 9 Rosenfeld: Legende
SM 12 Nagel: Meistersang
SM 16 Lüthi: Märchen
SM 52 Suppan: Volkslied
SM 53 Hain: Rätsel
SM 63 Boeschenstein-Schäfer: Idylle
SM 77 Straßner: Schwank
SM 116 Guthke: Das deutsche bürgerliche Trauerspiel
SM 133 Koch: Das deutsche Singspiel
SM 145 Hein: Die Dorfgeschichte

SM 215 Wackwitz: Friedrich Hölderlin
SM 218 Renner: Peter Handke
SM 221 Kretschmer: Christian Morgenstern
SM 223 Dietschreit/Henze-Dietschreit: Hans Magnus Enzensberger
SM 224 Hilzinger: Christa Wolf
SM 230 Vincon: Frank Wedekind
SM 231 Lowsky: Karl May
SM 233 Winter: Jakob Michael Reinhold Lenz
SM 237 Mayer: Eduard Mörike
SM 239 Perlmann: Arthur Schnitzler
SM 240 Wichmann: Heinrich von Kleist
SM 242 Bartsch: Ingeborg Bachmann
SM 243 Kaiser: E.T.A. Hoffmann
SM 245 Dietschreit: Lion Feuchtwanger
SM 254 Späth: Rolf Dieter Brinkmann
SM 255 Bäumer/Schultz: Bettina von Arnim
SM 258 Hein: Johann Nestroy
SM 261 Sammons: Heinrich Heine
SM 272 Sowinski: Heinrich Böll
SM 273 Mayer: Hugo von Hofmannsthal
SM 275 Schrade: Anna Seghers
SM 286 Janz: Elfriede Jelinek
SM 288 Jeßing: Johann Wolfgang Goethe
SM 289 Luserke: Robert Musil
SM 291 Mittermayer: Thomas Bernhard
SM 294 Löb: Christian Dietrich Grabbe
SM 295 Schaefer: Christoph Martin Wieland
SM 297 Albrecht: Gotthold Ephraim Lessing
SM 299 Fetz: Martin Walser
SM 304 Fasold: Theodor Storm
SM 310 Berg/Jeske: Bertolt Brecht
SM 312 Albrecht: Arno Schmidt
SM 318 Prill: Dante
SM 325 Kohl: Friedrich Gottlieb Klopstock
SM 326 Bartsch: Ödön von Horváth